94, 98, 110 221 227

Georg Franz-Willing

1933 – DIE NATIONALE ERHEBUNG

GEORG FRANZ-WILLING

1933
Die nationale Erhebung

DRUFFEL-VERLAG
LEONI AM STARNBERGER SEE

Schutzumschlag: H. O. Pollähne
Bilder: Deutsche Presseagentur · Aus Privatbesitz

Internationale Standard-Buchnummer
ISBN 3 8061 1021 2

1982
Gesamtherstellung: Druckhaus Mühlberger, Augsburg

Inhaltsverzeichnis

„. . .; die deutsche Revolution wird nicht milder und sanfter ausfallen, weil ihr die Kantsche Kritik, der Fichtesche Transzendental-Idealismus und gar die Naturphilosophie vorausging. Durch diese Doktrinen haben sich revolutionäre Kräfte entwickelt, die nur des Tages harren, wo sie hervorbrechen und die Welt mit Entsetzen und Bewunderung erfüllen können. Es werden Kantianer zum Vorschein kommen, die auch in der Erscheinungswelt von keiner Pietät etwas wissen wollen und erbarmungslos mit Schwert und Beil den Boden unseres europäischen Lebens durchwühlen, um auch die letzten Wurzeln der Vergangenheit auszurotten. Es werden bewaffnete Fichteaner auf den Schauplatz treten, die in ihrem Willensfanatismus weder durch Furcht noch durch Eigennutz zu bändigen sind . . . Doch noch schrecklicher als alles wären Naturphilosophen, die handelnd eingriffen in eine deutsche Revolution und sich mit dem Zerstörungswerk selbst identifizieren würden . . . so wird der Naturphilosoph dadurch furchtbar sein, daß er die dämonischen Kräfte des altgermanischen Pantheismus beschwören kann und daß in ihm jene Kampflust erwacht, die wir bei den alten Deutschen finden, die nicht kämpft, um zu zerstören noch um zu siegen, sondern bloß um zu kämpfen. Das Christentum – und das ist sein schönstes Verdienst – hat jene brutale germanische Kampflust einigermaßen besänftigt, konnte sie jedoch nicht zerstören, und wenn einst der zähmende Talisman, das Kreuz, zerbricht, dann rasselt wieder empor die Wildheit der alten Kämpfer, die unsinnige Berserkerwut . . . Jener Talisman ist morsch, und kommen wird der Tag, wo er kläglich zusammenbricht. Die alten steinernen Götter erheben sich dann aus dem verschollenen Schutt und reiben sich den tausendjährigen Staub aus den Augen, und Thor mit dem Riesenhammer springt endlich empor und zerschlägt die gotischen Dome . . . Der Gedanke geht der Tat voraus wie der Blitz dem Donner. Der deutsche Donner ist freilich auch ein Deutscher und ist nicht sehr gelenkig und kommt etwas langsam herangerollt; aber kommen wird er, und wenn ihr es einst krachen hört, wie es noch niemals in der Weltgeschichte gekracht hat, so wißt: der deutsche Donner hat sein Ziel erreicht. Bei diesem Geräusche werden die Adler tot aus der Luft niederfallen, und die Löwen in der fernsten Wüste Afrikas werden die Schwänze einkneifen und sich in ihren königlichen Höhlen verkriechen. Es wird ein Stück aufgeführt werden in Deutschland, wogegen die französische Revolution nur wie eine harmlose Idylle erscheinen möchte . . .“

Heinrich Heine (1797–1856)

Vorwort

„Wir leben im Zeitalter der Löhner-Kultur", sagte noch im Jahrzehnt des „Kalten Krieges" der im Januar 1960 verstorbene Herausgeber der „Historia Mundi", Fritz Valjavec, Professor an der Münchner Universität, zum Verfasser. Diese Kennzeichnung der geistigen Entwicklung in der Nachkriegszeit ist wohl auf keinem Gebiet so augenfällig wie auf dem der sog. „Zeitgeschichte". Die „totale Kapitulation", ein ursprünglich rein militärischer Begriff, ist im Auftrag der Sieger auch auf das geistige Gebiet, insbesondere die Geschichtsschreibung übertragen worden. Die Geschichtsschreibung nach 1945, vor allem für die Zeit ab 1918, ist bevorzugtes Beuteobjekt der Sieger und der außen- wie innenpolitischen Nutznießer der nationalen deutschen Katastrophe von 1945. So steht sie unter dem Vorzeichen der antifaschistischen Betrachtungsweise und ist, von wenigen rühmlichen Ausnahmen abgesehen, besonders in zwei Nachfolgestaaten des Deutschen Reiches, der Bundesrepublik Deutschland und der Deutschen Demokratischen Republik, dem Geist der jeweils maßgeblichen Siegermacht entsprechend weitgehend zur antifaschistischen Reklame entartet. Selbst bei Quellenausgaben ist, wie das neueste Beispiel mit den „Sämtlichen Aufzeichnungen Hitlers 1905– 1924" beweist, der Fälschung Tür und Tor geöffnet.

Der Überlieferung der europäischen Geschichtsschreibung folgend, wie sie vornehmlich von Thukydides begründet wurde, war es das Anliegen des Verfassers, das behandelte Ereignis, den einschlägigen Zeitraum möglichst anhand der zeitgenössischen Quellen darzustellen. Deshalb wurden mehrere damals maßgebliche Tageszeitungen der Darstellung des weltgeschichtlichen Jahres 1933 zugrundegelegt, vor allem zwei repräsentative Presseorgane der Reichshauptstadt Berlin sorgfältig berücksichtigt: die „Vossische Zeitung", 1704 gegründet und Sprachrohr des Bildungsbürgertums, politisch der Deutschen Demokratischen Partei, später der Deutschen Staatspartei, und des eingesessenen deutschgesinnten Judentums, sowie die zentrale Tageszeitung der NSDAP, der „Völkische Beobachter", Berliner Ausgabe, daneben die „CV-Zeitung, Blätter für Deutschtum und Judentum". Bis zum endgültigen Verbot am 9. März 1933 wurde auch die Zeitung der Münchner Sozialdemokraten, die „Münchner Post", laufend herangezogen. Die ins Uferlose angewachsene „Bewältigungs"literatur kann von einem Einzelnen längst nicht mehr „bewältigt" werden. Neben den zugänglichen Aktenveröffentlichungen wurden mit Sorgfalt die vielfach übergangenen oder be-

wußt totgeschwiegenen Zeugnisse der Zeitgenossen des In- und – soweit für den Verfasser greifbar – auch des Auslandes benützt. Wirklichkeitsnähe und Wahrheitsgehalt geschichtlicher Darstellung hängen von der Fähigkeit des Geschichtsschreibers ab, sich vom Zeitgeist unabhängig zu halten, sowohl von jenem der dargestellten wie von jenem der darstellenden Zeit. Da Objektivität eine höchst subjektive Eigenschaft ist, sind Sachlichkeit und Qualität der Geschichtsschreibung wie bei jeder Wissenschaft vom Forscher und Darsteller abhängig, vom Maß und Grad seiner Fähigkeit, sich von den Ereignissen und ihren zugrundeliegenden Triebkräften zu distanzieren und ihnen aus dem zeitlichen Abstand gerecht zu werden, unabhängig vom „Zeitgeist" seiner eigenen Zeit.

Soweit nicht anders angegeben, sind Ansprachen, Reden, amtliche Verlautbarungen und Kundgebungen zitiert nach „Dokumente Deutscher Politik", I, 3. Auflage, Berlin 1938.

Für das Mitlesen der Korrekturen danke ich Herrn Dr. G. Holtz, Altensteig, und Herrn Stefan Maier, Erding.

Hödingen, im Mai 1982　　　　　　　　　　*Georg Franz-Willing*

Deutschland um die Jahreswende 1932/33

Der berühmte Romanist Robert Ernst Curtius veröffentlichte im Jahre 1932 ein Buch „Deutscher Geist in Gefahr". Dort schrieb er im Vorwort: „Die Jahreswende von 1931 auf 1932 ist die wichtigste seit dem Ende des Weltkrieges. Alle Menschen in Deutschland spüren, daß das Jahr 1932, in das wir soeben eingetreten sind, ein Jahr der großen Entscheidungen sein wird. Die dreizehn Nachkriegsjahre, die hinter uns liegen, gewinnen in der Rückschau den Charakter eines bloßen Provisoriums. Wir sind im Begriff, alles zu liquidieren, was zwischen 1920 und 1930 mit dem Anspruch auf neue Geltung auftrat. Die geistigen und künstlerischen Moden dieses Jahrzehnts-Expressionismus und Jazz, Schwarmgeisterei und neue Sachlichkeit, sind schon längst verwelkt und verscharrt. Aber auch in der Politik hat uns das vergangene Jahr nur Scheinlösungen gebracht, die jetzt endlich als solche erkannt werden. Ob es sich um Reparationen oder um Abrüstung, um Planwirtschaft oder um Reichsreform, um das parlamentarische System oder um die deutsch-französischen Beziehungen handelt: überall bietet sich das gleiche Bild – ein Trümmerfeld . . . Die vergangenen Jahre haben uns nichts hinterlassen als ein neues Wort für nie erhörte Not, das gespenstische Wort von der Schrumpfung. Deutschland bebt in Krämpfen und wir haben nur die e i n e Hoffnung: es muß besser werden, weil es nicht mehr schlechter werden kann."

Der Todeskampf der Weimarer Republik trat mit dem Sturz der Regierung Papen und der Bildung des letzten Präsidialkabinetts unter General von Schleicher in seine letzte Phase. Die parlamentarische Demokratie war seit 1930 arbeitsunfähig, nachdem die sozialdemokratische Partei ihre eigene Mehrheitsregierung, geführt von Reichskanzler Hermann Müller-Franken, im März 1930 gestürzt hatte. Das Zeugnis für ihre „Regierungsweisheit" hatte ihr eigener Parteiführer, Reichspräsident Friedrich Ebert, ihr schon zehn Jahre vorher ausgestellt, als die SPD im November 1923 das Kabinett Stresemann zu Fall gebracht hatte: „Was Euch da veranlaßte, den Kanzler zu stürzen, ist in sechs Wochen vergessen, aber die Folgen Eurer Dummheit werdet ihr noch zehn Jahre spüren!" Ebert verschätzte sich mit seiner richtigen Prophezeiung allerdings hinsichtlich der zeitlichen Dauer: denn die Folgen der Dummheit seiner Partei wirkten sich für sie bis 1945 aus. Erst nach 1945 kam sie mit Hilfe der Besatzungsmächte wieder an die Regierung.

Müllers Nachfolger Brüning hatte, gestützt auf das Vertrauen des Reichspräsidenten und die Duldung der Mehrheitsparteien im Reichstag, mit Notverordnungen regiert. Seit der Septemberwahl 1930 stand als drohender und immer wachsender Schatten über der Regierung die Hitlerbewegung. Von diesem Zeitpunkt an war die NSDAP ein in seiner Bedeutung immer stärker zunehmender innenpolitischer Machtfaktor, auf den Rücksicht genommen werden mußte. Überlegungen, die Partei in die Regierungsverantwortung mit zu übernehmen, um sie auf diese Weise zu zähmen, wurden bereits im Herbst 1930 angestellt[1]. Seit der Reichspräsidentenwahl im März und April 1932 und den Landtagswahlen in den wichtigsten Ländern wies sie sich als bei weitem stärkste Partei aus, an der keine Regierung mehr vorbeigehen konnte. Die Hitlerbewegung war zu einer Sturmflut angewachsen, gefährlicher für die Weimarer Republik als die Kommunistische Partei[1a]. Die Regierung Brüning stürzte im Grunde über das ungelöste Problem mit der NSDAP. Das Verbot von SA und SS durch den Reichsinnenminister Gröner, der gleichzeitig Reichswehrminister war, bot Gröners engstem Freund und Mitarbeiter, General Kurt von Schleicher, die Handhabe, die Regierung Brüning zu Fall zu bringen[2].

Der Reichspräsident ging nun vollends zum System der Präsidialregierung über. Er sah darin einen Notbehelf und eine Brücke bis zur Durchführung einer gründlichen Verfassungsreform, über die man sich aber nicht im klaren war. Fest stand nur, daß die auf dem Verhältniswahlrecht beruhende Vielparteienherrschaft zusammengebrochen war und etwas Neues, Dauerhafteres an ihre Stelle gesetzt werden mußte. Einer der führenden Verfechter der Reichsreform war der ehemalige Reichsfinanzminister und Reichskanzler Hans Luther, seit 1930 Reichsbankpräsident. Neben der Parteienmißwirtschaft sah er den Kernpunkt für eine fällige Verfassungsreform in der Beseitigung des Dualismus zwischen dem Reich und dem Hegemonialstaat Preußen. „Der Kernpunkt des Mißstandes in der Weimarer Zeit war . . .", so schreibt er in seinen Erinnerungen, „daß im parlamentarischen Regierungssystem der preußische Ministerpräsident und der Reichskanzler mit ihrer Wahl oder Bestätigung durch Vertrauenskundgebung von zwei verschiedenen Par-

---

1 Schwerin von Krosigk, Staatsbankrott, S. 145; Brüning, Memoiren, S. 191 ff.
1a S. dazu: „Staat und NSDAP 1930–1932. Quellen zur Ära Brüning." Eing. v. G. Schulz, bearb. v. I. Maurer u. Udo Vogt, Düsseldorf 1977, Nr. 12, 13, 17, 19, 20, 71, 72, 74.
2 Brüning, a. a. O., S. 495 f., 538 ff.; Vogelsang, Reichswehr, Staat und NSDAP, S. 449 ff., Dok. Nr. 22, S. 459 ff. Nr. 25.

14

lamenten (Landtag und Reichstag) abhingen, wodurch die Zusammenfassung der Leitung Preußens und des Reiches in einer Hand so gut wie ausgeschlossen war. Während die längste Zeit hindurch in Preußen der Ministerpräsident Sozialdemokrat war, gehörten die Reichskanzler verschiedenen Parteien (oder gar keiner) an"[3].

Nachdem die Parteien seit 1930 ohnehin völlig abgewirtschaftet hatten, konzentrierte sich der Machtkampf auf Preußen, das seit 1920 von der Weimarer Koalition regiert wurde. Die SPD stellte dort den Ministerpräsidenten Otto Braun, der mit kurzen Unterbrechungen von 1920 bis 1932 amtierte. Die Landtagswahlen im April 1932 setzten durch das Anwachsen der NSDAP die preußische Regierung in die Minderheit. Sie blieb aber geschäftsführend im Amt. General Kurt von Schleicher, der die Regierung Brüning gestürzt hatte, bestimmte zunächst den weiteren Gang der Ereignisse. Er setzte den neuen Kanzler ein: den ehemaligen preußischen Landtagsabgeordneten des Zentrums, Franz von Papen, Vorsitzender des Aufsichtsrates der „Germania", des führenden Zentrumsblattes[4], und übernahm selbst das Reichswehrministerium. Darauf angesprochen, wie er dazu komme, eine so unbedeutende Persönlichkeit, die doch kein „Kopf" sei, dem Reichspräsidenten als Nachfolger Brünings vorzuschlagen, erwiderte er „aber ein Hut", auf seinem, Schleichers, Kopfe[5]. Bald mußte er jedoch feststellen, daß er sich verrechnet hatte, wenn er glaubte, Papen als Werkzeug benützen zu können. Das Präsidialkabinett Papen war praktisch eine Schöpfung des „Herrenklubs", dem beide, Schleicher und Papen, angehörten.

Die neue Regierung, als Kabinett von Fachleuten und Beamten gebildet, setzte sich wie folgt zusammen:

Reichskanzler:	Franz von Papen
Äußeres:	Konstantin Frhr. v. Neurath
Inneres:	Wilhelm Frhr. v. Gayl
Reichswehr:	Kurt von Schleicher
Finanzen:	Lutz Graf Schwerin von Krosigk
Wirtschaft:	Hermann Warmbold
Ernährung und Landwirtschaft:	Magnus Frhr. v. Braun

3 Hans Luther: Vor dem Abgrund, 1930–1933. Reichsbankpräsident in Krisenzeiten, S. 34 ff.
4 Papen, Der Wahrheit eine Gasse, S. 172 ff.; ders. vom Scheitern einer Demokratie, S. 187 ff.; Vogelsang, Reichswehr, S. 457 ff., Dok. Nr. 23, 24.
5 Schwerin von Krosigk: Staatsbankrott, S. 106.

Verkehr und Post:	Paul Frhr. v. Eltz-Rübenach
Justiz:	Franz Gürtner
Arbeit:	Dr. Hans Schäffer

Auch der preußische Finanzminister Johannes Popitz war Mitglied der Reichsregierung.

Das Kabinett zählte sieben Adelige. Deshalb betrachteten die Massenparteien der Linken und der Rechten es als eine reaktionäre Regierung. Papen mußte mit Hitler verhandeln, um die gewünschte Tolerierung im Reichstag zu erreichen. Er erfüllte deshalb die beiden Forderungen Hitlers: Aufhebung des SA-Verbotes und Ausschreibung von Reichstagsneuwahlen für den 31. Juli 1932. Noch vor den Wahlen vollzog die Regierung Papen eine entscheidende Maßnahme zur Klärung der Machtverhältnisse: der Reichspräsident setzte den Kanzler, seinen Vertrauensmann, als Reichskommissar für Preußen ein. Die geschäftsführende preußische Regierung unter Otto Braun wurde abgesetzt, der Dualismus Reich–Preußen auf diese Weise durch Gleichschaltung beseitigt[6].

Die Reichstagswahlen erbrachten das zu erwartende Ergebnis: die Nationalsozialisten zogen mit 230 Abgeordneten als weitaus stärkste Partei ins Parlament ein. Aber auch die Kommunisten hatten wieder zugenommen. So wurde das Wahlergebnis zum amtlichen Totenschein für die parlamentarische Demokratie, denn die beiden Flügelparteien der Rechten und Linken, die Nationalsozialisten und die Kommunisten, verfügten über die absolute Mehrheit. Da der Reichspräsident Hitlers Forderung, ihn als Führer der stärksten Partei zum Kanzler zu ernennen, ablehnte, ging die NSDAP in die Opposition gegen die Regierung Papen. Der Reichskanzler erwirkte darauf die sofortige Auflösung des Parlamentes und die Ausschreibung von Neuwahlen für den 6. November. Die Wahl brachte eine empfindliche Schlappe für die NSDAP; sie verlor 34 Mandate, blieb aber immer noch mit Abstand die stärkste Partei. Die Lage hatte sich für die Regierung Papen nicht geändert. Außer dem Häuflein der Deutschnationalen hatte sie im Reichstag keine andere Partei für sich.

Die Regierung Papen hatte auf der Lausanner Konferenz einen großen Erfolg errungen, dank der fruchtbaren Vorarbeit des Reichskanzlers Brüning: die Reparationen wurden gestrichen. Deutschland hatte aufgrund einer unerbittlichen Forderung Frankreichs noch eine abschlie-

---

6 Papen, Der Wahrheit, S. 215 ff.; ders. vom Scheitern, S. 226 ff.

ßende Restsumme von drei Milliarden Reichsmark zu zahlen[7]. Papen hatte auch ein großes Wirtschafts- und Arbeitsbeschaffungsprogramm ausarbeiten lassen. Er mußte es auf dem Wege der Notverordnung in Kraft setzen, da das Parlament ihm jegliche Unterstützung verweigerte. Versuche, nach der Novemberwahl eine Regierung mit parlamentarischer Mehrheit zu bilden, scheiterten an der Forderung Hitlers, nur einem Präsidialkabinett mit den gleichen Vollmachten, wie die Regierung Papen sie erhalten hatte, vorstehen zu wollen. Trotz des Angebotes der Kanzlerschaft lehnte er die Leitung einer parlamentarischen Regierung ab[8]. Das Kabinett Papen trat am 17. November zurück.

Nachdem alle Versuche einer Regierungsbildung· mit den Parteien gescheitert waren, schlug Papen dem Reichspräsidenten in Gegenwart des Generals Schleicher vor, ihn im Amt zu belassen, das wirtschaftliche Sanierungsprogramm weiterzuführen und rasch eine Verfassungsreform vorzunehmen. Der Kern einer solchen Reform war die Änderung des Wahlrechts. Da die Weimarer Verfassung für den bestehenden Staatsnotstand aber keine Maßnahmen zu seiner Behebung bot, sollte angesichts der oppositionellen Haltung des Reichstags vorübergehend das Parlament ausgeschaltet werden. ,,Die Verfassungsreform müsse einem Referendum oder einer neu zu berufenden Nationalversammlung zur Billigung vorgelegt werden. Dieser Vorschlag bedeute gegebenenfalls einen Bruch der Weimarer Verfassung", erklärte Papen dem Reichspräsidenten[9].

General Schleicher glaubte, eine Möglichkeit bieten zu können, die Regierungskrise ohne Verfassungsbruch zu lösen. Er hoffte auf eine Spaltung der NSDAP mit Hilfe des gemäßigten Flügels von Gregor Strasser und die Bildung einer Regierung unter seiner Führung mit Unterstützung der Gewerkschaften, der SPD und des Strasserflügels. Der Reichspräsident entschied sich erstaunlicherweise für den Vorschlag Papens; er war im Interesse der Staatsräson zu einem Verfassungsbruch bereit. Schleicher sah sich ausmanövriert und konzentrierte nun seine Bemühungen darauf, Papen aus dem Sattel zu heben[10]. Das gelang ihm

---

7 Über die harten Verhandlungen s. b. Schwerin von Krosigk, Staatsbankrott S. 119 ff. – Die verständnisvolle Haltung des britischen Premierministers Macdonald kam in dessen Worten zum Ausdruck: ,,Das Kapitel der Reparationen ist abgeschlossen. Die hohen Zahlungen und Transfers sind nicht nur eine Strafe für die einen, sondern ein Verhängnis für alle Völker gewesen, der Ursprung all unserer Leiden."
8 Otto Meißner: Staatssekretär unter Ebert-Hindenburg-Hitler, S. 248 f.
9 Papen: Der Wahrheit, S. 243 f.
10 Schwerin von Krosigk, Memoiren, S. 152; Papen, a. a. O., S. 246 ff.

einmal dadurch, daß er die Mehrheit der Kabinettsmitglieder gegen Papen einzunehmen verstand[11]. Entscheidend aber war die Umstimmung des Reichspräsidenten, der an Papen als seinem Vertrauten festzuhalten entschlossen war.

Schleicher glückte es, durch eine Intrige Hindenburg zu bewegen, Papen fallenzulassen und ihn selbst zum Kanzler zu ernennen. Er ließ von Major Eugen Ott, einem ihm nahestehenden Offizier, ein Planspiel über den Einsatz von Reichswehr und Polizei im Falle eines Bürgerkrieges zwischen der Linken und der Rechten und einer militärischen Bedrohung durch Polen veranstalten. Das Ergebnis war, daß die bewaffneten Kräfte einer solchen Belastung sich nicht gewachsen zeigen würden[12]. Da Hindenburg die Verantwortung für einen Bürgerkrieg angesichts seines hohen Alters nicht auf sich nehmen wollte und konnte, entschloß er sich schweren Herzens zur Entlassung Papens als Kanzler und ernannte darauf den General Schleicher zum Regierungschef. Der Reichspräsident bat Papen jedoch, den von Schleicher angebotenen Botschafterposten in Paris nicht anzunehmen, sondern in seiner Nähe zu bleiben. Das Verbleiben Papens in der Umgebung des Staatsoberhauptes hatte in Bälde geschichtliche Tragweite. Papen war außenpolitisch ein entschiedener Verfechter der deutsch-französischen Verständigung und hätte gerne die Botschaft in Paris geleitet. Schleicher übernahm in seine Regierung die Mehrzahl der Minister aus dem vorangegangenen Kabinett Papen[13]. Er selbst behielt außerdem das Wehrministerium. An die Stelle des bisherigen Innenministers von Gayl trat Dr. Clemens Franz Bracht, Arbeitsminister Schäffer wurde von Friedrich Syrup abgelöst.

Ähnlich wie die Regierung Papen erzielte das Kabinett Schleicher dank der Bemühungen der vorangehenden Kabinette Brüning und Papen einen großen außenpolitischen Erfolg: auf der Genfer Abrüstungskonferenz wurde durch die Fünf-Mächte-Vereinbarung vom 12. Dezember 1932 dem Deutschen Reich die militärische Gleichberechtigung

---

11 „Als sich jedoch die Regierungskrise zu einer Alternative Papen-Schleicher zuspitzte, rang sich Gayl zu der Auffassung durch, die doppelte Politik, die von der Wilhelm- und von der Bendlerstraße getrieben wurde, sei unerträglich; er war nun für eine Ernennung Schleichers, obwohl er sich persönlich mit ihm schlecht stand." Gürtner klagte, „die Papenschen Kabinettssitzungen seien nur noch eine Art zivilen Befehlsempfangs bei Schleicher..." Schwerin von Krosigk, Staatsbankrott, S. 144 ff.
12 Papen, a. a. O., S. 247 f. Niederschrift von Ott, später Botschafter in Tokio, vom 15. Dez. 1947; ferner VHZG, 2, 1954, Dokumentation Nr. 6; Vogelsang: Reichswehr, Staat und NSDAP, Dok. Nr. 38.
13 Vogelsang, a. a. O., S. 335–403: 5. Kap. Die Regierung Schleicher.

zugesprochen. Bezeichnenderweise kam dieses Zugeständnis nur zustande, weil die Regierung nach Zurückweisung ihrer Forderung auf Gleichberechtigung im August durch Frankreich mit dem Ausscheiden aus der Konferenz gedroht hatte. Daraufhin hatte der britische Premierminister MacDonald mit italienischer Unterstützung die französische Regierung zur Anerkennung der deutschen Gleichberechtigung zu bewegen vermocht und so die Fortsetzung der Abrüstungskonferenz ermöglicht. Für den weiteren Gang der Ereignisse war dies ein böses Omen: denn die Intransigenz Frankreichs führte ein Jahr später doch zum Verlassen der Konferenz durch Deutschland.

Aber auch für die neue Regierung war das A und O die Ankurbelung der Wirtschaft und die Arbeitsbeschaffung. „Die finanzielle Lage war verzweifelt genug. Es war festgestellt worden, daß nicht weniger als 23 Millionen Deutsche, 36% der Bevölkerung von öffentlichen Mitteln lebten"[14], schildert Papen die Wirtschaftslage während seiner halbjährigen Regierungszeit. Schleicher versuchte mittels des unter seinem Vorgänger ausgearbeiteten Arbeitsbeschaffungsprogramms, das bereits erfolgversprechend angelaufen war, diesem dringendsten Problem zu Leibe zu rücken; er hoffte, durch seine Bemühungen um die Gewerkschaften und die SPD seinen ursprünglichen Plan, eine Reichstagsmehrheit zu gewinnen, verwirklichen zu können. Doch erwies sich diese Hoffnung als eine ebenso große Fehlspekulation wie jene, die NSDAP mit Hilfe des Strasser-Flügels zu spalten. Gregor Strasser hatte am 8. Dezember seine Parteiämter niedergelegt und sich aus der Politik zurückgezogen[15]. Im Konflikt mit Hitler war er unterlegen. Damit waren in der NSDAP die Weichen endgültig zugunsten der „Jakobiner" um Hitler gestellt. Schleichers Plan war schon in der ersten Woche seiner Kanzlerschaft mit der schicksalsschweren Entscheidung innerhalb der NSDAP gegen die Gemäßigten zugunsten der Radikalen gescheitert. Ebenso erlitt Schleicher im Januar Schiffbruch mit seinen Versuchen, als „sozialer General" wenigstens die Duldung der Linken zu gewinnen. Als „Eiserne Front" gegen die nationalsozialistische Sturmwelle seit Frühjahr 1932 organisiert, suchte die Linke, beraten von Professor Tschachotin, einem Schüler des bekannten russischen Physiologen P.

---

14 Papen, a. a. O., S. 237.
15 Brief Gregor Strassers an Hitler v. 8. Dez. 1932, bei Paul A. Schulz: Rettungen u. Hilfeleistungen an Verfolgten 1933–1945 durch Oberleutnant a. D. Paul Schulz, 1967. Abgedruckt auch bei Udo Kissenkoetter: Gregor Strasser und die NSDAP, Stuttgart 1978.

Pawlow, unter Nachahmung nationalsozialistischer Kampfmethoden dem Ansturm der Hitlerbewegung Halt zu gebieten. Ihr Abzeichen war das „Dreipfeil"-Zeichen als psychologisches Gegenmittel gegen das Hakenkreuz. Der Eisernen Front gehörten die SPD, das „Reichsbanner" Schwarz-Rot-Gold, die freien Gewerkschaften und noch andere Linksgruppen an, mit Ausnahme der Kommunisten. Letztere konzentrierten ihren Kampf aufgrund einer Weisung aus Moskau ebenso auf die SPD wie auf die NSDAP. Die KPD war die moskauhörigste aller kommunistischen Parteien außerhalb der UdSSR; sie wurde praktisch von dort geleitet. Eben diese Spaltung lähmte die Linke als Ganzes und war eine wesentliche Voraussetzung für den Sieg der Hitlerbewegung. Der psychologische Kriegsberater der „Eisernen Front", der obenerwähnte russische Professor Tschachotin, nannte diese Spaltung der Arbeiterschaft nicht zu Unrecht „die Quelle von Hitlers Kraft". Über die SPD-Führung fällte er in „Der 20. Juli und die Marneschlacht der Bonzen" rückschauend folgendes Urteil zur Entmachtung der SPD in Preußen:

„Ein Reichswehroffizier und zwei Soldaten gingen zu Severing ins Ministerium und forderten seinen Rücktritt. Er erklärte: „Ich weiche der Gewalt" und ging am 20. Juli 1932, 5.40 nachmittags in seine Privatwohnung. Die offiziell registrierte Stunde des Ablebens der deutschen Sozialdemokratie, der stolzen Partei Bebels und Liebknechts, der genialen Schöpfung Lassalles[16]."

Zu dem Zeitpunkt, in dem der sozialdemokratische Innenminister Severing solcherweise vor dem Leutnant und zwei Soldaten kapitulierte[17], befand sich der sozialdemokratische Ministerpräsident Preußens, Otto Braun, bereits krankheitshalber in seiner Villa in der Schweiz[18].

Den letzten Ausschlag für die Preußenaktion hatte der Regierung Papen die alarmierende Mitteilung über eine beabsichtigte Zusammenarbeit zwischen der sozialdemokratischen Regierung Preußens und der kommunistischen Partei gegeben. Die Unterlagen dafür hatte Ministerialrat Rudolf Diels, der Leiter der politischen Abteilung im preußischen Innenministerium, erbracht[19]; sein Spezialgebiet war die Überwa-

---

16 Sergei Tschachotin: Dreipfeil gegen Hakenkreuz, S. 101 ff.
17 Genaue Schilderung der Komödie bei Papen: Vom Scheitern einer Demokratie, S. 231. Papens Kommentar: Difficile est, satiram non scribere.
18 Ebda, S. 231.
19 Ebda, S. 233. – Rudolf Diels, Lucifer ante portas, Stuttgart 1950.

chung der KPD. Außerdem hatte die preußische Regierung hochverräterische Pläne geschmiedet[20].

Die Linke hatte sich im Reich schon im Frühjahr 1930 durch den Sturz des eigenen Kanzlers Müller-Franken ausmanövriert. In Preußen, ihrer eigentlichen Machtstellung, hatte sie am 20. Juli 1932 freiwillig kapituliert. Nun war sie trotz Dreipfeil und psychologischem Berater aus Sowjetrußland ohnmächtig, um so mehr, als die kommunistische Partei ihre eigenen Wege gegen die SPD ging. Als sich durch die Bemühungen Schleichers für sie wieder eine Gelegenheit bot, politisch mitzuwirken, schlug sie diese Möglichkeit selbst aus. Niemand hat das Verhalten der sozialdemokratischen Parteiführung treffender charakterisiert als Gustav Noske, neben Ebert der beste Mann in der sozialdemokratischen Führung, den diese bereits 1920 kaltgestellt hatte[21]. Noske gab seinem Kapitel über das Verhalten der Parteiführung die bezeichnende Überschrift: ,,Wen die Götter verderben wollen . . .''[22] Er sah richtig in dem Angebot Schleichers ,,eine letzte Chance''. Dieser hätte mit ihm gerne zusammengearbeitet, aber die Parteileitung bat Noske nicht zu sich nach Berlin, sondern ließ ihn als Oberpräsidenten in Hannover. ,,In einer Verranntheit, wie sie mir in der Geschichte aller Parteien sonst nicht bekannt geworden ist, widersetzten sich Leute, die sich einbildeten, Führer zu sein, der letzten Möglichkeit, sich und ihre Einrichtung vor der drohenden Vernichtung zu bewahren . . . Nie ist eine politische Situation gründlicher verkannt worden.''

Der Leiter der Gewerkschaften, Leipart, war bereit gewesen, der Bitte Schleichers um eine Aussprache ,,über eine Zusammenarbeit mit Vertretern der organisierten Arbeiterschaft'' zu entsprechen. Die sozialdemokratische Parteileitung lehnte jedoch ,,jede Zusammenarbeit mit dem Reaktionär Schleicher'' ab und erwartete von Leipart die gleiche Haltung. Dieser beugte sich der Forderung der Parteiführung, deren böser Geist Dr. Rudolf Breitscheid war.

---

20 Papen, Vom Scheitern, S. 237.
21 Gustav Noske, erster Reichswehrminister der Weimarer Republik, wurde wegen des Kapp-Putsches von den Gewerkschaften und der eigenen Partei gegen den Willen Eberts gestürzt. S. Noske: Von Kiel bis Kapp.
22 Noske: Erlebtes aus Aufstieg und Niedergang einer Demokratie, S. 308 ff. Über Noske wußte die VZ v. 21. Januar 1933 zu berichten:
,,So wird in unterrichteten Kreisen davon gesprochen, daß der Oberpräsident der Provinz Hannover, Gustav Noske, der im Oktober d. J. wegen Erreichung der Altersgrenze in den Ruhestand treten müßte, schon vorher sein Amt aufgibt, so daß die Ernennung eines Oberpräsidenten für die Provinz Hannover erforderlich würde.''

Auf Schleicher folgte Hitler. Noske berichtet weiter: „Namhafte sozial-demokratische Führer versicherten seelenruhig, das bedeute keine Gefahr für die Zukunft, denn dieser Kanzler werde niemals die erforderliche Zweidrittelmehrheit im Reichstage für eine Änderung der Weimarer Verfassung erhalten. Man löse sich vorübergehend vom Feind, um neue Kraft zum erfolgversprechenden Vormarsch zu sammeln[23]."

Der preußische Ministerpräsident Otto Braun hatte in seiner Unterredung mit dem Reichskanzler am 6. Januar die Aufhebung der Verordnung vom 20. Juli 1932 als Voraussetzung für eine Zusammenarbeit verlangt[24]. Breitscheid, der Führer des linken, klassenkämpferischen Flügels der SPD – er kam von der USPD! – und in dieser entscheidenden Stunde der maßgebliche Mann in der SPD-Führung, suchte einen anderen Ausweg aus der Sackgasse. Er war sich mit Friedrich Stampfer, dem Hauptschriftleiter des Zentralorgans der sozialdemokratischen Partei, dem „Vorwärts", einig, man müsse die kommunistische Partei zur Einsicht bringen, „daß sie bei einem Sieg Hitlers mit uns unter die Räder kommen würde und daß sie ihre Taktik entsprechend einrichten solle. Beratungen mit der Führung hielten wir für sinnlos", schrieb Stampfer, „da diese doch nur nach Weisungen Moskaus handelte." Stampfer ging deshalb im Einverständnis mit der Parteileitung Ende 1932 in die sowjetrussische Botschaft zu Botschafter Chintschuk, mit dem Anliegen, „das Verhältnis meiner Partei zu seiner Regierung zu normalisieren". Chintschuk versprach, zur SPD-Führung Kontakt zu halten, und schickte zu diesem Zweck einige Male seinen Botschaftsrat Winogradow in die Redaktion des „Vorwärts". Gegen Ende Januar erklärte Winogradow gegenüber Stampfer, „weitere Unterhaltungen hätten wenig Sinn, denn in Moskau sei man überzeugt, daß in Deutschland erst Hitler zur Macht kommen müsse, bevor ein Sieg des Kommunismus zu erwarten sei". Wenige Tage darauf war Hitler ernannt[25].

Diese Bemühungen der sozialdemokratischen Parteiführung um eine Einigung mit der KPD in letzter Minute durch Vermittlung der sowjetrussischen Botschaft in Berlin, d. h. letzten Endes mit Hilfe der kommunistischen Partei der Sowjetunion, hatten noch ein Nachspiel. Die

---

23 Noske, a. a. O., S. 311.
24 SEG, 74. 1933, S. 6 f.
25 Friedrich Stampfer: Erfahrungen und Erkenntnisse, S. 263 f.; Walter Schellenberg; Memoiren, S. 45. Siehe dazu auch Briefwechsel Papen/Barsig vom 25. Aug. 1962 und 27. Okt. 1962, in: „Einige Bemerkungen zum Buch: ‚Reichswehr, Staat und NSDAP', ‚Beiträge zur Deutschen Geschichte 1930–1932 von Dr. Thilo Vogelsang'."

Führer der KPD erhielten Kenntnis von den Besprechungen Stampfers mit Chintschuk und Winogradow und waren bestürzt über den negativen Ausgang. Sie wünschten ein Gespräch mit Stampfer durch Vermittlung von Eugen Prager, der wie Breitscheid auch der USP angehört hatte. Dieser sprach am 26. Februar bei Stampfer vor und vereinbarte ein Treffen zwischen dem Leiter der „Vorwärts"-Redaktion und den beiden Führern der KPD, Torgler und Dr. Neubauer, für den 28. Februar. Die Besprechung kam aber infolge des Reichstagsbrandes vom 27./28. Februar und seiner Auswirkungen nicht mehr zustande, denn Torgler wurde als angeblich Mitwirkender am Reichstagsbrand verhaftet[26]. So scheiterte der letzte Versuch einer Einigung zwischen den feindlichen Brüdern SPD und KPD durch den Gang der Ereignisse.

Sozialdemokratische Bemühungen um eine Einheitsfront mit der kommunistischen Partei sind nach kommunistischer Darstellung schon im Sommer 1932 unternommen worden. Jedenfalls schrieb Joachim Petzold in der Zeitung „Sonntag" (Ostberlin) am 12. August 1962 in seinem Jubiläumsartikel zum 20. Juli 1932 wörtlich: „Am 8. Juli (1932) suchten zwanzig Funktionäre der SPD Ernst Thälmann, Wilhelm Pieck, John Scher und andere Führer der KPD im Karl-Liebknecht-Haus Berlin auf und hatten mit ihnen eine fast fünfstündige Aussprache über die Möglichkeiten der Einheitsfront. Am 10. Juli 1932 wurde in Berlin ein Einheitskongreß gegen den Faschismus durchgeführt; von den 1465 Delegierten waren 132 von der SPD und Reichsbanner-Mitglieder . . .[27]"

Die Entscheidung über diese Einheitsfront-Bemühungen von SPD und KPD war aber längst in Moskau gefällt worden: gegen die Einheitsfront.

„Die Kommunisten versuchten wenigstens in ihrer Verzweiflung, um sich zu schlagen", urteilte ein australischer Beobachter, „aber die Sozialdemokraten, die typisch nutzloseste aller Weimarer Parteien, entblößten tatsächlich ihre eigenen Kehlen für das Messer des Schlächters[28]."

Das Sprachrohr der Münchner Sozialdemokraten, die „Münchner Post", eröffnete den Kampf gegen die Nationalsozialisten in der ersten Nummer vom 2. Januar 1933 mit der Schlagzeile: „Schützt eure Kinder vor den Nazi-Mordbestien!" Sie brachte dann einen Leitartikel über die „Jahresbilanz des Nationalsozialismus" folgenden Inhalts:

---

26 Stampfer, a. a. O., S. 264.
27 Papen: Einige Bemerkungen, S. 21.
28 Stephen H. Roberts: The House that Hitler built, S. 64.

„Die Verschlimmerung der Konjunktur für das Hakenkreuz läßt sich nicht mehr verschleiern. Und die Hakenkreuzpartei ist eine a u s g e - s p r o c h e n e   K o n j u n k t u r p a r t e i . Konjunktur trieb ihr die Massen zu, wehe ihr, wenn diese Massen endgültig wahrnehmen, daß die Konjunktur nicht mehr bei Hitler ist.

Diese Konjunktur hat dem großen Adolf am 31. Juli seine 230 Mandate gebracht, ein selbst für die Partei unerwarteter Erfolg, der – ungenutzt und wertlos blieb. Dieser 31. Juli war der K u l m i n a t i o n s p u n k t für das Hakenkreuz. Diesem Zeitpunkt, an dem das Glück an dem großen „Führer" vorbeigegangen ist, folgte rasch Mißerfolg auf Mißerfolg. Die erste Enttäuschung brachte der 13. August, die Unterredung zwischen Hitler und Hindenburg; die zweite die November-Verhandlungen. Nachdem Hitler bereits im Frühjahr durch seinen radikalsten Hetzer G o e b - b e l s in die Präsidentschaftskandidatur hineingedrängt worden war, störte Goebbels auch diese beiden Male die Verhandlungen des „Führers" mit der Reichsregierung durch unmögliche Forderungen. Dazwischen erfolgten die wenig schmeichelhaften italienisch-faschistischen Offenheiten und Ermahnungen.

Am 16. November war der bekannte Artikel Gregor Strassers im Völkischen Beobachter erschienen über: D a s   G e b o t   d e r   S t u n d e , für das es kein Ausweichen und kein Entrinnen gibt,
die Nationalsozialistische Partei in den Staat einzubauen, auf daß sie sich
bewähre oder beim Versagen zugrunde gehe.
Damit legte Strasser eigenhändig den Grundstein zu seiner Sendung in die Wüste. So kam es am Schlusse des Jahres zur Palastrevolution im Braunen Hause: Die Grundsäulen der Bewegung, der Reichsorganisationsleiter Gregor S t r a s s e r und der Wirtschafts- und Finanz-Theoretiker Gottfried F e d e r , verlassen das sinkende Schiff. Dazu weiß man jetzt aus kompetentester Quelle, daß in der Nationalsozialistischen Partei Schmalhans Küchenmeister geworden ist und daß sie unter einer ungeheuren Schuldenlast stöhnt.

Der Nazi-Parteileitung ist es diesmal nicht gelungen, die Vorgänge, die sich auf den Gipfeln der Partei abspielten, in den gewohnten undurchsichtigen Höhennebel zu hüllen. Die gegenseitigen hemmungslosen Ausbrüche eines unversöhnlichen Grimmes bieten vielmehr keine Unterlagen mehr zu der Annahme, daß sich auch hier wieder einmal das deutsche Sprichwort: „Pack schlägt sich, Pack verträgt sich", bewahrheiten werde. Die nationalsozialistische Bewegung hat bisher ihre Kraft aus der Befehdung jeglichen „ S y s t e m s " gezogen. Nun soll sie sich auf praktisch politische Arbeit umstellen. Dem bisherigen einseitigen Walten der Führer gegenüber kommt jetzt die Zeit, wo die nationalsozialistischen Wähler zu wissen begehren, wohin sie denn eigentlich geführt werden sollen. Die Gegensätze, die schon längst bestanden, kommen heute in den Namen

Strasser und Goebbels zum Ausdruck. Strasser, ursprünglich für den Reichskanzlerposten bereitgehalten, sollte dann im Einverständnis mit dem Zentrum preußischer Ministerpräsident und Reichskommissar werden. Schleicher war dem nicht abgeneigt, wartete aber vorsichtig, wieweit Strasser den Segen Hitlers und die Tolerierung der Partei hinter sich hatte, sagte aber „nein", als es zur Auswechslung Strassers gegen Göring kam. Strasser war der realistischer Denkende, der es nicht auf die mystische Lotterie ankommen lassen wollte. Statt zu warten, bis die Taube vom Dach herunterfliegen werde, wollte er sich mit dem Spatz in der Hand begnügen. Das spricht sein Artikel vom 16. November aus.

Strasser gegenüber steht Goebbels, den Strasser entdeckt und aus dem Nichts hervorgezogen hatte, Goebbels, der seinerzeit mit Stennes die Auflehnung der SA gegen Hitler plante und der heute den stärksten Einfluß auf Hitler hat. Hitlers Scheu vor der Übernahme der Verantwortung findet eine willkommene Unterstützung und heroische Verbrämung in den unerfüllbaren Machtansprüchen von Goebbels. Goebbels will das Chaos als den unvermeidlichen Übergang zum Dritten Reich möglichst rasch herbeiführen. Hitler ist die „Bewegung" nach seinen letzten Worten „Religion", Goebbels will aber nicht die Religion, er will die Revolution, er will nicht die geistige, er will die gewalttätige Bewegung.

Strasser und Goebbels rangen um die unschlüssige Seele Hitlers, bis Goebbels mit seinem Anhang siegte, indem er die Eitelkeit Hitlers als des „gottgesandten Führers" und auch sein Mißtrauen gegen Strasser als ehrgeizigen Konkurrenten aufstachelte. Die Energie, mit der Strasser dem Oberbonzen die bisher innegehabten Parteiämter vor die Füße warf, darf überraschen. Strasser ist wahrlich nicht der Nächstbeste in der Partei und nach Hitler die größte Nummer, er kennt den Apparat mit allen seinen Geheimnissen. Strasser in Opposition zum Osaf und dessen Umgebung bedeutet daher allerlei. Gerade deswegen

rollt die Strasserkrise das ganze Führerproblem
des Nationalsozialismus auf.

Hitler möchte der deutsche Mussolini werden, ist aber im Gegensatz zum Original-Mussolini nicht ein rhetorisches und politisches, sondern nur ein rhetorisches Talent. Ein großer Staatsmann, der durch Hitler die Massen bearbeiten lassen könnte, wäre vielleicht schon Diktator im Reiche. Nun steht aber Hitler nicht im Dienste eines solchen großen Staatsmannes, sondern soll selbst einen solchen vorstellen. Das ist sein Schicksal. Es hindert ihn, starke politische Begabungen neben sich aufkommen zu lassen. Diktatoren wie Mussolini, Lenin, Kemal, können sich das leisten. Ihre innerliche Sicherheit gestattet es ihnen. Adolf Hitler hat diese innerliche Sicherheit nicht. Der Faschismus macht das Problem des Führernachwuchses überhaupt schwierig, weil sein Schwerpunkt auf der

Disziplin und nicht auf der politischen Genialität liegt. Im Gegensatz zu Mussolini fehlt es in der Umgebung Hitlers völlig an gescheiten oder auch nur begabten und disziplinierten Vollzugsorganen. Auf jener Tagung zu Rom ist auch den deutschen nationalsozialistischen und nationalistischen Illusionisten gerade von denen, die sie für ihres Wesens hielten, ein Spiegel der Ernüchterung aufgesteckt worden. Herr Farinacci hat es der Welt selber erzählt, welch bittere Wahrheiten er nationalsozialistischen Freunden ins Gesicht gesagt hat, und es ist kein Geheimnis, daß noch sehr viel höhergestellte Vertreter des Fascio an diesen Belehrungen teilgenommen haben. Dem „Führer" hat es der Duce ja leider nicht persönlich sagen können, wie „abwegig und unfaßlich" die vom Nationalsozialismus betriebene Unpolitik ist und wie sie auf diejenigen wirken muß, die zwar verwandte Gesinnungen hegen, aber nur zu gut wissen, daß es in dieser Welt um recht nüchterne Dinge geht.

Jetzt wird sich zeigen, daß selbst die nackte Not nur ganz kurzfristig zu Pathos und Elan fortreißen kann, da zu allem Überfluß der „große Parteiführer" bisher noch keinen möglichen Fehler zu machen unterlassen hat. Was Hitler trotz aller politischer Mängel bisher so hoch kommen ließ, das ist neben der Wirtschaftsnot das monarchische Sehnen eines Teiles des deutschen Volkes, der ihn sozusagen als Kaiserersatz hinnahm. Aber ganz zuverlässig ist die Wirkung dieser Funktion doch nicht. Einem Monarchen kommen in den Augen dieses Volksteiles noch etwaige Verdienste seiner Vorfahren zugute. Über dieses Grundkapital verfügt der Diktator nicht. Hitler kann sich in der Stellung, zu der ihn die deutschmonarchistische Neigung zum Gehorsam mit emporgetragen hat, auf die Dauer nur halten, wenn er die eine oder andere von zwei Hauptbedingungen erfüllt: er muß sich entweder höchstpersönlich bewähren, oder er muß sich eine Macht schaffen, die ihn unabsetzbar macht.

Daß Hitlers Aussichten auf höchstpersönliche Bewährung mehr als bescheiden sind, weiß seine Umgebung, die ihn aus der Nähe kennt, sehr gut. Otto Strassers letzte Urteile von der habsburgischen Verlogenheit, grotesken Unkenntnis und krankhaftem Größenwahn treffen ins Schwarze. Die Schaffung der Macht aber war mit dem 31. Juli 1932 zur Möglichkeit geworden, die aber unwiederbringlich der Vergangenheit angehört. Der Nationalsozialistischen Partei bleibt daher zu Beginn des Jahres 1933 keine andere Wahl mehr als die zwischen einer praktischen Mitarbeit und begrenzten Teilnahme an der Verantwortung, oder einer ohnmächtigen, agitatorischen, illusionistischen Opposition in Worten. Die sicherste Aussicht bei jeder dieser beiden Möglichkeiten ist der Parteizerfall. C."

Mitte Januar 1933 war das Kabinett Schleicher ebenso am toten Punkt angelangt wie zwei Monate vorher die Regierung Papen. Damals hatte der verschlagene Drahtzieher an der Spitze des Reichswehrministeriums den Versuch des Kanzlers Papen hintertrieben, unter Ausschaltung des Reichstags mit dem Risiko eines Verfassungsbruchs bis zur Durchführung der Wahl- und Verfassungsreform allein auf das Vertrauen des Reichspräsidenten gestützt weiterzuregieren. Nachdem sich nun sein Plan, mit Hilfe der Linken und des gemäßigten Flügels der NSDAP unter Gregor Strasser sich im Reichstag eine Mehrheit zu verschaffen, binnen weniger Wochen als eine geplatzte Luftblase erwiesen hatte, wollte er vom Staatsoberhaupt jene Vollmachten, die sein Vorgänger Papen infolge seines (Schleichers) Intrigenspiels nicht erhalten hatte. Er wünschte diese Vollmachten mit dem Ziel, ,,den Reichstag so oft aufzulösen, bis die Parteien erschöpft seien"[29]. Dem General war es wohl gelungen, seinen von ihm selbst eingesetzten Vorgänger zu stürzen, aber er hatte sein Spiel beim Reichspräsidenten überreizt. Hindenburg hatte Papen unter dem Druck Schleichers zwar die nötigen Vollmachten nicht gewährt, aber ihm sein volles Vertrauen bewahrt, das Schleicher nun verspielt hatte.

Papen hatte am 4. Januar 1933 beim Bankier Kurt von Schröder eine geheime Zusammenkunft mit Hitler[30]. Schröder war zu dieser Vermittlung von Wilhelm Keppler, seit 1932 Wirtschaftsberater Hitlers, angeregt worden. Keppler war bei den Chemischen Werken Odin Leiter einer kleinen Fotogelatine-Fabrik in Eberbach am Neckar. An ihr war amerikanisches Kapital beteiligt (Kodak-Werke)[31]. Reichskanzler Schleicher hatte jedoch Papens Telefon überwachen lassen und ließ Papen beim Betreten des Schröderschen Hauses fotografieren. Gregor Strasser erzählte dem ehemaligen Reichskanzler Brüning bei ihrem geheimen Treffen am zweiten Weihnachtsfeiertag bereits, daß Hitler und Papen sich bei Schröder am 4. Januar, vormittags elf Uhr, treffen würden[32]. Papen unterrichtete brieflich den Reichskanzler über sein Treffen mit Hitler noch am gleichen Tag. Bei dem Gespräch sei im wesentlichen nur die Rede von einer Teilnahme Hitlers am Kabinett Schleicher gewesen[33]. ,,Das war unrichtig", stellte dazu Meißner fest. Keppler hatte ihm nämlich später berichtet, ,,daß Hitler" ihm, ,,Heß und Himmler" ,,un-

29 Brüning, a. a. O., S. 642.
30 Papen, a. a. O., S. 254 ff.; ders.: Einige Bemerkungen, S. 24 ff.; Ders: Vom Scheitern, S. 329 ff.
31 Vogelsang, a. a. O., Dok. Nr. 39: Keppler an Hitler am 19. Dez. 1932.
32 Brüning, a. a. O., S. 639.
33 Papen, Vom Scheitern einer Demokratie, S. 339.

mittelbar nach seiner Aussprache mit Papen" erzählt habe, „Hauptgegenstand sei die Bildung einer Regierung der Rechten gewesen; von Papen habe ihm, Hitler, für die Führung dieser Regierung eine Art Duumvirat angeboten. Auch bei seiner mündlichen Berichterstattung bei Hindenburg erwähnte Papen, daß bei seiner Kölner Aussprache mit Hitler die Frage der Neubildung und der politische Zusammensetzung der Reichsregierung behandelt worden sei[33a]."

Papen hatte auch das Ohr des Sohnes des Reichspräsidenten, des Obersten Oskar von Hindenburg. Sein Einfluß auf den Generalfeldmarschall wuchs dadurch so stark, daß er Schleicher überspielen konnte. Bemühungen, Hitler und Hugenberg zusammenzubringen, unternahm nicht nur Papen, sondern auch Graf Kalckreuth vom Landbund[34]. Schleicher verlor durch sein intrigantes Verhalten das Vertrauen aller Parteiführer, die noch geneigt waren, ihn zu unterstützen[35]. Um die Jahreswende, so meinte Schmidt-Hannover, standen wichtige Entwicklungsfaktoren gegen Hitler. Außenpolitisch waren die beiden entscheidenden Hemmschuhe für Deutschland im Laufe des Jahres 1932 beseitigt worden, vor allem dank der erfolgreichen Bemühungen Brünings, der sich besonders in London hohes Ansehen erworben hatte. Er selbst konnte die Früchte seiner Außenpolitik nicht mehr ernten. Die Reparationen waren gefallen, und der Widerstand Frankreichs gegen die Anerkennung der militärischen Gleichberechtigung Deutschlands war im Dezember 1932 vor allem mit britischer und italienischer Hilfe überwunden worden. Wirtschaftspolitisch war die Talsohle der Krise erreicht. Hugenberg meinte:

„Die Dinge kommen jetzt mit aufsteigender Weltkonjunktur auf Deutschland zu, wenn seine Regierenden einen klar-autoritären Kurs halten, Hitler mit eisiger Reserve behandeln und die rettenden Wirtschaftsmaßnahmen durchführen, die wir ihnen täglich nahebringen[36]."

Aber auch Hitler hatte den Tiefpunkt der Erschütterung seiner Partei durch die Wahlniederlage vom 6. November und die Strasserkrise zu Beginn des Jahres 1933 überwunden[37]. Psychologisch gaben ihm das

---

33a Meißner, a. a. O., S. 261.
34 Brüning, a. a. O., S. 640.
35 Ebda, S. 643 f.
36 Schmidt-Hannover, Umdenken oder Anarchie, S. 317.
37 Die VZ berichtet ab Anfang Januar laufend über die Spannungen in der NSDAP, angebliche und wirkliche Krisen in der Führung, so Nr. 6 v. 4. 1. 33 A.–A., S. 1: „Sucht Röhm

Gespräch mit Papen am 4. Januar und der Wahlerfolg in Lippe am 15. Januar wieder Auftrieb[38]. Angesichts der hoffnungslos werdenden Lage des Kabinetts Schleicher konnte es nur noch eine Frage der Zeit sein, wann man ihn mit dem Zugeständnis der Kanzlerschaft rufen mußte. Es führte bei der Regierungsbildung kein Weg mehr an ihm und seiner Massenbewegung vorbei, jedenfalls kein legaler. Und einen illegalen mit dem Risiko des Bürgerkrieges zu beschreiten, war der Reichspräsident, an dem die letzte Entscheidung hing, nicht bereit.

„Papen glaubte, durch Hindenburg zum homo regius ernannt, den alten Herrn vor der Gefahr einer Präsidentenkrise und Deutschland vor den Gefahren des NS zu bewahren, wenn es seiner Vermittlung gelänge, eine Nationalregierung auf breiter Front zu schaffen, in der Hitler durch konservative Persönlichkeiten so eingeengt wäre, daß er kein Unheil anrichten könne[39]."

Am 9. Januar fand eine Unterredung zwischen Schleicher und Papen statt, anschließend ging Papen zum Reichspräsidenten und unterrichtete ihn über seine Gespräche mit Hitler, Schröder und Schleicher[40]. Im Auftrag Hindenburgs bemühte sich Papen um eine nationale Koalitionsregierung. Das nächste Gespräch mit Hitler und Göring fand auf Initiative des Führers der NSDAP im Hause Ribbentrops am 22. Januar statt. Papen kannte Ribbentrop vom Kriege in der Türkei her. Im Einverständnis mit dem Reichspräsidenten nahm Papen den Sohn Hindenburgs und Staatssekretär Meißner mit zu der Besprechung. Es gelang Hitler und Göring, die Bedenken der Vertrauenspersonen des General-

Rückversicherung? Wachsende Unsicherheit im Hitler-Lager"; Nr. 9 v. 6. 1., M.–A., S. 1: „Hitler klopft an Hintertüren. Eine Erklärung Papens." – VB, Nr. 1 v. 1./2. 1. 33, S. 1: „Adolf Hitlers Kampfbotschaft für 1933". VZ v. 13. 1.: „Absage an das Hitler-Bonzentum – Ein Abschiedsbrief aus Lippe." Ebda, „Der SA-Krach in Franken". Nr. 34 v. 20. 1., A.–A., S. 1: „Stegmanns Freikorps Franken. SA macht sich selbständig." Ebda, Nr. 42 v. 25. 1., A.–A., S. 1: „Scherbengericht über Gregor Strasser.
38 Über das Treffen Hitler-Papen v. 4. 1. 33 laufend VZ, Nr. 9 v. 6. 1., Nr. 10 v. 61., A.–A. „Papens Bemühungen um Hitler. Wiederaufrichtung der ‚Harzburger Front' als Ziel"; Nr. 11 v. 7. 1. M.–A. S. 1: „Hitler und Papen erklären: Kube sorgt sich um Strasser", Nr. 14 v. 9. 1., A.–A., S. 1: „Papen bei Schleicher", ferner ebda „Besprechungen mit Vögler und Springorum"; Nr. 30 v. 18. 1., A.–A., S. 1: „Papen-Hitler-Schleicher. Geschäftiges Spiel hinter den Kulissen."
VB, Nr. 10 v. 10. 1. 33: „Adolf Hitler über seine Begegnung mit Herrn von Papen".
39 Schmidt-Hannover, a. a. O., S. 326.
40 Papen, Vom Scheitern, S. 348. Papen erwähnt S. 349 den Einfluß des deutschen Kronprinzen auf General Schleicher. – Über das Intrigenspiel s. a. VZ Nr. 14 v. 9. 1. 1933, A.-A., Artikel: „Wie man Kanzler wird. Das Spiel hinter den Kulissen."

feldmarschalls zu zerstreuen. Hitler verlangte, daß „die Form des am 1. Juni 1932 berufenen Präsidialkabinetts" beibehalten werden müsse. Nach Papens Behauptung war bei dieser Besprechung mit keinem Wort auch nur von der Kanzlerkandidatur Hitlers gesprochen worden[41]. Das Gespräch war ein voller Erfolg für Hitler, weil es ihm gelungen war, vor allem den Sohn des Reichspräsidenten, Oberst Oskar von Hindenburg, stimmungsmäßig für sich zu gewinnen[42]. Tags darauf bemühte sich der Kanzler vergeblich beim Reichspräsidenten um jene Vollmachten, die Hindenburg auf Schleichers Betreiben dessen Vorgänger verweigert hatte. Als der Kanzler am 28. Januar seine Forderungen beim Präsidenten wiederholte, wurde er abermals abgewiesen und mußte zurücktreten[43]. Anschließend ließ Hindenburg Papen kommen.

Eine allgemeine „Stimmungsmache für Hitler" hatte nach Feststellung des Staatssekretärs Meißner Ende 1932 eingesetzt und Anfang 1933 an Umfang und Stärke stets zugenommen. „Während der letzten Monate des Jahres 1932 und in den ersten Wochen des Jahres 1933 häuften sich im Büro des Reichspräsidenten die Zuschriften aus allen Schichten der Bevölkerung und von Verbänden vieler Berufsstände, die an den Reichspräsidenten den dringenden Appell richteten, nun endlich dem Willen der vierzehn Millionen hinter Hitler stehenden Wähler nachzugeben und den Auftrag zur Regierungsbildung dem Führer der Nationalsozialisten zu übertragen, der allein die den Staat und die Wirtschaft bedrohende Krise beenden, die vom Kommunismus drohenden Gefahren bannen und Deutschland retten könne."

Auch Großindustrielle und Finanzmänner stellten das Ersuchen, Hitler zu berufen, und besonders von landwirtschaftlichen Organisationen liefen ähnliche Gesuche ein. Die verschiedenen Parteiführer, deren Meinung der Reichspräsident anhörte, rieten ihm ebenfalls dazu mit dem Hintergedanken, daß Hitler seine Versprechungen nicht würde erfüllen können. „Er würde dann bald abwirtschaften, und seine Wähler würden wieder zu alten Parteien zurückfinden"[44]. Sogar Oldenburg-Januschau redete dem Generalfeldmarschall zu und ebenso General vom Blomberg, der ehemalige Wehrkreiskommandeur von Ostpreußen und derzeitige Delegierte bei der Genfer Abrüstungskonferenz, „den der

---

41 Papen, Vom Scheitern, S. 369 f.; Meißner, a. a. O., S. 263 f.
42 MM Reichsfinanzminister a. D. Schwerin von Krosigk am 20. Okt. 62.
43 Hubatsch, Hindenburg und der Staat, S. 368 f., Dok. Nr. 104, Vogelsang, a. a. O., Dok. Nr. 42.
44 Meißner, a. a. O., S. 264 ff.

Reichspräsident, um sein Urteil zu hören, Ende Januar vertraulich, und ohne den Reichswehrminister und Reichskanzler von Schleicher zu verständigen, nach Berlin zitiert hatte. Blomberg erklärte ihm, daß eine nationale Koalitionsregierung unter Hitlers Führung auch für die Reichswehr die beste Lösung sei und zweifellos von der gesamten Wehrmacht begrüßt werde; . . ." Blomberg lehnte die Schleicherschen Pläne einer Militärdiktatur ab und wies auf die Sympathien im jüngeren Offizierskorps für die Hitlerbewegung hin[45]. Schleicher sagte in der Kabinettssitzung am 28. Januar, er könne nur mit der Vollmacht zur Auflösung am 31. Januar zu der anberaumten Sitzung des Reichstages gehen. Der Reichspräsident aber verweigere ihm die Vollmacht. Er „sei zuerst gar nicht abgeneigt gewesen. Erst Papen und Oskar hätten ihn unzugänglich gemacht"[46]. Hindenburg lehnte auch den Vorschlag des Kanzlers ab, der Bitte einiger Reichsminister um eine Unterredung zu willfahren[47]. „Schleicher klagte vor seinen Ministern, er habe gegen eine Wand gesprochen; der alte Herr habe seine Argumente gar nicht in sich aufgenommen, sondern eine eingelernte Walze abgeleiert. Jetzt mußte Schleicher", so stellte sein Finanzminister fest, „seine Intrige gegen Brüning büßen, indem er von Hindenburg ebenso behandelt wurde wie Brüning vor acht Monaten[48]." Beim Abschied bat der Reichskanzler noch, „namentlich das Reichswehrministerium keinem Parteigänger Hitlers zu übertragen". Hindenburg erwiderte, daß er einen solchen Gedanken selbst „absolut ablehne"[49].

„Auf keinen Fall wollte sich Schleicher von Papen geschlagen geben", stellte Schwerin von Krosigk fest[50]." Jetzt wollte er ihn im letzten Augenblick in der Gunst der Nationalsozialisten überrunden und schickte am 29. Januar nachmittags Werner von Alvensleben zu Göring mit dem Auftrag, den Dicken auf seine Seite zu bringen. Papen wolle, so sagte der ‚Herr v. A.', die Nationalsozialisten nur betrügen; den Reichspräsidenten könne man leicht beseitigen, Schleicher brauche nur die Potsdamer Garnison zu mobilisieren. Ob dieser Zusatz dem Auftrag

---

45 Ebda, S. 266.
46 Schwerin von Krosigk, Staatsbankrott, S. 165; Vogelsang, a. a. O., Dok. Nr. 43.
47 Hubatsch, a. a. O., S. 368 f., Dok. Nr. 104; – VZ, Nr. 45 v. 27. Jan. 1933, Morgen-A. S. 1: „Wieder Kanzlersturz?"; ebda: „Hoffnung auf Hindenburg." VZ, Nr. 47 v. 28. Jan. 1933, Morgen-A., S. 1: „Papen will Zeit gewinnen."
48 Schwerin von Krosigk, a. a. O., S. 166.
49 Hubatsch, a. a. O., S. 369, Dok. Nr. 104; ferner: VHZG, 2, 1954, Dok. 6.
50 Schwerin von Krosigk, a. a. O., S. 167 f., danach das Folgende. – VZ, Nr. 48 v. 28. Jan. 1933, Abend-A., S. 1: „Schleicher zurückgetreten. Verhandlungsauftrag an Papen."

Schleichers entsprach oder der leicht entzündbaren Phantasie Alvenslebens entstammte, ist nicht mehr festzustellen. Jedenfalls benachrichtigte Göring Papen und das Präsidentenpalais, es sei Gefahr im Verzuge. Abends schickten Hammerstein und Schleicher den ‚go-between' Alvensleben noch einmal zu Hitler." Alvensleben drohte wieder, diesesmal ,,bestimmt ohne Auftrag", mit dem Putsch Schleichers und Hammersteins. Hitler ließ dies dem Reichspräsidentenpalais mitteilen. ,,Das scheint dort den Ausschlag gegeben zu haben", meint Schwerin von Krosigk. ,,Der Reichspräsident, der Reichswehr nicht mehr sicher, gab den Widerstand gegen Hitler auf." ,,An der Entscheidung des Reichspräsidenten war", nach Ansicht Schwerin von Krosigks, ,,Werner von Alvensleben stark beteiligt . . . Er nahm frühzeitig auch mit Hitler und Göring Verbindung auf und bot ihnen ebenfalls seine Wohnung als gern benutzten Treffpunkt an. In der Nacht zum 30. Januar war er ständig unterwegs . . ." Seine Darstellung, wie er sie Schwerin von Krosigk gab, sei jedoch zu phantasievoll, um als volle historische Wahrheit hingenommen zu werden[51]. Immerhin aber ist die zwielichtige Rolle dieses Zwischenträgers und Gerüchtemachers bezeichnend für die politische Atmosphäre der Reichshauptstadt in dieser entscheidenden Stunde. Das erste Treffen zwischen Reichskanzler von Papen und Hitler am 9. Juni 1932 hatte ebenfalls ,,in der Wohnung des Herrn W. von Alvensleben, Herrn von Schleichers Freund und Verbindungsmann zur NSDAP" stattgefunden[52]. Papen bestätigte die Aussagen Schwerin von Krosigks, daß Schleicher mit Hilfe Alvenlebens ihn bei den nationalsozialistischen Führern unmöglich zu machen suchte und er, Schleicher, sich bereit erklärt habe, unter einer nationalsozialistischen Regierung Reichswehrminister zu bleiben. So berichtete Göring am 29. Januar Papen. Nach Papens Schilderung besaß Alvensleben ein Bild Hitlers ,,mit der bemerkenswerten Widmung ‚Meinem treuesten Freunde'"[53].

---

51 Schwerin von Krosigk, a. a. O., S. 172. – In seinen Memoiren schreibt Schwerin von Krosigk über Alvensleben; S. 39: Werner von Alvensleben, Privatbankier, ,,wurde hier Hans Dampf in allen politischen und wirtschaftlichen Gassen. Seine Wohnung wurde zu einem Treffpunkt für die an die Macht drängenden Politiker. Stresemann, Geßler, Gröner und andere Größen der Weimarer Zeit haben dort ebenso wie Hitler und Göring, auf den Betten im Schlafzimmer sitzend, geheime Besprechungen geführt. Werner war ein gewandter Mittelmann, ohne eigene Überzeugung, vollendeter Opportunist, der jeden Machtwechsel einkalkulierte und seine politischen Beziehungen wirtschaftlich ausnutzte. Hitler nannte den ‚Herrn v. A.' nach dem Röhm-Putsch von 1934 ein ‚korruptes Subjekt'!"
52 Papen, a. a. O., S. 195.
53 Ebda, S. 273, 274, 281.

Noch am gleichen Abend des 28. Januar, an dem Hindenburg den Rücktritt der Regierung Schleicher angenommen hatte, sprachen der Chef der Heeresleitung, General von Hammerstein und der Berliner Wehrkreiskommandeur General von Stülpnagel, beim Reichspräsidenten vor und erklärten, „daß das Ausscheiden des Reichskanzlers und Reichswehrministers von Schleicher ‚für die Reichswehr untragbar' sei und verhindert werden möchte". Der Generalfeldmarschall wies sie energisch mit dem Bemerken zurück, sie sollten sich nicht in Politik einmischen, und entließ sie ungnädig[54]. Damit hingen wohl auch die tags darauf umgehenden Putschgerüchte zusammen, die von Alvensleben ausgestreut wurden[55]. Sie trugen nur zur Beschleunigung der Regierungsbildung bei. Hitler soll angeblich noch am 29. Januar gegenüber Hammerstein sein Einverständnis mit dem Eintritt Schleichers in sein Kabinett als Reichswehrminister erklärt haben. Hammerstein selbst sagte in einer Niederschrift über sein Gespräch mit Schleicher vom gleichen Tage, sie beide, Schleicher und er, hielten nur Hitler als künftigen Kanzler für möglich[56]. Die Reichswehr war bei dieser Regierungsbildung zu einer passiven Rolle verurteilt.

General von Blomberg, „die Schicksalsfigur für das große Wunder" der Bildung der Koalitionsregierung Hitler-Papen-Hugenberg, war dem Reichspräsidenten von Ostpreußen her bekannt und angenehm. Nach Vermutung Schmidt-Hannovers ging seine Berufung zum Reichswehrminister auf eine Anregung von Walther Funk, einem gebürtigen Ostpreußen, zurück. Er war 1922–1932 Redakteur der Berliner Börsenzeitung, seit Sommer 1931 Mitglied der NSDAP und Wirtschaftsberater der Partei, später Pressechef der Reichsregierung, ab 1938 Reichswirtschaftsminister. Funk verkehrte „familiär im Hause Hindenburg". Seine „Vermittlungsaktion war ungemein geschickt: Hindenburg kannte

---

54 Meißner, a. a. O., S. 267 f.
55 Über die Putschgerüchte s. a.: Papen, Der Wahrheit, S. 267 ff., 273 f.; Meißner, a. a. O., S. 268 f.; Brüning, a. a. O., S. 646 f. – Schwerin von Krosigk, Staatsbankrott, S. 168 f.
56 Schmidt-Hannover, a. a. O., S. 328, VHZG, 2, 1954, Dok. 6. – Zur Beurteilung Schleichers s.: Meißner, a. a. O., S. 256 ff.; Brüning, a. a. O., S. 648 f.; Papen, a. a. O., S. 244–281; ferner: Einige Bemerkungen; Schwerin von Krosigk: Es geschah in Deutschland S. 115 ff. Neuerdings Heinrich Muth: Schleicher und die Gewerkschaften 1932, in: VHZG, 29, 1981, S. 189–215. Muth macht mit seinen Ausführungen die Gestalt Schleichers noch undurchsichtiger, als sie ohnehin schon war: „Zauderer-Herr eines Nachrichtennetzes – geschickter Verhandlungspartner-Taktiker mit der Unbekümmertheit eines Spielers-Intrigant. Sicher hat Schleicher von allem etwas, aber in welcher Mischung? So bleibt nur die Feststellung, daß man noch immer vor äußerst widersprüchlichen Elementen seiner Politik steht."

Blombergs nationalsozialistische Einstellung nicht. Er hielt also den Vorschlag Funks für selbstlos und überparteilich[57]."

Der harte Kern der konservativen Opposition, verkörpert in der Führung der DNVP, hatte sich inzwischen ein eigenes Konzept zurechtgelegt und eine Schattenregierung aufgestellt. Demnach sollte Goerdeler Reichskanzler werden, Hugenberg die vier Wirtschaftsministerien im Reich und in Preußen übernehmen, Herbert von Bismarck oder Ewald von Kleist-Schmenzin waren vorgesehen für das Innenministerium, Otto Schmidt-Hannover für das Reichswehrministerium, der Bundeskanzler des „Stahlhelm", Siegfried Wagner, für das Arbeitsministerium. Brüning sollte für das Außenministerium gewonnen werden. Kleist-Schmenzin, mit dem Otto Schmidt-Hannover vertrauensvoll zusammenarbeitete, „war so optimistisch anzunehmen, daß Hindenburg bereit sein würde, einem unabhängigen, ohne Beteiligung Hitlers gebildeten Kabinett die sofortige Auflösung des Reichstages ohne Neuwahlen zu bewilligen". Schmidt-Hannover teilte solchen Optimismus allerdings nicht[58]. Dem Reichspräsidenten wurde diese geheime Kombination vorgelegt; sie stieß jedoch auf kein Interesse. Gördeler war von Staatssekretär Meißner bereits als Nachfolger Papens vorgeschlagen worden[59].

Eine schwere Führungskrise war beim „Stahlhelm", aber auch bei den Deutschnationalen im Zusammenhang mit den Verhandlungen über die Bildung einer neuen Regierung ausgebrochen. Der erste Bundesführer, Franz Seldte, ließ sich rasch für die Hitler-Lösung der Regierungskrise gewinnen, sehr gegen den Willen des zweiten Bundesführers, des Oberstleutnants a. D. Theodor Düsterberg, der ebenso wie der Bundeskanzler des „Stahlhelm", Siegfried Wagner, ein Zusammengehen mit Hitler entschieden ablehnte[60]. Düsterberg, im März 1932 Reichspräsidentenkandidat der DNVP und des „Stahlhelm", wurde von den Nationalsozialisten angegriffen, weil er einen jüdischen Großvater hatte. Hitler und Göring entschuldigten sich bei ihm wegen der nationalsozialistischen Presseangriffe bei der Begegnung in Papens Geschäftszimmer, um ihn für die Beteiligung an der neuen Regierung zu gewinnen. Doch hatte Düsterberg seine Teilnahme an der Regierung, die ihm Papen angebo-

---

57 Schmidt-Hannover a. a. O., S. 330 f.
58 Ebda, S. 315 f.
59 Meißner, a. a. O., S. 247.
60 Theodor Düsterberg: Der Stahlhelm und Hitler, S. 37 ff.; Schmidt-Hannover, a. a. O., S. 328.

ten, bereits abgelehnt. Er sah mit seinen Gesinnungsgenossen, dem
Bundeskanzler Wagner und Otto Schmidt-Hannover, in Seldtes „Um-
fall" einen Verrat an der Sache des „Stahlhelm", aber auch an Deutschland[61].

An „Kaisers Geburtstag", dem 27. Januar, fand im Hause von Otto
Schmidt-Hannover eine Zusammenkunft statt: Anwesend waren Prinz
Oskar von Preußen, dessen Frau, die ebenfalls an diesem Tage Geburtstag feierte, Hugenberg und verschiedene Freunde Schmidts aus dem
engeren Kreis der deutschnationalen Führung. Gesprächsthema war die
Lage und das Vorgehen der Konservativen mit Hugenberg nach der
Isolierung der DNVP durch das Abschwenken Seldtes. „Wir rieten
Hugenberg", berichtet Schmidt, „bis zum letzten an der Bildung eines
konservativen Kabinetts festzuhalten, in der preußischen Polizeifrage
nicht nachzugeben und sich an einem von Hindenburg berufenen Hit-
ler-Kabinett nur dann zu beteiligen, wenn die Besetzung des Reichswehrministeriums eindeutig in unserem Sinne geregelt sei. Wir wußten
noch nicht, daß Blomberg hierfür als Favorit bereitstand! Wir kannten
ihn auch nicht[62]."

Am frühen Morgen des 30. Januar versuchte die konservative Gruppe
um Schmidt und Düsterberg, durch persönliche Einflußnahme auf Seldte und Blomberg wenigstens zu verhindern, daß die preußische Polizei
an die Nationalsozialisten ausgeliefert würde. In diesem Sinne beein-
flußten sie auch Hugenberg. Ein „letzter Widerstand Hugenbergs"
richtete sich gegen die Forderung Hitlers nach sofortiger Auflösung des
Reichstags und Ausschreibung von Neuwahlen[63] „Als sich am 30. Januar 1933 zur festgesetzten Stunde die Mitglieder des neuen Kabinetts in
meinem Arbeitszimmer versammelt hatten und ich sie beim Reichspräsidenten anmelden wollte", so schildert Staatssekretär Meißner den geschichtlichen Vorgang, „bat Hugenberg um einen kurzen Aufschub, da
er vorher mit Hitler eine wichtige Frage klären müsse. Er verhandelte
dann in einer Fensternische meines Arbeitszimmers mit Hitler und von
Papen über die Frage der Reichstags-Auflösung und Neuwahl, die er als
überflüssig bezeichnete, nachdem vor zwei Monaten das Parlament neu-
gewählt worden sei; die neue Regierung werde auch in diesem Reichstag
eine Mehrheit finden. Erst nachdem Hitler ihm feierlich versichert hat-

---

61 Düsterberg, a. a. O., S. 37 ff.
62 Schmidt-Hannover, a. a. O., S. 333 f.
63 Ebda, S. 340 f.

te, daß er ohne Rücksicht auf den Ausgang der Neuwahl an der gegenwärtigen Zusammensetzung des Kabinetts festhalten werde und überhaupt nicht die Absicht hätte, sich von den derzeitigen Regierungsmitgliedern jemals wieder zu trennen, ließ sich Hugenberg von seiner anfänglich geäußerten Absicht, seine und seiner Partei Beteiligung an der Regierungsbildung von der Nichtauflösung des Reichstags abhängig zu machen, abbringen und erklärte, die Entscheidung über eine Auflösung des Reichstags dem Reichspräsidenten zu überlassen, dem sie nach der Reichsverfassung zustand[64]." Darauf erfolgte um 11.15 Uhr die Vereidigung der neuen Regierung durch den Reichspräsidenten und die Aushändigung der Ernennungsurkunden.

Reichspräsident von Hindenburg hatte am längsten und zähesten der Berufung des Führers der nationalsozialistischen Bewegung Widerstand geleistet. Aber vor die Alternative gestellt, Hitler ins Kanzleramt zu berufen oder einen Verfassungsbruch mit dem Risiko eines Bürgerkrieges zu begehen, hatte er sich für das von seiner Warte aus kleinere Übel, die Ernennung Hitlers entschieden. Sein Wunsch nach möglichst großen Sicherungen gegen die Gefahr einer Einparteiendiktatur war nach Möglichkeit erfüllt worden: seine Prärogative als Staatsoberhaupt und Oberbefehlshaber der Reichswehr, das Ernennungsrecht des Reichswehrministers und Außenministers waren berücksichtigt, sein engster politischer Vertrauter, Franz von Papen, war als Vizekanzler berechtigt, jedem Vortrag des Reichskanzlers beim Reichspräsidenten beizuwohnen. Außerdem war er auch Reichskommissar für Preußen. Die drei Nationalsozialisten im Kabinett, Hitler, Frick und Göring waren umgeben von neun Nicht-Nationalsozialisten. Davon waren zwei Deutschnationale, Hugenberg und Gürtner. Hugenberg hatte sogar zwei Ministerien inne. Vor allem aber bestand bei allen Gegnern Hitlers die Hoffnung, er werde sich schnell abnützen, abwirtschaften, und könne dann leicht verdrängt werden. Bei den langwierigen Bemühungen um die Bildung dieser Rechtskoalition hatte sich auch jene konservative Opposition bereits teilweise herauskristallisiert, die in späteren Jahren den Kern des Widerstandes gegen Hitler bildete: Gördeler und Kleist-Schmenzin als Angehörige des konservativen Schattenkabinetts, der Bundeskanzler des „Stahlhelm", Siegfried Wagner, Düsterberg und Otto Schmidt-Hannover sind jene Einzelnamen, die in die Zukunft der konservativen Opposition deuteten. Sie symbolisierten bestimmte Gesellschaftsgruppen, die

---

64 Meißner, a. a. O., S. 267 f.

bürgerlich-konservative Oberschicht und den ostelbischen Adel. Aus ihnen erwuchs die Widerstandsbewegung.

Nach dem Scheitern von drei Präsidialkabinetten war das greise Staatsoberhaupt froh, auf die verfassungsmäßige Bahn einer normalen parlamentarischen Regierungsbildung zurückkehren zu können. Seit 1930 hatte er die Hauptlast der Regierungsverantwortung getragen, nachdem die Parteien und damit das parlamentarische System abgewirtschaftet hatten. Trotz seines hohen Alters entgegen allen anderslautenden Behauptungen von ungebrochener geistiger Frische und körperlicher Rüstigkeit, hatte er auf dringenden Wunsch der Regierung Brüning und der Weimarer Koalitionsparteien, die ihn 1925 abgelehnt hatten, im Alter von nahezu 85 Jahren noch einmal die Bürde des Reichspräsidentenamtes auf sich genommen. Angesichts der schweren Staats- und Gesellschaftskrise war es jedoch in höchstem Grade unverantwortlich, dem 85jährigen dieses Amt noch einmal aufzunötigen. Dem Linkskurs und den Linksparteien stand er aufgrund seiner Herkunft, seiner traditionellen Bindung an die Monarchie kritisch gegenüber. Im Herzen wünschte er immer die Rückkehr zur monarchischen Staatsform[65], eine Anschauung, die er besonders auch mit Papen teilte[66]. Die Bildung einer Regierungskoalition der Rechtsparteien war für ihn die Erfüllung eines langersehnten Wunsches trotz seiner schweren Bedenken gegen den „böhmischen Gefreiten". Er vertraute auf die konservativen Kräfte der Regierung Hitler-Papen-Hugenberg; sie waren in der dreifachen Überzahl gegenüber den drei Nationalsozialisten.

Als Papen am 29. Januar 1933 bei der Regierungsbildung die gemeinsamen Sorgen und die Hoffnung zur Sprache brachte, „eine Entwicklung zum Radikalen durch den Einfluß christlicher Prinzipien verhindern zu können", antwortete ihm Hindenburg beschwichtigend: „Ich weiß wirklich nicht, was noch passieren könnte. Sie sind Vizekanzler und zugleich preußischer Ministerpräsident. Mit Ausnahme von zwei Ministerposten sind alle Ressorts mit unseren Leuten besetzt. Und außerdem werden Sie jedem Vortrage beiwohnen, den Hitler mir halten wird[67]."

---

65 S. a. Elard von Oldenburg-Januschau: Erinnerungen, Leipzig 1936, S. 219 f.
66 Papen hatte nach der Reichstagswahl vom 6. 11. 32 ein privates Gespräch mit dem bayerischen Kronprinzen Rupprecht wegen Wiedererrichtung der Monarchie in Deutschland. Er hielt ihn für den einzigen geeigneten unter den deutschen Fürsten. Rupprecht verhielt sich nicht ablehnend. MM v. 19. 5. 66. S. a. Süddeutsche Monatshefte, Januar 1933, Artikel: „König Rupprecht".
67 Papen, Der Wahrheit, S. 289.

Die Ernennung der Reichsregierung
Hitler-Papen-Hugenberg

Die 21. Reichsregierung der Weimarer Republik, die Koalition NSDAP/DNVP, setzte sich wie folgt zusammen:

Reichskanzler: Adolf Hitler, NSDAP.

Vizekanzler und Reichskommissar für Preußen: Franz von Papen.

Reichsminister des Auswärtigen: Constantin Frhr. v. Neurath, seit 2. Juni 1932 in diesem Amt.

Reichsminister der Finanzen: Lutz Graf Schwerin von Krosigk, ebenso seit 2. Juni 1932 im Amt.

Reichsinnenminister: Dr. Wilhelm Frick, Führer der nat. soz. Reichstagsfraktion.

Reichswehrminister: Generalleutnant Werner von Blomberg, vom Reichspräsidenten berufen.

Reichswirtschaftsminister: Alfred Hugenberg, Führer der Deutschnationalen Volkspartei.

Reichsminister für Ernährung und Landwirtschaft: Alfred Hugenberg (siehe oben).

Reichsverkehrs- und Postminister: Paul Frhr. v. Eltz-Rübenach, seit 2. Juni 1932 im Amt.

Reichsarbeitsminister: Franz Seldte, 1. Bundesführer des „Stahlhelm", Bund der Fontsoldaten.

Reichsminister der Justiz: Dr. Franz Gürtner, seit 2. 6. 1932 im Amt.

Reichsminister ohne Geschäftsbereich, gleichzeitig Reichskommissar für den Luftverkehr und kommissarischer preußischer Innenminister: Hermann Göring, Hauptmann a. D., NSDAP, politischer Beauftragter Hitlers, seit August 1932 Reichstagspräsident.

Reichskommissar für Arbeitsbeschaffung: Dr. Günther Gereke, seit 3. Dez. 1932 im Amt.

Die neue Regierung hatte nur drei Nationalsozialisten als Mitglieder: Hitler, Frick und Göring. Der Koalitionspartner, die DNVP, besetzte mit ihrem Führer Alfred Hugenberg zwei Ministerien; auch der Justizminister gehörte der DNVP an. Der „Stahlhelm", die große Frontsoldaten-Organisation, stellte seinen ersten Bundesführer als Minister. Die Fachministerien des Auswärtigen, der Finanzen, der Justiz, des Verkehrs und der Post blieben in den Händen der bisherigen parteilosen Minister, die seit der Regierung Papen Anfang Juni 1932 amtierten. Der

Reichswehrminister war von Hindenburg als Oberbefehlshaber der Reichswehr persönlich berufen worden. Gereke war seit dem Kabinett Schleicher tätig. Papen als der vom Reichspräsidenten beauftragte ,,Regierungsmacher" war auf Wunsch und im Sinne Hindenburgs bemüht gewesen, den Einfluß der Nationalsozialisten möglichst einzuschränken und die drei nationalsozialistischen Mitglieder der Regierung ,,einzurahmen" mit seinen und Hindenburgs Vertrauenspersonen. Das waren drei parteilose Fachminister, Neurath, Schwerin-Krosigk und Eltz von Rübenach aus der Zeit der Regierung Papen, ferner Seldte, der Führer des ,,Stahlhelm", der ebenfalls im Kabinett Papen bereits bewährte Justizminister Gürtner und der menschlich schwierige, eigenwillige Führer der DNVP, Hugenberg. Auf diese Weise hofften das greise Reichsoberhaupt und sein Vertrauensmann Papen, die Gefahr eines Übergewichtes der NSDAP und der von ihr drohenden Einparteienherrschaft zu bannen.

Aber schon am gleichen Tage zeigte sich nach Bekanntwerden der neuen Reichsregierung, daß es sich um keinen normalen Kabinettswechsel handelte, sondern um eine Revolution, wie Oberst Walter von Reichenau gleichen tags feststellte. Überall fanden Freudenkundgebungen der nationalgesinnten Schichten der Bevölkerung statt. In der Reichshauptstadt veranstalteten die nationalen Verbände (SA, SS, Stahlhelm) einen großen Fackelzug zu Ehren des Reichspräsidenten und der neuen Regierung. Gegen den Willen Hugenbergs hatte der Kanzler bei Hindenburg die Auflösung des Reichstags am 1. Februar und die Ausschreibung von Neuwahlen für den 5. März durchgesetzt. Durch eine Verordnung vom 2. Februar wurde die Bildung von Splitterparteien unmöglich gemacht und den Auslandsdeutschen das Wahlrecht verliehen. Am 1. Februar sprach Hitler zum ersten Mal in seiner neuen Stellung als Regierungschef im Rundfunk über alle deutschen Sender. Er verkündete im ,,Aufruf der Reichsregierung" zwei Vierjahrespläne für die Bauern und Arbeiter; dort heißt es u. a.:

,,So wird es die nationale Regierung als ihre oberste und erste Aufgabe ansehen, die geistige und willensmäßige Einheit unseres Volkes wiederherzustellen. Sie wird die Fundamente wahren und verteidigen, auf denen die Kraft unserer Nation beruht. Sie wird das Christentum als Basis unserer gesamten Moral, die Familie als Keimzelle unseres Volks- und Staatskörpers in ihren festen Schutz nehmen. Sie wird über Stände und Klassen hinweg unser Volk wieder zum Bewußtsein seiner volklichen und politischen Einheit und der daraus entspringenden Pflichten bringen..." Im zweiten Teil fuhr er fort: ,,Die nationale Regierung wird das große Werk der Reorganisation der Wirtschaft unseres Volkes mit zwei großen Vierjahresplänen lösen: Rettung des deutschen Bauern zur Erhaltung der Ernährungs- und damit der Lebensgrundlage der Nation. Rettung des deutschen Arbeiters durch einen gewaltigen und umfassenden Angriff gegen die Arbeitslosigkeit . . . " Im dritten Teil des Aufrufs ging er in allgemeinen Worten auf die Außenpolitik ein: die nationale Regierung sieht ,,ihre höchste Mission in der Wahrung der Lebensrechte und damit der Wiedererringung der Freiheit unseres Volkes". Er betonte in diesem Zusammenhang auch den Wunsch nach Abrüstung: ,,So groß unsere Liebe zu unserem Heere als Träger unserer Waffen und Symbol unserer großen Vergangenheit ist, so wären wir doch beglückt, wenn die Welt durch eine Beschränkung ihrer Rüstungen eine Vermehrung unserer eigenen Waffen niemals mehr erforderlich machen würde." Der von allen Mitgliedern des Reichskabinetts unterzeichnete Aufruf schloß mit den Worten: ,,Die Parteien des Marxismus und seiner Mitläufer haben 14 Jahre Zeit gehabt, ihr Können zu beweisen. Das Ergebnis ist ein Trümmerfeld. Nun, deutsches Volk, gib uns die Zeit von vier Jahren und dann urteile und richte uns! Getreu dem Befehl des Generalfeldmarschalls wollen wir beginnen. Möge der allmächtige Gott unsere Arbeit in seine Gnade nehmen, unseren Willen recht gestalten, unsere Einsicht segnen und uns mit dem Vertrauen unseres Volkes beglücken. Denn wir wollen nicht kämpfen für uns, sondern für Deutschland!"

Der Aufruf machte tiefen Eindruck auf die Mehrheit des deutschen Volkes und bestärkte den vorhandenen Glauben an die feste Hand der neuen Regierung wie die Hoffnung auf den Wiederaufstieg Deutschlands. Die Angst vor Bürgerkrieg, Chaos und kommunistischer Herrschaft hatte die bürgerlichen Schichten reif gemacht für eine autoritäre Führung. Der nun in Gang kommenden nationalen Revolution aber lag als entscheidende Triebfeder der Erneuerungswille der deutschen Jugend zugrunde. Der Weimarer Staat hatte die Jugend nicht nur verloren; er hatte sie, was viel schlimmer war, nie zu gewinnen verstanden. Ein Staat aber, dem die Jugend nicht gehört, ist von der Geschichte schon in der Stunde seiner Geburt gerichtet.

Die Weimarer Republik hatte die Jugend gar nicht gewinnen und nie für sich begeistern können, weil die staatstragenden Parteien und vor allem die übermächtige linksgerichtete ,,öffentliche Meinung" der Jugend nicht nur keine Ideale zu geben vermocht hatte, sondern vielmehr die überlieferten geistigen und sittlichen Werte zeitloser Gültigkeit geleugnet, zersetzt, verhöhnt und in den Schmutz gezogen hatte. Insbesondere waren der nationale Gedanke, das Heldentum der Frontsoldaten verhöhnt und der Wehrgedanke bekämpft, darüber hinaus aber auch die religiösen Grundwerte wie Ehe und Familie relativiert und in den Staub getreten worden, vor allem von der linksgerichteten öffentlichen Meinung. Die Hitlerbewegung hatte hier die geistige Lücke auszufüllen verstanden durch die Verherrlichung der Nation als Schicksalsgemeinschaft, durch die Verehrung des Frontsoldaten im besonderen, des Kriegertums im allgemeinen. „Für die Jungen ist der Nationalsozialismus eine geistige Bewegung", stellte der australische Beobachter fest[1]. Die Jugend verlieh der Hitlerbewegung ihre unwiderstehliche Schwungkraft.

Der Reichskanzler hielt am 2. Februar eine kurze Ansprache an den Reichsrat. Seine Regierung sei entschlossen, alles zu tun, um „den Ländern, diesen historischen Bausteinen der Nation" ihre Lebensfähigkeit zu erhalten. Mit der Bitte um Zusammenarbeit schloß er seine Rede[1a].

Das neue Reichskabinett bezeichnete sich als Regierung der nationalen Konzentration; im Grunde aber beruhte es auf der „Harzburger Front" der NSDAP, der DNVP und des „Stahlhelm". Verhandlungen mit dem Zentrum zur Beteiligung dieser Massenpartei waren angebahnt, aber nicht durchgeführt worden. Das Zentrum und seine bayerische Schwesterpartei, die BVP, beschwerten sich daher über den Ausschluß aus der Regierungsbildung. Hitler hatte es abgelehnt, den Fragenkatalog der Zentrumspartei zu beantworten. Der Führer des Zentrums, Prälat Kaas, erklärte in seiner Antwort auf das Schreiben des Reichskanzlers vom 31. Januar u. a.: „Angesichts der Tatsache, daß die amtliche Verlautbarung über die Auflösung des Reichstags sich auf die unrichtige Behauptung stützt, daß eine Mehrheitsbildung sich als unmöglich erwiesen habe, glaube ich mich verpflichtet, dem Herrn Reichspräsidenten Abschrift dieses Schreibens vorlegen zu lassen." Der bayerische Ministerpräsident Dr. Held warf in einer Massenversammlung in Eichstätt am 2. Februar die Frage auf: „Wer hat die Kühnheit besessen, den Reichspräsidenten Paul von Hindenburg so falsch zu informieren, daß es unmöglich sei, im Reichstage eine Mehrheit für eine nationale Konzentration zu finden?" Die SPD eröffnete den Wahlkampf unter dem Motto: „Freiheitsfront gegen Harzburger Front" und die Staatspartei, Nachfolgerin der DDP, nahm in scharfen Worten gegen den Aufruf der

1 Roberts, a. a. O., S. 201 ff.
1a VB, Nr. 34 v. 3. 2. 33, S. 1.

Reichsregierung Stellung. Ungefähr gleichzeitig verlieh der Fraktions-vorsitzende der Nationalsozialisten im bayerischen Landtag, Rudolf Buttmann, seiner Freude über die Ernennung des Kabinetts Hitler Ausdruck. Er begrüßte sie als Willenskundgebung des deutschen Volkes, „endlich Schluß zu machen mit dem überlebten parlamentarischen System"[2].

Zu den wichtigen Personalveränderungen in der obersten Spitze gehörten die Ablösung des Chefs des Ministeramtes im Reichswehrmini-sterium Oberst Ferdinand von Bredow, der als Vertrauensmann Schleichers seinen Dienst aufgeben mußte, durch Oberst Walter von Reichenau (1884–1942), den späteren Generalfeldmarschall, am 1. Februar. Reichenau sympathisierte mit den Nationalsozialisten. An die Stelle des bisherigen Staatssekretärs der Reichskanzlei (Chef der Reichskanzlei) Erwin Planck (1893–1945) trat der bisherige Ministerialrat Dr. Heinrich Lammers (1879–1962). Pressechef der neuen Reichsregierung wurde Walter Funk (1890–1960) als Nachfolger von Erich Marcks. Der neue Reichswehrminister, die große Enttäuschung der Konservativen, erließ am 1. Februar folgenden Aufruf an die Wehrmacht:

„Das Vertrauen unseres Oberbefehlshabers, des Herrn Reichspräsidenten und Generalfeldmarschalls von Hindenburg, hat mich an die Spitze der Wehrmacht berufen. Ich übernehme das Amt mit dem festen Willen, die Reichswehr nach dem Vermächtnis meines Amtsvorgängers als überpar-teiliches Machtmittel des Staates zu erhalten, sie durch Förderung aller auf die Wehrertüchtigung des Volkes hinzielenden Bestrebungen zu unter-bauen und sie in absehbarer Zeit zum vollwertigen Bürgen der nationalen Sicherheit des Vaterlandes zu machen."

Hitler und die Reichswehr

Für jede revolutionäre Gruppe, die die Macht im Staate anstrebt, ist das Verhältnis zur bewaffneten Macht des Staates von ausschlaggebender Bedeutung. Dessen war sich Hitler immer bewußt. Er bemühte sich vom Beginn seiner politischen Laufbahn an um gute Beziehungen zur Reichswehr. Selbst über vier Jahre Frontsoldat, gehörte er 1919 dem Übergangsheer an, fand dort wegen seiner Rednergabe Verwendung als Bildungsoffizier und schied erst am 31. März 1920 aus dem Heer aus.

---

2 VZ, Nr. 53 v. 1. 2. 1933, S. 2: „Ein Vorstoß in Bayern".

Im Übergangsheer hatte er bereits den Weg zur Politik beschritten; er blieb dem Heere immer verbunden[3]. In seinem Brief vom 4. Dezember 1932 an Oberst Walter von Reichenau, Stabschef der ersten Division in Ostpreußen – Befehlshaber des Wehrkreises I, Ostpreußen, war Generalleutnant Werner von Blomberg –, schrieb er[4]:

> „Während daher unsere politischen und militärischen Strategen die deutsche Aufrüstung als eine technische und organisatorische Aufgabe ansehen, sehe ich die Voraussetzung für jede Aufrüstung in der willensmäßigen und geistigen Herstellung einer neuen deutschen Volkseinheit. Ohne die Lösung dieses Problems ist das ganze Gerede von ‚Gleichberechtigung‘ und ‚Aufrüstung‘ ein oberflächliches und dummes Geschwätz. Diese Herstellung einer weltanschaulich, geistig und willensmäßigen Einheit in unserem Volk ist die Aufgabe, die ich mir vor vierzehn Jahren stellte und für die ich seitdem gekämpft habe... Dieses Problem der inneren geistigen Aufrüstung kann wie immer in der Geschichte auch dieses Mal nicht von einem Heer, sondern nur von einer Weltanschauung gelöst werden... Ich sehe daher zum Unterschied unserer heutigen Staatsmänner die deutschen Aufgaben der Zukunft in folgendem:
> 1. Überwindung des Marxismus und seiner Folgeerscheinungen bis zu ihrer vollständigen Ausrottung. Herstellung einer neuen geistigen und willensmäßigen Einheit des Volkes.
> 2. Allgemeine, seelische, sittliche und moralische Aufrüstung der Nation auf dem Boden dieser neuen weltanschaulichen Einheit.
> 3. Technische Aufrüstung.
> 4. Organisatorische Erfassung der Volkskraft für den Zweck der Landesverteidigung.
> 5. Erreichung der rechtlichen Anerkennung des bereits herbeigeführten neuen Zustandes durch die übrige Welt. Nur ein tiefer Regenerationsprozeß kann anstelle des heutigen Experimentierens und Suchens nach immer neuen, kleinen Aushilfen eine endgültige klare Lösung der deutschen Krise bringen. Aus dieser Auffassung heraus bitte ich Sie, Herr Oberst, meine Haltung beurteilen zu wollen..."

Die Berufung des ehemaligen Wehrkreiskommandeurs I, Ostpreußen, des Generalleutnants Werner von Blomberg, durch das persönliche Vertrauen des Reichspräsidenten von Hindenburg zum Nachfolger Schlei-

---

3 Dazu ausführlich: Georg Franz-Willing: 1. „Ursprung der Hitlerbewegung", 1974, 2. „Krisenjahr der Hitlerbewegung", 1975, 3. „Putsch und Verbotszeit der Hitlerbewegung", 1977.
4 VHZG, 7, 1959, Dokumentation, Hitlers Brief an Reichenau v. 4. Dez. 32.

chers als Reichswehrminister erwies sich für den Reichskanzler Hitler als ein unwahrscheinlicher Glücksfall, denn sowohl Blomberg wie dessen Stabschef Reichenau standen ihm und seiner Partei wohlwollend gegenüber.

General Blomberg stellte in der ersten Kommandeursbesprechung am 3. Februar als wesentlich drei Aufgaben heraus: „1. Erhaltung der Reichswehr als überparteiliches Machtmittel. 2. Untermauerung der Wehrmacht durch Wehrhaftmachung des breiten Volkes. 3. Ausbau der Wehrmacht zu einem brauchbaren Instrument zur Wahrung der nationalen Sicherheit[5]."

Auf seine Einladung sprach der neue Reichskanzler am gleichen Tage anläßlich eines Abendessens beim Chef der Heeresleitung, General von Hammerstein, vor den geladenen Befehlshabern von Heer und Marine. „Der Reichskanzler hat dabei in einer längeren Ansprache an die Führer des Heeres und der Marine die Grundlagen seiner Politik entwickelt", berichtete die VZ, „und die entscheidende Bedeutung der Wehrgesinnung des Volkes und der Arbeit der Wehrmacht zum Ausdruck gebracht[6]."

In der Ministerbesprechung am 8. Februar, bei der der Reichsverkehrsminister die Kosten für den Bau eines Staubeckens in Oberschlesien zur Sprache brachte, führte der Reichskanzler aus[7],

„daß für die Beurteilung" dieser Forderung des Reichsverkehrsministers „noch ein weiterer Gesichtspunkt ausschlaggebend berücksichtigt werden müsse. Deutschland stehe zur Zeit mit dem Auslande in Verhandlungen über seine militärische Gleichberechtigung. Die Anerkennung der theoretischen Gleichberechtigung sei eine zwangsläufige Folge der nächsten Zukunft. Damit könne Deutschland sich aber nicht begnügen. Der theoretischen Anerkennung müsse die praktische Gleichberechtigung, d. h. die deutsche Aufrüstung, folgen. Die Welt, insbesondere auch Frankreich, sei auf die deutsche Aufrüstung durchaus vorbereitet und sehe sie als selbstverständlich an. Die nächsten fünf Jahre in Deutschland müßten der Wiederwehrhaftmachung des deutschen Volkes gewidmet sein. Jede öffentlich geförderte Arbeitsbeschaffungsmaßnahme müsse unter dem Gesichtspunkt beurteilt werden, ob sie notwendig sei vom Gesichtspunkt der Wiederwehrhaftmachung des deutschen Volkes. Dieser Gedanke müsse immer und überall im Vordergrund stehen... Der

---

5 VHZG, 2, 1954, Dok. Nr. 7.
6 VZ, Nr. 61 v. 5. 2. 33, Morgen-A., ferner VHZG, 2, 1954, S. 434 ff.
7 ADAP, Serie C, Bd. I, 1, Nr. 16 v. 8. 2. 33.

Reichswehrminister vertrat den Standpunkt, daß in erster Linie an den unmittelbaren Armeebedarf gedacht werden müsse. Das deutsche Heer sei derartig weitgehend abgerüstet, daß man vor allen Dingen an die materielle Untermauerung der Rüstungen herangehen müsse. Erst wenn die Notrüstung geschaffen sei, könne man an weitergehende Aufgaben herangehen. Der Reichskanzler unterstrich nochmals, daß für die nächsten 4–5 Jahre der oberste Grundsatz lauten müsse: Alles für die Wehrmacht. Deutschlands Stellung in der Welt werde ausschlaggebend bedingt durch die deutsche Wehrmachtstellung. Davon hänge auch die Stellung der deutschen Wirtschaft ab."

Bei der wehrmachtfreundlichen Einstellung des Kanzlers gediehen die wechselseitigen Beziehungen zwischen Reichswehr und NSDAP in den Anfangsjahren der Regierung Hitler[8]. Dieser benützte auch jede Gelegenheit zu Besuchen bei Einheiten des Heeres und der Marine. Anläßlich des Besuches des Kanzlers von Reichswehrübungen bei Ulm (Truppen-Übungsplatz Münsingen) hielt der Reichswehrminister zum Abschluß folgende Ansprache[9]:

„Wir haben die Ehre und Freude, in unserem Kreis den Herrn Reichskanzler zu haben. Ich glaube Ihrer aller Wollen zu entsprechen, wenn ich aus diesem Anlaß über das Verhältnis der Wehrmacht zum Herrn Reichskanzler spreche. Sie haben alle erlebt, wie die Zustimmung, Begeisterung und Liebe des Volkes zu diesem Manne kundgetan wurde. Wir haben auch erlebt, daß unsere Soldaten in derselben spontan begeisterten Weise den Herrn Kanzler in unserer Mitte begrüßt haben. Das dürfte kein Wunder sein; denn wir sehen in diesem Manne den Soldaten, der während des Weltkrieges 4 Jahre Frontkämpfer war, der dann 14 Jahre lang in politischen Kämpfen zum Wohle Deutschlands der Führer war und jetzt Führer des deutschen Volkes geworden ist.
Wir verdanken ihm viel; denn er hat im neuen Reich der Wehrmacht den Platz angewiesen, der ihr gebührt; er gab uns die alten ruhmreichen Fahnen und Kokarden wieder, brachte uns, als er die Regierung übernahm, vollstes Vertrauen entgegen. Wir nehmen es auf und geben es zurück; wir sehen die Sorge, die Arbeit, die Verantwortung und Entschlußfreudigkeit dieses Führers und fragen uns: Was geben wir? Nun, wir geben unser vollstes Vertrauen, rückhaltlose Zuverlässigkeit, unerschütterliche Hingabe an unseren Beruf und den Entschluß, in diesem neuen, neuge-

---

8 Durch Gesetz vom 12. Mai 1933 wurde die Militärgerichtsbarkeit wieder eingeführt.
9 VZ, Nr. 427 v. 7. 9. 33, Morgen-A., S. 1 „Blomberg an Hitler. Die Verbundenheit von Reichskanzler und Wehrmacht."

formten und neu durchbluteten Reich zu leben, zu arbeiten und, wenn nötig, zu sterben. Diesem Gelübde wollen wir Ausdruck geben in dem alten Schlachtruf, der über Hunderte von Schlachtfeldern brauste: Adolf Hitler, des Deutschen Reiches Kanzler, des deutschen Volkes Führer, hurra!"

Der Reichskanzler hatte jedoch keinen Einfluß auf das Personalwesen der Reichswehr. Der Reichspräsident wahrte seine Prärogative als Oberbefehlshaber der Reichswehr, und der Kanzler respektierte sie. Hindenburg ernannte am 3. Januar 1934 den General Freiherr von Fritsch zum Nachfolger des am 31. Januar 1934 ausscheidenden Chefs der Heeresleitung, Freiherr von Hammerstein.

Das Echo auf die Ernennung der Regierung Hitler-Papen-Hugenberg

Am 1. Februar 1933 brachte die „Vossische Zeitung" einen Leitartikel des ehemaligen demokratischen Reichsministers Erich Koch-Weser unter dem Titel „Der deutsche Mensch". Der Autor befaßte sich mit dem zentralen Problem der Zeit: der Vermassung. Ihr erliege der deutsche Individualismus. Als Gründe für die Vermassung führte er an: den preußischen Militarismus, die Einführung des allgemeinen Wahlrechts durch Bismarck, das „Aufgebot des Landsturms des vierten Standes gegen den Liberalismus des dritten Standes, den Massentritt der Arbeiterbataillone Lassalles und die Gewerkschaften".

„Aber niemals hat der Massengedanke auf Kosten des Individualismus solche Fortschritte gemacht wie in der jüngsten Zeit. Wer seine Persönlichkeit nicht durchsetzen kann, wird dadurch stark gemacht, daß er in die Masse verschmolzen wird. Dies aber bedeutet eine Rückkehr zur Primitivität."

1933 veröffentlichte Koch-Weser auch ein Buch: „Und dennoch aufwärts. Eine deutsche Nachkriegsbilanz."

„Das deutsche Volk zerreibt sich in Gehässigkeit und Kleinkram. Das politische Leben ist eng geworden. Das Reich steht gegen die Länder, das Parlament gegen die Regierung, der Arbeitgeber gegen die Arbeitnehmer, der Kapitalist gegen den Sozialisten, die Kirchen gegen das Freidenkertum und gegeneinander, der Nationalsozialismus gegen die Welt. Deutschland

gegen Deutschland ist das Kennzeichen dieser Zeit." Trotzdem aber hält
er seinen Glauben an das deutsche Volk aufrecht und schließt mit den
berühmten Worten Dostojewskis über Deutschland: „Es protestierte gegen diese Welt diese ganzen zweitausend Jahre hindurch, und wenn es
auch sein eigenes Wort nicht ausspricht – und es überhaupt noch nie
ausgesprochen hat, sein scharf formuliertes eigenes Ideal, zum positiven
Einsatz für die von ihm zerstörte altrömische Idee – so, glaube ich",
schreibt Dostojewski, „war es doch im Herzen immer überzeugt, daß es
noch einmal imstande sein werde, dieses neue Wort zu sagen und mit ihm
die Menschheit zu führen."

„Wehe dem Lande", so schildert Magnus Frh. v. Braun, Landwirtschaftsminister im Kabinett Papen, in seinen Erinnerungen die Lage 1933,
„das im Augenblick einer Massenrevolution keinen wirtschaftlich gesi-
cherten Mittelstand besitzt: Der Mittelstand ist die Sprungfeder, die den
Stoß dämpft und auffängt. Deutschland besaß 1919 diese Sprungfeder und
setzte sich daher relativ weich nieder. Denn Männer wie Friedrich Ebert
und andere hatten bereits politische Schulung und einen ausgesprochenen
Sinn für Verantwortung dem Staat gegenüber. Sie versuchten mit allen
Mitteln, Blutvergießen zu verhindern. 1933 hatte dieser Mittelstand aufgehört zu existieren. Inflation und Weltwirtschaftskrise hatten ihn vernichtet. Das Volk fiel – ohne jede Sprungfeder – auf den harten Boden
reiner Ideologie und kalten Verbrechertums[10]." „Daß die deutsche Revolution, die 1918 ausbrach und 1933 zu hellen Flammen aufloderte, so
grausame Formen annahm, hat zwei Hauptgründe", fährt Braun fort: „1.
die Vermassung eines technisierten, seiner Elite beraubten, illusions- und
glaubenslosen Volkes, das sich nach Glauben und Träumen sehnt und (im
horror vacui) im Rausch einer neuen Weltanschauung seine Erlösung
sucht. 2. Der Exzeß der Macht der Siegerstaaten, der geschlagene Völker
schon oft zur Verzweiflung, Haß und damit zur Revolution getrieben hat.
Der Exzeß, sagt Plato, ist das Element des Verfalls." „Das Datum des
Versailler Vertrages – der 28. Juni 1919 – war die Geburtsstunde der
Hitlerschen Revolution. Sie bekam ihren letzten Anstoß durch die Weltwirtschaftskrise von 1929[11]."

Aber auch er wußte im Januar 1933 keine andere Lösung als Hitler, wie
er in seinen Erinnerungen schreibt: „Wenn ich mich selbst prüfe, ob ich
seinerzeit mit all meinen alten Freunden und Kollegen zusammen im
Hitlerkabinett geblieben wäre, so antworte ich – auch wenn ich dann
meine mangelnde Einsicht eingestehe – mit ja. Ich wäre dem gleichen

---

10 Magnus Frh. v. Braun: Von Ostpreußen nach Texas, S. 402 f.
11 Ebda, S. 396, 403.

Irrtum verfallen wie alle anderen oder richtiger: Ich hätte *keinen anderen Ausweg* gewußt[12]."

„Ich halte es auch heute nicht für falsch", so äußerte sich Reichsfinanzminister Schwerin von Krosigk nachträglich, „daß ich in das Kabinett Hitler eintrat. Aber ich bin mir nicht so sicher, ob ich recht daran tat, bis zum Schluß zu bleiben[13]."

„Die deutsche Sendung" sah der Dichter Hanns Johst, späterer Präsident der Reichsschrifttumskammer, zu Beginn des Jahres 1933 wie folgt[14]:

> „Heute liegt für Deutschland die Entscheidung zwischen dem westlichen Individualismus und dem östlichen Kollektiv, zwischen liberaler Humanität und dogmatischem Materialismus . . . Wenn ich also heute nach der deutschen Sendung frage, so muß ich nach der Persönlichkeit fragen, die in solcher Art kennzeichnend, bestimmend und schicksalhaft ist. Darum muß mein Bekenntnis zur deutschen Sendung ein Bekenntnis zum Erlebniswunder der Persönlichkeit, zu Adolf Hitler, sein." Nach einem Vergleich Hitlers mit Luther fährt Johst fort: „. . .: wo liegt der befreiende, erlösende Charakterzug von Hitlers Entwicklung? Man hat drei Eigenströmungen der deutschen Erneuerung festgestellt: den volksdeutschen Gedanken, den neuen Konservatismus und den jungen Nationalismus! Diese drei Bewegungen münden für mich in der Führung Hitlers . . . Lag nun aber Luthers Zuversicht von der deutschen Sendung in der kirchlichen Provinz, so glaubt Hitler an das politische und damit machtpolitische Ergebnis seiner Reformation . . ." Johst schließt mit dem Bekenntnis: „Und der klarste, reinste Deutsche der Gegenwart, der Führer dieses gelebten und nicht gedachten, dieses frommen und nicht heuchlerischen, dieses politischen und nicht intellektuellen Schicksals trägt den Namen Adolf Hitler. Er wird mit dem Gefolge der Treue und der Gemeinschaft aller Volksbewußten die Wende erzwingen, wie sie Martin Luther für seine Glaubensgenossen trotz Tod und Teufel erzwang."

Die Ernennung der Regierung Hitler erweckte vor allem im nationalsozialistischen Lager Begeisterungsstürme, aber auch bei vielen Anhängern des deutschnationalen Koalitionspartners und beim Stahlhelm, Bund der Frontsoldaten, der im Jungstahlhelm einen erheblichen Teil nationalgesinnter Jugendlicher erfaßt hatte. Auf der anderen Seite regten sich viele Stimmen des Bedenkens, der Angst und der Sorge nicht nur

---

12 Ders.: Weg durch vier Zeitepochen, S. 234.
13 Schwerin von Krosigk: Staatsbankrott, S. 179.
14 VB, Nr. 52 v. 21. 2. 1933, Zweites Beiblatt: Hanns Johst: „Die deutsche Sendung".

bei der gesamten Linken und bei den restlichen bürgerlichen Parteien, sondern auch bei national eingestellten Personen und auch Institutionen.

General Ludendorff[15], erster Generalquartiermeister der Obersten Heeresleitung unter Generalfeldmarschall Hindenburg und Hitlers Weggefährte zur Feldherrnhalle am 9. November 1923, schrieb an den Reichspräsidenten:

„Sie haben durch die Ernennung Hitlers zum Reichskanzler unser heiliges deutsches Vaterland einem der größten Demagogen aller Zeiten ausgeliefert. Ich prophezeie Ihnen feierlich, daß dieser unselige Mann unser Reich in den Abgrund stürzen und unsere Nation in unfaßbares Elend bringen wird."

Auch war der deutschnationale Koalitionspartner Hugenberg alles andere als ein Freund Hitlers und der Nationalsozialisten. Er war ins Kabinett eingetreten, um den unberechenbaren Revolutionär in Schach zu halten und eine „Machtergreifung" der Nationalsozialisten zu verhindern. Er und viele seiner Gesinnungsgefährten dachten über Hitler nicht viel anders als Ludendorff. Die Auseinandersetzungen zwischen den deutschnationalen „Kampfstaffeln" und den Nationalsozialisten zeugten von scharfen, unüberbrückbaren Gegensätzen.

Die „Christlichen Gewerkschaften" nahmen gegen die neue Regierung mit folgender Erklärung Stellung[16]:

„Reichspräsident von Hindenburg hat mitten in der schweren Krise, die auf dem deutschen Volke lastet, eine folgenschwere Entscheidung getroffen. Beeinflußt von nichtverantwortlichen Ratgebern, hat er der Regierung S c h l e i c h e r das V e r t r a u e n e n t z o g e n.
Die sich anbahnende Volksverbundenheit der Regierung Schleicher, ihr Festhalten an der Verfassung, ihr erfolgreiches Bemühen, die von der Regierung Papen verursachten Störungen zu überwinden, zog ihr die F e i n d s c h a f t d e r R e a k t i o n um H u g e n b e r g und P a p e n zu.
Die Behandlung des Osthilfeskandals und die vor allem von den Nationalsozialisten gefürchtete Reichstagsauflösung und nachfolgende Neuwahl verstärkten die Feindschaft gegen den „sozialen General". Er mußte fallen.
Der politischen Betriebsamkeit von Papens gelang es, die nationalsozialistische „Arbeiterpartei" und die soziale und politische Reaktion, die sich noch gestern lärmend bekämpften, zusammenzuführen.

---

15 Ludendorffs „Tannenbergbund" wurde im September 1933 verboten.
16 VZ v. 1. 2. 33.

Politischer Machthunger der Nationalsozialisten, Subventionsgier und Herrschaftsdünkel ostelbischer Großagrarier, die arbeiter- und gewerkschaftsfeindliche Gesinnung Hugenbergs fanden sich zum Bunde gegen den sozialen Willen des verfassungstreuen deutschen Volkes. Hindenburg hat das K a b i n e t t d e r H a r z b u r g e r F r o n t, der Front der Gegner seiner Wiederwahl zum Reichspräsidenten, unter H i t l e r s F ü h r u n g bestätigt. Der volks- und arbeiterfeindliche Wille der Hugenberg und Papen werden den Regierungskurs bestimmen. Die Arbeiterschaft, die Arbeitslosen, die Sozial- und Kleinrentner, das werktätige Volk in Stadt und Land sollen wiederum die Leidtragenden sein. Die Gefahr des unversöhnlichen Auseinanderbrechens des deutschen Volkes ist da."

Hitlers Versammlungsreden begannen mit der stereotypen Formel der vierzehn Jahre Marxistenherrschaft mit Not, Elend und nationaler Demütigung. Auch der Aufruf der neuen Regierung ließ diese Wendung nicht fehlen. Dagegen nahm die Staatspartei, Nachfolgerin der dritten Weimarer Koalitionspartei, der Deutschen Demokratischen Partei, Stellung. Sie vertrat große Teile des liberalen Bildungsbürgertums und der deutschen Juden. Friedrich Naumann und Theodor Heuß gehörten ihr an. Sie war die Weimaranische Fortsetzung der linksliberalen Fortschrittspartei der kaiserlichen Zeit. Sie erklärte in ihrer Antwort auf den Aufruf der Reichsregierung[17]: ,,Die Weimarer Parteien bewahrten Deutschland vor dem Bolschewismus und schufen nach dem Zusammenbruch eine neue staatliche Ordnung. Die marxistische Arbeiterschaft nahm am passiven Widerstand gegen den französischen Ruhrüberfall teil, Stresemann rettete als Kanzler das Reich, während Hitler in München putschte. Das Rheingebiet wurde nach elfjähriger Besatzung 1930 auf friedlichem Wege befreit, während Hitler zur ersten Wahlschlacht gegen die deutsche Einheit rüstete. 1932 keimte in Lausanne und Genf ,,endlich die Saat des Rechtes und der Vernunft; heute möchten Hitler und Papen die Ernte einbringen, indem sie großzügig auf weiteren Kampf nach außen verzichten." Die vom Reichskanzler beklagte Zerrissenheit des deutschen Volkes sei eine Folge des ,,fürchterlichen Brandmals jener falschen Front des nationalen Aufruhrs vom Kapp-Putsch bis zum Sturz der Präsidialregierung Schleicher." Die ge-

---

17 Das folgende zitiert nach ,,Vossische Zeitung" v. 4. 2. 1933, Artikel: ,,Antwort an Hitler. Staatspartei gegen den Aufruf der Reichsregierung."

schworenen Gegner des Parlamentarismus flüchten „aus der Verantwortung der Macht in die demokratische Wahl, weil sie sich keinem Reichstag stellen wollen, den sie nicht ganz erobert und erledigt haben. Das Wort Versöhnung ist blutiger Hohn für einen Zustand, der den deutschen Staat ganzseitig lähmt, weil die Mehrheit der Nation ausgeschlossen und zu Bürgern zweiter Klasse gestempelt werden soll . . ."

Gleichzeitig erließ die SPD zur Eröffnung des Wahlkampfes einen Aufruf unter dem Motto: „Freiheitsfront gegen Harzburger Front". Die sozialdemokratische „Münchner Post", die älteste und gewissenhafteste Begleiterin der Hitlerbewegung aus der gegnerischen Warte von der ersten Stunde ihrer Entstehung an, begrüßte die Regierung Hitler-Papen-Hugenberg am 31. Jan. 1933 mit den Schlagzeilen[17a]: „Nun heraus mit den Aufbau-Rezepten! Hitler Kanzler der Schwerindustrie und der Großagrarier", „Regierung der vereinten Reaktion", und veröffentlichte einen Aufruf des Vorstandes und der Reichstagsfraktion der SPD vom 30. Januar folgenden Inhalts:

„Arbeitendes Volk! Republikaner!

Im Kabinett Hitler-Papen-Hugenberg ist die Harzburger Front wieder auferstanden.
Die Feinde der Arbeiterklasse, die einander bis vor wenigen Tagen auf das heftigste befehdeten, haben sich zusammengeschlossen zum
gemeinsamen Kampf gegen die Arbeiterklasse,
zu einer reaktionären, großkapitalistischen und großagrarischen Konzentration.
Die Stunde fordert die Einigkeit des ganzen arbeitenden Volkes zum Kampfe gegen die vereinigten Gegner. Sie fordert Bereitschaft zum Einsatz der letzten und äußersten Kräfte.
Wir führen unseren Kampf auf dem Boden der Verfassung. Die politischen und sozialen Rechte des Volkes, die in Verfassung und Gesetz verankert sind, werden wir gegen jeden Angriff mit allen Mitteln verteidigen. Jeder Versuch der Regierung, ihre Macht gegen die Verfassung anzuwenden oder zu behaupten, wird auf den äußersten Widerstand der Arbeiterklasse und aller freiheitlich gesinnten Volkskreise stoßen. Zu diesem Entscheidungskampf sind alle Kräfte bereitzuhalten!
Undiszipliniertes Vorgehen einzelner Organisationen oder Gruppen auf eigene Faust würde der gesamten Arbeiterklasse zum schwersten Schaden gereichen.

17a MP, Nr. 25 v. 31. 1. 1933 S. 1.

Darum her zur Eisernen Front! Nur ihrer Parole ist Folge zu leisten! Kaltblütigkeit, Entschlossenheit, Disziplin, Einigkeit und nochmals Einigkeit ist das Gebot der Stunde!

Berlin, 30. Januar 1933.

Vorstand und Reichstagsfraktion der Sozialdemokratischen Partei Deutschlands"

Tags darauf, am 1. Februar, stellte das Blatt einen ganzen Fragenkatalog an den neuen Reichskanzler und wandte sich an den Reichspräsidenten mit einem anklagenden Artikel „Wo bleiben die Bedenken des Reichspräsidenten[18]"?

Ferner brachte die „Münchner Post" folgende Drahtmitteilung aus Berlin: „Klassenkampf von oben: Die Sozialdemokratie und mit ihr die Eiserne Front sind für alle Fälle gerüstet, die durch das Regime Hitler-Papen-Hugenberg eintreten können. Das war der entscheidende Eindruck einer kurzen, aber von Kampfentschlossenheit getragenen Sitzung des Parteiausschusses der Sozialdemokratie, die in Gemeinschaft mit dem Parteivorstand und der Reichstagsfraktion am Dienstag im Reichstagsgebäude abgehalten wurde. An der Sitzung nahmen auch die maßgebenden Vertreter der Reichskampfleitung der Eisernen Front teil. Dort führte Breitscheid aus: „Wir sind nunmehr in eine Phase des Klassenkampfes von oben in seiner reinsten Form getreten. Die Reaktion hat ihre letzte Karte ausgespielt, die Söldnerschar des Faschismus eingesetzt. Wenn sie nicht sticht, und sie wird nicht stechen, dann ist die Stunde gekommen, in der die Arbeiterschaft das entscheidende Wort spricht. Nur sie kann das Volk retten. Für diese entscheidende Stunde gilt es, alle Kräfte zu sammeln, um sie geschlossen einzusetzen."

Die Reichstagsauflösung und Ausschreibung von Neuwahlen zum 5. März, von Hitler gegen den Widerstand Hugenbergs beim Reichspräsidenten durchgesetzt, wurde von den maßgebenden Parteien allgemein kritisiert. Die Schlagzeile der MP vom 2. Februar „Hitlers Scheu vor der Volksvertretung. Reichstagswahlen am 5. März" drückte nicht nur die Meinung ihrer Partei, sondern auch der anderen aus. Am gleichen Tag veröffentlichte die SPD einen Aufruf unter dem Titel: „Deutsches Volk, Frauen und Männer!" Es folgte am 3. Februar ein Aufruf der „Eisernen Front". Gleichzeitig brachte die MP auf der Titelseite einen fingierten Aufruf Hitlers, beginnend mit den Worten: „Wir, Adolf Hitler, von Hugenbergs Gnaden Arm in Arm mit dem Herrenclub, Vizekanzler von Papen, Deutscher Reichskanzler, erlassen an die immer noch und hoffentlich auch in alle Zukunft gläubige Bevölkerung folgenden Aufruf! Ich

---

18 MP, Nr. 26 v. 1. 2. 1933 S. 1.

führe euch herrlichen Zeiten entgegen. Aber nicht so rasch. Zuvörderst muß ich nämlich den Marxismus ausrotten..." – „Mord und Terror kennzeichnen den neuen Kurs. Sozialdemokratischer Bürgermeister von Nazi erschossen", lautete die Titel-Schlagzeile der MP am 6. Februar. Sie berichtete: „Erste Woche Hitlerregierung: 18 Tote! 34 Schwerverletzte!" „So viehisch morden Hitlers braune Banden." Am 8. Februar hieß die Titel-Schlagzeile: „Das Volk läßt sich nicht einschüchtern! Das rote Berlin bringt zehnmal soviel Menschen auf die Beine als die Nazi." Tatsächlich standen gemäß dem Wahlergebnis vom 6. November 1932 in der Reichshauptstadt die Kommunisten an erster, die Sozialdemokraten an zweiter Stelle; erst an dritter folgten die Nationalsozialisten. Am 9. Februar sprach die MP Hitler, ihren alten „Freund" seit 1919, wieder persönlich an unter dem Titel „Der Wahrheit eine Gasse! Eine Antwort an Hitler und Papen." Zwei Tage später brachte das Münchner SPD-Sprachrohr die erste Seite eines nationalsozialistischen Flugblatts zur Reichstagswahl vom 6. Nov. 1932 mit dem Titel: „Der Versuch, Hitler in die Papen-Regierung einzufangen, als eine jüdische Falle entlarvt! Sensationelle Enthüllungen..."[19]. Hitlers ständige Angriffe gegen die „Novemberparteien" und die „Novemberverbrecher" wies das Münchner SPD-Organ immer wieder zurück, so am 13. Februar unter der Überschrift: „Die ‚Novemberverbrecher'. Was Hitler seinen Hörern nicht erzählt", und am 14. Februar unter dem Titel „Zwei Programme. Aufruf der Volksbeauftragten. 12. November 1918", gegenübergestellt „Hitlers zwölf Programmpunkte. Sportpalastrede vom 10. Februar 1933." Das Thema „Novemberverbrecher. Ihr Verdienst um Deutschland" war Gegenstand eines Leitartikels am 20. Februar. Schlagzeile der ersten Seite war „Wie war das mit der Inflation? Eine Richtigstellung gegen Hitler." Hier wurde richtig darauf hingewiesen, daß die Inflation durch den Weltkrieg einsetzte, das Reich bei Kriegsende eine hohe Verschuldung hatte, und der Wert der Mark auf etwa vierzig Prozent der Vorkriegszeit gesunken war. Der ehemalige preußische Finanzminister Hermann Höpker-Aschoff traf in einem großen Aufsatz „Die vierzehn Jahre[20]", in dem er sich ebenfalls ausführlich mit den leidenschaftlichen Angriffen der Nationalsozialisten befaßte, die Feststellung, daß das Reich am 7. November 1918 eine Schuld von rund 160 Milliarden Mark hatte. Er wies anhand von vergleichendem Zahlenmaterial nach, daß die öffentlichen Finanzen Deutschlands nicht schlechter stünden als die von Siegerstaaten wie Frankreich und die USA. „Wer gerecht ist, wird zugeben müssen", schrieb Höpker-Aschoff, „daß die Männer, die in diesen vierzehn Jahren in Deutschland geführt haben,

19 MP, Nr. 35 v. 11./12. Februar.
20 VZ, Nr. 97 v. 26. 2. 1933, Morgen-A. S. 1 f.

sich nicht ohne Erfolg um die Lösung dieser Aufgaben bemüht haben und daß ihnen das deutsche Volk Dank schuldig ist . . . Heute sind die Gegensätze wieder aufgebrochen. Es wird schwer halten, neue Brücken zu schlagen." Höpker-Aschoff zitierte auch einige Male den Berliner Historiker Hermann Oncken als Beweis für die Richtigkeit seiner Anschauungen. Aber was halfen rationale Argumente gegenüber den aufgepeitschten Leidenschaften hungernder Massen? Die sechs Millionen Arbeitslosen ließen sich nicht wegdiskutieren, ebensowenig wie die Tatsache, daß die führenden Männer der Weimarer Republik die Zügel der Herrschaft sich hatten entgleiten lassen, daß die parlamentarische Demokratie nach zehnjährigem Bestehen 1930 bereits zusammengebrochen und die Führung der Massen seit diesem Zeitpunkt mehr und mehr in die Hände des größten Massenpsychologen seit Lenin übergegangen war. Höpker-Aschoff gehörte der Deutschen Demokratischen Partei, nun der Staatspartei an und sprach daher pro domo. Aus der Feder von Thomas Mann, einem der bekanntesten zeitgenössischen Schriftsteller Deutschlands, brachte das Münchner sozialdemokratische Organ am 21. Februar 1933 ein ,,Bekenntnis zum Sozialismus". In den ersten Weltkriegsjahren hatte Thomas Mann noch nationale Töne angeschlagen; jetzt bekannte er sich zur sozialdemokratischen Linken. Die Kundgebung des Sozialistischen Kulturbundes, auf der Manns Botschaft vorgetragen werden sollte, wurde jedoch im letzten Augenblick polizeilich verboten. Der sozialdemokratische Kultusminister Grimme verlas sie dann auf dem Kongreß ,,Das freie Wort", der dann auch der polizeilichen Auflösung verfiel, nachdem Grimme den Text verlesen hatte. Manns Bekenntnis begann mit folgenden Worten:

,,Ich will das Bekenntnis erneuern, das ich schon vor zwei Jahren in einem kritischen und schwierigen Augenblick öffentlich und seitdem noch das eine und andere Mal abgelegt habe: das Bekenntnis zur sozialen Republik und zu der Überzeugung, daß der geistige Mensch bürgerlicher Herkunft heute auf die Seite des Arbeiters und der sozialen Demokratie gehört." Er bekannte sich als Sozialist und als Demokrat und nahm am Schluß zu den Tagesereignissen wie folgt Stellung: ,,Was heute in Deutschland wieder sein Haupt erhebt, die Mächte der Vergangenheit und der Gegenrevolution, wäre längst nicht mehr vorhanden, es wäre ausgetilgt worden, wenn nicht die deutsche Revolution von einer Gutmütigkeit gewesen wäre, die echt deutsch war und die wir nicht tadeln, sondern bewundern wollen. Aber die Deutsche Republik muß den Glauben an ihre Kraft und ihr Recht lernen, sie soll wissen, wie stark sie im Grund ist und welch unerschütterte, moralische und geistige Kräfte ihr auch heute zur Seite stehen, so scheinbar das ihr Feindliche triumphiert. Das ist Episode. Das soziale und demokratische Deutschland, ich bin tief überzeugt davon, darf vertrauen, daß die gegenwärtige Konstellation vorübergehend ist und daß die Zukunft, trotz allem, ihr gehört. Das Rasen der nationalistischen Leidenschaften ist nichts weiter als ein spätes und letztes Aufflackern eines schon niedergebrannten Feuers, ein sterbendes Wiederaufflammen, das sich selbst als neue Lebensglut mißversteht. Und alle Tatsachen des Lebens und der Entwicklung, die wirtschaftlichen, technischen und geistigen, zeugen dafür, daß die Zukunft auf dem Wege liegt, den einzuschlagen die Völker längst gewillt sind, dem Wege in die soziale Welt der Einheit, der Freiheit und des Friedens . . ."

Der ständige Vorwurf Hitlers mit den vierzehn Jahren Novembersystem der Not und der Schande, der vierzehnjährigen Marxistenherrschaft, die Deutschland ruinierte, beschäftigte die Linke doch so stark, daß die Münchner sozialdemokratische Zeitung dagegen ganzseitig Stellung nahm unter der Schlagzeile[21]: ,,Wer hat vierzehn Jahre regiert? Eine Aufklärung für Herrn Hitler." ,,Nicht vierzehn Jahre, nur vierzehn Wochen hat der ,Marxismus' allein regiert, nämlich vom 9. November 1918 bis zum Zusammentritt der Nationalversammlung am 13. Februar 1919. In der Folgezeit sei die SPD Regierungspartei in Koalitionsregierungen gewesen." Das Blatt wandte sich auch gegen die Verleumdung des verstorbenen Reichspräsidenten Ebert, weil er nicht an der Front gewesen sei, mit dem Hinweis, Ebert war bei Kriegsbeginn bereits 43 Jahre alt und kam daher für Kriegsdienst nicht mehr in Frage, so wenig wie Scheidemann mit 49 Jahren. Doch habe Ebert von seinen vier Söhnen zwei im Kriege verloren. Einer der beiden überlebenden Söhne Eberts, der Reichstagsabgeordnete Friedrich Ebert, wandte sich in diesem Zusammenhang dann mit einem ,,Offenen Brief" an den Reichspräsidenten[22].

Bekämpfung des Kommunismus, Reichstagsbrand und seine Folgen

Dem Reichskanzler und seinen Anhängern ging es zunächst darum, ihre Stellung zu festigen und auszubauen. Deshalb hatte er die Ausschreibung von Neuwahlen durchgesetzt, in der Hoffnung, mittels des amtlichen Propagandaapparats für seine Regierung die absolute Mehrheit und

---

21 MP, Nr. 46 v. 24. 2. 33, V. 1.
22 MP, Nr. 47 v. 25./26. 2. 33 V. 1.

damit die volle Macht zu erringen. Der Plan eines Ermächtigungsgesetzes war bereits bei Regierungsantritt gefaßt. Es bestand auch kein Zweifel, daß Hitler entschlossen war, sich im Falle eines Mißerfolges bei den Wahlen um jeden Preis an der Macht zu halten.

Der Schwerpunkt der Arbeit der neuen Reichsregierung lag auf der Ausschaltung der politischen Gegner, der Ergreifung und Sicherung des Polizeiapparates, vor allem in Preußen, und auf dem Wahlkampf. Im ganzen stand die Regierungstätigkeit bis zur Wahl am 5. März unter antikommunistischem Vorzeichen. Doch ergingen bereits im Februar erste Verordnungen zum Schutze des Bauerntums und der Landwirtschaft; treibende Kraft war Hugenberg zu dieser Zeit. So wurden am 8. Februar die Einfuhrzölle für lebendes Vieh, frisches Fleisch und Schmalz erhöht und am 14. Februar der landwirtschaftliche Vollstreckungsschutz, befristet bis 1. Oktober, angeordnet. Weitere Schutzmaßnahmen für die Landwirtschaft waren die Erhöhung der Einfuhrzölle für Hartkäse und Eier vom 6. März und die Preußische Tier- und Pflanzenschutzordnung vom 11. März. Die erste Verordnung zur Beseitigung von sozialen Härten vom 18. Februar war wohl auch als Wahlkampfmittel gedacht, um die notleidenden großstädtischen Massen zu gewinnen. Als nächste Sozialmaßnahme erging am 17. März eine erste Verordnung zur Neuordnung der Krankenversicherung, am 23. März eine „Verordnung betreffend die Neuregelung der Fettwirtschaft".

Die entscheidende Machtposition im Reich war das Land Preußen. Nachdem der preußische Landtag die von den Nationalsozialisten beauftragte Auflösung abgelehnt hatte, erfolgte am 4. Februar die Auflösung der Gemeindevertretungen und die Anberaumung von Neuwahlen auf den 12. März. Am gleichen Tag erließ der Reichspräsident eine „Verordnung zum Schutze des deutschen Volkes"; sie diente der Beschränkung der Versammlungs- und Pressefreiheit. Die Ernennung des Studienrates Bernhard Rust, Gauleiter der NSDAP in Hannover, zum kommissarischen preußischen Kultusminister brachte Wissenschaft und Geistesleben im größten Lande in den Griff der Nationalsozialisten. Mit der „Verordnung zur Herstellung geordneter Regierungsverhältnisse in Preußen" vom 6. Februar beseitigte das Reichsoberhaupt endgültig die preußische Regierung Braun-Severing und betraute Papen mit den Befugnissen der Regierung als Reichskommissar für Preußen. Gleichzeitig erfolgte die Auflösung des preußischen Landtags, mit Neuwahlen wie zum Reichstag am 5. März. Damit hatte die sozialdemokratische Partei endgültig ihre wichtigste Machtstellung verloren.

Am 10. Februar eröffnete der Reichskanzler den Wahlkampf mit einer Massenkundgebung in Berlin im Sportpalast; es war die erste Übertragung einer nationalsozialistischen Versammlung über alle Sender des deutschen Rundfunks. Hitler trat dann am 15. Februar einen Deutschlandflug an, um in zehn Großstädten Wahlreden zu halten. Das Staatsbegräbnis für den am 30. Januar von Kommunisten erschossenen SA-Sturmführer Hans Maikowski zusammen mit dem ebenfalls ermordeten Polizeioberwachtmeister Zauritz bezeichnete die ,,Vossische Zeitung" als Mißbrauch ,,einer Demonstration der Parteimacht, die eine Partei über den Staat erlangt hat"[23].

War Preußen fast die ganze Zeit der Weimarer Republik über eine sozialdemokratische Domäne gewesen, so wurde es jetzt als erstes Land eine nationalsozialistische durch Görings Maßnahmen als Innenminister. Bereits am 2. Februar hatte er ein Demonstrationsverbot über die KPD verhängt und ihre Zentrale, das Karl-Liebknecht-Haus, polizeilich besetzen lassen. Er beurlaubte oder entließ ihm politisch als unzuverlässig erscheinende Beamte und Polizeioffiziere, die vielfach der SPD angehörten oder ihr nahestanden, und ersetzte sie durch Nationalsozialisten, häufig durch SA-Führer. Am 17. Februar erließ er eine Verordnung an die Polizei, die nationalen Verbände rückhaltlos zu unterstützen, und ließ am 24. Februar eine Hilfspolizei aus SA-, SS-Männern und Stahlhelmern aufstellen. Diese ,,Hilfspolizei" wurde durch Erlaß Görings vom 8. August mit Wirkung vom 15. August wieder aufgelöst.

Die laufenden Störungen und auch Sprengungen besonders von Wahlversammlungen der Zentrumspartei[24] veranlaßten Hitler und Göring zu Ermahnungen und Aufrufen an SA und SS, Disziplin zu wahren, sich nicht provozieren zu lassen und keine gegnerischen Versammlungen zu besuchen[25]:

,,Der Führer hat folgenden Aufruf an alle Nationalsozialisten erlassen:

Nationalsozialisten!

Provokatorische Elemente versuchen unter dem Deckmantel der Partei durch Störung oder Sprengung, insbesondere von Zentrumsversammlun-

---

23 VZ, Nr. 56 v. 2. 2. 33, Leitartikel: ,,Ungleiches Maß".
24 VZ, Nr. 88 v. 21. 2. 33, Abend-A., S. 1 ,,Krawall um Brüning. Zusammenstöße mit Nationalsozialisten in Kaiserslautern." Ebda. ,,Hitler bremst. Ein Aufruf gegen Störungen von Zentrumsversammlungen." S. 2. ,,Die gestörten Zentrumsversammlungen. Die Tumulte in Münster und Krefeld."
25 VB, Nr. 54 v. 23. Febr. 1933, S. 1.

gen, die nationalsozialistische Bewegung zu belasten. Ich erwarte, daß alle Nationalsozialisten sich in äußerster Disziplin gegen diese Absichten wenden. Der Feind, der am 5. März niedergerungen werden muß, ist der Marxismus! Auf ihn hat sich die gesamte Propaganda und damit der gesamte Wahlkampf zu konzentrieren.

Wenn das Zentrum in diesem Kampf durch Angriffe gegen unsere Bewegung den Marxismus unterstützt, so werde ich selbst von Fall zu Fall mich mit dem Zentrum auseinandersetzen, diese Angriffe zurückweisen und damit erledigen.

Im übrigen:

Besucht keine gegnerischen Versammlungen, sondern sorgt dafür, daß unsere eigenen Versammlungen zu gewaltigen Kundgebungen der erwachenden Nation werden!

Nationalsozialisten! Ihr habt seit 14 Jahren die deutsche Erhebung vorbereitet, Ihr müßt sie heute vollenden!

Berlin, 22. Februar 1933   Adolf Hitler"

In dem Aufruf Görings an SA, SS und Stahlhelm heißt es[26]:

,,... Darum bitte ich euch als Kamerad, der auch die schweren Jahre mit euch gekämpft und gelitten hat, daß ihr jetzt dem deutschen Volk beweist, daß Disziplin, Pflicht, Treue und Kameradschaft eine der vornehmsten männlichen Tugenden sind. Von außen vermochte euch kein Gegner etwas anzuhaben, jetzt versucht er, durch Agenten, Spitzel und Provokateure euer Ansehen zu gefährden. Ich weiß, daß ihr selbst die minderwertigen Elemente in euren Reihen auffindet, sie überführen und beseitigen werdet. Kameraden, hier ist höchste Wachsamkeit geboten! Steht fest zusammen und hinweg mit dem, der nicht ganz und gar mit Leib und Seele zu euch gehört! Denkt immer daran, daß ihr ein Ehrenkleid tragt, das durch das Blut eurer gefallenen Kameraden geheiligt ist. Durch Disziplin und äußerste Pflichterfüllung sollt ihr beweisen, daß ihr berufen seid, Deutschland zu erneuern."

In der Nacht vom 27. auf 28. Februar brannte der Reichstag. Die Regierung ging bei ihrer Reaktion auf die Reichstagsbrandstiftung von der weit verbreiteten und berechtigten Ansicht aus, darin das Fanal zu einem allgemeinen kommunistischen Aufstand sehen zu müssen. Im Reichstag wurde der Attentäter, der Holländer Marinus van der Lubbe, verhaftet. Er gestand die Tat und beharrte auf seiner Aussage, er habe allein die Brandstiftung ohne Mithilfe anderer, auch ohne Anstiftung von dritter Seite begangen[27]. Der Prozeß vor dem Reichsgericht vom 21.

---

26 Ebda.

Sept. bis 23. Dez. 1933 schien seine Aussagen zu bestätigen. Er war ein Pyromane, der vor der Brandstiftung im Reichstagsgebäude bereits im Wohlfahrtsamt und Rathaus von Neukölln sowie im Berliner Schloß Brände gelegt hatte. Der Verdacht der Mittäterschaft der KPD ließ sich nicht beweisen. Die Mitangeklagten, der kommunistische Reichstagsabgeordnete Torgler wie die bulgarischen Kommunisten Dimitroff, Popoff und Daneff mußten freigesprochen und freigelassen werden. Van der Lubbe hatte gemäß der Beweisaufnahme Helfershelfer und Hintermän-

27 VZ, Nr. 100 v. 28. Febr. 33, Abend-A., brachte folgende Meldung über Marinus van der Lubbe:

„Vernehmung des Brandstifters

Der unmittelbar nach der Entdeckung des Brandes festgenommene Brandstifter M a r i n u s v a n d e r L u b b e ist bis in die frühen Morgenstunden von der Polizei eingehend vernommen worden. Er hat zugegeben, den Brand im Reichstag gelegt zu haben, bleibt aber dabei, daß er a l l e i n g e h a n d e l t, k e i n e M i t h e l f e r und k e i n e M i t w i s s e r gehabt habe. Als er von den Polizeibeamten festgenommen wurde, war er nur mit einer Hose bekleidet. Zur Erklärung gab er an, daß er sich während der Brandstiftung auch sein Hemd ausgezogen habe, um es als Brandstiftungsmaterial zu benutzen.

Marinus van der Lubbe ist am 13. Januar 1909 in Leyden geboren. An seiner holländischen Staatsangehörigkeit besteht kein Zweifel. Er hatte einen regulären holländischen Paß bei sich. Ebensowenig ist an seiner radikal-kommunistischen Einstellung zu zweifeln. Van der Lubbe, der von Beruf Maurer ist, hat trotz seiner Jugend schon eine bewegte politische Vergangenheit hinter sich. In Leyden, wo er eine Zeitlang seinen ständigen Wohnsitz hatte, gehörte er zu den aktivsten Mithelfern der dortigen „Spartakusbundes", einer extremen Gruppe von Kommunisten, deren Führer er gewesen ist. Nach holländischen Auskünften war van der Lubbe bei allen Straßenunruhen tätig, die während der letzten Jahre in Holland stattgefunden haben. Vor etwa zwei Jahren verschwand van der Lubbe in Leyden. Er hatte sich einen Paß nach Rußland geben lassen und hat sich offenbar dort aufgehalten.

Van der Lubbe hat eingestanden, auch den Brand im Schloß gelegt zu haben, und gab als Motiv seiner Tat „Rache am nationalen Kapitalismus" an. Heute wird seine Vernehmung fortgesetzt."

Am 29. Sept. 33 brachte die VZ in Nr. 465, Morgen-A., folgenden Leitartikel:

„Das erste Brandpaket
Sonderbericht der Vossischen Zeitung

OH Leipzig, 28. September

Am Mittwoch, 22. Februar, vormittags 10 Uhr, steht Lubbe vor dem Neuköllner Wohlfahrtsamt und spricht mit einigen Erwerbslosen. Von einer Aktion der Nationalsozialisten ist die Rede und von der Notwendigkeit, irgend etwas zu unternehmen. Man müßte staatliche Gebäude in Brand setzen, SA-Männer mit Benzin übergießen und anzünden, Revolution sollte man machen . . .

Am gleichen Tage wird Lubbe in dem kommunistischen Verkehrslokal von Schlaffke gesehen, und zwar nicht in der eigentlichen Wirtschaft, sondern nebenan im Vereinszimmer. Hier ist die sogenannte „Hilfsstelle für Bedürftige". Es werden Anträge an das Wohlfahrtsamt aufgesetzt und Beschwerden über die Beamten entgegengenommen. Von hier aus wird unter den Erwerbslosen agitiert. Lubbe bekommt zu essen. Einige Kommunisten sind da, Stammgäste von Schlaffke, mit denen er ins Gespräch kommt. Auch hier führt er wilde Reden.

Am Donnerstag hört der Leiter des Wohlfahrtsamtes, daß für den nächsten Tag eine

ner[28], doch verweigerte er darüber jegliche Aussage. Er wurde zum Tode verurteilt und hingerichtet (10. Jan. 1934).

Die Gegner des Nationalsozialismus suchten bereits damals das Verbrechen dem nationalsozialistischen Regime, insbesondere Göring als Reichstagspräsidenten, anzulasten[29]. Ihre Behauptungen blieben so unbeweisbar wie jene des Regimes von der Mittäterschaft der KPD[30]. Die

---

kommunistische Gewaltaktion geplant sei. Er läßt das Gebäude polizeilich sichern. Während er schon den Stoßtrupp im Anmarsch zu sehen glaubt, wird das Quartier von Schlaffke ausgehoben. Weiter ist nichts feststellbar. Die Aktion jedenfalls erfolgt nicht. Am folgenden Tage, Sonnabend, dem 25. Februar, wirft Lubbe das erste Brandpaket durch ein offenes Fenster des Wohlfahrtsamtes.
Das sind die Daten, wie sie die Verhandlung feststellt. Der Schauplatz: einige Straßenzüge in Berlin. Die Zeugen: Arbeiter und Beamte, die an diesen Vorgängen beteiligt waren. Zu Beginn der Verhandlung sitzen sie in einer Reihe, 14 Mann. Da sind die Erwerbslosen Jahnecke und Starker, die bei Schlaffke das große Wort führen. Im Wohlfahrtsamt drüben sieht man in ihnen die Drahtzieher der Agitation, die die täglichen Krawalle verursacht. Kommunistische Plakate werden vor den Schaltern angeschlagen, hetzerische Handzettel gehen unter den Erwerbslosen ringsum.
Es ist die ärmste Bevölkerung von Neukölln, die von diesem Amt betreut wird, empfänglich für radikale Parolen. Man versteht, daß Beamte sich bedroht fühlen. In dem Elend, das sie täglich umgibt, spüren sie die wachsende Unruhe. Sie glauben, ein System darin zu sehen, einen Aktionsplan, der eines Tages die Massen in Bewegung setzt. Der angekündigte Überfall – so sagt der Leiter der Dienststelle – war jedenfalls schon seit langem geplant.
Wie kam Lubbe in diesen Kreis bei Schlaffke, der offenbar ein Aktionszentrum war? Der Zeuge, den man darüber hört, ein Verwandter Schlaffkes, der die Anträge an das Wohlfahrtsamt aufsetzte, kann sich nicht erinnern, in wessen Begleitung Lubbe kam. Nach einer Darstellung war Lubbe eben auf einmal da, wildfremd und in abgerissenem Zustand. „Ich hielt ihn für einen Handwerksburschen."
Auch der Gang der Unterhaltung, an der Starker und Jahnecke beteiligt waren, läßt sich nicht mehr klarstellen. Man hört von den Zeugen nur, daß Lubbe sich als holländischer Kommunist ausgab, und vom Kampf gegen den Faschismus sprach. Aber keiner habe ihn recht ernst genommen. „Er war überhaupt so schmutzig angezogen." – „Konnte er deshalb nicht als Kommunist gelten?" fragt der Oberreichsanwalt. Antwort: „Eine gebildete Ansicht deckt sich niemals mit einem schmutzigen Kleid zu."
Dieser Zeuge Pfeifer, ein Mann in mittleren Jahren, damals ehrenamtlicher Wohlfahrtspfleger, überlegt sich sehr genau, was er sagt. Er sagt vor allem kein Wort zu viel. Daß er selbst Kommunist war, gibt er nach einigem Zögern zu, aber er unterscheidet genau nach Wertungsgraden der Gesinnung. Diesen hergelaufenen Menschen, der Kommunist sein will, erkennt er nicht an. Als Mensch, sagt er, wollte er ihm helfen, aber mit dem übrigen habe er nichts zu tun. Immerhin läßt er Lubbe nachmittags in seine Wohnung kommen, gibt ihm einen Mantel und bewirtet ihn mit Kaffee und Broten."

28 Meißner, a. a. O., S. 283.
29 Gegen diese Behauptung nahm sogar der britische Journalist Sefton Delmer Stellung in seinem Buch „Die Deutschen und ich" und verficht die Ansicht von der Alleintäterschaft Lubbes. S. 197, S. 200 ff.
30 Fritz Tobias hat mit seinem Buch „Der Reichstagsbrand. Legende und Wirklichkeit", Rastatt 1962, den wissenschaftlichen Nachweis für die Alleintäterschaft Lubbes erbracht. So auch Delmer, a. a. O., S. 200 ff.

60

Nationalsozialisten nützten jedoch die Gunst der Gelegenheit, um ihre totale Herrschaft aufzubauen. Unter dem Eindruck des Reichstagsbrandes und als Auslöser ergingen vom Reichspräsidenten zwei Verordnungen, eine vom 28. Februar „Zum Schutze von Volk und Staat", eine andere am 1. März „Gegen Verrat am deutschen Volke und hochverräterische Umtriebe". Durch die Notverordnung vom 28. Februar aufgrund des Artikels 48 der Reichsverfassung wurden die Artikel 114, 115, 117, 118, 123, 124 und 153 der Verfassung „bis auf weiteres außer Kraft gesetzt" und damit weitgehend die Grundrechte aufgehoben: So die Freiheit der Person (114), der Wohnung (115), des Briefgeheimnisses (117), das Recht der freien Meinungsäußerung (118), das Versammlungs- (123) und das Vereinsrecht (124) sowie die Gewährleistung des Eigentums (153).

Die Reichsregierung erhielt das Recht, die Befugnisse oberster Landesbehörden zu übernehmen, wenn diese Sicherheit und öffentliche Ordnung nicht mehr zu gewährleisten vermochten. Mit dieser Verordnung wurde ein entscheidender Schritt hin zum totalen Staat vollzogen.

In der Ministerbesprechung vom 28. Februar forderte der Kanzler „eine rücksichtslose Auseinandersetzung mit der KPD". „Der Erlaß einer Verordnung zum Schutze der Gesellschaft gegen die kommunistische Gefahr sei dringend geboten." Reichsminister Göring vertrat die Ansicht, „daß das Attentat auf das Reichstagsgebäude wegen der Beschlagnahme zahlreichen Geheimmaterials der KPD durch die preußische Polizei beschlossen und durchgeführt worden sei... Die Zentrale der KPD werde nach seiner Meinung von Münzenberg geleitet." Er gab dann die von ihm sofort getroffenen Maßnahmen bekannt, Reichsminister Dr. Frick den Entwurf „der Verordnung zum Schutze von Volk und Staat"[31]. In der Ministerbesprechung am 2. März führte Göring aus, „daß in der vergangenen Nacht wesentliche Unterlagen über die kommunistischen Pläne gefunden worden seien. Der Zeitpunkt des Losschlagens sei zunächst für den Abend und die Nacht des Wahltages festgelegt gewesen, dann aber auf Mitte März verlegt worden. Ein Pharusplan von Berlin sei in doppelter Ausfertigung gefunden worden, auf dem alle wichtigen elektrischen Zentralstellen, Untergrundbahnen, Umformerstationen bezeichnet waren... Aus den Unterlagen habe sich auch die enge Verbindung mit Moskau ergeben. Den deutschen Kommunisten sei eine Frist gestellt worden, innerhalb deren sie etwas unter-

---

31 ADAP, Serie C, I, 1, Nr. 42.

nehmen müßten. Andernfalls würden ihnen die Unterstützungen entzogen[32]."

Umfang und Größe der kommunistischen Gefahr ging aus einem Geheimerlaß des Reichswehrministers Schleicher vom 7. August 1932 hervor: „Wie zu erwarten, hat die kommunistische Propaganda in der Reichswehr in letzter Zeit erheblich zugenommen. Diese intensive Zersetzungstätigkeit in der gegenwärtigen Lage bedeutet eine ernste Gefahr für die Disziplin und Schlagfertigkeit der Truppe . . . Die Abwehr von Zersetzungsversuchen ist Pflicht jedes Soldaten. Aufgabe der Vorgesetzten ist es, alle Soldaten eingehend und immer wieder über die Methoden der kommunistischen Zersetzungstätigkeit zu unterrichten und ihnen die Mittel zu ihrer Abwehr in die Hand zu geben[33]."

Während Göring in seiner Eigenschaft als kommissarischer preußischer Innenminister mit seinen antikommunistischen Maßnahmen Vorbereitungen zur vollen Machtergreifung traf, war Hitlers Tätigkeit auf die Propaganda zur Reichstagswahl konzentriert. Er eröffnete auch am 11. Februar die Internationale Automobilausstellung mit einer glänzenden Rede. Die Motorisierung und der Straßenbau lagen ihm besonders am Herzen. Da er seit vielen Jahren ganz Deutschland mit dem Auto bereiste, kannte er die Straßenverhältnisse und verstand auch viel vom Kraftfahrzeugwesen. Beides förderte er stark: den Straßenbau durch die Reichsautobahnen, die Motorisierung durch die Idee des Volkswagens, die von ihm stammte.

Am 21. Februar empfing der Reichskanzler Industrieführer[34]. Am 3. März gewährte er dem Vertreter des britischen Massenblattes „Daily Express" eine Unterredung. Dabei wies er die Behauptung, der Reichstag sei von den Nationalsozialisten angezündet worden, als lächerliche Lüge zurück und fügte hinzu: „Europa sollte mir, anstatt mich falschen Spieles zu verdächtigen, lieber dankbar sein, daß ich energisch gegen die Bolschewisten vorgehe. Wenn Deutschland kommunistisch würde – eine Gefahr, die so lange bestanden hat, bis ich Reichskanzler wurde – so würde es nicht lange dauern, bis der Rest des zivilisierten Europa von dieser asiatischen Seuche ergriffen würde." Es bedürfe keiner Bartholomäusnacht, um die Feinde des Staates lahmzulegen. Dafür genügten die ordentlichen Gerichtshöfe. Auf die Frage, ob die Aufhebung der per-

---

32 Ebda, Nr. 44.
33 MGFA, DZ, II H 247.
34 VZ, Nr. 87 v. 21. 2. 33, Morgen-Ausgabe, S. 3.

sönlichen Freiheit ein Dauerzustand bleibe, erwiderte er: ,,Nein. Wenn die kommunistische Gefahr beseitigt ist, wird die normale Ordnung der Dinge zurückkehren. Unsere Gesetze waren zu liberal, als daß es mir möglich gewesen wäre, angemessen und schnell genug mit dieser Unterwelt fertig zu werden. Aber ich selbst wünsche nur zu dringend, daß eine normale Lage sobald wie möglich wiederhergestellt wird. Vorher aber müssen wir dem Kommunismus ein Ende machen[35].''

Im Zusammenhang mit den Massenverhaftungen kommunistischer und auch sozialdemokratischer Führer und Funktionäre – Göring ließ allein in Preußen 4000 kommunistische Funktionäre verhaften – entstanden auch die ersten Konzentrationslager, ohne Zutun von staatlicher oder sonst behördlicher Seite. Meist waren sie Einrichtungen der Willkür örtlicher SA-Führer oder auch einzelner Gauleiter infolge der Überfüllung der Gefängnisse mit politischen Häftlingen vor allem der Linken, Funktionären der KPD und SPD. Übergriffe, Mißhandlungen und Folterungen sowie auch die Befriedigung persönlicher Racheakte waren vielfach bedauerliche Begleiterscheinungen. Erst als die Polizei die Lager in den Griff bekam, wurden diese Mißstände weitgehend beseitigt[36]. Das Polizeipräsidium München gab Mitte März die Errichtung des Konzentrationslagers Dachau für 5000 Personen bekannt, für Kommunisten und marxistische Funktionäre[37].

Ende März berichtete der gut informierte britische Botschafter nach London über die revolutionären Ausschreitungen, die neuesten Feststellungen der Regierung seien ziemlich genau, und Racheakte sowie andere Ausschreitungen würden selten. Mit Berufung auf Görings Äußerung, daß die Gegenrevolution nicht mehr Opfer an Toten und Verwundeten gekostet habe als die politischen Auseinandersetzungen im vergangenen Jahr, stellte Sir Rumbold fest, die Opferliste müsse beträchtlich sein, denn die vorjährigen Auseinandersetzungen kosteten 350 Menschenleben. Er bezweifelte, ob die ,,Nazi-Behörden'' zuverlässige Statistiken hätten. Die Gesamtzahl von Mißhandelten und eingesperrten Personen werde aus einer zuverlässigen Quelle mit 15 000 angegeben. Die Zahl erscheine zu gering geschätzt[38].

Göring hielt am 1. März eine Rede über die kommunistische Gefahr

---

35 VB, Nr. 63 v. 4. 3. 33.
36 Diels, Lucifer ante portas, S. 186.
37 Keesing's AG, 1931–1934, S. 760 A v. 22. 3. 33.
38 BDFP, 2. Series, Bd. V, Nr. 5 v. 28. 3. 33.

und zitierte dabei u. a. die Schrift des militärischen Führers der KPD, Hans Kippenberger (Pseudonym: Alfred Langer), „Die Kunst des bewaffneten Aufstands". Im Auftrag des „Gesamtverbandes antikommunistischer Vereinigungen e. V." gab im Sommer Dr. Adolf Ehrt ein Buch mit dem Titel „Bewaffneter Aufstand" heraus. Anhand amtlichen Materials wurde hier die Vorbereitung des kommunistischen Umsturzversuches um die Jahrhundertwende 1932/33 dargestellt. Darauf bezog sich der Reichskanzler in seiner Proklamation vom 1. September 1933 mit den Worten: „Es gab zu Beginn dieses Jahres Wochen, in denen wir haarscharf am Rande des bolschewistischen Chaos vorbeigekommen sind[39]."

Zur Taktik der KP gehörte auch die Unterwanderung der Gegenseite. Ohne Zweifel hatte sie Provokateure in SA und SS eingeschleust. Hitler selbst hatte seine Anhänger und Organisationen, insbesondere SA und SS, mehrfach vor dieser Unterwanderung gewarnt. Sein Grundsatz „Terror kann nur durch stärkeren Gegenterror gebrochen werden", wurde von der linksradikalen Seite in ihrem Sinne ausgenützt. Hier berührten sich die Extreme; die Übergänge waren fließend. Schon 1919 hatte sich gezeigt, daß der Terror der Linken einschließlich der Gewerkschaften nur durch den militärisch organisierten Gegenterror der Rechten in Schach gehalten werden konnte. Der Kampf der „Weißen Garde" gegen die „Rote Garde" stand 1918/19 bereits unter diesem Vorzeichen: er fand seine Fortsetzung durch die Hitlerbewegung.

Der 4. März wurde vom Reichspropagandaleiter der NSDAP, Dr. Goebbels, zum „Tag der erwachenden Nation" erklärt. Eben an diesem Tage emigrierte eine der wichtigsten Säulen der SPD, der langjährige preußische Ministerpräsident Otto Braun, in die Schweiz[40]. Hitler hielt seine letzte Wahlkampfrede über alle deutschen Sender von Königsberg in Ostpreußen aus. Die Kundgebung schloß mit dem „Niederländischen Dankgebet".

Die Linksparteien, Kommunisten und Sozialdemokraten, waren durch die gegen sie besonders im Zusammenhang mit dem Reichstagsbrand ergriffenen Maßnahmen schwer behindert. Dagegen konnten die Nationalsozialisten unter der meisterhaften Leitung des Berliner Gauleiters Dr. Goebbels in seiner Eigenschaft als Reichspropagandaleiter ihre

---

39 VB, Nr. 256 v. 13. 9. 33, S. 1 f.: „Hier der Beweis"; VZ, 13. 9. 33: „Die kommunistischen Pläne".
40 VZ, Nr. 297 v. 23. 6. 33 Leitartikel.

propagandistische Überlegenheit ungehindert entfalten. Rundfunk, Film und Presse fanden vollen Einsatz. Erhebliche Auseinandersetzungen gab es mit der Zentrumspartei, deren Versammlungen von den Nationalsozialisten verschiedentlich gestört wurden.

Die Deutschnationale Volkspartei schloß sich mit dem „Stahlhelm" zur Kampffront „Schwarz-Weiß-Rot" zusammen. Sie war von Papen als Sammelbecken „aller christlich-konservativen Kräfte", als Gegengewicht gegen die nationalsozialistische Bewegung gedacht. Die Führer der Mittelparteien folgten Hugenberg auf diesem Wege nicht. „Einige der Parteiführer erkannten zwar die Notwendigkeit einer Konzentration aller nicht-nationalsozialistischen Kräfte, aber sie waren nicht gewillt, der Notwendigkeit Opfer zu bringen", schreibt Papen rückschauend. So kam es, daß die Mehrheit des „Stahlhelm" nationalsozialistisch wählte[41].

Die sozialdemokratische Parteiführung erließ angesichts der starken Behinderung ihrer Wahlpropaganda, besonders seit dem 28. Februar – u. a. war auch die „Münchner Post" vier Tage verboten worden – folgenden Aufruf[42]:

„An die Partei!
Genossinnen und Genossen!

In einem großen Teil des Reiches ist unsere Werbearbeit für die Wahlen des 5. März völlig unterbunden, in anderen Teilen ist sie empfindlich eingeschränkt. Damit ist ein tatsächlicher Zustand geschaffen, wie er selbst zur Zeit des Sozialistengesetzes nicht bestanden hat. Genossinnen und Genossen: Aus Verfolgungen hat unsere Partei stets neue Kräfte geschöpft. Schon der 5. März muß die Wahrheit dieser alten Erfahrung bestätigen. Restlose Hingabe an unsere große, heilige Sache, unermüdlichste Arbeit für sie ist Ehrenpflicht jedes einzelnen. Was die gedruckte Wahlpropaganda, die Wahlversammlung nicht leisten kann, wird die rührigste Propaganda von Mund zu Mund ersetzen, so daß unsere Gegner am 5. März erkennen, daß sie mit ihren Methoden nicht ihren Sieg vorbereiten, sondern den unseren. Berlin, den 2. März 1933.
Freiheit!
Der Parteivorstand.
Jeder, der die Freiheit und das Recht liebt, wählt
Liste 2
die Sozialdemokratische Partei"

---

41 Papen, Der Wahrheit, S. 298 f.
42 MP, Nr. 49/52 v. 3. 3. 33.

Der Völkische Beobachter brachte zur Reichstagswahl u. a. folgende Aufrufe: „Kleinrentner, eure Hoffnung kann nur der Nationalsozialismus sein"!, ferner: „Vierzehn Jahre marxistischer Wirtschaftszerstörung! Macht Schluß damit! Wählt am 5. März Liste 1![43]" Und an die Erwerbslosen wandte er sich wie folgt:

„Erwerbslose! Entrechtete!

Die Stunde der Vergeltung an euren Peinigern ist gekommen. 14 Jahre hat man euch mit leeren Versprechungen getröstet, hat euch von Rechten gefaselt, die ihr angeblich hättet.

Wo sind eure Rechte?

Was nützt euch Streikrecht, Koalitionsrecht, Tarifrecht, Arbeiterschutz, wenn euch das Recht zu leben dadurch bestritten werden kann, daß ihr arbeitslos gemacht werdet?

Man hat euch für den Fall der Arbeitslosigkeit Unterstützung mit dem notwendigen Lebensunterhalt versprochen. Die Verfassung des Deutschen Reiches bestimmt ausdrücklich, daß der Arbeitslose, dem kein angemessener Arbeitsplatz nachgewiesen werden kann, Unterstützung erhält. Wie steht es damit?

Von 6 Millionen Erwerbslosen sind
noch nicht 2½ Millionen in der Arbeitslosenversicherung und
der Krisenunterstützung,
fast 1½ Millionen Volksgenossen sind ohne Arbeit,
ohne jede Unterstützung,
ohne jedes Existenzmittel.

Das ist die verfassungstreue Gesetzgebung derselben Parteien, die die Verfassung von Weimar gemacht haben und die sie als die beste der Welt bezeichnen!

Die

Sozialdemokratie,

die sich rühmt, die Hüterin der Verfassung und eurer, der deutschen Arbeiter Rechte zu sein, fügt zu dem Unrecht, an dem sie als Systempartei mitschuldig ist, noch den blutigen Hohn, heute sich erneut als die „Partei der Arbeiter" zu empfehlen.

In euren Versammlungen hat sie sich verschworen, eure Rechte und eure berechtigten Ansprüche zu wahren. In den Parlamenten hat sie Agitationsanträge eingebracht, hinter denen kein ernsthafter Wille zum Handeln stand. Aber in der Regierung oder in Verhandlungen mit den Regierungen, die sie stützte, hat sie euch

verraten und verkauft.

---

43 VB, v. 4. Mrz. 1933.

Als Brüning die 4. Notverordnung mit der Kürzung der Gehäl-
ter, der Löhne, der Renten, der Versicherungsleistun-
gen und mit der Einführung der Krankenscheingebühr dem
deutschen Volke bescherte, hat da etwa die SPD erklärt: ,,Wir dulden
diese Notverordnungen nur, wenn gleichzeitig den Arbeitslosen Arbeit
gegeben wird?" Nein.

Sie hat sich für die Kürzung der Arbeitseinkünfte und des
unentbehrlichen Unterhalts der Schwächsten durch das Verbot
bei Betriebsrätewahlen für 1932 kaufen lassen!

Sie hat Arbeiterrechte verraten! Um Brüning zu helfen?

Das Recht der Arbeit zu kürzen.

Nun ist es vorbei mit dem Volksbetrug.

Mögen sie zetern und schreien, weil die nächste Zukunft beweisen wird,
wie groß die Schuld der Systemparteien und der Bonzenwirtschaft an der
Arbeitslosigkeit und an dem Elend ist.

Adolf Hitler hat am eigenen Leben als Arbeiter erfahren, was es heißt,
arbeitslos zu sein. Wir Nationalsozialisten fordern

das Recht auf Arbeit für jeden Volksgenossen,

das heißt, das verfassungsmäßig und gesetzlich zwingende Recht darauf,
daß jeder Volksgenosse, der Arbeit sucht, auch Arbeit zum vollen Lohn
findet!

Dies ist das erste Grundrecht des deutschen Arbeiters, das der Nationalsozialismus wieder aufrichten wird, nachdem Liberalismus, Kapitalismus
und Marxismus es mit Füßen getreten haben.

Volksgenossen! Deutsche Arbeiter der Stirn und der Faust!

Erkämpft euch das Recht auf Arbeit!

Gebt Hitler die Macht!"

Die nationale Erhebung

1. Phase der Machtergreifung

Machtübernahme in den Ländern

„Kennen Sie das Gemälde ‚Das Gastmahl von Gironde' ", fragte der Kölner Historiker Martin Spahn beim Bankett der deutschnationalen Reichstagsfraktion seinen Tischnachbarn. Auf dessen Frage „Warum" erwiderte Spahn: „Glauben Sie nicht, daß wir Hitler genauso ausgeliefert sind, wie in der Französischen Revolution die Girondisten den Jakobinern? Was 1793 in Frankreich geschah, wird sich jetzt bei uns wiederholen[1]."

Im Juni trat Spahn aus der DNVP aus und schloß sich den Nationalsozialisten an. In einem Brief an die Führung der DNVP begründete er diesen Schritt:

„Die DNVP", so schrieb er, „ist nur noch darum bemüht, sich äußerlich einen Auftrieb zu geben. Sie tut es, indem sie der Nationalsozialistischen Partei die Bildung ihrer Betriebszellen und ihrer Kampfstaffeln absieht, und führt darüber unwillkürlich unsere Wählerschaft geistig wieder in den alten Parteistaat zurück, den wir ein für allemal hinter uns zu haben meinten. Die Partei wird infolgedessen draußen im Lande zum Selbstzweck und spielt mit dem Gedanken, in Deutschland eine oppositionelle Bewegung gegen Hitler ins Leben zu rufen, während Hitler den ganzen Gegendruck des Auslandes gegen den von uns mitvorbereiteten und mitzuverantwortenden Umschwung der Innenpolitik auszuhalten hat und mit dem Hervortreten des Gegensatzes zwischen dem Reich und Österreich menschlichem Ermessen nach die Stunde schlägt, in der sich das Bismarcksche Reich vor der Weltgeschichte zu bewähren hat, entweder von uns vollendet werden oder aber als Trümmerhaufen in sich zusammensinken wird ... Seit meinen Lern- und Lehrjahren im Elsaß", so schloß Spahn seinen Brief, „l e b e i c h d e n A n l i e g e n und Aufgaben des deutschen Volkstums und bin allem bloß Parteimäßigen fremd geworden. Angesichts der kritischen Lage, in der sich unser Volkstum nunmehr befindet, kann ich mein Verhalten nicht zwei Führern unterstellen, von

---

1 „Die politische Meinung", Juli 1960, Heft 50, S. 12: Edmund Forschbach: „Die Deutschnationalen".

deren innerer Übereinstimmung ich nicht mehr überzeugt bin. Wir brauchen einen Führer, und der ist Hitler[2]."

Die Wahlbeteiligung war am 5. März 1933 mit 89% der Stimmberechtigten hoch: Die Nationalsozialisten errangen mit 17,3 Millionen Wählern 43,9% der abgegebenen Stimmen; sie schafften also allein nicht die erhoffte absolute Mehrheit. Mit den 8% ihres Koalitionspartners „Kampffront Schwarz-Weiß-Rot" konnten sie jedoch die Hürde der 50% nehmen. Die 647 Abgeordneten im Reichstag verteilten sich wie folgt:

NSDAP:	288	
DNVP:	53	341 Sitze der Regierungskoalition
SPD:	119	
KPD:	81	
Zentrum:	74	
BVP:	18	
DVP:	4	
Christlich-Sozialer		
Volksdienst:	4	
DSP:	6	

Kennzeichen der Wahl war die völlige Zertrümmerung der bürgerlichen Mitte: Deutsche Staatspartei (DSP), 1919 die dritte maßgebliche Weimarer Koalitionspartei unter der damaligen Bezeichnung: „Deutsch-Demokratische Partei", die „Deutsche Volkspartei (DVP), einst Stresemanns Partei, und der „Christlich-Soziale Volksdienst" zählten zusammen 14 Sitze. Die weltanschaulichen Massenparteien hatten sich dagegen voll behauptet: SPD und KPD hatten trotz schwerer Behinderung insgesamt 200 Sitze, der Zentrumsturm zusammen mit seinem bayerischen Ableger erwies sich im wesentlichen unerschüttert. Von den bürgerlichen Parteien hatte sich lediglich die Koalitionspartei (DNVP) besonders mit Stimmen des „Stahlhelm" einigermaßen behauptet. Im preußischen Landtag errangen die Nationalsozialisten von 476 allein 211 Sitze, ihr Koalitionspartner 43.

Von den 192 sozialdemokratischen Zeitungen erschienen am Wahltag im ganzen Reiche noch etwa acht, die übrigen waren mundtot gemacht. Auch die Flugblatt- und Hauszettel-Propaganda war weitgehend unterbunden worden. Um so beachtenswerter war das Wahlergebnis: „Die

---

2 VB Nr. 161 v. 10. Juni 33, S. 1: „Deutschnationale Führer bekennen sich zum Nationalsozialismus."

Kerntruppe der SPD steht unerschüttert", schrieb stolz die MP am 6. März. Tatsächlich hatte die Partei trotz aller Behinderung und Schikanen nur ein Mandat gegenüber dem Reichstagswahlergebnis vom November 1932 verloren. Die Arbeitermassen hatten in gewohnter Disziplin ihre Stimme für die SPD abgegeben, der NSDAP war ein Einbruch in die größte marxistische Massenpartei nicht gelungen. Auch die andere weltanschauliche Massenpartei, das Zentrum, war unerschüttert geblieben und hatte sogar zwei Mandate dazugewonnen. Die Kommunisten waren von 100 auf 81 Mandate gesunken, angesichts der staatlichen Verfolgung, der sie seit dem Regierungsantritt Hitlers ausgesetzt waren, ebenfalls eine erstaunliche Selbstbehauptung. Die verlorenen neunzehn Mandate waren an die NSDAP übergegangen. „Die Flucht von den Kommunisten zu den Nationalsozialisten ist nicht zu bestreiten", so faßte die MP ihre Überlegungen aufgrund des Wahlergebnisses zusammen und folgerte weiter: „Sie wäre nie möglich gewesen ohne die Führerschaft der KPD. Sie hat unentwegt und bis zuletzt Haß gegen die Sozialdemokratie gepredigt . . . Die SPD könne getrost in die Zukunft schauen, wie das Wahlergebnis gezeigt habe, fuhr der Betrachter weiter. Ihr Tag werde wieder kommen. Diesen Tag ohne die KPD zu erleben, ist unsere Hoffnung. Denn mit der KPD würde auch dieser Tag des Erwachens in sein Gegenteil verkehrt . . . ohne diese Partei wäre Hitler nie und nimmer Reichskanzler geworden und könnte nicht als Sieger des 5. März triumphieren[3]."

Der Parteivorstand der SPD erließ einen Dankesaufruf an die Genossinnen und Genossen[4]: „. . . Ihr habt standgehalten! Unerschüttert, kampferprobt, gerüstet steht die Partei da. Noch fester ist ihr Zusammenhalt . . ." Friedrich Stampfer, der Hauptschriftleiter des „Vorwärts", schrieb in einem Leitartikel „Ein Ruhmestag der Partei. Der 5. März und seine Folgen": „. . . Noch nie, auch nicht in der Zeit des Sozialistengesetzes, hat die Partei einen solchen Wahlkampf erlebt! Geknebelt und gebunden, gehetzt und verfolgt, mit Verleumdung überschüttet, gegen die sie sich nicht wehren kann, ging sie in diesen Kampf . . ." Stampfer fuhr weiter: „Durch den Sieg der Regierungsparteien ist die Möglichkeit geschaffen, streng nach der Verfassung zu regieren . . . Für die Verfassung spricht heute alles . . . Nur die Verfassung

3 „Hugenberg-Schlappe auf Kosten eines Hitler-Sieges", in MP, Nr. 54 v. 6. Mrz. 1933, S. 1.
4 MP, Nr. 55 v. 7. März 1933.

bietet alle Mittel, die Regierung aus der Bürgerkriegspsychose herauszuführen und zu einer normalen Entwicklung im Innern zu gelangen, die auch im Interesse der deutschen Außenpolitik notwendig ist... Wir wollen unsere Gegnerschaft gegen die Herren von heute weder absprechen noch bemänteln, wir sagen jeder arbeiterfeindlichen Politik den schärfsten Kampf an. Wir sagen nur, daß es seit Jahrzehnten unsere Art ist, mit gesetzlichen Mitteln und sachlich zu kämpfen. Wir zeigen damit den Herren von heute die Möglichkeit, den politischen Kampf in Deutschland wieder auf ein Niveau zu bringen, der eines Kulturvolkes würdig ist. Diese Möglichkeit bietet ihnen jetzt die Verfassung... Was aber immer die nächste Zeit bringen mag – die Sozialdemokratie steht fest! Eine Partei, die einem solchen Sturm standgehalten, ist eisern und unerschütterlich. Es kommt der Tag – er ist näher, als mancher denkt –, an dem sie ihre Fahnen wieder im Sturmschritt vorwärts tragen wird[5]."

In Bayern hatte allerdings die bisher stärkste Partei, die BVP, ihre Vormachtstellung eingebüßt und war hinter die Nationalsozialisten auf den zweiten Platz zurückgefallen. (1,9 Millionen Stimmen für NSDAP; 1,2 Millionen für BVP.)

Die Spannungen zwischen den Koalitionspartnern NSDAP und DNVP waren erheblich und kündeten einen baldigen Zusammenbruch der Koalition an. Sie fanden während der Wahl Ausdruck durch die Aufstellung der ,,Deutschnationalen Kampfstaffeln" mit grünen Hemden, schwarz-weiß-roten Armbinden und Rangabzeichen. Diese waren eine verspätete Nachahmung der paramilitärischen Verbände der großen Massenparteien, der NSDAP, der KPD, SPD. Auch die BVP hatte 1932 in Gestalt der ,,Bayernwacht" eine ähnliche Organisation aufgestellt.

Wenn die Nationalsozialisten auch ihr eigentliches Ziel der alleinigen absoluten Mehrheit nicht erreicht hatten[6], so feierten sie das Wahlergebnis doch als großen Sieg. Immerhin hatten sie gegenüber der Reichstagswahl vom November 1932 wieder erheblich zugenommen (von 196 auf 288 Sitze) und auch gegenüber jener vom Juli 1932 einen Zuwachs von 230 (1932) auf 288 (1933) Sitze zu verzeichnen.

Durch die Wahl kam die ,,nationale Erhebung" voll in Gang. Sie äußerte sich nicht nur in Freudenkundgebungen der Anhänger Hitlers, sondern vor allem auch in der Begeisterung der Jugend, insbesondere

---

5 Ebda.
6 ,,Von jeder Warte aus gesehen, war es Hitlers schlimmste Niederlage." Roberts, a. a. O., S. 66.

der studentischen: Der Glaube an Deutschland und die Hoffnung auf einen Wiederaufstieg, auf Arbeit und Brot erfüllte sie und die breiten Schichten der nationalgesinnten Bevölkerung.

Das Wahlergebnis war auch eine Entscheidung gegen die partikularen Bestrebungen der einzelnen Länder, für einen deutschen Einheitsstaat. In den Ländern ergriffen nun überall noch im Laufe des Monats März die Nationalsozialisten die Macht: Die Gleichschaltung setzte unmittelbar nach der Wahl ein. Reichsinnenminister Dr. Frick übernahm zwischen dem 5. und 7. März in Hamburg, Bremen, Lübeck, Baden, Hessen, Württemberg, Sachsen und Schaumburg-Lippe die polizeilichen Befugnisse. Am 9. März setzte die Reichsregierung im zweitgrößten Land, in Bayern, als Reichskommissar den General Franz Ritter von Epp ein. Die Drohung des bayerischen Ministerpräsidenten, hessischer Abkunft, Dr. Heinrich Held, einen Reichskommissar schon an Bayerns Nordgrenze verhaften zu lassen, ließ sich leider nicht verwirklichen, weil der volkstümliche General Epp, im Kriege Kommandeur des königlich-bayerischen Infanterie-Leibregiments, wegen seiner streng katholischen Gesinnung auch „Mutter-Gottes-General" genannt, bereits in der bayerischen Landeshauptstadt saß. Epp erließ folgenden Aufruf:

„Bayerische Landsleute, Deutsche Volksgenossen! Die Welle der deutschen Erhebung hat nun auch nach Bayern hereingeschlagen. Sie ist hier in Bayern langsamer vorwärtsgedrungen als im übrigen Deutschland. Sie hatte hier einige Klippen zu überwinden, und es war erforderlich, die Bayern etwas freizumachen. Deswegen hat sich die Reichsregierung entschlossen, mich als ihren Beauftragten mit der Wahrnehmung der Geschäfte der obersten Landesbehörden von Bayern, soweit sie die öffentliche Sicherheit und Ordnung umfassen, zu beauftragen.
Ich brauche Ihnen nicht zu versichern, daß es mich mit Stolz erfüllt, hier ein Wegbahner für die Freiheitserhebung sein zu können, für die ich seit 14 Jahren kämpfe, und daß es mich mit Freude erfüllt, mithelfen zu können, daß auch Bayern so vorwärtsmarschiert, wie das übrige Deutschland sonst im Marsch ist.
Um einer Stimmungsmache vorzubeugen gegen die Maßnahmen der Reichsregierung, indem man hier gewissermaßen ein Preußentum, ein Norddeutschland, ausspielt, das Bayern etwas Ungünstiges aufzwingen will, darf ich Sie daran erinnern, daß doch der Kanzler, der in Berlin als Oberster diese Maßnahme getroffen und beschlossen hat, hier von unserer Stadt ausgezogen ist, daß die Wiege der Freiheitsbewegung hier in München stand, die in Berlin zu einem so ungeheuren Wogenschlag sich ausweitete, daß der Minister des Innern, Dr. Frick, selbst ein Bayer

aus der Rheinpfalz ist, daß der Reichsminister Dr. Gürtner aus unserer Stadt hervorgegangen ist, daß also hauptsächlich Bayern hier an dem Vorgang beteiligt sind.

Wenn ich dieses Amt übernehme, so tue ich es, um daraus den großen Vorteil für mein Heimatland, allerdings in engster Verbindung mit dem Reich und für das Reich, herauszuholen.

Ich sehe es als meine Aufgabe an, die Ruhe und Sicherheit in Bayern aufrechtzuerhalten, da es notwendig ist, daß sich in Bayern die politischen Verhältnisse gleichlaufend formen mit den politischen Verhältnissen im Reich. Denn nur dann kann eine gedeihliche Arbeit im Reich entstehen, wenn die Länder selbst ihre Kraft dem Reich leihen, die doch dem ganzen Reichsbestand zugute kommen soll. Und ich werde einsetzen, was ich kann, um hier mitzuhelfen, die Stellung Bayerns dem Reich gegenüber möglichst stark zu machen, aber nicht stark im Sinne eines Widerstandes gegen die Maßnahmen der Reichsregierung, sondern eben mit dieser Regierung, um dadurch Bayern die Stellung, die es durch die Revolution verloren hat, wiederzugeben, daß es sich an der Freiheitsbewegung mit allen Kräften beteiligen kann und den Rang wieder einnehmen möge, den es vor der Revolution besessen hat und den es auf militärischem Gebiet während des Krieges so glänzend behauptet hat.

Diese Aufgabe wird leicht sein, wenn hier nicht aus Haß gegen das Reich quergetrieben wird, sondern wenn das ganze Volk an der Aufgabe mithilft, den Parallellauf Bayerns mit dem Reich zu fördern.

Ich rufe euch Münchener und bayerische Landsleute auf, mich in dieser Aufgabe zu unterstützen zum Heil von Bayern, zum Heil des Reiches. Im Sinne dieser Gedanken gilt mein Gruß an dem heutigen Abend Bayern mit einem dreifachen Sieg-Heil in seiner Rolle und in seinem Kampf für das Reich. Sieg-Heil!"

SA und SS besetzten am 9. März sämtliche öffentlichen Gebäude; General Epp bildete eine provisorische Regierung. Ins Polizeipräsidium der bayerischen Landeshauptstadt zogen der Reichsführer SS, Heinrich Himmler[7], und der Leiter des SD, Reinhard Heydrich, ein; damit begann der Aufstieg der beiden SS-Führer. Heydrich übernahm in München die Leitung der politischen Polizei.

Göring ließ am 7. März die Zentrale der KPD in Berlin, das »Karl-Liebknecht-Haus«, endgültig beschlagnahmen und in ,,Horst-Wessel-Haus" umtaufen.

---

7 ,,The career of Himmler is an epitome of Hitlerism . . . Personally I found him much kindlier than any other Nazi leader, a man of exquisite courtesy and still interested in the simple things of life . . ." Roberts, a. a. O., S. 88 f.

Am 12. März erfolgten die Gemeindewahlen in Preußen; dadurch wurden auch die Kommunalvertretungen gleichgeschaltet. Am 11. März sprach Hitler zur Gemeinde-Wahl im Berliner Lustgarten vor 150 000 Arbeitern. Göring setzte nach der Wahl vom 12. März am 15. März Dr. Lippert als Staatskommissar z. b. V. für die Reichshauptstadt ein. In den einzelnen Ländern wurden noch im Laufe des Monats März nationalsozialistische Regierungen berufen; am 31. März folgte ein vorläufiges Gesetz zur Gleichschaltung der Länder mit dem Reich. Die Entmachtung der Länder, ihre „Verreichlichung", vollzog sich nach dem 5. März binnen vierzehn Tagen ohne jeglichen Widerstand. Auch die wichtigste Festung der partikularen oder besser föderativen Gewalt, Bayern, kapitulierte ohne Kampf[8].

Der Reichspräsident gab am 12. März einen Flaggenerlaß heraus: Die schwarz-weiß-rote und die Hakenkreuzfahne wurden beide zu Staatsfahnen erklärt. Tags darauf legte Hitler an der Feldherrnhalle für die am 9. November 1923 Gefallenen einen Kranz nieder mit der Inschrift: „Und ihr habt doch gesiegt!"

In seiner Rundfunkerklärung zum Flaggenerlaß des Reichspräsidenten erklärte Hitler:

„Damit ist nach außen hin sichtbar durch diese Vermählung der Sieg der nationalen Revolution gekennzeichnet... Mit dem heutigen Tage, da nun auch symbolisch die gesamte vollziehende Gewalt in die Hände des nationalen Deutschlands gelegt wurde, beginnt der zweite Abschnitt unseres Ringens. Von nun an wird der Kampf der Säuberung und Inordnungbringung des Reiches ein planmäßiger und von oben geleiteter sein. Ich befehle Euch daher von jetzt ab strengste und blindeste Disziplin! Alle Einzelaktionen haben von jetzt ab zu unterbleiben... Unser Sieg ist so groß, daß wir nicht kleinliche Rachsucht empfinden können... Hütet Euch aber vor Provokateuren und Spitzeln, die, wie wir heute wissen, von der Kommunistischen Partei in unsere Formationen entsandt worden sind... indem ich Euch so die Reinheit und die Ehre unserer nationalen Erhebung zu schützen befehle, danke ich Euch aber auch für das Übermaß von Treue, Disziplin und Opfern, die Ihr dieser Idee gebracht habt. In wenigen Wochen ist, in erster Linie durch Eure Arbeit und durch Euer Wirken, eine der größten Umwälzungen vollzogen worden, die Deutschland bisher kennt..."

---

8 Die ehemalige preußische Regierung Braun-Severing bestätigte dem Reichskommissar für Preußen, Vizekanzler von Papen, aufgrund des Landtagsbeschlusses vom 22. März schriftlich den endgültigen Verzicht. SEG, 74, 1933, S. 79.

Wichtige Personalveränderungen in der Reichsführung gehörten zu den unmittelbaren Auswirkungen der Wahl: Am 13. März erfolgte die Errichtung eines „Reichsministeriums für Volksaufklärung und Propaganda" unter Leitung des Berliner Gauleiters Dr. Josef Goebbels, Staatssekretär wurde Walter Funk. Wenige Tage später wurde die „Leibstandarte Adolf Hitler" gegründet und am 9. November 1933 auf den Führer vereidigt. Am 16. März trat Reichsbankpräsident Luther auf Wunsch Hitlers von seinem Posten zurück; Nachfolger wurde sein Vorgänger Dr. Hjalmar Schacht.

„Die alsbald entstandene und noch heute umlaufende Erzählung, Hitler habe mich gefragt, welchen Geldbetrag ich für die Aufrüstung zur Verfügung zu stellen bereit sei, worauf ich eine für Hitlers Wünsche viel zu niedrige Summe genannt hätte, entspricht in keiner Weise der Wahrheit. Hitler hat eine derartige Frage an mich überhaupt nicht gestellt. Wohl aber bot mir Hitler in diesem ersten oder in einem zweiten Gespräch an, als Botschafter nach den Vereinigten Staaten zu gehen", schreibt Luther über sein Gespräch mit dem Reichskanzler[9].

Schacht hatte schon während der zweiten Novemberhälfte 1932 an den internen Beratungen der Nationalsozialisten teilgenommen, als über die Nachfolge Papens durch Hitler als Regierungschef verhandelt wurde[10]. Er war mindestens seit diesem Zeitpunkt entschlossen, an einer neuen Regierung mit Hitler als Kanzler teilzunehmen.

Die zweite Phase der Machtergreifung

Tag von Potsdam, Ermächtigungsgesetz

Die Reichsregierung hatte unmittelbar nach dem Reichstagsbrand, am 2. März, bereits beschlossen, den neuen Reichstag durch einen feierlichen Staatsakt in der Potsdamer Garnisonkirche, der letzten Ruhestätte König Friedrich Wilhelms I. und seines Sohnes Friedrichs des Großen, zu eröffnen. Die kommunistischen Abgeordneten wurden nicht eingeladen, die sozialdemokratischen blieben von sich aus fern. Die Eröffnung in der Garnisonkirche fand am 21. März statt, in Erinnerung an die Eröffnung des ersten deutschen Reichstags im Jahre 1871 durch Bis-

9 Luther, a. a. O., S. 304.
10 SEG, 73, 1932, S. 203.

marck. Die Anknüpfung an preußisch-deutsche Tradition war der Sinn des Staatsaktes. Am gleichen Tag erging die „Verordnung zur Abwehr heimtückischer Angriffe gegen die Regierung der nationalen Erhebung".

Reichspräsident von Hindenburg hielt folgende Ansprache:

„Durch meine Verordnung vom 1. Februar d. J. löste ich den Reichstag auf, damit das deutsche Volk selbst zu der von mir neugebildeten Regierung des nationalen Zusammenschlusses Stellung nehmen könne. In der Reichstagswahl vom 5. März hat unser Volk sich mit einer klaren Mehrheit hinter diese durch mein Vertrauen berufene Regierung gestellt und ihr hierdurch die verfassungsmäßige Grundlage für ihre Arbeit gegeben. Schwer und mannigfaltig sind die Aufgaben, die Sie, Herr Reichskanzler, und Sie, meine Herren Reichsminister, vor sich sehen. Auf innen- und außenpolitischem Gebiet, in der eigenen Volkswirtschaft wie in der der Welt sind schwere Fragen zu lösen und bedeutsame Entschließungen zu fassen. Ich weiß, daß Kanzler und Regierung mit festem Willen an die Lösung dieser Aufgaben herangehen, und ich hoffe von Ihnen, den Mitgliedern des neugebildeten Reichstags, daß Sie in der klaren Erkenntnis der Lage und ihrer Notwendigkeiten sich hinter die Regierung stellen und auch Ihrerseits alles tun werden, um diese in ihrem schweren Werk zu unterstützen.

Der Ort, an dem wir uns heute versammelt haben, mahnt uns zum Rückblick auf das alte Preußen, das in Gottesfurcht durch pflichttreue Arbeit, nie verzagenden Mut und hingebende Vaterlandsliebe groß geworden ist und auf dieser Grundlage die deutschen Stämme geeint hat. Möge der alte Geist dieser Ruhmesstätte auch das heutige Geschlecht beseelen, möge er uns frei machen von Eigensucht und Parteizank und uns in nationaler Selbstbesinnung und seelischer Erneuerung zusammenführen zum Segen eines in sich geeinten, freien stolzen Deutschlands! Mit diesem Wunsche begrüße ich den Reichstag zu Beginn seiner neuen Wahlperiode und erteile nunmehr dem Herrn Reichskanzler das Wort."

Am Nachmittag des gleichen Tages fand die erste Sitzung des Reichstags auch mit Teilnahme der Sozialdemokraten in der Krolloper statt. Göring eröffnete sie als Reichstagspräsident. Am 22. März erließ die Regierung eine Amnestie für Vergehen aus vaterländischen Gründen. Am 23. März trat der Reichstag wieder zusammen. Der Kanzler verkündete in einer ausführlichen Rede das Regierungsprogramm.

Der sozialdemokratische Fraktionsführer Otto Wels nahm dann gegen die Erklärung des Kanzlers Stellung; er führte aus:

„Meine Damen und Herren! Der außenpolitischen Forderung deutscher Gleichberechtigung, die der Herr Reichskanzler erhoben hat, stimmen wir Sozialdemokraten um so nachdrücklicher zu, als wir sie bereits von jeher grundsätzlich verfochten haben. Ich darf mir wohl in diesem Zusammenhang die persönliche Bemerkung gestatten, daß ich als erster Deutscher vor einem internationalen Forum, auf der Berner Konferenz am 3. Februar des Jahres 1919, der Unwahrheit von der Schuld Deutschlands am Ausbruch des Weltkrieges entgegengetreten bin. Nie hat uns irgendein Grundsatz unserer Partei daran hindern können oder gehindert, die gerechten Forderungen der deutschen Nation gegenüber den anderen Völkern der Welt zu vertreten.

Der Herr Reichskanzler hat auch vorgestern in Potsdam einen Satz gesprochen, den wir unterschreiben. Er lautet: „Aus dem Aberwitz der Theorie von ewigen Siegern und Besiegten kam der Wahnwitz der Reparationen und in der Folge die Katastrophe der Weltwirtschaft." Dieser Satz gilt für die Außenpolitik; für die Innenpolitik gilt er nicht minder. Auch hier ist die Theorie von ewigen Siegern und Besiegten, wie der Herr Reichskanzler sagte, ein Aberwitz.

Das Wort des Herrn Reichskanzlers erinnert uns aber auch an ein anderes, das am 23. Juni 1919 in der Nationalversammlung gesprochen wurde. Da wurde gesagt: „Wir sind wehrlos, wehrlos ist aber nicht ehrlos. Gewiß, die Gegner wollen uns an die Ehre, daran ist kein Zweifel. Aber daß dieser Versuch der Ehrabschneidung einmal auf die Urheber selbst zurückfallen wird, da es nicht unsere Ehre ist, die bei dieser Welttragödie zugrunde geht, das ist unser Glaube bis zum letzten Atemzug."

(Zuruf von den Nationalsozialisten: Wer hat das gesagt?)

„Das steht in einer Erklärung, die eine sozialdemokratisch geführte Regierung damals im Namen des deutschen Volkes vor der ganzen Welt abgegeben hat, vier Stunden bevor der Waffenstillstand abgelaufen war, um den Weitervormarsch der Feinde zu verhindern. – Zu dem Ausspruch des Herrn Reichskanzlers bildet jene Erklärung eine wertvolle Ergänzung. Aus einem Gewaltfrieden kommt kein Segen; im Innern erst recht nicht. Eine wirkliche Volksgemeinschaft läßt sich auf ihn nicht gründen. Ihre erste Voraussetzung ist gleiches Recht. Mag sich die Regierung gegen rohe Ausschreitungen der Polemik schützen, mag sie Aufforderungen zu Gewalttaten und Gewalttaten selbst mit Strenge verhindern. Das mag geschehen, wenn es nach allen Seiten gleichmäßig und unparteiisch geschieht, und wenn man es unterläßt, besiegte Gegner zu behandeln, als seien sie vogelfrei. Freiheit und Leben kann man uns nehmen, die Ehre nicht.

Nach den Verfolgungen, die die Sozialdemokratische Partei in der letzten Zeit erfahren hat, wird billigerweise niemand von ihr verlangen oder erwarten können, daß sie für das hier eingebrachte Ermächtigungsgesetz stimmt. Die Wahlen vom 5. März haben den Regierungsparteien die Mehrheit gebracht und damit die Möglichkeit gegeben, streng nach Wortlaut und Sinn der Verfassung zu regieren. Wo diese Möglichkeit besteht, besteht auch die Pflicht. Kritik ist heilsam und notwendig. Noch niemals, seit es einen Deutschen Reichstag gibt, ist die Kontrolle der öffentlichen Angelegenheiten durch die gewählten Vertreter des Volkes in solchem Maße ausgeschaltet worden, wie es jetzt geschieht, und wie es durch das neue Ermächtigungsgesetz noch mehr geschehen soll. Eine solche Allmacht der Regierung muß sich um so schwerer auswirken, als auch die Presse jeder Bewegungsfreiheit entbehrt.

Meine Damen und Herren! Die Zustände, die heute in Deutschland herrschen, werden vielfach in krassen Farben geschildert. Wie immer in solchen Fällen fehlt es auch nicht an Übertreibungen. Was meine Partei betrifft, so erkläre ich hier: Wir haben weder in Paris um Intervention gebeten, noch Millionen nach Prag verschoben, noch übertreibende Nachrichten ins Ausland gebracht. Solchen Übertreibungen entgegenzutreten wäre leichter, wenn im Inlande eine Berichterstattung möglich wäre, die Wahres vom Falschen scheidet. Noch besser wäre es, wenn wir mit gutem Gewissen bezeugen könnten, daß die volle Rechtssicherheit für alle wiederhergestellt sei. Das, meine Herren, liegt bei Ihnen.

Die Herren von der Nationalsozialistischen Partei nennen die von ihnen entfesselte Bewegung eine nationale Revolution, nicht eine nationalsozialistische. Das Verhältnis ihrer Revolution zum Sozialismus beschränkt sich bisher auf den Versuch, die sozialdemokratische Bewegung zu vernichten, die seit mehr als zwei Menschenaltern die Trägerin sozialistischen Gedankengutes gewesen ist und auch bleiben wird. Wollten die Herren von der Nationalsozialistischen Partei sozialistische Taten verrichten, sie brauchten kein Ermächtigungsgesetz. Eine erdrückende Mehrheit wäre Ihnen in diesem Hause gewiß. Jeder von Ihnen im Interesse der Arbeiter, der Bauern, der Angestellten, der Beamten oder des Mittelstandes gestellte Antrag könnte auf Annahme rechnen, wenn nicht einstimmig, so doch mit gewaltiger Majorität.

Aber dennoch wollen Sie vorerst den Reichstag ausschalten, um Ihre Revolution fortzusetzen. Zerstörung von Bestehendem ist aber noch keine Revolution. Das Volk erwartet positive Leistungen. Es wartet auf durchgreifende Maßnahmen gegen das furchtbare Wirtschaftselend, das nicht nur in Deutschland, sondern in aller Welt herrscht. Wir Sozialdemokraten haben in schwerster Zeit Mitverantwortung getragen und sind dafür mit Steinen beworfen worden. Unsere Leistungen für den Wiederaufbau von Staat und Wirtschaft, für die Befreiung der besetzten Gebiete werden vor der Geschichte bestehen. Wir haben gleiches Recht für alle und ein soziales Arbeitsrecht geschaffen. Wir haben geholfen, ein Deutschland zu schaffen, in dem nicht nur Fürsten und Baronen, sondern auch Männern aus der Arbeiterklasse der Weg zur Führung des Staates offensteht. Davon können Sie nicht zurück, ohne Ihren eigenen Führer preiszugeben. Vergeblich wird der Versuch bleiben, das Rad der Geschichte zurückzudrehen. Wir Sozialdemokraten wissen, daß man machtpolitische Tatsachen durch bloße Rechtsverwahrungen nicht beseitigen kann. Wir sehen die machtpolitische Tatsache Ihrer augenblicklichen Herrschaft. Aber auch das Rechtsbewußtsein des Volkes ist eine politische Macht, und wir werden nicht aufhören, an dieses Rechtsbewußtsein zu appellieren. Die Verfassung von Weimar ist keine sozialistische Verfassung. Aber wir stehen zu den Grundsätzen des Rechtsstaates, der Gleichberechtigung, des sozialen Rechtes, die in ihr festgelegt sind. Wir deutschen Sozialdemokraten bekennen uns in dieser geschichtlichen Stunde feierlich zu den Grundsätzen der Menschlichkeit und der Gerechtigkeit, der Freiheit und des Sozialismus. Kein Ermächtigungsgesetz gibt Ihnen die Macht, Ideen, die ewig und unzerstörbar sind, zu vernichten. Sie selbst haben sich ja zum Sozialismus bekannt. Das Sozialistengesetz hat die Sozialdemokratie nicht vernichtet. Auch aus neuen Verfolgungen kann die deutsche Sozialdemokratie neue Kraft schöpfen. Wir grüßen die Verfolgten und Bedrängten. Wir grüßen unsere Freunde im Reich. Ihre Standhaftigkeit und Treue verdienen Bewunderung. Ihr Bekennermut, ihre ungebrochene Zuversicht verbürgen eine hellere Zukunft."

Der Kanzler erwiderte scharf und schlagfertig der sozialdemokratischen Opposition:

„Spät kommt ihr, doch ihr kommt! Die schönen Theorien, die Sie, Herr Abgeordneter, soeben hier verkündeten, sind der Weltgeschichte etwas zu spät mitgeteilt worden. Vielleicht hätten diese Erkenntnisse, praktisch angewendet vor Jahren, die heutigen Klagen von Ihnen erspart. Sie erklären, daß die Sozialdemokratie unser außenpolitisches Programm unterschreibt, daß sie die Kriegsschuldlüge ablehnt, daß sie gegen die Reparationen sich wende. Nun erhebe ich nur die eine Frage: Wo war denn dieser Kampf in der Zeit, in der Sie die Macht in Deutschland hatten? Sie hatten einst die Möglichkeit, dem deutschen Volke das Gesetz des inneren Handelns vorzuschreiben. Sie haben es auch auf anderen Gebieten gekonnt. Es wäre genau so möglich gewesen, der deutschen Revolution, die von Ihnen mit ausgegangen, denselben Schwung und dieselbe Richtung zu geben, die einst Frankreich seiner Erhebung im Jahre 1870 gegeben hat. Es wäre in Ihrem Ermessen gewesen, die deutsche Erhebung zu einer wirklich nationalen zu gestalten, und Sie hätten dann das Recht gehabt, wenn die Fahne der neuen Republik nicht siegreich

zurückgekommen wäre, immerhin zu erklären: Wir haben das Äußerste getan, um diese Katastrophe durch den letzten Appell an die Kraft des deutschen Volkes abzuwenden. In der Zeit mieden Sie den Kampf, den Sie heute in Worten plötzlich der Mitwelt mitteilen wollen. Sie sagen, daß wehrlos nicht ehrlos ist. Nein, das braucht es nicht zu sein. Auch wenn wir wehrlos sein müßten: ich weiß, wir würden nicht ehrlos sein. Unsere Bewegung war dank der Unterdrückung durch Ihre Partei jahrelang wehrlos gemacht worden, ehrlos ist sie nie gewesen. Ich bin der Überzeugung, daß wir dem deutschen Volke den Geist einimpfen werden, der es auch bei seiner heutigen Wehrlosigkeit sicherlich, Herr Abgeordneter, nicht ehrlos sein lassen wird. Auch hier lag es ja an Ihnen, die Sie fast vierzehn Jahre lang die Macht besessen haben, dafür zu sorgen, daß dieses deutsche Volk der Welt das Beispiel einer Ehre gegeben hätte. Es lag an ihnen, dafür zu sorgen, daß, wenn schon die äußere Welt uns unterdrückt, die Art, in der das deutsche Volk diese Unterdrückung entgegennimmt, dann aber wenigstens eine würdige ist. Sie hatten die Gelegenheit, gegen alle die Erscheinungen der Entwürdigung unseres Volkes aufzutreten. Der Landesverrat konnte von Ihnen genau so beseitigt werden, wie er von uns beseitigt werden wird. Sie haben kein Recht, diesen Anspruch überhaupt auf sich zu beziehen; denn dann hätten Sie damals, in jener Stunde, da jede Revolution Hochverrat in Tateinheit mit Landesverrat sein mußte, zu dieser Handlung nicht, auch nicht einmal indirekt, Ihre Hand bieten dürfen. Und Sie hätten es vermeiden müssen, daß man dann dem deutschen Volke auf Wunsch und Befehl des Auslands eine neue Verfassung aufoktroyierte. Denn das ist nicht ehrenvoll, sich vom Feinde seine innere Gestaltung aufzwingen zu lassen. Und Sie hätten weiter sich damals zur deutschen Trikolore bekennen müssen, und nicht zu Farben, die der Feind in Flugblättern in unsere Gräben warf, weil man gerade in einer Zeit der Not und der Unterdrückung durch den Gegner erst recht seinen Stolz zeigen und sich erst recht zu seinem Volk und zu den Symbolen seines Volkes bekennen muß. Sie hätten dann Gelegenheit gehabt, selbst wenn die Umwelt uns gezwungen hätte, das alles preiszugeben, was uns früher hoch und heilig war, in der inneren Ausführung die nationale Ehre der Welt gegenüber in die Erscheinung treten zu lassen. Sie haben dafür kein Verständnis gehabt! Sie sagen: Gleiches Recht! So wie wir es nach außen hin wünschen, so wünschen wir es auch nach innen. Für dieses ,,gleiche Recht", Herr Abgeordneter Wels, haben wir vierzehn Jahre gekämpft! Dieses gleiche Recht des nationalen Deutschlands haben Sie nicht gekannt! Also reden Sie heute nicht von gleichem Recht!
Sie sagen, man solle einen Besiegten nicht für vogelfrei erklären. Nun, Herr Abgeordneter, vogelfrei sind wir gewesen, solange Sie die Macht hatten.

Sie reden von Verfolgungen. Ich glaube, es sind wenige nur unter uns hier, die nicht die Verfolgungen von Ihrer Seite im Gefängnis büßen mußten. Es sind wenige unter uns, die nicht die Verfolgungen von Ihrer Seite in tausendfältigen Schikanen und in tausendfältiger Unterdrückung zu spüren bekommen haben! Und außer uns hier weiß ich eine Schar von Hunderttausenden, die einem System der Verfolgung ausgesetzt waren, das entwürdigend, ja geradezu niederträchtig sich an ihnen ausließ! Sie scheinen ganz vergessen zu haben, daß man uns jahrelang die Hemden herunterriß, weil Ihnen die Farbe nicht paßte. Bleiben Sie jetzt nur im Bereich der Wirklichkeit! Aus Ihren Verfolgungen sind wir gewachsen!

Sie sagen weiter, daß die Kritik heilsam sei. Gewiß, wer Deutschland liebt, der mag uns kritisieren; wer aber eine Internationale anbetet, der kann uns nicht kritisieren! Auch hier kommt Ihnen die Erkenntnis reichlich spät, Herr Abgeordneter. Die Heilsamkeit der Kritik hätten Sie in der Zeit erkennen müssen, als wir uns in Opposition befanden. Damals sind Ihnen die Zitate noch nicht zu Gesicht gekommen, sondern damals hat man unsere Presse verboten und verboten und wieder verboten, unsere Versammlungen verboten und uns das Reden verboten und mir das Reden verboten, jahrelang! Und jetzt sagen Sie: Kritik ist heilsam!

Sie beklagen, daß die Welt am Ende auch unwirkliche Tatsachen über die Zustände in Deutschland erfährt. Sie beklagen, daß man der Welt mitteilt, jeden Tag würden an israelitischen Friedhöfen in Berlin zerstückelte Leichname abgeliefert. Es beklemmt Sie das, Sie möchten so gern der Wahrheit die Ehre geben! Oh, Herr Abgeordneter, Ihrer Partei mit ihren internationalen Beziehungen müßte es spielend leicht sein, die Wahrheit festzustellen. Und nicht nur das, ich lese in diesen Tagen die Zeitungen Ihrer eigenen sozialdemokratischen Bruderparteien in Deutsch-Österreich. Niemand hindert Sie, dorthin Ihre Erkenntnis der Wahrheit zu verbreiten. – Ich werde neugierig sein, inwieweit die Kraft Ihrer internationalen Bindungen auch hier wirksam wird. Ich habe Ihre Zeitung im Saargebiet gelesen, Herr Abgeordneter, und dieses Blatt treibt nichts anderes als dauernd Landesverrat, Herr Abgeordneter Wels, versucht dauernd dem Ausland gegenüber Deutschland zu belasten, unser Volk vor der Welt mit Lügen in eine schiefe Lage zu bringen!

Sie sprechen von mangelnder Rechtssicherheit. Meine Herren der Sozialdemokratischen Partei! Ich habe die Revolution ja im Jahre 1918 auch gesehen. Ich muß schon wirklich sagen: wenn wir nicht das Gefühl für das Recht hätten, dann wären wir nicht hier, und Sie säßen auch nicht da! Sie haben im Jahre 1918 sich gegen die gewendet, die Ihnen nichts getan hatten. Wir beherrschen uns, gegen die uns zu wenden, die uns vierzehn Jahre lang gequält und gepeinigt haben.

Sie sagen, die nationalsozialistische Revolution habe nichts mit Sozialismus zu tun, sondern der „Sozialismus" bestehe nur darin, daß man die

„einzige Trägerin des Sozialismus in Deutschland", die SPD, verfolge. Sie sind wehleidig, meine Herren, und nicht für die heutige Zeit bestimmt, wenn Sie jetzt schon von Verfolgungen sprechen. Was ist Ihnen geschehen? Sie sitzen hier, und geduldig hört man Ihren Redner an. Sie reden von Verfolgung. Wer hat Sie denn verfolgt? Sie sagen, Sie seien der einzige Träger des Sozialismus. Sie sind der Träger jenes geheimnisvollen Sozialismus gewesen, den das deutsche Volk in der Wirklichkeit niemals zu sehen erhielt. Sie reden heute von Ihren Leistungen und von Ihren Taten; Sie erzählen, was alles Sie beabsichtigten. An den Früchten soll man auch Sie erkennen! Die Früchte zeugen gegen Sie! Wenn das Deutschland, das Sie in vierzehn Jahren zeigten, das Spiegelbild Ihres sozialistischen Wollens ist, dann, meine Herren, geben Sie uns gefälligst vier Jahre Zeit, um Ihnen das Spiegelbild unseres Wollens zu zeigen.

Sie sagen: „Sie wollen nun den Reichstag ausschalten, um die Revolution fortzusetzen." Meine Herren, dazu hätten wir es nicht nötig gehabt, erst zu dieser Wahl zu schreiten, noch diesen Reichstag einzuberufen, noch diese Vorlage hier einbringen zu lassen. Den Mut, uns auch anders mit Ihnen auseinanderzusetzen, hätten wir wahrhaftigen Gottes gehabt!

Sie sagen weiter, daß die Sozialdemokratie auch von uns nicht weggedacht werden kann, weil sie die erste gewesen sei, die diese Plätze hier freigemacht hätte für das Volk, für die arbeitenden Menschen und nicht nur für Barone oder Grafen. In allem, Herr Abgeordneter, kommen Sie zu spät! Warum haben Sie über diese Ihre Gesinnung nicht beizeiten Ihren Freund Grzesinski, warum nicht Ihre anderen Freunde Braun und Severing belehrt, die jahrelang mir vorwarfen, ich sei doch nur ein Anstreichergeselle! Jahrelang haben Sie das auf Plakaten behauptet. Und endlich hat man mir sogar gedroht[11], mich mit der Hundepeitsche aus Deutschland hinauszutreiben! Dem deutschen Arbeiter werden wir Nationalsozialisten von jetzt ab die Bahn freimachen zu dem, was er fordern und verlangen kann. Wir Nationalsozialisten werden seine Fürsprecher sein; Sie, meine Herren (zu den Sozialdemokraten), sind nicht mehr nötig!

Sie sprechen weiter davon, daß nicht die Macht entscheidend ist, sondern das Rechtsbewußtsein. Dieses Rechtsbewußtsein haben wir vierzehn Jahre lang in unserem Volk zu erwecken versucht, und es ist durch uns erweckt worden. Allerdings, ich glaube nun einmal nach den eigenen politischen Erfahrungen, die ich mit Ihnen gemacht habe, daß das Recht allein leider noch nicht genügt – man muß auch die Macht besitzen! Und verwechseln Sie uns nicht mit einer bürgerlichen Welt! Sie meinen, daß Ihr Stern wieder aufgehen könnte! Meine Herren, der Stern Deutschlands wird aufgehen und Ihrer wird sinken.

---

11 Der Berliner Polizeipräsident Grzesinski bei einer Rede in Leipzig Anfang Februar 1932.

Sie sagen, daß Sie in der Zeit der Sozialistengesetzgebung nicht gebrochen worden seien. Das war die Zeit, in der die deutsche Arbeiterschaft in Ihnen noch etwas anderes sah, als was Sie heute sind. Warum aber haben Sie denn diese Erkenntnis uns gegenüber vergessen? Was im Völkerleben morsch, alt und gebrechlich wird, das vergeht und kommt nicht wieder. Auch Ihre Stunde hat geschlagen, und nur weil wir Deutschland sehen und seine Not und die Notwendigkeit des nationalen Lebens, appellieren wir in dieser Stunde an den Deutschen Reichstag, uns zu genehmigen, was wir auch ohnedem hätten nehmen können. Des Rechts wegen tun wir es – nicht weil wir die Macht überschätzen, sondern weil wir uns am Ende mit denen, die vielleicht heute von uns getrennt sind, aber doch auch an Deutschland glauben, einst vielleicht leichter finden können. Denn ich möchte nicht in den Fehler verfallen, Gegner bloß zu reizen, statt sie entweder zu vernichten oder zu versöhnen. Ich möchte denen, die am Ende vielleicht auf anderen Wegen auch mit ihrem Volk empfinden, die Hand reichen und möchte nicht einen ewigen Krieg anfangen, nicht aus Schwäche, sondern aus Liebe zu meinem Volk, und um diesem deutschen Volk all das zu ersparen, was in dieser Zeit der Kämpfe mit zugrunde geht.

Sie wollen mich aber da niemals mißverstehen. Die Hand gebe ich jedem, der sich für Deutschland verpflichtet. Ich erkenne nicht an das Gebot einer Internationale. Ich glaube, daß Sie (zu den Sozialdemokraten) für dieses Gesetz nicht stimmen, weil Ihnen Ihrer innersten Mentalität nach die Absicht unbegreiflich ist, die uns dabei beseelt. Ich glaube aber, daß Sie das nicht tun würden, wenn wir das wären, was heute Ihre Presse im Ausland über uns verbreitet, und ich kann Ihnen nur sagen: ich will auch gar nicht, daß Sie dafür stimmen! Deutschland soll frei werden, aber nicht durch Sie!"

Anschließend stimmte der Reichstag über das ,,Gesetz zur Behebung der Not von Volk und Reich" (Ermächtigungsgesetz) ab[12]. Es wurde mit 441 Stimmen gegen die 94 Stimmen der Sozialdemokraten angenommen. Die kommunistischen Abgeordneten waren von der Teilnahme an

---

12 ,,Gesetz zur Behebung der Not von Volk und Reich (Ermächtigungsgesetz) vom 24. März 1933.
Der Reichstag hat das folgende Gesetz beschlossen, das mit Zustimmung des Reichsrats hiermit verkündet wird, nachdem festgestellt ist, daß die Erfordernisse verfassungsändernder Gesetzgebung erfüllt sind:
Artikel 1. Reichsgesetze können außer in dem in der Reichsverfassung vorgesehenen Verfahren auch durch die Reichsregierung beschlossen werden. Dies gilt auch für die in den Artikeln 85 Abs. 2 und 87 der Reichsverfassung bezeichneten Gesetze.
Artikel 2. Die von der Reichsregierung beschlossenen Reichsgesetze können von der Reichsverfassung abweichen, soweit sie nicht die Einrichtung des Reichstags und des

der Reichstagssitzung ausgeschaltet. Es war bis 1. April 1937 befristet, die Weimarer Verfassung damit weitgehend außer Kraft gesetzt.

Das Parlament hatte sich mit der Annahme dieses Gesetzes selbst den Todesstoß versetzt, denn es übertrug die gesetzgebende Gewalt auf die vollziehende. Die Regierung hatte damit die gesetzgeberischen Befugnisse erhalten, der Errichtung des totalen Staates stand nichts mehr im Wege.

Das Reichpropagandaministerium vollzog die wichtige Aufgabe der Gleichschaltung der Herzen und Gehirne: Presse, Film, Rundfunk, das ganze Kulturleben wurde seiner Diktatur unterworfen.

Der Reichsrat (Vertreter der Länder) und der Reichswirtschaftsrat verfielen ebenfalls der Auflösung. Ein neuer, vorläufiger Reichswirtschaftsrat wurde durch Gesetz vom 5. April gebildet, am 23. März 1934 aber wieder aufgehoben.

Am 7. April erging das zweite Gesetz zur Gleichstellung der Länder mit dem Reich (Reichsstatthaltergesetz): der Reichsstatthalter ernennt und entläßt die Landesregierung und die unmittelbaren Staatsbeamten, verkündet Landesgesetze und übt das Begnadigungsrecht aus. Der Reichskanzler übernahm die Reichsstatthalterschaft Preußen, die anderen Reichsstatthalter wurden vom Reichspräsidenten ernannt.

Durch den Rücktritt Papens von seiner Stellung als Reichskommissar bzw. Reichsstatthalter für Preußen fiel die wichtigste Machtstellung der Konservativen in Hitlers Hände.

Papen schrieb am 7. April an Hitler u. a.: ,,Sie, Herr Reichskanzler, werden wie einst der Fürst Bismarck nunmehr in der Lage sein, die Politik des größten der deutschen Länder in allen Punkten mit der des Reiches gleichzuschalten." Wenige Tage später ernannte der Kanzler mit

---

Reichsrats als solche zum Gegenstand haben. Die Rechte des Reichspräsidenten bleiben unberührt.
Artikel 3. Die von der Reichsregierung beschlossenen Reichsgesetze werden vom Reichskanzler ausgefertigt und im Reichsgesetzblatt verkündet. Sie treten, soweit sie nichts anderes bestimmen, mit dem auf die Verkündung folgenden Tage in Kraft. Die Artikel 68 bis 77 der Reichsverfassung finden auf die von der Reichsregierung beschlossenen Gesetze keine Anwendung.
Artikel 4. Verträge des Reichs mit fremden Staaten, die sich auf Gegenstände der Reichsgesetzgebung beziehen, bedürfen nicht der Zustimmung der an der Gesetzgebung beteiligten Körperschaften. Die Reichsregierung erläßt die zur Durchführung dieser Verträge erforderlichen Vorschriften.
Artikel 5. Dieses Gesetz tritt mit dem Tage seiner Verkündung in Kraft. Es tritt mit dem 1. April 1937 außer Kraft; es tritt ferner außer Kraft, wenn die gegenwärtige Reichsregierung durch eine andere abgelöst wird."

Wirkung vom 10. April den preußischen Innenminister Göring zum Ministerpräsidenten und übertrug ihm am 25. April die Reichsstatthalterbefugnisse für Preußen. Der bayerische Reichsstatthalter General von Epp berief am 12. April eine bayerische Regierung mit Ludwig Siebert als Ministerpräsident und Finanzminister, dem Gauleiter von Oberbayern Adolf Wagner als Innenminister, Dr. Hans Frank als Justizminister, Hans Schemm als Kultusminister, Hermann Esser als Minister ohne Geschäftsbereich, später Wirtschaftsminister.

Am 21. April erfolgte die Bildung der preußischen Regierung mit Bernhard Rust als Kultus-, Hans Kerrl als Justiz-, Johannes Popitz als Finanzminister, Hugenberg kommissarisch als Wirtschafts- und Landwirtschaftsminister. Am 5. und am 16. Mai ernannte der Reichspräsident die Reichsstatthalter für Sachsen, Württemberg, Baden, Thüringen, Hessen, Braunschweig, Anhalt, Bremen, Hamburg, Lübeck, Oldenburg, Lippe-Detmold, Schaumburg-Lippe und Mecklenburg. Er vereidigte sie am 26. Mai. Mit gleichem Datum ernannte Hitler Rudolf Heß zu seinem Stellvertreter in der Führung der NSDAP mit dem Recht, seit dem 29. Juni an den Sitzungen des Reichskabinetts teilzunehmen. Tags darauf wurde der bayerische Justizminister Dr. Hans Frank zum Reichskommissar für die Erneuerung der Rechtsordnung und die Gleichschaltung der Justiz in den Ländern ernannt. Reichsarbeitsminister Seldte trat am 27. April der NSDAP bei, und am 28. April ernannte der Reichsinnenminister Hans von Tschammer-Osten zum Reichssportkommissar.

Göring übernahm am 28. April ein weiteres schicksalschweres Amt als Reichsminister der Luftfahrt; das Ministerium wurde am 5. Mai errichtet. Am 29. April erfolgte die Gründung des Reichsluftschutzbundes.

Am 26. April errichtete Göring das ,,Geheime Staatspolizeiamt", indem er die politische Abteilung der preußischen Polizei entsprechend zu einem wirksamen Mittel im Kampf gegen Regimegegner und Staatsfeinde umgestaltete. ,,Das Geheime Staatspolizeiamt hat", so heißt es im Runderlaß des preußischen Innenministers, ,,die wirksame Bekämpfung aller gegen den Bestand und die Sicherheit des Staates gerichteten Bestrebungen zu sichern. Zu diesem Zwecke übernimmt es die Aufgaben des bisherigen Landespolizeikriminalamtes für die politische Polizei[13] . . ."

---

13 Zit. nach VZ, v. 4. 5. 1933, Artikel: ,,Neuorganisation der politischen Polizei. Die Funktion des Geheimen Staatspolizeiamtes."

Göring selbst behielt sich die Leitung vor. Zu seinem Stellvertreter in diesem Amt ernannte er den Ministerialrat Rudolf Diels, den Leiter der politischen Polizei im preußischen Innenministerium[14]. Diels hatte diese Funktion bereits unter dem sozialdemokratischen preußischen Innenminister Karl Severing und dessen Nachfolger Franz Bracht, der von Reichskanzler Papen als Nachfolger Severings eingesetzt worden war. Diels' Aufgabe im preußischen Innenministerium zu Zeiten Severings war die Überwachung und Bekämpfung der kommunistischen Partei gewesen. „Mittel oder Ziel", so stellte er fest, „der Terror ist das Element des kommunistischen Kampfes. Wenn die kommunistische Partei ihn verleugnen würde, würde sie Lenin selbst verleugnen. Wo sie es dennoch tut, gehört es zu ihrer Taktik, und die offizielle Parteileitung brauchte nichts von den Plänen der Illegalen zu wissen. Was Kippenberger, der Führer der Illegalen, wußte, ahnte Torgler nicht, und die Wege Münzenbergs waren Thälmann nicht bekannt. Kippenberger erläuterte die Bedeutung des Terrors in seinem Buch „Der Weg zum Sieg", dem Leitfaden der illegalen Arbeit, das 1932 verbreitet wurde ... Es wurde der Grund gelegt für die weit in die Hitlerzeit anhaltende Systematik der illegalen kommunistischen Arbeit. Zahlenmäßig hatten die Kommunisten die Terrorakte der Nationalsozialisten schon unter Severing bei weitem übertroffen[15]."

Das preußische Gesetz vom 30. November gestaltete die Geheime Staatspolizei zu einem selbständigen Zweig der inneren Verwaltung um und unterstellte sie direkt dem Ministerpräsidenten[16]. Heinrich Himmler, Reichsführer SS, seit 3. April Kommandeur der Politischen Polizei in Bayern, übernahm in dem Zeitraum zwischen 24. November 1933 und 27. Januar 1934 die politische Polizei auch in den übrigen Ländern. Am 20. April 1934 ernannte ihn Göring zum Leiter der preußischen politischen Polizei und des Preußischen Geheimen Staatspolizeiamtes. Am 17. Juni 1936 wurde Himmler Chef der gesamten deutschen Polizei.

14 Rudolf Diels: Lucifer ante portas, S. 227 ff.
15 Ebda, S. 186 ff.
16 Rühle, I, S. 345.

Die dritte Phase

Beseitigung der Gewerkschaften
und Gründung der Deutschen Arbeitsfront

Die Nationalsozialisten hatten, getragen von der mit dem Wahlergebnis verbundenen Welle der Begeisterung und des nationalen Aufschwungs, den staatlichen Machtapparat auch in den Ländern ohne Widerstand übernehmen können. Die große Frage war, wie die organisierte Arbeiterschaft sich weiter verhalten würde, nachdem sie in den Wahlen nach wie vor ein treues Bekenntnis zu den Linksparteien abgelegt hatte. Der Gewerkschaftsführer Theodor Leipart hatte am 21. März an den Reichskanzler eine Denkschrift geschickt; am 13. April suchte er die nationalsozialistische Betriebszellenorganisaiton auf. Die Nationalsozialisten bemühten sich, die Arbeiter für sich zu gewinnen und benützten dazu den 1. Mai, den bisherigen Klassenkampf-Feiertag. Reichspropagandaminister Goebbels erließ an das deutsche Volk bereits am 25. April einen Aufruf mit einer neuen Sinngebung des Wortes und Begriffes ,,Arbeiter". Der Aufruf lautete im Schlußabsatz:

,,Ehret die Arbeit und achtet den Arbeiter! Stirn und Faust sollen einen Bund schließen, der unlösbar ist. Der Bauer hinter dem Pflug, der Arbeiter an Amboß und Schraubstock, der Gelehrte in seiner Studierstube, der Arzt am Krankenbett, der Ingenieur bei seinen Entwürfen, sie alle werden sich am Tag der nationalen Arbeit bewußt werden, daß die Nation und ihre Zukunft über alles geht, und daß jeder an seinem Platz das gilt, was er dem Vaterland und damit dem allgemeinen Besten zu geben bereit ist.
In gewaltigen nationalen Feiern wird die Reichsregierung mit dem Volk zusammen diesen Festtag begehen. Die ganze Nation wird aufgerufen, daran tätigen Anteil zu nehmen. Für einen Tag stehen die Räder still und ruhen die Maschinen. Deutschland ehrt die Arbeit, von deren Segen das Volk ein ganzes Jahr leben soll.
Männer und Frauen! Wir rufen euch auf in Stadt und Land! Deutsche Jugend! An dich vor allem geht unser Appell! Der 1. Mai soll das deutsche Volk einig und geschlossen sehen und ein Zeichen sein für die ganze Welt, daß Deutschland erwacht ist und den Weg zu Freiheit und Brot sucht und findet.
Das ganze Volk ehrt sich selbst, wenn es der Arbeit die Ehre gibt, die ihr gebührt. Deutsche aller Stände, Stämme und Berufe, reicht euch die Hände! Geschlossen marschieren wir in die neue Zeit hinein!"

Die gleiche Deutung und Auffassung des Begriffes „Arbeiter" hatte Oswald Spengler in seinem Dankschreiben an Ernst Jünger im September 1932 für die Zusendung von dessen Buch „Der Arbeiter" vertreten, wobei er Jüngers Auslegung kritisierte[17]:

„Sie haben wie viele andere den Begriff des Arbeiters nicht aus der Phraseologie der Marxisten lösen können. Arbeiter ist der Beamte, der Bauer, der Unternehmer, der Offizier genau wie der Handwerker. Der einzige, der heute bis zum Ende seiner Kräfte arbeitet, ist der Bauer, und gerade der wird bei der Aufteilung in Bourgeoisie und Proletariat unterschlagen. Aber gerade in Deutschland ist das Bauerntum auch noch politisch eine Macht. Wenn man dem angeblich sterbenden Bauerntum „den Arbeiter", d. h. den Fabrikarbeiter als neuen Typus gegenüberstellt, entfernt man sich von der Wirklichkeit und damit von jedem Einfluß auf die Zukunft, die ganz andere Wege gehen wird."

Mehr noch als die Aussicht auf Arbeit und Brot führte die soziale Aufwertung der körperlichen Arbeit, des „Arbeiters" im klassenkämpferischen Sinne des Marxismus, die hungernden Massen in die Arme des neuen Regimes. „Nicht die Zuneigung einiger weniger und übrigens letztlich doch verhältnismäßig sehr zurückhaltender Kapitalisten, sondern die Liebe dieser Massen armer Teufel hat den Fundus der Hitlerbewegung ausgemacht, ihr die Stoßkraft verliehen und sie zu ungeahnten Erfolgen geführt[18]."

So wurde der 1. Mai als „Tag der nationalen Arbeit" im ganzen Reich mit Riesenkundgebungen gefeiert. Hitler sprach auf dem Tempelhofer Feld vor rund einer Million Teilnehmern. Die Arbeiter, die am 5. März gewohnheitsmäßig SPD und KPD gewählt hatten, jubelten dem Volkstribunen und seinen Parteigängern zu. Tags darauf konnte daher die nationalsozialistische Betriebszellen-Organisation (NSBO) reibungslos die Häuser der Freien Gewerkschaften übernehmen; am 3. Mai unterstellten sich die christlichen, liberalen und nationalen Gewerkschaften freiwillig der nationalsozialistischen Führung, der von Dr. Robert Ley geführten „Deutschen Arbeitsfront". Das war der tödliche Schlag gegen die überkommene Wirtschafts- und Gesellschaftsordnung der industriellen Gesellschaft des liberal-kapitalistischen Zeitalters. Anstelle der herkömmlichen Gliederung in Arbeitgeber und Arbeitnehmer trat nun

---

17 Spengler, Briefe, S. 667.
18 Friedrich Christian Prinz zu Schaumburg-Lippe: Zwischen Krone und Kerker, Wiesbaden 1952, S. 105.

die vertikale Gliederung der Betriebsgemeinschaft mit Betriebsführer und Betriebsgefolgschaft. Das am 19. Mai erlassene Gesetz über „Treuhänder der Arbeit" war ein wesentlicher Schritt hin zur vorgesehenen ständischen Verfassung. Am 10. Mai fand der erste Kongreß der „Deutschen Arbeitsfront" mit einer Ansprache Hitlers statt. Bereits am 3. Mai waren die Reichsstände des Handels und des Handwerks unter Dr. Adrian von Renteln gegründet worden.

Der völlige Zusammenbruch der „Linken" hatte sich damit im Monat Mai vollzogen: am 9. Mai wurde das Vermögen der SPD und des „Reichsbanners" beschlagnahmt; am 26. Mai erfolgte die Einziehung des kommunistischen Vermögens auf gesetzlichem Wege. Ebensowenig wie die Länder hatten die Gewerkschaften irgendeinen Widerstand geleistet. Wie ein hypnotisiertes Kaninchen hatte die gesamte Linke sich willenlos von der „faschistischen" Schlange verschlingen lassen.

Merkwürdigerweise benützte die sozialdemokratische Reichstagsfraktion die Gelegenheit der Reichstagssitzung vom 17. Mai, bei der sie für die außenpolitische Regierungserklärung stimmte, nicht einmal zu einem Protest gegen die Auflösung der Gewerkschaften.

Nicht zu übersehen ist auch der „Tagesbefehl des Reichswehrministers von Blomberg an die Wehrmacht zum Tag der nationalen Arbeit am 1. Mai 1933:"

„Der 1. Mai als Tag der nationalen Arbeit soll auch für die deutsche Wehrmacht ein Tag der Feier und der Besinnung sein.
Wie wir Soldaten von jedem Deutschen Verständnis für unsere soldatische Arbeit erwarten, die dem ganzen Volk dient, so ist für uns die hohe Wertung aller nichtsoldatischen deutschen Arbeit selbstverständliche Pflicht.
Ein starkes Deutschland muß wehrhaft sein. Ein wehrloses Deutschland aber ist nicht zu denken ohne tiefe innere Verbundenheit zwischen der Wehrmacht und dem ganzen Volk und ohne tätige Mithilfe des deutschen Arbeiters. Was der deutsche Arbeiter schafft, wird der deutsche Soldat schützen, und beide sind einig in ihrem Ziel: Alles für Deutschland!"

Schlußphase der Machtergreifung

Beseitigung der Parteien

Der Juni und Anfang Juli brachten die letzten entscheidenden Ereignisse zur Errichtung des Einparteienstaates der NSDAP. Der Koalitionspartner, die DNVP, löste sich in wenigen Wochen auf[19], nachdem bereits im April der „Stahlhelm" in eine tödliche Krise geraten war. Seldte, im Kabinett Hitler Reichsarbeitsminister, setzte den stellvertretenden Bundesführer, Oberstleutnant a. D. Düsterberg, ab. Dieser nahm zu seiner Absetzung wie folgt Stellung:

„Gezwungen lege ich um der Zukunft des Stahlhelm, Bund der Frontsoldaten, willen, dem ich seit November 1919 in Ehren angehört habe, meine sämtlichen Ämter im Stahlhelm nieder. Ich ermahne alle Kameraden, die dem Stahlhelm in vierzehn ernsten Jahren bis zuletzt die Treue hielten, diese vorbildliche Treue auch ferner dem Vaterlande zu halten und sich wie ich ohne Vorbehalt der politischen Führung des Reichskanzlers Hitler zu unterstellen. Wie bisher lehne ich auch in Zukunft jede Versorgung im Staatsdienst ab. Das letzte Frontheil. Berlin, den 28. April[20]."

Wie an anderer Stelle schon hervorgehoben, war Düsterberg der Vertreter des anti-nationalsozialistischen Flügels im „Stahlhelm". Er war von seiten der NSDAP auch angegriffen worden, weil er einen jüdischen Großelternteil hatte.

Für den unheilvollen Bruch zwischen dem pro- und dem antinationalsozialistischen Flügel des „Stahlhelm" stehen symbolhaft die Dankschreiben des Reichspräsidenten Hindenburg an den stellvertretenden Stahlhelmführer Düsterberg und des Reichskanzlers Hitler an den ersten Stahlhelmführer Franz Seldte. Hindenburg schrieb[21]:

„Sehr geehrter Herr Oberstleutnant!
Ihr Ausscheiden aus der Bundesführung des Stahlhelm, Bund der Frontsoldaten, gibt mir Anlaß, in Dankbarkeit der großen Verdienste zu gedenken, die Sie sich während schwerer 14 Jahre um den Ausbau des Stahlhelm und damit die Erhaltung vaterländischen und soldatischen Geistes in Deutschland erworben haben. Ihre hingebende nationale Arbeit für die

---

19 VB, Nr. 161 vom 10. Juni 1933, S. 1 „Deutschnationale Führer bekennen sich zum Nationalsozialismus."
20 VZ, Nr. 199 v. 27. 4. 1933, Morgen-A., S. 1: „Seldte setzt Düsterberg ab".
21 Zit. nach „Vossische Zeitung", Nr. 204 v. 29. April 1933, Abendausgabe.

im Stahlhelm zusammengeschlossenen alten Frontsoldaten schließt sich würdig an Ihre ehrenvolle militärische Laufbahn in Krieg und Frieden als Front- und Generalstabsoffizier an, deren ich stets dankbar gedenke. Für alles dies Ihnen meine Anerkennung und meinen Dank zum Ausdruck zu bringen, ist mir ein aufrichtiges Bedürfnis. Als äußeres Zeichen dieser meiner Gesinnung bitte ich Sie, mein anliegendes Militärbild entgegenzunehmen. Mit den besten Wünschen für Ihr Wohlergehen und Ihre weitere Arbeit bin ich mit kameradschaftlichen Grüßen Ihr

(gez.) von Hindenburg."

Der Reichskanzler richtete gleichzeitig an den ersten Bundesführer und Reichsarbeitsminister Franz Seldte folgendes Schreiben:

„Verehrter, lieber Herr Seldte!
Ich möchte Ihnen auf diesem Wege meinen tiefgefühlten Dank sagen für die gestern erfolgte äußere Bekundung Ihrer inneren loyalen Einstellung und freundlichen Gesinnung, die Sie mir so zum Ausdruck bringen. Ich bin überzeugt, daß der Bund der beiden Verbände für alle Zukunft ein unerschütterlicher sein wird, eine dauernde Garantie für den Bestand der nationalen Revolution. Nehmen Sie also nochmals meinen aufrichtigen Dank und meine herzlichsten Grüße entgegen. Mit deutschem Heil!

Ihr ergebener

Adolf Hitler".

Der „Stahlhelm" wurde aufgrund einer Besprechung zwischen Hitler, Seldte, Blomberg und Papen in die nationalsozialistische Bewegung eingegliedert[22]. Dazu erging folgende Mitteilung der Reichspressestelle der NSDAP vom 21. Juni:

„Zur Sicherung der Schlagkraft der nationalsozialistischen Revolution gliedert sich der Stahlhelm, Bund der Frontsoldaten, in die nationalsozialistische Bewegung in folgender Weise ein:
a) Der Kernstahlhelm bleibt, wie zuvor, der Führung des Bundesführers unterstellt.
b) Der Bundesführer verbietet von jetzt ab den Mitgliedern des Kernstahlhelms jede andere Parteizugehörigkeit als die zur NSDAP.
c) Der Führer der NSDAP, Adolf Hitler, gibt somit die Mitgliedschaft des Stahlhelms zur NSDAP frei.
d) Der Jungstahlhelm tritt neben SA und SS und wird dem Obersten SA-Führer unterstellt. Der „Scharnhorst" wird in die Hitler-Jugend eingegliedert.

---

22 VB, Nr. 175 v. 22. 6. 33, S. 1.

e) Der Jungstahlhelmführer von Morozowicz tritt zum Stabe des Obersten SA-Führers."

Im Zusammenhang damit ist die wenige Tage vorher erfolgte Ernennung des „Jugendführers des Deutschen Reiches", Baldur von Schirach, aufgrund einer Verfügung Hitlers vom 17. Juni zu beachten. Vom gleichen Datum wie die Eingliederung des Stahlhelms (21. Juni) stammt das Verbot des deutschnationalen „Kampfrings" und seiner „Kampfstaffeln" mit der Begründung, sie seien kommunistisch unterwanderte Tarnorganisationen der radikalen Linken[23]. Daß auch die SA, besonders in Berlin, seit 1932 starken kommunistischen Zufluß erhalten hatte, sei hier nochmals hervorgehoben.

Am 22. Juni 1933 erging das *Verbot der sozialdemokratischen Partei* mit folgender Begründung[24]:

Amtlich wird mitgeteilt: „Vorgänge der letzten Zeit haben den unumstößlichen Beweis dafür geliefert, daß die deutsche Sozialdemokratie vor hoch- und landesverräterischen Unternehmungen gegen Deutschland und seine rechtmäßige Regierung nicht zurückschreckt. Führende Persönlichkeiten der SPD, wie Wels, Breitscheid, Stampfer,

---

23 VZ, Nr. 294 v. 21. Juni 33, S. 1: „Polizeiaktion gegen Kampfring". In der gleichen Nummer brachte die VZ fettgedruckt die Mitteilung: „Deutschnationale Partei bleibt."
24 VZ, Nr. 297 v. 23. 6. 33, Morgen-A. – Ebda, schrieb das Blatt in seinem Leitartikel:
„Die verbotene Partei
Mehr als zwei Menschenalter hat die Sozialdemokratische Partei bestanden, drei Lustren hat die Zeit ihrer Vorherrschaft im politischen Leben Deutschlands gewährt. Einen entscheidenden Stoß hatte ihr schon der 20. Juli 1932 versetzt, der Tag der Exekution gegen die von Sozialdemokraten geführte preußische Regierung. In dem Niedergang der seitdem verflossenen elf Monate bedeutet der 4. März, der Vortag der Reichstagswahlen, einen besonderen Einschnitt: der Grenzübertritt Otto Brauns, des Mannes, der als eine der starken Säulen der Sozialdemokratie betrachtet wurde, hat den ungünstigsten Eindruck gemacht. Der Vertrauensschwund, den die Partei erlitt, war von einer Rapidität, die vorher kaum für denkbar gehalten wurde. Die Absonderung einer Reihe von Führern, die nun nicht, wie Otto Braun, sich im Ausland der Politik enthielten und nicht, wie Carl Severing, auf jedes Risiko hin in der Heimat blieben, sondern, nachdem noch eben Kundgebungen, die von einer gewissen Schmiegsamkeit zeugen sollten, erlassen hatten, nun aus dem Auslande kräftige Töne anschlugen, trug das ihrige dazu bei, die Partei in eine unhaltbare Stellung zu bringen. Erst vor wenigen Tagen noch hat der Parteivorstand versucht, durch organisatorische Maßnahmen die Lage zu retten. Der Schritt gegen die ins Ausland gegangenen früheren Führer wurde aus mancherlei Hemmungen nicht so drastisch vollzogen wie es am Platze gewesen wäre. So blieb auch diese Maßnahme auf halbem Wege stecken, und die letzten Lebensäußerungen der einst so großen Partei stehen unter dem gleichen Zeichen, das so lange schon der Partei Unsegen brachte: im Zeichen der Halbheit.
Aufstieg, Blüte und Untergang der Sozialdemokratischen Partei Deutschlands zu schildern, wird einmal die Geschichtsschreiber sehr locken. Die Verschiedenartigkeit der

Vogel befinden sich seit Wochen in P r a g, um von dort aus den Kampf gegen die nationale Regierung in Deutschland zu führen. W e l s hatte eine Erklärung veröffentlicht, daß sein Austritt aus dem Büro der Zweiten Internationale nur fingiert gewesen sei. Er hat an den Vorsitzenden der Arbeitergruppe auf der Internationalen Arbeitskonferenz in Genf ein Telegramm gerichtet, in dem er in verleumderischer Weise die Arbeiterschaft der übrigen Länder gegen die nationale deutsche Regierung aufzuhetzen versucht.

Die erweiterte Parteileitung der SPD hat sich auf der vor einigen Tagen in Berlin abgehaltenen Sitzung l e d i g l i c h n a c h a u ß e n von diesen Leuten wie Wels, Breitscheid usw. distanziert, es aber bezeichnenderweise unterlassen, diese Personen wegen ihres landesverräterischen Verhaltens wirklich abzuschütteln und aus der Partei auszuschließen. Im Gegenteil ist in einer von der Polizei überraschten Geheimversammlung sozialdemokratischer Führer i n H a m b u r g e b e n f a l l s l a n d e s v e r r ä t e r i - s c h e s M a t e r i a l gefunden worden. Dieses alles zwingt zu dem Schluß, die Sozialdemokratische Partei Deutschlands als eine s t a a t s - u n d v o l k s f e i n d l i c h e P a r t e i anzusehen, die keine andere Behandlung mehr beanspruchen kann, wie sie der Kommunistischen Partei gegenüber angewandt worden ist.

Wurzeln dieser Partei: aus Nationalgefühl und Klassenlage und ökonomischer Doktrin und chiliastischem Erlösungsglauben; das Verhältnis zwischen politischer Organisation und Gewerkschaften; die Doppelpoligkeit einer radikal in den theoretisch umschriebenen Zukunftsstaat weisenden Lehre und der hausbacken mit beiden Beinen auf dem Boden der Wirklichkeit stehenden kompromißfrohen Praxis; all das und noch vieles andere wird von den Historikern untersucht und erklärt werden.
Die Gegenwart registriert das Verbot der SPD als einen w i c h t i g e n S c h r i t t auf dem Wege, der seit dem 30. Januar in dem Umbau von Staat und Gesellschaft eingeschlagen ist. Im Februar waren alle Parteien zugelassen; es waren im Wesentlichen noch fünf, die endlose Zahl der übrigen war in Wahrheit bereits zerkrümelt. Von diesen fünf Parteien verschwand zunächst, unmittelbar nach dem Brande des Reichstagssaales, die kommunistische. Bei den Wahlen durften ihr noch Stimmen zugeführt werden, aber die Ausübung der Mandate mußte unterbleiben. Das zunächst auf vier Wochen befristete Verbot der kommunistischen Presse wurde endgültig, die Besetzung des Berliner Parteihauses war das Symbol für die völlige Ausmerzung des Kommunismus aus Deutschland. Man unterschied zwischen Kommunisten und übrigen Marxisten.
Mit dem Sprecher der Sozialdemokraten im Reichstag, dem Abgeordneten Wels, setzte sich der Reichskanzler noch persönlich auseinander, wobei allerdings die Art, in der Wels und die Seinen den Kürzeren zogen, ihr Schwächegefühl deutlich erkennen ließ. Auch die Presse der Sozialdemokraten, ursprünglich nur vierzehn Tage verboten, erschien nicht wieder. Am 2. Mai wurden die Gewerkschaften aus jeder Verbindung mit der Sozialdemokratie losgelöst. Mitte Mai, bei der außenpolitischen Reichstagstagung, entschieden sich die Sozialdemokraten, offenbar nach einem heftigen Ringen innerhalb der Fraktion, für die Annahme der außenpolitischen Entschließung. Seitdem trat die Absonderung der intransigenten Führer, die ins Ausland gingen, von der Heimat-Partei immer stärker in Erscheinung . . ."

Der Reichsminister des Innern hat daher die Landesregierungen ersucht, auf Grund der Verordnung des Reichspräsidenten zum Schutz für Volk und Staat vom 28. Februar 1933 die notwendigen Maßnahmen gegen die SPD zu treffen. Insbesondere sollen sämtliche Mitglieder der SPD, die heute noch den Volksvertretungen und Gemeindevertretungen angehören, von der weiteren A u s ü b u n g i h r e r M a n d a t e s o f o r t a u s g e - s c h l o s s e n werden. Den Ausgeschlossenen werden selbstverständlich die Diäten gesperrt.

Der Sozialdemokratie kann auch nicht die Möglichkeit gewährt werden, sich in irgendeiner Form propagandistisch zu betätigen. V e r s a m m l u n - g e n der Sozialdemokratischen Partei, sowie ihrer Hilfs- und Ersatzorganisationen werden nicht mehr erlaubt werden, ebenso dürfen sozialdemokratische Z e i t u n g e n u n d Z e i t s c h r i f t e n nicht mehr herausgegeben werden. Das V e r m ö g e n der Sozialdemokratischen Partei und ihrer Hilfs- und Ersatzorganisationen wird, soweit es nicht bereits in Verbindung mit der Auflösung der Freien Gewerkschaften sichergestellt worden ist, beschlagnahmt.

Mit dem landesverräterischen Charakter der Sozialdemokratischen Partei ist die weitere Zugehörigkeit von B e a m t e n, A n g e s t e l l t e n u n d A r b e i t e r n, die aus öffentlichen Mitteln Gehalt, Lohn oder Ruhegehalt beziehen, zu dieser Partei selbstverständlich unvereinbar."

Am 27. Juni folgte die „*Selbstauflösung der Deutschnationalen Front*" aufgrund eines „Freundschaftsabkommens" zwischen dem Reichskanzler und führenden Persönlichkeiten der Deutschnationalen Front[25]. Am gleichen Tage, dem 27. Juni, reichte Hugenberg sein Rücktrittsgesuch als Minister ein und schied aus der Reichsregierung aus. Mit Datum vom 26. Juni hatte Hitler in einem Aufruf an die Partei, die SA, SS und den Jungstahlhelm seinen Dank ausgesprochen für „die Einigung der politischen Kampfbewegung der Nation". „SA, SS, St. und HJ," so schrieb er, „werden nunmehr für alle Zukunft die einzigen Organisationen sein, die der nationalsozialistische Staat als Träger der politischen Jugend- und Männererziehung kennt[26]."

Hugenbergs Nachfolger als Wirtschaftsminister wurde der Generaldirektor der Allianzversicherung, Dr. Kurt Schmitt, als Landwirtschaftsminister Dr. Walter Darré. Gottfried Feder wurde Staatssekretär im Wirtschaftsministerium.

Am 28. Juni löste sich die Staatspartei auf, am 4. Juli folgten mit der

---

25 VB, Nr. 179 v. 28. Juni 33, S. 1.
26 Ebda.

Selbstauflösung die Deutsche und die Bayerische Volkspartei[27] und schließlich am 5. Juli das Zentrum[28].

„Diese Selbstaufgabe der damaligen Parteien kann nicht allein durch die Furcht vor Gewalttätigkeiten der nationalsozialistischen Gegner erklärt werden", so urteilt Staatssekretär Meißner, „auch nicht durch die Verär-

---

27 Die VZ, Nr. 294 v. 20. Juni 33, S. 1, berichtet über Vorgehen auch gegen BVP.
28 SEG, 74, 1933, S. 169:

„5. Juli. Die Dtsch. Ztr.partei vollzieht ihre Selbstauflösung.

In dem veröffentlichten Auflösungsbeschluß heißt es: Mit der Auflösung gibt die Partei ihren Anhängern die Möglichkeit, ihre Kräfte und Erfahrungen der unter Führung des Reichskanzlers stehenden nationalen Front zur positiven Mitarbeit im Sinne der Festigung unserer nationalen, sozialen, wirtschaftlichen und kulturellen Verhältnisse und zur Mitwirkung am Neuaufbau einer rechtsstaatlichen Ordnung rückhaltlos zur Verfügung zu stellen. Die Partei vollzieht den notwendigen organisatorischen Abbau mit tunlichster Beschleunigung. Sie darf hierbei loyalerweise damit rechnen, daß die Abwicklungsarbeiten nicht gestört werden, daß die Beschlagnahme von bisherigem Parteigut sowie politisch bedingte Verhaftungen von ehem. Parteiangehörigen in Zukunft unterbleiben und bereits Verhaftete wieder freigelassen werden, soweit nicht Verdacht strafbarer Handlungen vorliegt. Sie gibt ferner der berechtigten Hoffnung Ausdruck, daß die bisherigen Anhänger der Ztr.p. von dem Führer der natsoz. Bewegung in Zukunft vor Diffamierung und Zurücksetzung geschützt werden und daß die katholische, zum nationalen Staat positiv eingestellte Presse die gleiche Behandlung erfährt wie die übrige nationale Presse. Den Mandatsträgern im Reichstage, dem Landtage und den kommunalen Körperschaften ist hinsichtlich der Beibehaltung ihrer Mandate völlige Entschlußfreiheit anheimgegeben. Die Mitgl. der bisherigen Zentrumsfrakt. treten also nicht geschlossen als Hospitanten in die Frakt. der NSDAP über, sondern bleiben vorerst fraktionslos und lediglich durch Verbindungsmänner mit der Frakt. der NSDAP in Fühlung. Im Einvernehmen mit Reichskanzler Hitler und dem zuständigen Fraktionsvors. der NSDAP wird als Verbindungsmann der bisherigen Reichstagsfrakt. des Ztr. Dr. Hackelsberger bei der Reichstagsfrakt. der NSDAP bestimmt.

Die Reichsleitung des Ztr. veröffentlicht folgende abschließende Kundgebung: „Das ‚Deutsche Zentrum' ist nicht mehr. Sein Rücktritt vom Schauplatz der politischen Geschichte erfolgt, wie seine Geburt vor nunmehr sechs Jahrzehnten, unter den Stürmen einer neuen Zeit. Fest und tief im kath. Volksteil verwurzelt und einer Volksverbundenheit oft hart erprobt, hat das Ztr. stets vermocht, Millionen Deutscher mit Achtung vor der Obrigkeit, mit der Liebe zum Vaterland, mit Respekt vor der Überzeugung der Mitmenschen, zu einem Staatsbürgerbewußtsein zu erziehen, das auch für das neue Reich von unermeßlichem Vorteil ist. Diese zur Staatstreue und zum selbstlosen Dienst am Volksganzen erzogenen Millionen sind als so wertvolles Element im Gemeinschaftsleben, daß sie auf die Dauer weder übersehen werden können, noch übersehen werden wollen, wenn es gilt, die Volkskräfte unauflöslich aneinander zu schweißen und Staat und Volk gegen die feindlichen Mächte der Zersetzung zu schützen. Im ehrlichen Streben, am Neubau des Staates und der Volksgemeinschaft mitzuwirken, dürfen und werden sich die ehem. Ztr.leute auch heute von niemanden übertreffen lassen. Die Stunde des Abschieds sei eine Stunde ehrfurchtsvollen Gedenkens an unsere großen Führer und aufrichtigen Dankes an alle, die treu zur alten Fahne gestanden haben. Wenn wir auch jetzt den zeitbedingten Rahmen der Partei lösen, so tun wir das in dem festen Willen, auch weiterhin dem Volksganzen zu dienen, getreu unserer stolzen Überlieferung, die stets Staat und Vaterland über die Partei gestellt hat. Heil Deutschland!"

gerung über die Ausschaltung aus dem politischen Einfluß und die Schwierigkeit, im autoritären Staat als Opposition eine politische Aufgabe zu erfüllen. Ihr tieferer Grund ist das Bewußtsein, das Vertrauen der Wähler verloren zu haben. Die damaligen Parteivorstände mußten feststellen, daß die Massen der Wähler zu Hitler abwanderten, der ihnen eine Volksgemeinschaft ohne Klassenkämpfe und Parteigegensätze, einen sozialen Staat auf einer nationalen Grundlage und Frieden, Arbeit und Brot verhieß. Es war nur eine Schlußfolgerung aus dieser innenpolitischen Wandlung des deutschen Volkes, wenn die Regierung auf Grund der im Ermächtigungsgesetz erteilten Vollmachten am 14. Juli 1933 ein Gesetz erließ, das die NSDAP zur einzigen politischen Partei erklärte und die Weiterführung oder Neugründung jeder anderen politischen Partei unter Strafe verbot[29]."

„Die Schwäche der Parteien beim Ermächtigungsgesetz war nur das Vorspiel für die bald danach einsetzende Selbstauflösung, bei der sich die Parteien in Erklärungen der Selbsterniedrigung überboten[30]." So sieht der letzte Reichsfinanzminister das Ende der Parteien.

„Man braucht kein Bewunderer Hitlers zu sein, um die letzten schmutzigen Standartenträger Weimars zu verachten; ihre Schlußakte verrieten die Größe ihrer Sache, und sie verfielen ohne Protest der Vergessenheit," so beurteilt der australische Gelehrte den Untergang der Parteien[31].

Nachdem die Linksparteien verboten worden waren und die bürgerlichen Parteien einschließlich der konfessionellen sich selbst aufgelöst hatten, erließ die Reichsregierung am 14. Juli das Gesetz gegen die Neubildung von Parteien; demnach bestand als einzige politische Partei die NSDAP weiter. Versuche, andere Parteien aufrechtzuerhalten, wurden unter Strafe gestellt.

Den formalen gesetzlichen Abschluß fand die Errichtung des Einparteienstaates mit dem „Gesetz zur Sicherung der Einheit von Partei und Staat vom 1. Dezember 1933"; es hat folgenden Wortlaut:

§ 1. Nach dem Sieg der nationalsozialistischen Revolution ist die nationalsozialistische Deutsche Arbeiterpartei die Trägerin des deutschen Staatsgedankens und mit dem Staat unauflöslich verbunden. Sie ist eine Körperschaft öffentlichen Rechts. Ihre Satzung bestimmt der Führer.

§ 2. Zur Gewährleistung engster Zusammenarbeit der Dienststellen der Partei und der SA mit den öffentlichen Behörden werden der Stellvertre-

29 Meißner, a. a. O., S. 306.
30 Schwerin von Krosigk, Staatsbankrott, S. 197.
31 Roberts, a. a. O., S. 67.

ter des Führers und der Chef des Stabes der SA Mitglieder der Reichsregierung.

§ 3. Den Mitgliedern der Nationalsozialistischen Deutschen Arbeiterpartei und der SA (einschließlich der ihr unterstellten Gliederungen) als der führenden und bewegenden Kraft des nationalsozialistischen Staates obliegen erhöhte Pflichten gegenüber Führer, Volk und Staat.

Sie unterstehen wegen Verletzung dieser Pflichten einer besonderen Partei- und SA-Gerichtsbarkeit.

Der Führer kann diese Bestimmungen auf die Mitglieder anderer Organisationen erstrecken.

§ 4. Als Pflichtverletzung gilt jede Handlung oder Unterlassung, die den Bestand, die Organisation, die Tätigkeit oder das Ansehen der Nationalsozialistischen Deutschen Arbeiterpartei angreift oder gefährdet, bei Mitgliedern der SA (einschließlich der ihr unterstellten Gliederungen) insbesondere jeder Verstoß gegen Zucht und Ordnung.

§ 5. Außer den sonst üblichen Dienststrafen können auch Haft und Arrest verhängt werden.

§ 6. Die öffentlichen Behörden haben im Rahmen ihrer Zuständigkeit den mit der Ausübung der Partei- und SA-Gerichtsbarkeit betrauten Dienststellen der Partei und der SA Amts- und Rechtshilfe zu leisten.

§ 7. Das Gesetz, betreffend die Dienststrafgewalt über die Mitglieder der SA und SS, vom 28. April 1933 (RGBl. I, S. 230) tritt außer Kraft.

§ 8. Der Reichskanzler erläßt als Führer der Nationalsozialistischen Deutschen Arbeiterpartei und als Oberster SA-Führer die zur Durchführung und Ergänzung dieses Gesetzes erforderlichen Vorschriften, insbesondere über Aufbau und Verfahren der Partei- und SA-Gerichtsbarkeit. Er bestimmt den Zeitpunkt des Inkrafttretens der Vorschriften über diese Gerichtsbarkeit.

Der Reichskanzler.   Der Reichsminister des Inneren[32]."

Am 9. Dezember wurde die zentrale Tageszeitung der NSDAP, der ,,Völkische Beobachter", amtliches Organ für alle Behörden laut einer Verfügung des Reichsministers des Innern.

Die volle Macht des Staates im Deutschen Reich war nun in Händen der NSDAP. Hitler erklärte am 6. Juli 1933 vor den Reichsstatthaltern:

,,Die politischen Parteien sind jetzt endgültig beseitigt... Wir müssen jetzt die letzten Überreste der Demokratie beseitigen, insbesondere auch die Methoden der Abstimmung und der Mehrheitsbeschlüsse... Die Revolution ist kein permanenter Zustand, sie darf sich nicht zu einem Dau-

---

32 VB, Nr. 343 v. 9. Dez. 33, S. 1.

erzustand ausbilden. Man muß den freigewordenen Strom der Revolution in das sichere Bett der Evolution hinüberleiten. Die Erziehung der Menschen ist dabei das Wichtigste. Der heutige Zustand muß verbessert, und die Menschen, die ihn verkörpern, müssen zur nationalsozialistischen Staatsauffassung erzogen werden. Man darf daher nicht einen Wirtschaftler absetzen, wenn er ein guter Wirtschaftler, aber noch kein Nationalsozialist ist; zumal dann nicht, wenn der Nationalsozialist, den man an seine Stelle setzt, von der Wirtschaft nichts versteht. In der Wirtschaft darf nur das Können ausschlaggebend sein . . . Durch theoretische Gleichschaltungen schaffen wir keinem Arbeiter Brot. Die Geschichte aber wird ihr Urteil über uns nicht danach abgeben, ob wir möglichst viele Wirtschaftler abgesetzt und eingesperrt haben, sondern danach, ob wir es verstanden haben, Arbeit zu schaffen . . . Es kommt jetzt nicht auf Programme und Ideen, sondern auf das tägliche Brot für fünf Millionen Menschen an . . . Unsere Aufgabe heißt Arbeit, Arbeit und nochmals Arbeit. Aus dem Gelingen der Arbeitsbeschaffung werden wir die stärkste Autorität erhalten . . . Die Reichsstatthalter haben dafür zu sorgen und sind dafür verantwortlich, daß nicht irgendwelche Organisationen oder Parteistellen sich Regierungsbefugnisse anmaßen, Personen absetzen und Ämter besetzen, wofür allein die Reichsregierung, also in bezug auf die Wirtschaft allein der Reichswirtschaftsminister zuständig ist[33] . . ."

Das waren Worte von staatsmännischem Format. Der Kanzler hatte nachdrücklich auf das entscheidende Problem, mit dessen Lösung die nationalsozialistische Regierung wie jede ihr vorausgegangene stand und fiel, hingewiesen: auf die Arbeitsbeschaffung.

Gegenwirkungen

Ohne Widerstand der politischen und gesellschaftlichen Träger der Weimarer Republik entstand in den vier Monaten März, April, Mai, Juni 1933 der Einparteienstaat. Die Länder, die Gewerkschaften, die Parteien hatten widerstandslos kapituliert; nur die Kommunisten zeigten und bewiesen Entschlossenheit zur Gegenwehr. Das Verbot der Partei und

---

33 S. a. Dok. d. deutschen Politik I, S. 55: „C. Das Ende des Parteienstaates." „Zwischen dem 27. Februar und dem 14. Juli 1933 ist der Parteienstaat in Deutschland endgültig beseitigt worden. In viereinhalb Monaten hat sich damit ein Vorgang von gewaltigster historischer Bedeutung abgespielt."

die Zerschlagung ihrer verschiedenen Organisationen drängte die Linksrevolutionäre nur in den Untergrund. Weitverzweigte Geheimorganisationen entstanden und arbeiteten trotz harter Verfolgung durch die Polizei nach wie vor weiter. So wurde Ende Juli in Hamburg eine kommunistische Geheimorganisation aufgedeckt und 93 kommunistische Funktionäre festgenommen[34]. Solche und ähnliche Meldungen tauchten in der Presse im Laufe des Jahres 1933, besonders der zweiten Hälfte, immer wieder auf.

Die Gegenwirkung gegen die nationalsozialistische Machtergreifung war vom Ausland her viel stärker als aus dem Inland. Die Zweite und die Dritte Internationale bezogen, wie oben schon mehrfach erwähnt, nach Ernennung der Regierung Hitler-Papen-Hugenberg sofort Stellung dagegen und wurden in steigendem Maße in ihrer antideutschen Propaganda unterstützt von kommunistischen und sozialdemokratischen Führern und Funktionären, die ins Ausland flüchteten[35]. Im Februar konnte der VB ein Schreiben des Stockholmer Polizeipräsidenten vom 28. Apr. 1932 an den damaligen Berliner Polizeipräsidenten, den Sozialdemokraten Grzesinski, veröffentlichen. Daraus ging hervor, daß der Berliner Polizeipräsident beim Stockholmer Polizeipräsidenten Material gegen die NSDAP erbeten hatte, um zu beweisen, daß die Hitlerbewegung u. a. auch von dem schwedischen Zündholzindustriellen Ivar Kreuger Gelder erhalten habe[36]. Grzesinski und der Vize-Polizeipräsi-

---

34 VB, Nr. 211/212 v. 30./31. Juli 1933, S. 1; Nr. 223 v. 11. Aug. 33, S. 1; Nr. 329 v. 25. 11. 33.
35 VB, Nr. 63 v. 4. März 1933, Erstes Beiblatt: „Der Pestherd des kommunistischen Untermenschentums. Die Anführer bringen sich in Sicherheit, während die Mitglieder für die ‚Weltrevolution' mißbraucht werden."
(Bild des geflohenen Münzenberg)
„Kaum waren von der Regierung Hitler die ersten Maßnahmen gegen die kommunistischen Umsturzvorbereitungen getroffen und die ersten Verhaftungen vorgenommen worden, da packten schon die Führer der K.P.D. die Koffer, um sofort ins Ausland zu fliehen. Jenes lichtscheue Gesindel, die Hetzer der bisher sogar noch polizeilich geschützten K.P.D.-Versammlungen und die jüdischen Revolverjournalisten, ließ auch jetzt wieder den genarrten Arbeiter im Stich, nachdem es erkannt hatte, daß die Lage für die K.P.D. hoffnungslos geworden war. Unter den geflüchteten kommunistischen Anführern befindet sich auch Münzenberg, der bekanntlich in letzter Zeit die geistige Leitung der K.P.D. hatte und hauptverantwortlich ist für das Blut unzähliger ermordeter deutscher Arbeiter. Heute sitzt dieser Lump irgendwo im Ausland und beobachtet von sicherer Entfernung die weitere Entwicklung in Deutschland.
Gebt diesen gemeinen Verrätern am 5. März die Antwort!
Jeder ehrliche deutsche Arbeiter wählt:
Hitler Liste 1"
36 VB, Nr. 55 v. 24. Febr. 1933.

dent von Berlin, Weiß, gingen nach China als Instrukteure, ebenso der sozialdemokratische Kriminaldirektor Eduard Wolters aus Magdeburg[37].

Die Meinung des VB nach der Wahl vom 5. März, „Berlin ist nicht mehr rot"[38], war Ausdruck euphorischer Siegerstimmung und Selbstbetrug. Im Frühjahr 1932 hatte der damalige Reichsinnen- und gleichzeitig Reichswehrminister General Gröner den kommunistischen Anteil an der Berliner SA auf 90% geschätzt[39], sicher maßlos übertrieben, aber wohl vom Minister ernst genommen. Dies war ein angeblich wesentlicher Grund für sein Verbot von SA und SS, das zum Sturz der Regierung Brüning führte. Der Leiter der politischen Abteilung des Berliner Polizeipräsidiums, Rudolf Diels, schätzte 1933 den Anteil der Kommunisten an der Berliner SA auf etwa 70%, eine vielleicht realistische Zahl des zuständigen Fachreferenten.[39a] Die starke Unterwanderung der NSDAP durch die Kommunisten war auch einer der Gründe für die vielen Ausschreitungen der SA gegen politisch Andersdenkende im Rausch des Erfolges. Die KP trug dadurch wesentlich zur Schädigung des Ansehens der neuen Regierung und ihrer tragenden Parteien, vor allem der NSDAP, aber auch der DNVP und des „Stahlhelms" bei.

Die Taktik der Unterwanderung der staatstragenden Partei wurde natürlich auch von anderen Gegnern des Regimes gehandhabt. Die „Gleichschaltung" zwang nicht nur dazu, sondern war gleichzeitig ein bequemes Schutzschild, durch Beitritt zur NSDAP sich äußerlich anzupassen und eine Möglichkeit zu finden, dagegen zu arbeiten. Die NSDAP hatte bei der Wahl am 5. März 1933 43,9% der abgegebenen Stimmen, also nicht einmal die Hälfte. Von den acht Prozent Stimmen ihres Koalitionspartners, der „Schwarz-Weiß-Roten Front", waren vermutlich nur die Hälfte stimmungsmäßig für das Bündnis mit der NSDAP. Jedenfalls hatte mehr als die Hälfte der Wähler nicht für die NSDAP gestimmt. Die Reichsleitung der NSDAP beging im Siegesrausch den schweren Fehler, nicht rechtzeitig eine völlige Beitrittssperre zu verhängen. Dadurch ermöglichte sie Hunderttausenden von „Märzgefallenen" und „Märzveilchen" – so wurden die politischen Konjunkturritter, die im März 1933 der NSDAP beitraten, spöttisch im Volks-

---

37 VZ, Nr. 549 v. 3. Dez. 1933, S. 3.
38 VB, Nr. 66 v. 7. Mrz. 1933, Beilage: Berliner Beobachter.
39 Sammlung Raeder, Nr. 3, Aufzeichnungen über SA-Verbot und Begleitumstände, MGFA.
39a Diels, a. a. O., S. 207.

mund bezeichnet – den Parteieintritt, bot ihnen Gelegenheit zum Untertauchen sowie zur passiven wie auch aktiven Sabotage.

Nach dem 5. März hatte die Partei 1,7 Millionen Neuaufnahmen zu verzeichnen. Erst am 1. Mai wurde eine Eintrittssperre auf die Dauer von vier Jahren verhängt. „Unter den Neueingetretenen seien Leute", so stellte der Führer der nationalsozialistischen Landtagsfraktion in Preußen, Oberpräsident Richard P. Kube, fest, „die nichts in der Partei zu suchen hätten. Besonders die alte Parteigarde habe sich mit Recht gegen sie zur Wehr gesetzt." Kube befürchtete auch eine Entfremdung zwischen einzelnen Führern durch den Eintritt von Nationalsozialisten in die staatliche Verwaltung. „Für manchen bestehe die Gefahr, daß er ‚objektiver Beamter' werde, daß ihm die Bedeutung seines Staatspostens in den Kopf steige und daß er dadurch für den Nationalsozialismus untauglich werde. Dieser Erscheinung gegenüber verwies Kube auf ein Wort Hitlers, daß es für einen Nationalsozialisten einschließlich der Minister keine höhere Ehre gebe, als in der Partei ein Amt zu bekleiden[40]."

„Die Gefahr einer Gesinnungsinflation" hob mit Recht der Staatskommissar Hans Hinkel im Preußischen Ministerium für Wissenschaft, Kunst und Volksbildung hervor[41]. Diese Gefahr war groß und äußerte sich in vielfältigen und auch abstoßenden Formen im Zuge der nationalen Erhebung nach der Wahl des 5. März.

Schon am 21. März erging eine „Verordnung zur Abwehr heimtückischer Angriffe gegen die Regierung der nationalen Erhebung". U. a. setzte sie Strafen für unbefugtes Tragen von Uniformen der nationalen Verbände fest. Am 19. Mai erließ die Reichsregierung ein „Gesetz zum Schutz der nationalen Symbole". Sie wurden bereits weitgehend von Geschäftemachern mißbraucht. Unter dem Titel „Beispiele für nationalen Kitsch" zählte die VZ u. a. auf[42]: Bockbiermützen mit Hakenkreuz, Anstecknadeln mit Bild des Kanzlers, Süßwaren mit Hakenkreuz und schwarz-weiß-roter Flagge, auch Kopfbilder Hindenburgs, Friedrich des Großen, der Königin Luise und Bismarcks, Schuhputz-Blechdosen

---

40 VZ, Nr. 297 v. 23. Juni 33, Morgen-Ausgabe, S. 1: „1.7 Millionen Neuaufnahmen. Kube über den Kurs der Partei." Ebda, Nr. 432 v. 9. 9. 1932 A.-A.-Artikel: „Wie wir es sehen. 1 930 000 + 2 000 000. Der Reichsschatzmeister der NSDAP Schwarz hat mitgeteilt, daß die NSDAP am 21. August 1933 1 930 000 eingeschriebene Mitglieder zählte . . . Nach der gleichen Meldung liegen jetzt 2 Millionen Neuanmeldungen vor . . ."
41 VZ, Nr. 251 v. 27. Mai 33, Morgenausgabe, S. 2.
42 VZ, Nr. 433 v. 10. Okt. 1933, Morgen-A., Artikel: „Beispiele für nationalen Kitsch."

mit Aufdruck „Deutscher Schuhputz" und einem grüßenden SA-Mann in Farbe, Bastband mit schwarz-weiß-roter Farbe und schwarzem Hakenkreuz. Das Hakenkreuz und die schwarz-weiß-roten Farben erschienen auf allen möglichen und unmöglichen Gebrauchsartikeln von der Teekanne bis zur Zündholzschachtel, zu kaufmännischen Werbezwecken, aber auch zu ihrer Verächtlichmachung[43]. „Gegen unechten Nationalsozialismus" erhob auch Reichsinnenminister Frick warnend seine Stimme, indem er gegen „scheinnationalsozialistische Jugendbücher" Stellung nahm[44].

KPD und SPD als Mitglieder der Zweiten und Dritten Internationale verlegten das Schwergewicht ihrer antifaschistischen Tätigkeit ins Ausland. Von dorther erzielten sie eine um so stärkere Gegenwirkung, als die Nachbarstaaten des Reiches ohnehin mit Mißtrauen und Feindseligkeit die innenpolitischen Veränderungen beobachteten. Die sozialdemokratischen und die kommunistischen Parteien der europäischen Staaten, Pazifisten, Liberale, sie alle waren sich in der Ablehnung des nationalsozialistischen Regimes in Deutschland einig. Für ihre Propaganda erhielten sie von den deutschen Emigranten wirksame Unterstützung. Das Büro der Sozialistischen Internationale in Zürich erließ angesichts der Bildung der Regierung Hitlers am 18./19. Februar einen Aufruf, den die MP unter dem Titel: „An die Arbeiter der ganzen Welt!" veröffentlichte. Er beginnt mit folgenden Worten[45]:

„In einem Augenblick höchster Gefahr für die Arbeiterklasse, für Freiheit und Frieden, für die menschliche Kultur wenden wir uns an euch! Mit der großkapitalistischen und feudalen Reaktion verbündet, hat Hitler die Regierung in Deutschland übernommen. Der Entscheidungskampf zwischen Faschismus und Arbeiterklasse ist in Deutschland im Gang. Ungeheures steht auf dem Spiele. Gelingt es dem Faschismus in Deutschland, seine Macht zu behaupten und zu befestigen, dann gehen mit der deutschen Demokratie, mit der Deutschen Republik die Ergebnisse eines halben Jahrhunderts proletarischen Klassenkampfes verloren. Wirft der Ansturm des Faschismus die Arbeiterklasse in Deutschland nieder, dann ist das Proletariat in ganz Mitteleuropa in schwerster Gefahr, dann wird die Reaktion in der ganzen Welt ermutigt, die sozialen Errungenschaften der Arbeiterklasse anzugreifen."

---

43 VZ, Nr. 446 v. 18. Sept. 1933, Abend-A., S. 2: „Der Kampf gegen Kitsch"; Ebda, Nr. 453 v. 22. 9. 33, Morgen-A., S. 6: „Der Kampf gegen nationalen Kitsch".
44 VZ, Nr. 505 v. 22. Okt. 33, Morgen-A., S. 2.
45 MP, Nr. 44 v. 22. Febr. 1933, S. 1.

Weiter unten heißt es: „Das Vordringen des Faschismus bringt nationali-
stisch-militaristische Kräfte an die Spitze der Nationen. Hitler in
Deutschland, Mussolini in Italien, Pilsudski in Polen, Horthy in Ungarn,
die Königsdiktatur in Jugoslawien, offene oder verhüllte faschistische
Diktaturen in allen anderen Balkanländern, sie alle sind bereit, die Gewalt, auf die sie sich im Innern des Landes stützen, nach außen zu kehren
und Europa neuerdings in ein Schlachtfeld zu verwandeln".
In der Uneinigkeit des Proletariats, in seinem Bruderkrieg sieht die SI den
stärksten Bundesgenossen des Faschismus. Die Einigung des Proletariats
ist daher die wichtigste Voraussetzung für seine Kraftentfaltung. „Der
Sieg ist unser, wenn wir geeint sind, ihn zu erkämpfen."

Das schwedische Wirtschaftsblatt „Göteborgs Handelsoch Sjefartstid-
ning" nannte Anfang Februar den Reichskanzler Hitler „eine Beleidigung des deutschen Volkes". Göring ließ sich daraufhin zu einem Protesttelegramm an die Zeitung verleiten[46]. Das Blatt wies diesen ungewöhnlichen und undiplomatischen Schritt scharf zurück, wiederholte
seine Äußerungen über Hitler und fügte weitere Angriffe gegen die neue
Reichsregierung hinzu. Man müsse annehmen – aufgrund des Göring-
schen Telegramms –, Schweden sei ein Annex des Deutschen Reiches.
„Die freundschaftlichen Gefühle, die das schwedische Volk für das große deutsche Volk empfinde, würden auch die Verdunkelung überleben,
die sich jetzt über Deutschland gelegt habe[47]!" Der Reichstagsbrand am

---

46 VZ, Nr. 66 v. 8. 2. 33, Abend-Ausgabe, S. 2.
47 Ebda, Nr. 67 v. 9. Febr. 33, Morgen-A., S. 2:
           „Das Telegramm nach Göteborg
         Was Göring wollte und was er erreichte
Der Kampf um die Pressefreiheit ist so alt wie die Presse selbst, in den seitdem verflossenen bald fünf Jahrhunderten haben immer wieder Bedrückungen der Presse mit Locke-
rungen der Preßbeschränkungen abgewechselt. Es folgten eben an der Staatsspitze immer
wieder empfindliche Naturen auf Männer, denen ungerechte Preßkritik einigermaßen
gleichgültig war. Der Preußenkönig Friedrich, der jetzt in Deutschland herrschenden
Richtung ein besonderes Vorbild, ließ ein gegen ihn gerichtetes Plakat niedriger hängen
und wünschte, daß „Gazetten nicht geniret" würden. Über die Auffassung, die bei den
gegenwärtig in Deutschland am Ruder befindlichen Männern herrscht, macht sich das
Ausland jetzt sein Bild vor allem nach der gestrigen, von uns bereits im Morgenblatt
gemeldeten unmittelbaren Protestdepesche des nationalsozialistischen Reichsministers
Göring an ein schwedisches Blatt.
Die Sache selbst kann hier unerörtert bleiben. Jedes Land wünscht seine inneren Streitigkeiten allein auszutragen, und wer sich in die Innenpolitik eines fremden Landes mischt,
muß auf Unannehmlichkeiten gefaßt sein. Die Äußerung des schwedischen Blattes kann
um so mehr hier unerörtert bleiben, als es unstreitig Teil der Staatspraxis ist, auch im
Verkehr zwischen Demokratien, Pressepolemiken, die nach Auffassung einer Regierung
die guten Beziehungen zwischen den Ländern beeinträchtigen könnten, zum Gegenstand

einer Erörterung zu machen. Die Aktenregale aller Staatskanzleien der Welt bergen über-
reichlich Beispiele davon. Gewöhnlich macht der Außenminister den Gesandten, der ihm
gegenüber die Angelegenheit zur Sprache bringt, darauf aufmerksam, daß der Regierung
das Recht zur Einwirkung auf die Presse fehle, er sagt aber freundschaftliche Bemühung
um Abhilfe zu, und auf dem Wege über die eigene Pressestelle wird mit dem betreffenden
Blatt Fühlung genommen. In einer ganzen Reihe von Ländern gibt es auch das admini-
strative Verbot ausländischer Blätter. Was aber noch nie da war, das ist die u n m i t t e l b a -
r e Einwirkung eines fremden Ministers auf eine Redaktion. D e s h a l b hat die Depesche
des mit der Leitung des preußischen Innenministeriums betrauten Ministers Göring so
besonderes Aufsehen erregt. Man fragte sich, ob hier eine Drohung mit dem Verbot
vorläge, und, wenn auch bei dem betroffenen schwedischen Wirtschaftsorgan solch Verbot die deutsche Wirtschaft vielleicht mehr schädigen würde als dieses Göteborger Blatt,
so zog man doch Schlüsse auf den Geist, aus dem solche Drohung erginge.

Diese Schlüsse sind offenbar f a l s c h . Ein anderes schwedisches Blatt, die Stockholmer
,,Dagens Nyheter", hat von der modernen Fernsprechtechnik Gebrauch gemacht und
noch in der Nacht bei Göring in Berlin telefonisch angerufen. Göring hat erklärt, daß
sein Telegramm ein p r i v a t e r Schritt sei, veranlaßt von seinem Freundschaftsgefühl für
Schweden. Die nationalsozialistische Presse hätte erbitterte Polemik gegen das schwedische Blatt geplant, und er habe als Freund Schwedens der Parteipresse Order gegeben, die
Angelegenheit nicht aufzunehmen, und statt dessen versprochen, die Sache selbst in die
Hand zu nehmen. An irgendwelche Repressalien gegen das Göteborger Blatt sei nicht
gedacht.

Zur Handhabung des Verbotsrechts gegen Auslandsblätter ist in der Tat nicht der Leiter
eines Landesministeriums berufen, sondern nur der Reichsinnenminister. Göring wäre
also zu einem offiziellen Schritt, ganz abgesehen davon, daß der Weg dann über das
Auswärtige Amt hätte führen müssen, nicht aktiv legitimiert gewesen. Sein privater
Schritt hat in Schweden die entgegengesetzte Wirkung erzielt, als beabsichtigt war. ,,Da-
gens Nyheter" machen auch jetzt Göring schwere Vorwürfe und geben der Meinung
Ausdruck, Görings Verfahren bringe Aufklärung über die wirkliche Natur des nationalsozialistischen Regimes. Wenn ,,der Vorsatz, das Dritte Reich auf den Ruinen der deutschen Demokratie zu errichten", durchgeführt sei, so werde ganz Europa tief zu spüren
bekommen, was es bedeute, daß ,,eines der führenden Kulturländer in die Hände des
größten Demagogen der Gegenwart" gefallen sei.

Die ungünstige Wirkung auf das Ausland ist nun einmal vorhanden. Um so mehr sollten
die nationalsozialistischen Zentral-Instanzen auf ihre Presse einwirken, dort Exzesse
hintanzuhalten. Die Presse-Notverordnung stellt die leitenden Beamten von Reich und
Ländern unter besonderen Schutz. Ein Gebot der Fairness ist es, entsprechenden Schutz
auch den Vorgängern zu gewähren. Die preußische Regierung Braun-Severing könnte
übrigens nach wie vor Anspruch auf diesen Schutz erheben, denn sie ist nicht abgesetzt,
wie vielfach irrtümlich angenommen wird, sondern es sind ihr die letzten Befugnisse
entzogen. Doch ganz unabhängig von der Presse-Notverordnung sollte es ein Gebot des
Anstands sein, Verleumdungen wie die folgenden zu vermeiden: ,,Zwei Millionen Steuer-
gelder gestohlen. – Der Skandal der abgesetzten Braun-Severing-Regierung. – Vor dem
Eingriff des Staatsanwalts", schreibt die ,, P o m m e r s c h e Z e i t u n g " unter dem Hakenkreuz am 8. Februar; ,,Braun-Severing des Diebstahls überführt und aus dem Amt
gejagt. – Kein Platz mehr für Volksverbrecher!" schreibt der ,, W e s t d e u t s c h e B e -
o b a c h t e r", dessen Herausgeber Ley Gregor Strassers Nachfolger im Parteiamt ist. Wer
selbst so empfindlich ist, sollte in der Polemik beispielhaft vornehm sein. Auch im
nationalen Interesse. Solche Schreibweise ist wahrhaftig nicht geeignet, Deutschlands
Ansehen in der Welt zu stärken.

*

Der deutsche Gesandte in Stockholm, v o n R o s e n b e r g , ist bei der schwedischen
Regierung vorstellig geworden und hatte gegen scharfe Polemiken linksstehender schwe-

27. Februar bot Göring die Möglichkeit zu energischem Vorgehen gegen die kommunistische Partei. Er ließ 4000 kommunistische Funktionäre und Abgeordnete verhaften und verbot in Preußen die gesamte Linkspresse (der Kommunisten wie der Sozialdemokraten).

Anfang Februar sprach der ehemalige preußische Landtagsabgeordnete der SPD, Professor Nölting, über den holländischen Sender Hilversum[48].

Bereits im Oktober 1932 hatte die Kommunistische Internationale in Moskau auf eine unmittelbar bevorstehende Auseinandersetzung zwischen Faschisten und Arbeitern in Deutschland und Polen hingewiesen. Die Freien Gewerkschaften müßten zerschlagen und die Parole des politischen Generalstreiks ausgegeben werden, forderte sie in der gleichen Entschließung[49].

Der kommunistische Reichstagsabgeordnete Willi Münzenberg, ein Meister der Lügen-Propaganda, errichtete eine Zentrale in Paris. Sie wurde Mittel- und Ausgangspunkt der antideutschen Hetze in Westeuropa. Über ihn, den Handlanger Moskaus, wußte die sozialdemokratische ,,Münchner Post" bereits 1929 ausführlich zu berichten. Münzenberg war damals Generalsekretär der ,,Internationalen Arbeiterhilfe", gegründet von der ,,Kommunistischen Internationale" und der Moskauer ,,Gewerkschaftsinternationale". Er entfaltete die erfolg-

---

discher Blätter gegen die neue Regierung Hitler Vorstellungen erhoben. Es handelt sich dabei vor allen Dingen um eine scharf ablehnende Stellungnahme des schwedischen Blattes ,,Socialdemokraten". Die schwedische Regierung hat erwidert, daß sie für den Schritt des deutschen Gesandten volles Verständnis aufbringe, und es soll auch zugesagt worden sein, auf die betreffenden schwedischen Organe in einem entsprechenden Sinn einzuwirken.

KOPENHAGEN, 9. FEBRUAR
Das Telegramm Minister Görings an die ,,Göteborg Handelstidning" hat auch in Dänemark Entrüstung hervorgehoben. Bezeichnend hierfür ist ein Kommentar der Mittagszeitung ,,B. T.", worin es, nachdem das Blatt zugegeben hat, daß der Artikel der Göteborger Handelstidning wohl den Ton überschritt, den man in der dänischen Presse einer führenden politischen Persönlichkeit eines fremden Landes gegenüber anschlagen würde, u. a. heißt: ,,Ein Vorgehen, wie das des Innenministers Göring, ist recht unerhört in der zwischenstaatlichen Geschichte. Innenminister Göring zieht die geballte Faust vor. Wir haben in Dänemark Grund dazu, diesen nazistischen Versuch, die Presse eines kleineren Landes zu knebeln, mit Beunruhigung zu betrachten. Wer sich hierzulande der Zeiten vor dem Weltkrieg erinnert, der weiß, wie Dänemark im Schatten Deutschlands lebte und wie die Junkerregierungen zu wiederholten Malen Dänemark zu verstehen gaben, daß wir ein kleines Volk seien, das sich durchaus nicht nach eigenem Belieben bewegen dürfte, sondern auf Deutschland Rücksicht zu nehmen habe, ausschließlich, weil Deutschland stärker war als wir. Wollen die Nazisten diese Zeiten wieder einführen?"

48 VZ, Nr. 66 v. 8. Febr. 33, Abend-A., S. 2.
49 Keesing's Archiv der Gegenwart, 1931–1934, S. 519, H v. 12. Okt. 1932, ferner: Süddeutsche Monatshefte, 30, 1932/3, S. 129 ff.

reichste Tätigkeit „auf dem Gebiet des Handels, wobei er alle Methoden des kapitalistischen Systems in seinen Dienst zu stellen verstand". Er finanzierte verschiedene Verlage und Presseorgane; besonders auch auf dem Gebiet des Filmwesens war er tätig. „Er war der Freund von Brandler, Trotzki, Klara Zetkin, Ruth Fischer, Maslow, Thalheimer; er ist der Freund Thälmanns und Stalins. Alle gehen und kommen, aber Münzenberg bleibt, an ihn wagt sich niemand heran[50] . . ."

Der deutsche Kommunistenführer Brandler begab sich Anfang Februar 1933 nach Frankreich, um in Straßburg eine öffentliche Rede zu halten. Die französische Polizei schob ihn jedoch wieder über die Grenze nach Deutschland ab[51]. Nach der Reichstagswahl vom 5. März rief die Komintern „alle kommunistischen Parteien Europas zum Kampf gegen die neue deutsche Regierung" auf und verlangte „Bildung einer Einheitsfront mit den Sozialdemokraten, jedoch unter Ausschluß von deren Führern"[52]. Aus diesem Aufruf schloß die Zweite Internationale auf Bereitschaft der KI zur Bildung einer Einheitsfront, lehnte jedoch Sonderverhandlungen auf Länderbasis ab[53]. Im März setzte die Komintern Thälmann „wegen unrichtigen Verhaltens" als Führer der KPD ab und ernannte zu seinen Nachfolgern Kippenberger und Heinz Neumann[54]. Im April verlegte die Sozialistische Internationale ihren Sitz von Berlin nach Paris[55].

Unter der Schlagzeile „Marxistischer Landesverrat: SPD bittet Franzosen um Ruhrbesetzung. Hetzzentralen geflüchteter Kommunistenführer im Ausland" brachte der VB am 17. März einen Auszug aus der Pariser Zeitung „Figaro". Demnach hatten geflüchtete sozialdemokratische Funktionäre an die Regierung Daladier das Ansinnen gestellt, das Ruhrgebiet zu besetzen[56].

---

50 MP, Nr. 85 v. 12. Apr. 1929, S. 5: Eugen Frager: „Der Münzenberg-Konzern".
51 VZ, v. 4. Febr. 1933:
               „Frankreich will Brandler nicht
Der deutsche Kommunistenführer B r a n d l e r sollte gestern in Straßburg eine öffentliche Rede halten. Aber die französischen Behörden verweigerten ihm die Einreise. Der kommunistische Bürgermeister von Straßburg, H u b e r, schickte darauf dem deutschen Genossen den französischen Paß eines kommunistischen Gemeindemitgliedes. Mit seinen falschen Ausweispapieren kam Brandler glücklich nach Straßburg herein, wurde aber gleich erkannt und verhaftet. Nach eingehender polizeilicher Vernehmung wurde er wieder über die Kehler Brücke abgeschoben."
52 Keesing's AG, 1931–1934, 735 F v. 9. März 33.
53 Ebda, 738 E, v. 11./12. März 33.
54 Ebda, 760 D.
55 Ebda, 788 D v. 13. Apr. 33.
56 VB, Nr. 76 v. 17. März 33, S. 1.

Besonders auf internationalen Konferenzen machte sich die Gegenwirkung der Zweiten und Dritten Internationale stark bemerkbar, so
auf der Internationalen Arbeitskonferenz in Genf. Die heftigen Angriffe
der Linksparteien gegen die deutsche und italienische Arbeiterdelega-
tion veranlaßten Dr. Ley, den Führer der deutschen Abordnung, am 19.
Juni die Genfer Konferenz zu verlassen. Ähnliches ereignete sich auf der
Internationalen Genossenschaftskonferenz in Basel am 23. Juni. In beiden Fällen baten die Konferenzveranstalter um Rückkehr der deutschen
Vertreter. Nicht anders erging es den deutschen Teilnehmern auf der
Tagung des Pen-Klubs und des Internationalen Lehrerkongresses in
Santander[57]. Unfreundliche Reaktionen in dem während des Krieges
neutralen Ausland waren die Auswirkung der dortigen Links-Regierun-
gen, wie z. B. in Schweden, in Dänemark, in Holland, in Spanien, in der
Schweiz. In Stockholm erfolgte ein diplomatischer Protestschritt des
Auswärtigen Amtes wegen folgender Äußerungen des schwedischen
Ministerpräsidenten Hansen (Sozialdemokrat): ,,Wer eine solche Politik
wie Hitler betreibt, für den kommt der Tag, an dem die Verbitterung die
Gewaltherrschaft abwirft und eine neue folgen läßt.`` Auch in Madrid
protestierte die deutsche Regierung wegen feindseliger Kundgebungen
vor dem deutschen Konsulat[58]. Die schwedischen Gewerkschaften rie-
fen im September zum Boykott deutscher Waren auf[59].

Die sozialdemokratischen, kommunistischen, liberalen, pazifistischen Emigranten aus Deutschland fanden daher für ihre antifaschistische Tätigkeit in der Mehrzahl der neutralen Länder, ferner in Frankreich, Belgien, Großbritannien und den USA einen wohlvorbereiteten
Boden[59a]. Landesverrat aus ideologischen Gründen, aus Haß gegen den
parteipolitischen Gegner war für sie ,,Ehrensache``. Aus klassenkämpferischen Gründen gehörte der Landesverrat seit August Bebel zu den
selbstverständlichen Kampfmitteln der Sozialdemokratie gegen die bürgerliche Staats- und Gesellschaftsordnung[60]. Während die Mehrheitsso-

---

57 Rühle, I, a. a. O., S. 193.
58 VZ, Nr. 115 v. 9. März 33, Morgen-A.
59 VZ, Nr. 427 v. 7. Sept. 33, S. 3.
59a VZ, Nr. 417 v. 1. 9. 33, M-A.-Artikel: ,,Die Zuwanderung Deutscher nach England``.
   Laut ,,Evening Standard`` gingen in den ersten sieben Monaten 1933 26 000 Deutsche
   nach England. Nur solche mit ausreichenden Mitteln wurden aufgenommen. 192 Deutschen wurde die Einreise verwehrt. 1932 wanderten 39 803 Deutsche nach England aus.
60 Helmut Bley: Bebel und die Strategie der Kriegsverhütung 1904–1913, Göttingen 1975,
   passim. Noske, Von Kiel bis Kapp, S. 173. – Noske prägte dort auch das Wort von der
   ,,Nationalen Verlumpung``.

zialisten im Ersten Weltkrieg unter Führung Friedrich Eberts und Gustav Noskes sich dem nationalen Gedanken mehr oder weniger zugewandt hatten, behielten die Unabhängige Sozialdemokratische Partei und die Kommunistische Partei Deutschlands den anti-vaterländischen Grundgedanken bei und praktizierten ihn auch im Sinne Crispiens: „Ich kenne kein Vaterland, das Deutschland heißt[61]."

„Die Feinde des Regimes liefern aus Rache zahlreiche Denunziationen über die Wiederaufrüstung Deutschlands. Bei den hiesigen fremden Militär-Attachés laufen derartige Denunziationen täglich in großer Zahl ein. Aus denselben geht hervor, daß Deutschland sich nicht an das Rüstungsniveau von Versailles gehalten hat, und infolgedessen halten sich die Sieger auch nicht mehr an das Abrüstungsversprechen gebunden", heißt es in einem Dokument des Auswärtigen Amtes[62].

Der Reichstagsbrand bot ebenso wie die Errichtung von Konzentrationslagern willkommene Handhabe zur systematischen Propaganda. Schon wenige Tage nach dem Brand wurde Göring von linken Organen des Auslandes als der Brandstifter im Auftrag Hitlers beschimpft, so auch vom Sprachrohr der schweizerischen Sozialdemokratie[63]. Ein „Internationaler Untersuchungsausschuß zur Aufklärung des Reichstagsbrandes" mit Sitz in London wurde gebildet, der die Brandstiftung den Nationalsozialisten anlastete[64]. U. a. trat der ausgebürgerte jüdische Literat und ehemalige Mitbegründer der spartakistischen Räterepublik München im April 1919, Ernst Toller, als Zeuge auf[65]. Selbstverständlich verfocht auch das im Universum-Bücherei-Verlag zu Basel veröf-

---

61 Gustav Noske: Erlebtes aus Aufstieg und Niedergang einer Demokratie, Offenbach 1947, S. 308: „Solange Leute im Vorstande der Partei sitzen, die erklären dürfen, daß sie kein Vaterland kennen, das Deutschland heißt – selbst wenn das nur eine agitatorische Entgleisung gewesen sein sollte –, ist nicht damit zu rechnen, daß sich die Partei auf eine starke Betonung ihres deutschen Nationalgefühls einstellt."
S. 305: 1927 schrieb Noske an Niekisch: „Mir kommt es dabei in erster Linie darauf an, eine klare Entscheidung darüber herbeizuführen, ob die Sozialdemokratie die Partei Eberts oder Crispiens sein will."
Dieter Gescher: Die Vereinigten Staaten von Nordamerika und die Reparationen auf der Grundlage amerikanischer Akten, Bonn 1956, S. 189, Anm. 445.
Hans Spethmann, Der Ruhrkampf 1923–1925, Berlin 1933, S. 173 ff., 178 ff. – S. a. die „Enthüllungen" Philipp Scheidemanns über die geheime Zusammenarbeit zwischen Reichswehr und Roter Armee im Reichstag 1926.
62 ADAP, Serie C, Bd. II, 1, Nr. 42 v. 13. Nov. 33.
63 VB, Nr. 66 v. 7. März 33, Beilage: Berliner Beobachter.
64 VB, Nr. 236 v. 24. Aug. 33, S. 1.
65 VB, Nr. 262 v. 19. Sept. 33, Erstes Beiblatt.

fentlichte „Braunbuch über Reichstagsbrand und Hitler-Terror", an dem Albert Einstein mitbeteiligt war, diese Behauptung[66].

Göring selbst, als Gefangener im Lager Mondorf von Staatssekretär Meißner auf den Reichstagsbrand angesprochen, „versicherte mir auf sein Wort", berichtet Meißner,

„daß er daran völlig unbeteiligt gewesen sei, gab aber die Möglichkeit zu, daß ein ‚wildes Kommando' einer nationalsozialistischen Organisation, vielleicht auch die Berliner SA-Führer Graf Helldorf und Karl Ernst, Urheber und Anstifter des Reichstagsbrandes gewesen seien und sich des van der Lubbe hierbei als Werkzeug bedient hätten. Van der Lubbe hat sowohl während des gerichtlichen Verfahrens wie auch nach seiner Verurteilung über seine – nach der Beweisaufnahme zweifellos vorhandenen – Helfershelfer jede Angabe verweigert"[67].

Auch Schwerin von Krosigk stellte im Lager Mondorf diese Frage an Göring und erhielt die gleiche Antwort. Göring sagte, „er würde ja stolz sein, wenn er es getan hätte", schreibt Schwerin von Krosigk,

„aber leider, leider sei er in dieser Sache unschuldig, er wisse auch nicht, ob neben oder hinter Lubbe noch andere beteiligt gewesen seien[68]."

Das Vorwort des Braunbuchs ist gezeichnet von Lord Marley, House of Lords, „Vorsitzender des Weltkomitees für die Opfer des Hitler-Faschismus". „Einsteins Braunbuch, ein übles kommunistisches Machwerk" schrieb der VB am 10./11. September. „Professor Einstein macht nämlich in dieser der holländischen Presse gegebenen Erklärung die aufsehenerregende Mitteilung, daß der eigentliche Herausgeber dieses Braunbuches der bekannte kommunistische Agitator Münzenberg ist", heißt es in diesem Artikel. Am 28. Sept. brachte die gleiche Zeitung auf der ersten Seite einen Bericht: „Das Braunbuch auch in Holland als Fälschung entlarvt"[69], nachdem es aus der Feder des britischen Oberstleutnants Graham S. Hutchison einen Aufsatz über „Londoner Gerichtskomödie und Leipziger Prozeß" veröffentlicht hatte[70].

---

66 In der Einführung, gez.: „Die Verfasser und der Verlag, Juli 1933", heißt es: „Das Weltkomitee für die Opfer des Hitler-Faschismus, an dessen Spitze Prof. Einstein und Lord Marley stehen, hat diesem Buch seine Hilfe geliehen."
67 Meißner, a. a. O., S. 283.
68 Schwerin von Krosigk, Staatsbankrott, S. 194.
69 VB, Nr. 271 v. 28. Sept. 1933, S. 1; VZ, Nr. 502 v. 20. Okt. 1933, Abend-A., S. 1: „Graf Helldorfs Zeugnis. Braunbuchbehauptungen widerlegt."
70 VB, Nr. 270 v. 27. Sept. 1933, Erstes Beiblatt. Ebda. Nr. 288/9 v. 15./16. Okt. 33, Beiblatt 3, Artikel: „Oberbranddirektor Gempp widerlegt Braunbuch-Lügen."

Über die Ankündigung des Reichstagsbrandes veröffentlichte der „Völkische Beobachter" vom 4. März 1933 folgende Notiz[71]:

„Kommunist Schumann kündigte den Reichstagsbrand an!

Aus W e i m a r erhalten wir folgende bedeutsame Meldung: In einer Wahlversammlung in dem Ort G e h r e n, Kreis A r n s t a d t spricht am A b e n d d e s 24. Februar, also v o r dem Brande des Reichstages, der k o m m u n i s t i s c h e R e i c h s t a g s a b g e o r d n e t e S c h u m a n n. Der überwachende Polizeibeamte machte über die Ausführungen Aufzeichnungen. Nach diesen sagte Schumann: „Heute abend wird der Reichstag brennen; aber das macht nichts. Wenn dieser Tanzsaal niederbrennt, dann kriegen wir eine andere Schaukelbude."

Vom Thüringischen Innenministerium erfahren wir, daß diese Äußerungen tatsächlich gefallen sind und d u r c h V e r n e h m u n g e n v o n Z e u g e n b e s t ä t i g t wurden. Der Polizeibeamte hat pflichtgemäß sein Ministerium über den Tatbestand unterrichtet. Die p o l i z e i l i c h e n E r m i t t l u n g e n s i n d n o c h i m G a n g e.

Damit ist wieder ein Beweis geliefert, daß die furchtbare Zerstörung des Reichstages nicht nur die Tat des verhafteten Kommunisten van der Lubbe allein ist, sondern, daß die Mitglieder des Kommunistischen Reichstagsfraktion unbedingt von den Plänen gewußt haben."

Der britische Journalist Sefton Delmer bezeichnete Münzenberg als den Erfinder der Lüge von Göring, Hitler und Goebbels als Brandstifter für den Reichstag[72]. Marinus van der Lubbe war ein kommunistischer Fanatiker und hatte sicher Hintermänner. Aber er schwieg sich darüber hartnäckig aus und nahm das Geheimnis mit ins Grab. Auch der schwedische Rechtsanwalt Branting weigerte sich, sein angebliches Beweismaterial dem Reichsgericht zur Verfügung zu stellen[73].

Der Bruder van der Lubbes wandte sich in einer dem Vertreter des „Telegraaf" gewährten Unterredung aufs schärfste gegen die in dem „Braunbuch" zusammengestellten Mitteilungen über den angeblichen Umgang seines Bruders mit Nationalsozialisten. Er, selbst Mitglied einer radikalen kommunistischen Gruppe, erklärte, daß es eine bewußte Lüge sei, seinen Bruder Marinus zum Handlanger irgendeiner anderen

---

71 VB, Nr. 63 v. 4. März 1933.
72 Delmer, a. a. O., S. 200 ff.
73 VZ, v. 8. Sept. 33, Morgenausgabe, S. 1: „Der Oberreichsanwalt an Branting", ferner VB, Nr. 236 v. 24. Aug. 33, S. 1: „Abfuhr für die Wortführer der Reichstagsbrandstifter."

politischen Partei als der, der er selbst angehöre, abzustempeln. Sein Bruder habe als klassenbewußter und klassenkämpferischer Proletarier gehandelt. Die Familie van der Lubbe und ihre politischen Freunde lehnten es ab, Mittel anzuwenden, die sein politisches Gewissen verletzen müßten, nur um seinen Kopf zu retten[74]. Der Prozeß vor dem Reichsgericht endete mit der Todesstrafe für van der Lubbe und dem Freispruch für den Reichstagsabgeordneten Torgler sowie die Kominternführer, den Bulgaren Dimitroff und seine beiden Mitarbeiter Popoff und Taneff. Der VB bezeichnete den Gerichtsspruch als ,,Fehlurteil"[75]. Das Reichsgericht hatte jedenfalls seine politische Unabhängigkeit mit dem Urteil bewiesen[76].

Über ,,Die Londoner Justizkomödie" des ,,Internationalen Reichstagsbrand-Untersuchungsausschusses" berichtete der VB am 22. Dezember 1933: er tat dies gleichzeitig unter dem Titel ,,Der Lügenkampf gegen das neue Deutschland. Dänische bürgerliche Zeitung verbreitet Lügenmeldungen marxistischer Agitation". Dabei erörterte der VB unfreundliche Presseäußerungen im Nachbarland Dänemark. ,,Deutsche Vorstellungen in Paris und London gegen Lügenhetze" waren Gegenstand eines Artikels im VB vom 18. Nov. 33 über ,,Plumpe Fälschungen in ,,Petit Parisien" und ,,Saturday Review"[77]. Reichspropagandaminister Goebbels sandte ein Protesttelegramm an die Pariser Zeitung. Zu den individuellen Reaktionen ausländischer Persönlichkeiten auf den Umsturz in Deutschland gehörte Toscaninis Absage auf die Einladung nach Bayreuth, um dort die Festspiele zu leiten[78].

Aufgrund des Gesetzes über Widerruf von Einbürgerungen und Aberkennung der deutschen Staatsangehörigkeit wurden in einer ersten Liste zunächst 31 Personen der deutschen Staatsangehörigkeit verlustig erklärt. Darunter waren die sozialdemokratischen Führer Dr. Rudolf Breitscheid, Scheidemann und Wels, bekannte Journalisten wie Dr. Al-

---

74 VZ, Nr. 246 v. 6. Sept. 33, Abend-A., S. 1: ,,Van der Lubbe und das ,Braunbuch'" Ebda, Nr. 502 v. 20. Okt. 33, Abend-A., S. 1: ,,Graf Helldorfs Zeugnis. Braunbuch-Behauptungen widerlegt."
75 VB, Nr. 358–360 v. 24./25. Dez. 33, S. 1: ,,Das Fehlurteil von Leipzig".
76 Nach wie vor ist die einzige sachliche, auf den Quellen fundierte und bisher unwiderlegte Darstellung das Buch von Fritz Tobias: ,,Der Reichstagsbrand. Legende und Wirklichkeit", Rastatt 1962. S. a. die Serie in dem Nachrichtenmagazin ,,Der Spiegel", Oktober und November 1959, ferner ,,Der Spiegel", Nr. 13 v. 24. Mrz. 1975, S. 60–63: ,,Zeitgeschichte falsch gefüttert. Das letzte Rätsel des Reichstagsbrandes von 1933 gelöst: ein einzelner Täter hatte doch Zeit genug, den Brand allein zu legen."
77 VB, Nr. 323 v. 19./20. Nov. 33, S. 1.
78 VZ, Nr. 270 v. 7. Juni 1933, S. 2.

fred Kerr und Georg Bernhard, Friedrich Stampfer, Schriftsteller wie Heinrich Mann, Ernst Toller, Lion Feuchtwanger usw. Das Vermögen dieser Personen wurde beschlagnahmt[79]. Im März 1934 folgte eine weitere Ausbürgerungsliste von siebzig Reichsangehörigen. Auf ihr stand auch Albert Einstein, ferner die früheren Abgeordneten Dr. Paul Hertz und Dr. Kurt Rosenfeld, die Schriftsteller Oskar M. Graf, Theodor Plivier usw[80]. „Fünf Verwandte des Landesverräters Scheidemann festgenommen" berichtete der VB am 15. Juli. Die Schlagzeile dieser Nummer lautete: „Als Kundschafter unter den Emigranten in Paris." Darüber enthielt die Zeitung unter dem Titel „Leben und Treiben des ‚Anderen Deutschland' in Paris" einen ausführlichen Artikel[81]. Ende des gleichen Monats brachte das Zentralorgan der NSDAP mit der Schlagzeile: „Eine Sumpfblüte der Sozialdemokratie: Breitscheid der Spion Frankreichs" die Nachricht, daß sich Breitscheid in Paris um Anstellung im Außenministerium bemühte[82]. In einer der letzten Nummern des Jahres schrieb das Blatt groß auf der ersten Seite: „Ein Däne über seine roten Freunde; neue Enthüllungen über den Landesverrat der Sozialdemokratie"; „der Busenfreund Breitscheids plaudert aus der Schule"[83]. Auch der ehemalige Krupp-Direktor Dr. Wilhelm Mühlon wurde wegen Landesverrat von dem Blatt heftig angegriffen[84].

Vom 21. bis 26. August 1933 fand in Paris der Internationale Sozialisten-Kongreß statt. Darüber berichtete die „Vossische Zeitung"[85]:

„Ein Hetzdokument gegen Deutschland
Der Erste Internationale Sozialisten-Kongreß
SAARBRÜCKEN, 11. Dezember (WTB.)
Die „ S a a r b r ü c k e r Z e i t u n g" veröffentlicht eine ihr übermittelte Niederschrift über die Ausschuß-Sitzung der E r s t e n I n t e r n a t i o n a l e n S o z i a l i s t e n - K o n f e r e n z, die in der Zeit vom 21. bis 26. August dieses Jahres in P a r i s stattfand. Teilnehmer waren: Vorsitzender Otto B a u e r (Österreich). Vertreter Deutschlands: W e l s, B r e i t s c h e i d, außerdem H ö l t e r m a n n, Frankreichs: B l u m, G r u m b a c h; Bel-

79 VZ, Nr. 406 v. 25. Aug. 1933, Abend-A., S. 1.
80 VZ, Nr. 76 v. 30. Mrz. 1934, S. 7.
81 VB, Nr. 196 v. 15. Juli 1933 f.
82 VB, Nr. 210 v. 29. Juli 1933, S. 1 f.
83 VB, Nr. 363 v. 29. Dez. 1933, S. 1.
84 VB, Nr. 335 v. 1. Dez. 1933, S. 1 f.
85 VZ, Nr. 556 v. 12. Dez. 1933, S. 8.

giens: V a n d e r v e l d e, Spaak, Schweiz: G r i m m, Italiens: N e n n i; Dänemarks: Andersen, Englands: Dallon und Eibrine, Polens: Nidziakowski, der Vereinigten Staaten: Pankens, Rußlands: Abramowitsch. Das Referat erstattete Wels. Er führte u. a. aus: Unsere Organisation ist in Deutschland in vollem Aufbau begriffen. Unsere leitenden F u n k t i o - n ä r e sind alle mit n e u t r a l e n P ä s s e n versehen. Und wenn auch einige Tausend einmal abgefangen werden, so steht doch fest, daß wöchentlich der „Vorwärts" mindestens eine Auflage von etwa einer Million im Kleinformat nach Deutschland sendet. Allen Berichten zufolge werden die SPD-Schriften begeistert empfangen und weitergegeben. Demgegenüber macht sich schon jetzt unter den NSDAP-Anhängern die U n z u f r i e - d e n h e i t breit. Für den Winter sei mit einer großen Teuerung und Unruhen sowie mit einem großen Anschwellen des Arbeitslosen-Heeres zu rechnen. Hier müssen die Maßnahmen der I n t e r n a t i o n a l e einsetzen. Hierbei müßten die Genossen im Auslande helfen. Um die Situation in Deutschland verschärfen zu helfen, muß der B o y k o t t ganz streng durchgeführt werden. Alle Zeitungen, die uns zur Verfügung stehen, müßten täglich Meldungen über die Greuel der K o n z e n t r a t i o n s l a - g e r berichten. Wesentlich ist es, auf die Regierungen einzuwirken, daß man Deutschland außenpolitisch soviel Schwierigkeiten wie möglich macht. Zusammenfassend könne gesagt werden, daß für die Naziregierung sich innen- und außenpolitisch die Lage katastrophal zuspitze und der Zusammenbruch im Winter zu erwarten sei.

H ö l t e r m a n n äußerte, nach der Diktatur H i t l e r s könne nur die Diktatur der A r b e i t e r k l a s s e folgen. Die Demokratie habe vollständig versagt. Um aber die Diktatur vorzubereiten, müsse jetzt in Deutschland gearbeitet werden. Es müssen m i l i t ä r i s c h e F o r m a t i o n e n gebildet werden, die im Falle des Zusammenbruchs sofort die Macht an sich reißen. Die gleichen Formationen seien auch im Auslande zu bilden. Der Anfang dazu sei gemacht. Formationen seien im ganzen Reiche in Fünfergruppen ohne Unterschied der ehemaligen Parteizugehörigkeit unter neuen Führern, die früher nicht hervorgetreten sind, neugebildet. Ein ernstes Kapitel sei die Frage der B e w a f f n u n g. Die SPD müsse auch in der Lage sein, im Ernstfalle nicht nur deutsche Formationen über die Grenze zu werfen, sondern es müsse möglich sein, auch die Arbeiterschaft der Grenzländer zu bewaffnen und über die Grenze zu werfen. In Belgien und Holland habe diese Aufgabe die Anti-Orlogs-Liga übernommen.

Schließlich wurde die Aufmerksamkeit darauf gelenkt, daß man sich der a u s l ä n d i s c h e n R i e s e n s e n d e r, die bis weit in Deutschland auch durch den Volksempfänger gehört werden, bedienen müsse. Es habe sich in Brüssel ein Ausschuß gebildet, der Verhandlungen mit den in Frage kommenden Regierungen und Rundfunkgesellschaften eingeleitet habe. Für die Aufgabe der Erfassung der deutschen Hörerschaft kämen allerdings nur wenige Großsender in Frage, die ihre Sendungen ganz oder teilweise in deutscher Sprache senden.

*

Der Preußische Pressedienst der NSDAP sagt dazu u. a.: Das Dokument spricht für sich. Es gibt nicht nur dem deutschen Volk Aufschluß über die ,,Gesinnungstüchtigkeit" sogenannter ehemaliger ,,Volksführer", es hat darüber hinaus auch eine außenpolitische Seite. Hier werden internationale Umtriebe aufgedeckt, die in ihrer Verantwortungslosigkeit jedem Begriff von internationaler Sicherheit widersprechen und zudem geeignet sind, als eine Einmischung in die inneren Angelegenheiten eines souveränen Volkes aufgefaßt zu werden. Es sind dieselben Kreise, die seit Jahr und Tag mit Greuelhetze und Dokumentenfälschungen die Welt in Atem halten, und die nur in einer europäischen Hochspannung den günstigen Boden für die Ernte ihrer dunklen Anschläge sehen.

Uns scheint das Dokument auch für jene Regierungen von größter Bedeutung, die anscheinend den Mißbrauch des Asylrechts zu politischen Treibereien für zuträglicher halten als die Befriedung Europas . . . Wo würden Reichsregierung oder Länderregierungen auf deutschem Boden es dulden, daß in so frivoler Weise zu neuen Konflikten mit den Nachbarn gehetzt wird?! . . . Argwöhnisch wird das deutsche Volk, argwöhnischer als bisher darauf achten, wie weit man jenseits der Grenze aus diesen Umtrieben die notwendigen Schlüsse zieht. Es gibt außenpolitische Augenblicke, wo die ,,demokratischen Freiheiten" nicht überspitzt werden dürfen. Sie führen sonst unweigerlich zur Verletzung internationaler Grundsätze von Anstand und Recht."

Neben dem Reichstagsbrand waren die Konzentrationslager ein besonders ergiebiger Stoff für die antifaschistische und liberale Propaganda gegen Hitler-Deutschland. Diese Lager waren, wie schon andernorts festgestellt, nicht von staatlicher Seite, sondern von einzelnen Gauleitern und vor allem von SA-Führern errichtet worden. Besonders in den Monaten, in denen SA und SS als ,,Hilfspolizei" eingesetzt waren[86] – von Ende Februar bis zum 15. August – kam es unter Mißbrauch polizeilicher Gewalt zu vielen Mißhandlungen, unberechtigter Gefangensetzung, zu Folterungen und auch zu Totschlag. ,,Das Toben im März und April hatte wohl 250 Totschläge im Gefolge gehabt[87]." Als die staatliche

---

86 VZ, Nr. 95 v. 25. Febr. 33, Morgen-A., S. 1: ,,Richtlinien für die Hilfspolizei. Ein Erlaß Görings."
87 Diels, a. a. O., S. 293

Polizei dann die KZ's übernahm, wurden diese Mißstände abgestellt[87a]. Die Regierung hatte ein begreifliches Interesse, derartige Übergriffe zu unterbinden. Sie konnte jedoch nicht verhindern, daß sie im Ausland bekannt wurden und Handhabe für eine maßlose Hetze mit gewaltigen Übertreibungen und Entstellungen bildeten. Dafür war das „Braunbuch" ein „klassisches" Zeugnis. Der Schwede Graf Erik Rosen, verschwägert mit Göring, durfte Ende März politische Häftlinge besuchen und mit ihnen sprechen. Er konnte keine Spur von Mißhandlungen feststellen und fand alle Häftlinge mit Ausnahme von Thälmann guten Mutes[88]. Freilich hatte er die heimlichen KZ's der SA nicht zu Gesicht bekommen.

Anläßlich der Pfingstfeiertage wurden laut VZ vom 4. Juni aus dem Breslauer Konzentrationslager von 135 Häftlingen 35 entlassen. Die Gestapo Bremen meldete Mitte November aufgrund des gewaltigen Wahlsieges die Freilassung „einer großen Anzahl von Schutzhaftgefangenen aus dem KZ"[89]. Infolge eines Weihnachtserlasses Görings wurden in Preußen im Dezember 5000 Schutzhäftlinge auf freien Fuß gesetzt[90]. Im Februar 1934 gab es in Preußen noch rund 1800 KZ-Häftlinge[91]. „Nach einer Urkunde des Nürnberger Prozesses hatte es im Oktober 1933 in Preußen 14 906, in Bayern 4152, in Sachsen 4500, in Württemberg 971, in Baden 539, in Hessen 170, in Hamburg 682, in Braunschweig 248, in Oldenburg 170, in Anhalt 112, im gesamten Reichsgebiet somit 26 789 Polizeigefangene gegeben[92]." Ab November 1933 wurden Berufsverbrecher zur Vorbeugungshaft in Konzentrationslager eingewiesen[93].

Um der gegen das neue Deutschland voreingenommenen öffentlichen Meinung in der Welt entgegenzutreten und einen positiven Einfluß auf sie auszuüben, hielt Reichspropagandaminister Goebbels auf einem Empfang der deutschen Delegation in Genf vor etwa zweihundert gela-

---

87a So verfügte das Hessische Staatsministerium laut VZ, Nr. 435 vom 12. 9. 1933, M.-A.:
„Um Mißbräuchen vorzubeugen, sind sämtliche zur Entlassung kommenden Häftlinge vom Lagerarzt vor der Entlassung nochmals zu untersuchen und der Befund auf dem Entlassungszettel zu vermerken . . ."
88 VZ, Nr. 139 v. 23. Mrz. 33, Morgen-A., S. 2: „Ein Schwede spricht mit deutschen politischen Gefangenen."
89 VZ, v. 15. Nov. 33, „Aus dem Konzentrationslager entlassen."
90 VZ, Nr. 554 v. 9. Dez. 33, S. 2; VB, Nr. 354 v. 20. Dez. 33, S. 1.
91 Diels, a. a. O., S. 354.
92 Ebda, S. 253.
93 VZ, Nr. 543 v. 29. Nov. 33: „Konzentrationslager für Berufsverbrecher."

denen Journalisten eine große Rede. Er schilderte das Wesen des nationalsozialistischen Staates, gab die Versicherung ab, daß das nationalsozialistische Deutschland nicht an Krieg und Revanche, sondern vielmehr an seinen inneren Aufbau und an die Mitarbeit bei der Lösung der internationalen Probleme denke. Der Minister erörterte auch die Judenfrage, trat der antideutschen Hetze entgegen und erklärte, daß Deutschland keinerlei Kritik zu scheuen habe, insofern sie von sachlichen Gesichtspunkten geleitet sei[94]. „Wie war der Erfolg?", fuhr die VZ in ihrem Bericht weiter: „Mit einem sehr großen Grade von Sicherheit kann man den persönlichen Erfolg Dr. Goebbels' feststellen ... Es gab kaum jemanden, der nicht Bewunderung oder doch wenigstens Respekt bekundet hätte für den kunstvollen Aufbau dessen, was Dr. Goebbels vortrug, und für die Behandlung des Themas im einzelnen. Der Eindruck des Ungewöhnlichen ist vielleicht der vorherrschende gewesen, und wenn die Neugierde am Anfang der Erkenntnis steht, wie ein altes Wort behauptet, so wurde diese, was die Persönlichkeit des nationalsozialistischen Führers betrifft, in reichem Maße befriedigt und, was das Gedankensystem anlangt, geweckt[95]."

Wandel der Regierung

Das Kabinett Hitler-Papen-Hugenberg änderte sich in seiner personellen Zusammensetzung im Lauf der Monate März bis Juli. Es konnte sich der Einwirkung der nationalen Erhebung nicht entziehen. Im März wurde das Reichspropagandaministerium errichtet und der Reichspropagandaleiter der NSDAP, Dr. Josef Goebbels, Kabinettsmitglied als Propagandaminister. Ende April entstand das Reichsluftfahrtministerium unter Leitung von Göring. Entscheidend war dann der Rücktritt des Führers der DNVP, Alfred Hugenberg, von seinen Funktionen als Reichswirtschafts- und Ernährungsminister Ende Juni[96]. Seine Nachfolger wurden zwei Nationalsozialisten: für die Wirtschaft der Generaldirektor der Allianzversicherung, Dr. Kurt Schmitt, für Ernährung und Landwirtschaft Dr. Walter Darré. Göring gehörte der Reichsregierung

---

94 VZ, Nr. 465 v. 29. Sept. 1933, Morgen-A., S. 1: „Goebbels Appell an die Welt."
95 Ebda.
96 Über Hugenbergs klägliches Versagen s. a. Schwerin von Krosigk, Staatsbankrott, S. 203 f.

schon seit dem 30. Januar an. Da auch der Arbeitsminister und Stahlhelmführer Seldte der NSDAP beitrat, saßen im Kabinett ab Juli 33
insgesamt sieben Nationalsozialisten. Die Koalition hatte sich mit Hugenbergs Rücktritt und der Selbstauflösung der Parteien einschließlich
der deutschnationalen Partei ebenfalls aufgelöst; die Regierung war zur
Einparteienregierung mit einigen parteilosen Fachministern geworden.
Aber die zahlenmäßige Zunahme der nationalsozialistischen Kabinettsmitglieder war für die weitere Entwicklung nicht einmal das Ausschlag-
gebende.

Entscheidend war die veränderte Stellung des Reichskanzlers in der
Regierung. Laut Verfassung bestimmte er die Richtlinien der Politik.
Reichskanzler Hitler aber hatte im Lauf der wenigen Monate seiner
Amtsführung durch seine dynamische Persönlichkeit, seine Überre-
dungskunst, seine persönliche Ausstrahlung und Faszinationskraft,
durch sein ,,sagenhaftes Geschick in der Leitung der Kabinettssitzungen, durch das er wachsend imponierte", unmerklich die Leitung der
Innen- und Außenpolitik an sich gezogen[97]. Vorbereitend in dieser
Richtung hatten die Präsidialkabinette gewirkt; in ihnen hatte die Stellung des Kanzlers, nur auf das Vertrauen des Reichspräsidenten gestützt, bereits eine erhebliche Stärkung erfahren. Der Boden für das
Eindringen und Durchsetzen des Führerprinzips war damit seit Jahren
vorbereitet. Staatssekretär Meißner schildert diese Entwicklung aus eigener Anschauung[98]:

,,Durch seine starke Persönlichkeit und seine zähe Überredungsgabe gewann er rasch die unbestrittene Führerschaft im Kabinett. Die von den
Regierungsressorts vorgeschlagenen Maßnahmen wurden nicht mehr wie
bisher in sorgfältigen Kabinettsberatungen besprochen und dann mit
Mehrheit beschlossen, abgelehnt oder abgeändert, sondern Hitler traf,
ohne eine Abstimmung herbeizuführen, die Entscheidung über die Vorlage. Falls einzelne Minister Bedenken oder Widerspruch erhoben, wurden
sie durch längere und geschickte politische Argumentierung Hitlers oder
auch durch den Hinweis überwunden, daß *er* der Beauftragte der stärksten und geschlossensten Front des deutschen Volkes sei. Die früher auch
für die allgemeine Politik mitverantwortlichen Reichsminister wurden so
im Rahmen der autoritären Regierung Hitlers zu reinen Ressortchefs, die
nur noch die Verantwortung für die ordnungsmäßige Führung ihrer Res-

---

97 MM Reichsfinanzminister a. D. Lutz Graf Schwerin von Krosigk am 20. Okt. 1962.
98 Meißner, a. a. O., S. 313 f.

sorts trugen und lediglich beratende, dem Kanzler untergeordnete Organe der Regierung waren . . . Die Reichsminister nahmen", wie Meißner feststellte, „diese Veränderung der Struktur der Reichsregierung stillschweigend hin und fügten sich. Auch der sonst so eigenwillige deutschnationale Führer Hugenberg, der nicht nur eine große Partei, sondern auch einen gut organisierten Propagandaapparat und eine im ganzen Lande verbreitete Presse hinter sich hatte, ordnete sich Hitler unter, namentlich da dieser in den grundlegenden politischen Fragen alles vermied, was zu Konflikten zwischen den beiden Regierungsparteien und zu Zweifeln an der Aufrichtigkeit seiner Absichten hätte Anlaß geben können." „Doch konnte auch ich mich später der suggestiven Wirkung nicht ganz entziehen, die von ihm ausging," gesteht der Reichsfinanzminister nachträglich, wenn auch widerwillig ein, mit folgender Begründung: „Hitler besaß die Gabe der Autosuggestion. Rasch aufspringende Begeisterung gab ihm Worte ein, von deren Schwung er sich selbst fortreißen ließ, überdies war er ein vollendeter Schauspieler, der unvermittelt Maske und Rolle wechseln konnte. Dann konnte es geschehen, daß der Schauspieler seiner Rolle unterlag und nicht seine Umgebung, sondern sich selbst täuschte. Man war sich nie sicher, ob das, was Hitler sagte, die Wahrheit, Selbsttäuschung oder Zwecklüge war[99]."

Auch das Verhältnis zwischen dem Feldmarschall-Reichspräsidenten und dem Kanzler änderte sich bald zugunsten Hitlers. Hindenburg hatte lange gezögert und nur nach schweren inneren Kämpfen sich von seinen Beratern überzeugen lassen, daß er um eine Berufung Hitlers zum Regierungschef nicht herumkomme. Sein Mißtrauen und seine Bedenken waren so groß, daß er dem Kanzler Audienzen nur in Gegenwart seines Vertrauensmannes, des Vizekanzlers Papen, gewährte. Hitlers Fluidum war jedoch so stark, daß bereits im April der greise Reichspräsident den Vizekanzler bat,

„von dem am 30. Januar verabredeten gemeinsamen Vortrage Hitlers und mir abzusehen. Mit Zustimmung des Reichspräsidenten (Meißner hatte diesen Wunsch im Kabinett vorgetragen) war durch das Ermächtigungsgesetz eines seiner wesentlichsten Vorrechte – das Recht, Gesetze zu veröffentlichen und somit wirksam zu machen – auf das Kabinett übertragen worden. War damit die Einwirkungsmöglichkeit des Staatsoberhauptes schon stark vermindert, so fiel jetzt für mich auch die Möglichkeit zu persönlichem Eingreifen fort, die in dem gemeinsamen Vortrag gegeben war[100]." Auch Papen erlag der Faszinationskraft Hitlers. Es sei „unbe-

99 Schwerin von Krosigk, Staatsbankrott, S. 177.
100 Papen, Der Wahrheit, S. 295.

streitbar", schreibt er, „daß etwas von ihm ausstrahlte, das sich sowohl Einzelpersönlichkeiten als besonders der großen Masse mitteilte. Von dieser Macht über Menschen wie von der Richtigkeit der eigenen Auffassung und seiner Sendung war er überzeugt. Gerade letzteres schien einen unwiderstehlichen Einfluß auf alle jene auszuüben, die mit ihm in ständiger Berührung standen. Immer wieder gelang es ihm, auch in ihrer Grundeinstellung durchaus ablehnende Menschen von der Aufrichtigkeit seines Denkens zu überzeugen. Wie viele andere bin ich ein Opfer dieses Einflusses geworden und habe anfangs an das geglaubt, was er mir über seine Ziele und seinen Weg sagte. Erst der 30. Juni 1934 enthüllte in krasser Klarheit seine Doppelzüngigkeit[101]."

Hitler rühmte sich gegenüber seinem Architekten Hermann Giesler, daß es ihm gelungen sei, langsam das Vertrauen des Reichspräsidenten zu gewinnen, der ihm zuletzt, ein „väterlicher Freund" wurde. Bei einem Gespräch zwischen Hindenburg und Hitler kam die Rede auch auf Hitlers Geburtsort. „Ich kenne übrigens Ihren Geburtsort Braunau, als junger Leutnant kam ich damals 1866 durch diese Ortschaft." Als Hitler ihn dann aufklärte, daß er aus Braunau am Inn stamme, erwiderte Hindenburg: „So war das also mit dem ‚böhmischen Gefreiten'; bis in alle Kleinigkeiten hat man mich angelogen[102]."

War im Juli 1933 die Einparteienherrschaft bereits Wirklichkeit geworden, so trieb die Entwicklung nun eindeutig auf eine Einmannherrschaft hin.

101 Ebda, S. 293.
102 Giesler: Ein anderer Hitler, S. 368.

Wirtschaft

Die Arbeitsbeschaffung

Seit Beginn der Weltwirtschaftskrise stand und fiel jede Regierung mit der Massenarbeitslosigkeit und den Möglichkeiten, ihr Abhilfe zu schaffen. So war die letzte Weimarer Koalitionsregierung (Müller) im Frühjahr 1930 über die Frage der Erhöhung des Beitrags zur Arbeitslosenversicherung gestürzt. Der Beginn der autoritären Regierungsweise war eine Folge davon. Schon die Regierung Brüning bereitete Pläne zur Bekämpfung der Arbeitslosigkeit und zur Arbeitsbeschaffung vor, war aber durch ihre deflatorischen, von der Außenpolitik (Reparationspolitik) bestimmten Notverordnungsmaßnahmen zu sehr behindert, um wirksame Maßnahmen ergreifen zu können. Immerhin geht die Einrichtung und Förderung des Freiwilligen Arbeitsdienstes für gemeinnützige Bauten und zur Einschränkung der Jugend-Arbeitslosigkeit auf sie zurück. Die folgenden Regierungen Papen und Schleicher waren zu kurzlebig, um das Problem wirksam angehen zu können.

Erst die Regierung Hitlers konnte, unbehindert durch parlamentarische Schwierigkeiten und getragen von der Schwungkraft der nationalsozialistischen Volksbewegung, durchgreifen und mit einem langfristigen Plan (vier Jahre) die Arbeitsbeschaffung in Gang setzen. Ihre Maßnahmen zur Ankurbelung der Wirtschaft stammten nicht nur aus dem nationalsozialistischen Gedankengut: produktive Arbeitslosenhilfe und Steuersenkung, Freiwilliger Arbeitsdienst, Kreditausweitung, Arbeitsbeschaffungswechsel, vom Reichsbankvizepräsidenten Dreyse erfunden und dem damaligen Reichsbankpräsidenten Luther eingeführt[1], Straßenbau, waren von den vorausgehenden Regierungen ins Auge gefaßt und mit schüchternen Ansätzen versucht worden. Reichsfinanzminister Graf Schwerin von Krosigk (seit Juni 1932 im Kabinett Papen) hatte zusammen mit dem damaligen Wirtschaftsminister Warmbold und dem Präsidenten der Reichsanstalt für Arbeitslosenversicherung, Friedrich Syrup, den „Papen-Plan" zur Krisenbekämpfung durch öffentliche Aufträge und Kreditausweitung ausgearbeitet. Das Finanzministerium

---

1 MM Schwerin von Krosigk v. 20. Okt. 62; ferner ders.: Memoiren, Stuttgart 1977, S. 149 f.

sah Steuergutscheine als „Kern des Plans" vor[2]. Aber erst die nationalsozialistische Bewegung schuf durch ihre Schwungkraft und das neue
soziale Klima, das sie durch die Überwindung der Klassengegensätze
und die Wertschätzung auch der körperlichen Arbeit erzeugte, durch
das Vertrauen, das sie genoß, die Möglichkeit für eine wirksame Bekämpfung der Arbeitslosigkeit, wie sie ihr Führer als Volkstribun und
Reichskanzler verkündete.

Die nationalsozialistischen Parolen von der Gemeinschaft des Arbeiters der Stirn und der Faust, von der alle Klassen, Schichten und Stände
umfassenden Volksgemeinschaft, von „Gemeinnutz vor Eigennutz",
und der „Brechung der Zinsknechtschaft" erwiesen sich nicht nur als
leere, die Massen aufputschende Schlagworte, sondern sie weckten
Glauben, Vertrauen, Hoffnung auf die neue Regierung und auf Überwindung von Not und Elend. Hitler selbst verstand es wie kein zweiter,
die Massen zu bewegen, zu erschüttern, sie mit Glauben an ihn, mit
Hoffnung auf einen nationalen Wiederaufstieg durch Überwindung der
Klassenspaltung zu erfüllen.

„Die Aufrüstung hatte in den beiden ersten Jahren als Maßnahme der
Arbeitsbeschaffung keine Bedeutung. Hitler wollte Wiederaufrüstung
und Arbeitsbeschaffung koppeln und legte daher schon im Februar 1933
als Grundlinie fest, daß jede Arbeitsbeschaffungsmaßnahme danach beurteilt werden sollte, ob sie unter dem Gesichtspunkt der Wehrhaftmachung notwendig sei[3]."

In seinem Aufruf zum „Tag der deutschen Arbeit", dem 1. Mai,
verkündete der Reichspropagandaminister:

„Wo ehedem marxistische Haßgesänge ertönten, da werden wir uns zum
Volk bekennen. Wo einst die Maschinengewehre der roten Weltbeglücker
knatterten, da wollen wir dem nationalen Frieden der Stände die Bresche
schlagen. Wo früher der Geist eines öden Marxismus triumphierte, da
wollen wir, fußend auf dem ewigen Recht unseres Volkes, auf Freiheit,
Arbeit und Brot, in einem neuen, glühenden Idealismus die nationale
Verbundenheit aller Stände, Stämme und Berufe zu einem einigen
Deutschland vor unserem Volk und vor der ganzen Welt bekunden. Ehret
die Arbeit und achtet den Arbeiter! Stirn und Faust sollen einen Bund
schließen, der unlösbar ist. Der Bauer hinter dem Pflug, der Arbeiter am
Amboß und Schraubstock, der Gelehrte in seiner Studierstube, der Arzt

2 Schwerin von Krosigk, Memoiren, S. 149; ders. Staatsbankrott, S. 140 ff.
3 Ders., Staatsbankrott, S. 206.

121

am Krankenbett, der Ingenieur bei seinen Entwürfen, sie alle werden sich am Tag der nationalen Arbeit bewußt werden, daß die Nation und ihre Zukunft über alles geht und daß jeder an seinem Platz das gilt, was er dem Vaterland und damit dem allgemeinen Besten zu geben bereit ist . . ."

Reichspräsident von Hindenburg hielt an die deutsche Jugend am 1. Mai im Berliner Lustgarten folgende Ansprache:

„Herzlich begrüße ich die deutsche Jugend aus Schule und Hochschule, aus Werkstatt und Schreibstube, die heute hier versammelt ist, um sich zum gemeinsamen Vaterland, zur pflichttreuen Hingabe an die Nation und zur Achtung vor der schaffenden Arbeit zu bekennen. Ihr seid unsere Zukunft! Ihr müßt einst das Erbe der Väter auf Eure Schultern nehmen, um es zu erhalten, zu festigen und auszubauen. Um dieser Aufgabe gerecht zu werden, muß die Jugend Ein- und Unterordnung und hierauf gründend Verantwortungsfreudigkeit lernen. Nur aus Manneszucht und Opfergeist, wie solche sich stets im deutschen Heere bewährt haben, kann ein Geschlecht erstehen, das den großen Aufgaben, vor welche die Geschichte das deutsche Volk stellen wird, gewachsen ist. Nur wer gehorchen gelernt hat, kann später auch befehlen! Und nur wer Ehrfurcht vor der Vergangenheit unseres Volkes hat, kann dessen Zukunft meistern. Wenn Ihr in Eurem täglichen Wirkungskreis rückblickend wieder einmal des heutigen Tages gedenkt, erinnert Euch dieser meiner Mahnung! Dieser Tag soll dem Bekenntnis der Verbundenheit aller schaffenden Kräfte des deutschen Volkes mit dem Vaterland und den großen Aufgaben der Nation dienen und zugleich ein Denkstein des hohen sittlichen Wertes jeder Arbeit – der der Faust wie der des Kopfes – sein. Aus treuem Herzen gedenke ich daher in dieser Stunde der deutschen Frauen und Männer, die in fleißiger Tagesarbeit ihr Brot verdienen, und in tiefem Mitempfinden der großen Zeit von der Arbeit und ihrem Segen noch ferngehalten sind. Daß Mittel und Wege gefunden werden, um dem Heer der Arbeitslosen wieder Arbeit und Brot zu schaffen, ist mein sehnlichster Wunsch und eine der vornehmsten Aufgaben, die ich der Reichsregierung gestellt habe.
Die Zeit, in der wir leben, ist ernst und schwer. Aber wenn wir alle zusammenhalten und in Einigkeit mit festem Mut und unbeirrbarem Glauben zusammenstehen, dann wird Gott uns auch weiterhelfen! In diesem Willen laßt uns zusammen rufen: Deutschland, unser geliebtes Vaterland, Hurra!"

Für die Jugend und die Bekämpfung der Jugend-Arbeitslosigkeit war aus wirtschaftlichen, sozialpolitischen und besonders auch pädagogischen Gründen der freiwillige Arbeitsdienst von besonderer Bedeutung.

Der Staatssekretär im Arbeitsministerium, Oberst a. D. K. Hierl (seit 31. März. 1933), gehörte zu den Vorkämpfern der Arbeitsdienst-Idee und hatte im Rahmen der Reichsleitung der NSDAP schon seit 1932 Vorbereitungen für den systematischen Ausbau mit dem Ziel der allgemeinen Arbeitsdienstpflicht getroffen, die 1935 eingeführt wurde. Der Gedanke der Arbeitsdienstpflicht kam im Kriege auf und wurde seitdem von verschiedenen Stellen propagiert, so auch vom ,,Stahlhelm", Bund der Frontsoldaten.
In seiner ,,Erklärung über die Aufgaben des Arbeitsdienstes" vom 4. Mai 1933 sagte er:

,,Schon jetzt aber lege ich Wert darauf, daß jeder, auch der höchste Führer, wenn auch nur kurze Zeit den Arbeitsdienst von der Pike auf, sozusagen von Schaufel und Spaten auf, kennenlernt. Jeder muß einmal mit Hacke und Schaufel arbeiten, damit es in sein Bewußtsein kommt und damit wir zeigen können, daß diese Handarbeit nichts ist, was den oberen Führer herunterzieht. Unsere nationalsozialistische Auffassung des deutschen Sozialismus fordert selbstverständlich, daß es für die allgemeine Arbeitsdienstpflicht keinerlei Ausnahmen, etwa durch Freikauf, gibt . . ."
,,Es ist beabsichtigt," so heißt es an anderer Stelle, ,,bis zum 1. Oktober die Umgestaltung derartig vorzunehmen, daß der freiwillige Arbeitsdienst, wie er bisher betrieben wurde, völlig abgebaut ist, und der staatliche Arbeitsdienst auf freiwilliger Grundlage, der den Rahmen für die allgemeine Arbeitsdienstpflichtorganisation bilden muß, aufgebaut ist."

Ab 1. Oktober 1933 sollte es ein Arbeitsdienstheer von 120 000 Mann geben. Der Arbeitsdienst fand besonders für Bodenverbesserungen und Straßenbau Einsatz. Eine Schöpfung des Freiwilligen Arbeitsdienstes war beispielsweise auch die Anlage des Lugsteinsees bei Oberaudorf in Oberbayern.
Hierl sprach auf dem Reichsparteitag in Nürnberg über ,,den Geist des Arbeitsdienstes":

,,Die Idee der Arbeitsdienstpflicht ist wohl der kennzeichnendste Ausdruck des Geistes einer neuen Zeit, der Aufbruch einer Bewegung, die in ihrem Wollen, ihrer Auffassung vom Sinn der Arbeit, ihrer Bodenverbundenheit im schroffsten Gegensatz steht zum Geiste des versinkenden liberalistischen Zeitalters, dem immer mehr der Geist des Judentums das Gepräge gegeben hat. Liberalistische Auffassung sieht in der Arbeit nur ein Mittel zum Gelderwerb, ein mehr oder weniger notwendiges Übel. Als Klügster galt, wer es am besten verstand, andere für seinen Vorteil arbeiten zu lassen, mit möglichst wenig eigener Arbeit möglichst viel Geld zu erwerben. Für uns bedeutet Arbeit den Inhalt des Lebens. In der

123

Arbeit erkennen wir eine Schwester des Kampfes. Ein Dasein ohne Arbeit und Lebenskampf erscheint uns als eine dumpfe Krankenstube. Liberalistische Auffassung wertete die Arbeit nach dem, was sie für den einzelnen eintrug, wir schätzen die Arbeit nach ihrem Werte für die Volksgemeinschaft. Der überhebliche Intellektualismus des liberalistischen Zeitalters sah mit Hochmut auf die Handarbeit herab . . ."

Die energischen Maßnahmen der Reichsregierung zur Bekämpfung der Arbeitslosigkeit und zur Ankurbelung der Wirtschaft zeitigten rasche Erfolge: Kurz nach Antritt der Regierung am 15. Febr. 1933 betrug die Zahl der Arbeitslosen 6 047 289, im Dezember 1933 4 059 055. Sie hatte also seit Februar um rund zwei Millionen abgenommen.

„Am stärksten nahm die Arbeitslosigkeit in den ersten anderthalb Jahren ab, als die Aufrüstung noch keine Rolle spielte. Die später so verbreitete Auffassung, Hitler habe die Arbeitslosigkeit durch die Aufrüstung überwunden, ist höchstens halbrichtig. Der Erfolg war in der Hauptsache auf die Fortsetzung der von Brüning geplanten und von Papen eingeleiteten Konjunkturpolitik und auf das wiedergeschenkte Vertrauen in die Stabilität der Lage zurückzuführen[4]."

Die Überwindung der Klassenspaltung zur Herstellung der echten, sozialen Volksgemeinschaft wurde durch betonte Wertschätzung der körperlichen Arbeit gefördert, galt es doch, den Dünkel und die Voreingenommenheit der körperlich nicht beschäftigten Schichten, vor allem der Intellektuellen, zu bekämpfen und zu überwinden. Zu diesem Zwecke verkündete der Preußische Minister für Wissenschaft, Erziehung und Volksbildung am 16. Juni die studentische Arbeitsdienstpflicht. Vor dem Beginn des Studiums sollte der Student ein Werkjahr machen. Rust führte u. a. aus:

„Der Student wird jetzt erst ein Jahr hinausgehen, er wird mit Arbeitern, Bauern, Handwerkern körperlich schaffen lernen. Das wird für ihn ein Lehrjahr zur Überprüfung seines eigenen Berufs. Er wird dann nicht nur auf die Universität gehen, um ein Bevorzugter des Volkes durch seine akademische Bildung zu werden. Arbeit ehrt – Arbeit adelt. Wo wollen wir denn uns wieder das Adelsprädikat geben lassen, wenn nicht auf dem Boden der Arbeit zum Besten unseres Volkes? Gehen Sie hinaus und nehmen Sie den Spaten in die Hand, um diesen Adel der Arbeit zu verdienen, und nehmen Sie eine Erkenntnis mit hinaus: Die Lehre der letzten Menschenalter sagt Ihnen eindringlich und stellt unter geschichtlichen

---

4 Schwerin von Krosigk, Staatsbankrott, S. 207 f.

Beweis die Warnung: Wenn der einzelne nur sich selbst leben will und sein Volk sich darum millionenfach auseinanderlebt, dann ist die Folge, daß der einzelne nicht Herr bleibt auf dieser Welt, weil sein Volk Sklavenvolk wird. Wo der einzelne heute freiwillig kommt und das Dienen in den Mittelpunkt seines Lebens stellt, da schafft er, indem er seinem Volke die geschlossene Lebenskraft wiedergibt, diesem Volke den Weg zum Herrentum. Werdet Diener und Arbeiter als einzelne, dann werdet Ihr Herren als Angehörige eines geschlossenen Volkes . . ."

Am 19. Mai beschloß die Reichsregierung das Gesetz über ,,Treuhänder der Arbeit"[5]. Es diente der Aufrechterhaltung des Arbeitsfriedens. Die vom Reichskanzler ernannten Treuhänder hatten die Aufgabe, ,,bis zur Neuordnung der Sozialverfassung" ,,anstelle der Vereinigung von Arbeitnehmern, einzelner Arbeitgeber oder der Vereinigungen von Arbeitgebern rechtsverbindlich für die beteiligten Personen die Bedingungen für den Abschluß von Arbeitsverträgen . . ." zu regeln. Damit schaltete die Reichsregierung die Gefahr von Tarif- und Arbeitskonflikten aus.

Hitler benützte die nationale Hochstimmung der 1. Maifeier auch dazu, an den Opfersinn des deutschen Volkes zu appellieren. Ein Grubenunglück am Vorabend des 1. Mai mit sieben Todesopfern veranlaßte ihn zu seinem Aufruf für eine ,,Stiftung für die Opfer der Arbeit".

Das erste ,,Gesetz zur Verminderung der Arbeitslosigkeit" wurde am 1. Juni erlassen. Der Reichsfinanzminister wurde ermächtigt,

,,Arbeitsschatzanweisungen im Gesamtbetrag bis zu einer Milliarde Reichsmark zur Förderung der nationalen Arbeit insbesondere für die

---

5 ,,Gesetz über Treuhänder der Arbeit vom 19. Mai 1933.
Die Reichsregierung hat das folgende Gesetz beschlossen, das hiermit verkündet wird:
§ 1. Der Reichskanzler ernennt auf Vorschlag der zuständigen Landesregierungen und im Einvernehmen mit ihnen für größere Wirtschaftsgebiete Treuhänder der Arbeit. Der Reichsarbeitsminister soll die Treuhänder im Einvernehmen mit den beteiligten Landesregierungen einer von diesen oder einer Landesbehörde zuteilen.
§ 2. Bis zur Neuordnung der Sozialverfassung regeln die Treuhänder an Stelle der Vereinigungen von Arbeitnehmern, einzelner Arbeitgeber oder der Vereinigungen von Arbeitgebern rechtsverbindlich für die beteiligten Personen die Bedingungen für den Abschluß von Arbeitsverträgen . . . Auch im übrigen sorgen die Treuhänder für die Aufrechterhaltung des Arbeitsfriedens. Sie sind ferner zur Mitarbeit bei der Vorbereitung der neuen Sozialverfassung berufen.
§ 3. Die Treuhänder können die zuständigen Reichs- und Landesbehörden um die Durchführung ihrer Anordnungen und Verfügungen ersuchen. Sie sollen sich vor ihren Maßnahmen mit der Landesregierung oder einer von ihr bezeichneten Behörde in Verbindung setzen, es sei denn, daß Gefahr im Verzuge besteht.
§ 4. Die Treuhänder der Arbeit sind an Richtlinien und Weisungen der Reichsregierung gebunden."

folgenden Zwecke auszugeben: 1. Instandsetzungs- und Ergänzungsarbeiten an Verwaltungs- und Wohngebäuden, Brücken und anderen Baulichkeiten der Länder, Gemeinden, Gemeindeverbände und sonstigen öffentlich-rechtlichen Körperschaften. 2. Instandsetzung von Wohngebäuden und von Wirtschaftsgebäuden landwirtschaftlicher Betriebe, Teilungen von Wohnungen und Umbau sonstiger Räume in Wohngebäuden zu Kleinwohnungen, 3. vorstädtische Kleinsiedlung, 4. landwirtschaftliche Siedlung, 5. Flußregulierungen, 6. Anlagen zur Versorgung der Bevölkerung mit Gas, Wasser u. Elektrizität, 7. Tiefbauarbeiten (Erdarbeiten) der Länder, Gemeinden und Gemeindeverbände, 8. Sachleistungen für Hilfsbedürftige".

Die Arbeiten mußten spätestens am 1. August begonnen werden. Abschnitt 8 befaßt sich mit der ,,Steuerfreiheit für Ersatzbeschaffungen", Abschnitt 9 enthält Bestimmungen über die ,,freiwillige Spende zur Förderung der nationalen Arbeit", Abschnitt 10 handelt von der ,,Überführung weiblicher Arbeitskräfte in die Hauswirtschaft" mittels Steuererleichterung und Befreiung der Hausgehilfinnen von der Abgabe zur Arbeitslosenhilfe, Abschnitt 11 betrifft die ,,Förderung der Eheschließungen" durch unverzinsliche *Ehestandsdarlehen* in Höhe von 1000 Reichsmark. Das Ehestandsdarlehen wurde in Form von Bedarfsdeckungsscheinen zum Erwerb von Möbeln und Hausgerät gewährt.

Der Staatssekretär im Reichsfinanzministerium, Fritz Reinhardt (seit 1. April 33) kommentierte dieses nach ihm ,,Reinhardt-Programm" benannte Erste Gesetz zur Verminderung der Arbeitslosigkeit[6]:

,,Die Voraussetzung für eine Vermehrung der Arbeit und somit für eine tatsächliche Verminderung der Arbeitslosigkeit ist eine Erhöhung der Nachfrage nach Gütern und Leistungen. Eine solche Erhöhung der Nachfrage nach Gütern und Leistungen führt zur Vermehrung der Arbeit, und die Vermehrung der Arbeit führt zur Erhöhung der Lohnsumme der deutschen Volkswirtschaft, zur Erhöhung der Umsätze in der deutschen Volkswirtschaft und zur Erhöhung des Volkseinkommens. Aus der Erhöhung des Volkseinkommens ergibt sich zwangsläufig eine Erhöhung aller öffentlichen Abgaben, insbesondere auch der Sozialversicherungsbeiträge, und eine Verminderung des Finanzbedarfs, insbesondere auf dem Gebiet der Arbeitslosenfürsorge."

Die erhöhte Nachfrage nach Gütern sei unter den gegebenen Verhältnissen nicht vom Ausland, sondern nur vom inländischen Markt zu erwarten.

---

6 S. a. Schwerin von Krosigk, Staatsbankrott, S. 205 f.

Am 19. Juni richtete Staatssekretär Reinhardt folgenden Spendenaufruf an das deutsche Volk[7]:

„Die Reichsregierung der nationalsozialistischen Revolution ruft alle Volksgenossen und Volksgenossinnen auf, freiwillige Spenden zur Förderung der nationalen Arbeit zu leisten. Die Spende kann in bar, durch Zahlkarte, Postschecküberweisung oder Banküberweisung geleistet werden. Für die Entgegennahme der Spende ist das Finanzamt zuständig. Der Spender muß also den Spendenbetrag bei der Kasse des Finanzamtes einzahlen oder durch Zahlkarte, Postschecküberweisung oder Banküberweisung auf das Postscheckkonto des Finanzamtes überweisen.

Arbeiter und Angestellte können ihren Arbeitgeber bitten, bei der nächsten Lohn- oder Gehaltzahlung einen bestimmten Betrag einzubehalten und für sie als freiwillige Spende zur Förderung der nationalen Arbeit an das Finanzamt abzuführen.

Die nächste Gehaltzahlung fällt bei den meisten Angestellten und Beamten auf den morgigen 30. Juni. Es sollte kein Angestellter und kein Beamter unterlassen, morgen vormittag sofort zu veranlassen, daß von seinem Gehalt ein bestimmter Betrag als freiwillige Spende einbehalten und für ihn an das Finanzamt abgeführt wird. Wo die Berücksichtigung dieses Wunsches aus technischen Gründen nicht mehr möglich sein sollte, ist es Sache des Angestellten oder Beamten, den Spendenbetrag durch Zahlkarte, Postschecküberweisung oder Banküberweisung noch am 30. Juni dem Konto des Finanzamts zuzuleiten.

Es sollte auch kein Arbeiter, der morgen oder übermorgen seine nächste Lohnzahlung erhält, unterlassen, morgen vormittag seinen Arbeitgeber zu bitten, von der Lohnzahlung einen bestimmten Betrag einzubehalten und als freiwillige Spende zur Förderung der nationalen Arbeit für ihn an das Finanzamt weiterzuleiten.

Alle Volksgenossen und Volksgenossinnen, die nicht in einem Arbeitnehmerverhältnis stehen, sondern Unternehmer, Angehörige eines freien Berufs oder Rentner sind, überweisen, soweit es noch nicht geschehen ist, einen Betrag als freiwillige Spende zur Förderung der nationalen Arbeit morgen oder übermorgen auf das Konto des Finanzamtes.

Die Reichsregierung der nationalsozialistischen Revolution erwartet, daß alle deutschen Männer und Frauen den Begriff der Volksgemeinschaft erfassen. Wer sich zur Deutschen Volksgemeinschaft bekennt, der muß bereit sein, von seinem Einkommen freiwillig einen Betrag zur Förderung der nationalen Arbeit zu spenden. Die Spende wird verwendet zur Beschaffung von Arbeit für solche Volksgenossen, die bereits seit Jahren

---

7 VZ v. 30. Juni 1933. Der Aufruf wurde wiederholt in der VZ, Nr. 320 v. 6. Juli 33, Abend-A.

ohne Arbeit und ohne Einkommen sind. Ein Mindestbetrag ist nicht vorgeschrieben. Auch der kleinste Betrag, der als freiwillige Spende zur Förderung der nationalen Arbeit gegeben wird, bildet einen Teil der Hilfe zur Verminderung der Arbeitslosigkeit und damit des sozialen Elends. Volksgenossen und Volksgenossinnen spendet, spendet alle, spendet sofort!"

Am 27. Juni erließ die Reichsregierung das Gesetz über Errichtung eines Unternehmens „Reichsautobahnen": Demnach wurde die Deutsche Reichsbahn-Gesellschaft „ermächtigt, zum Bau und Betrieb eines leistungsfähigen Netzes von Kraftfahrbahnen ein Zweigunternehmen zu errichten, welches den Namen „Reichsautobahnen" trägt. Das Unternehmen ist eine juristische Person des öffentlichen Rechts und hat seinen Sitz in Berlin". Es wurde am 25. August errichtet. Der Reichskanzler ernannte am 30. Juni 1933 zum „Generalinspektor für das deutsche Straßenwesen" den Ingenieur Dr. Fritz Todt. Ihm übertrug die Reichsregierung am 23. Januar 1935 die Aufsicht über das Unternehmen „Reichsautobahnen". Mit dem Kraftfahrzeugsteuergesetz vom 10. April 1933 hatte sie bereits auf dem Weg der produktiven Steuersenkung starken Anreiz zum Kauf von Kraftfahrzeugen gegeben. „Der in Deutschland erfolgte Umsatz an fabrikneuen Personenkraftwagen und Lastkraftwagen betrug 1933 im März 5615, im April 6994 und im Mai 10 716", gab Staatssekretär Reinhardt am 11. Juli bekannt.

In den wenigen Monaten der neuen Regierung war die Zahl der Arbeitslosen in der zweiten Junihälfte bereits unter fünf Millionen gesunken[8]. Ostpreußen wurde als erste Provinz im August frei von Arbeitslosen[9], und einen Monat später sank die Arbeitslosigkeit unter den Stand von 1931[10]. Am 15. Oktober belief sich die Zahl der Arbeitslosen auf 3 851 000. Dazu berichtete die Reichsanstalt:

„Mit der bisher erreichten Unterschreitung der Vier-Millionen-Grenze dürfte der erste Abschnitt des Kampfes gegen die Arbeitslosigkeit im wesentlichen abgeschlossen sein. Die Erfolge dieses Kampfes werden durch eine Gegenüberstellung der zur Zeit erreichten Bestandszahlen mit den entsprechenden Zahlen am Ausgangspunkt der Arbeitsschlacht im Februar 1933 sinnfällig. Rund sechs Millionen Arbeitslosen am Beginn stehen rund 3,85 Millionen am 15. Oktober bei den Arbeitsämtern gegen-

---

8 VZ, Nr. 299 v. 24. Juni 33, Morgen-A., S. 1, „Unter fünf Millionen".
9 VZ, Nr. 229 v. 17. Aug. 33, S. 1.
10 VZ, Nr. 430 v. 8. Sept. 33, Abend-A., S. 1.

über. Kamen Ende Februar noch 96,2 bei den Arbeitsämtern eingetragene Arbeitslose auf 1000 Einwohner, so Mitte Oktober nur noch 61,7[11]."

„Als die neuen Maßnahmen von der Regierung Hitler eingeleitet wurden, liefen die alten Programme noch", berichtete die VZ in einem Leitartikel „Der Stand der Arbeitsbeschaffung" am 28. Juli. „Es sind im wesentlichen drei: der sog. Papen-Plan, das sog. Sofortprogramm Gerekes und das Arbeitsbeschaffungsprogramm der Regierung Papen, das zum Teil noch von Brüning vorbereitet worden war . . .[12]"

Nachfolger Hugenbergs als Reichswirtschaftsminister wurde am 29. Juni der Generaldirektor der Allianzversicherung, Dr. Kurt Schmitt. In seiner Rede vom 13. Juli 1933 vor führenden Persönlichkeiten der Wirtschaft über die Wirtschaftspolitik des nationalsozialistischen Staates führte er u. a. aus:

„Die Aufgaben, die der deutschen Wirtschaft gestellt sind, können nur von der Wirtschaft selbst, d. h. von den aus ihr herausgewachsenen verantwortlichen Führern, gelöst werden. Der Staat soll verwalten und mit seiner Wirtschaftspolitik die Wirtschaft führen, aber nicht selbst wirtschaften." „Das Entscheidende aber ist", so fuhr er fort, „die Voraussetzung dafür zu schaffen, daß so schnell wie möglich in unserer Wirtschaft der Glaube befestigt wird, daß die Sicherheit des wirtschaftlichen Kalkulierens das Höchstmaß hat, das überhaupt denkbar ist . . . Der Führer hat wiederholt klipp und klar ausgesprochen, daß es nicht ohne die Köpfe der Wirtschaft geht und daß jeder Versuch einer Sozialisierung der Wirtschaft an den Menschen scheitern muß . . . Was uns groß gemacht hat, ist die Ausnutzung der individuellen Fähigkeiten. Wenn wir sozialisieren, würden wir als Maßstab des Tempos der nationalen Arbeit das Tempo der langsamsten Arbeit aufstellen . . . Es ist nicht die Aufgabe des Wirtschaftsministeriums, in die einzelnen Wirtschaftszweige einzugreifen und darin herumzuregieren."

Doch müsse sich der Staat diese Möglichkeit offenhalten, dürfe davon aber nur sehr weise Gebrauch machen. „Wenn es heißt: Gemeinnutz geht vor Eigennutz, so kann damit nur gemeint sein, daß sich das selbstverständliche Erwerbsinteresse nicht so ausbreiten darf, daß man dabei das Gemeinwohl, das Staatswohl und das Gesamtinteresse übersieht oder gar stört . . ."

Schmitt befaßte sich dann mit dem ständischen Aufbau. Ihm sei „die

---

11 VZ, Nr. 504 v. 21. Okt. 33, Abend-A., S. 1.
12 VZ, Nr. 358, v. 28. Juli 33, S. 1 f.

Aufgabe zugedacht, im Volke von oben bis unten dafür zu sorgen, daß man den Staat und seine Absichten versteht und daß man geistig unser Volk zum Nationalsozialismus hinführt und für die weitere Zukunft alle Kreise unseres Volkes in dem großen Gedanken erzieht und schult: Wir sind eine Einheit und wollen alle dasselbe, wir hängen alle voneinander ab, im Gegensatz zu der – Gott sei Dank – überstandenen Staatsauffassung: wir sind alle gegeneinander, wir sind Arbeiter und Gewerkschaftler, wir sind Unternehmer oder Händler oder Industrielle, jedenfalls Interessenten". Trotz des enttäuschenden Ergebnisses der Londoner Weltwirtschaftskonferenz werde man alles tun, ,,um die Verbindung mit der Welt und der Weltwirtschaft zum Vorteil unserer eigenen Nation zu hegen und zu pflegen".

Der Reichskanzler berief am 15. Juli einen Generalrat der Wirtschaft. Dieser hielt am 20. September seine erste Sitzung ab, auf der auch Hitler sprach. Er nahm – wie schon öfter – besonders scharf gegen alle Sozialisierungsversuche Stellung:

,,. . .Es gilt vor allem", sagte er, ,,die Ideologie der Bedürfnislosigkeit und der systematischen Einschränkung des Bedarfs, also den vom Kommunismus ausgehenden Primitivitätskult zu bekämpfen. Dieses bolschewistische Ideal der allmählichen Rückentwicklung der Zivilisationsansprüche muß unweigerlich zur Zerstörung der Wirtschaft und des ganzen Lebens führen. Diese Ideologie beruht auf der Angst vor dem Nächsten, auf der Furcht, irgendwie hervorzutreten, und basiert auf einer niederträchtigen, neidischen Gesinnung. Diese Lehre von der Zurückentwicklung zur Primitivität führt zu einem feigen, ängstlichen Nachgeben und stellt daher eine ungeheure Gefahr für die Menschheit dar. Das Entscheidende ist nicht, daß sich alle beschränken, sondern daß sich alle bemühen, vorwärts zu kommen und sich zu verbessern. Die deutsche Wirtschaft kann nur bestehen unter einer bestimmten Bedarfshöhe und unter einer ganz bestimmten Kulturforderung des deutschen Volkes."

Reichswirtschaftsminister Dr. Schmitt verkündete vor dem Generalrat bei dieser Sitzung die Grundlinien des Wirtschaftsplanes der Reichsregierung. Wie schon das ,,Erste Gesetz zur Verminderung der Arbeitslosigkeit" bewiesen habe, bemühe sich die Regierung um eine Belebung privater Initiative auf breitester Grundlage. Der neue Plan stehe unter folgenden leitenden Gesichtspunkten:

,,1. Gesundung der Kommunalfinanzen durch Konsolidierung der kurzfristigen Schulden und Sanierung des Haushalts durch starke Entlastung von Wohlfahrtsausgaben, 2. energische Weiterführung der Arbeitsbeschaffung, 3. Lösung der Starre auf dem Geld- und Kapitalmarkt." Die Privatwirtschaft sollte weiter gefördert und der Landwirtschaft durch Lastensenkung unter die Arme gegriffen werden. „Ein Gegenstand besonderer Sorge ist endlich die Gestaltung des Kapitalmarkts, dessen Entwicklung die auf den verschiedenen Gebieten der Wirtschaft eingetretene Besserung noch nicht widerspiegelt . . ."

Am 21. September erging das Gemeindeumschuldungsgesetz und am gleichen Tage noch das „Zweite Gesetz zur Verminderung der Arbeitslosigkeit"; es setzte besonders die Maßnahmen zur Förderung der Landwirtschaft und der Privatinitiative auf dem Gebiet der Bauindustrie fort. Es bestand aus folgenden Einzelgesetzen: „1. Gebäudeinstandsetzungsgesetz; 2. das Gesetz über Senkung der landwirtschaftlichen Grundsteuer; 3. das Gesetz über Senkung der Umsatzsteuer für die Landwirtschaft; 4. das Gesetz über Steuerbefreiung für neuerrichtete Kleinwohnungen und Eigenheime; 5. das Gesetz über Senkung der Grundsteuer für Neuhausbesitz."

Zur Bekämpfung der Arbeitslosigkeit gewährte das Reichsfinanzministerium steuerliche Vergünstigungen für Aufwendungen zu Zwecken des zivilen Luftschutzes, Erlassung von Steuerrückständen, wenn sie für Ersatzbeschaffungen, Instandsetzungen, Ergänzungen, Wohnungsteilungen, Umbauten usw. verwendet wurden und Steuerfreiheit für Weihnachtsgeschenke an Arbeitnehmer.

Am 12. Juni erließ die Reichsregierung ein Gesetz gegen den Verrat der deutschen Volkswirtschaft. Es sollte der Bekämpfung der Kapital- und Steuerflucht, der Wiederherstellung der Kapital- und Steuerehrlichkeit, der Herstellung der steuerlichen Gleichmäßigkeit und der Erhöhung des Devisenbestandes der Reichsbank dienen.

Reichsbankpräsident Dr. Schacht nahm als Nachfolger Dr. Hans Luthers in seiner Ansprache an das deutsche Volk über alle deutschen Sender am 18. März zu den deutschen Wirtschaftsproblemen von der finanz- und währungspolitischen Seite aus wie folgt Stellung: Bei seinem Rücktritt als Präsident im Frühjahr 1930 habe die Reichsbank 3,3 Milliarden Mark an Gold und Devisen besessen.

„Heute beträgt der eigene Besitz der Reichsbank an Gold und Devisen nur den neunten Teil davon. Der Zusammenbruch der Österreichischen Kreditanstalt Mitte Mai 1931 war die bewußt herbeigeführte Folge einer gegen Deutschland gerichteten Politik. Ihr folgte in Deutschland die Kündigung aller kurzfristigen Auslandskredite seitens der ausländischen Geldgeber. Von jenem Ereignis bis heute hat die deutsche

Volkswirtschaft rund zehn Milliarden Reichsmark an das Ausland zurückgezahlt." Dadurch wurde der Schrumpfungsprozeß der deutschen Wirtschaft erheblich verschärft. Solange das Ausland sich gegen deutsche Warenausfuhr sperre und sich weigere, deutsche Waren zu nehmen, müsse der Schwerpunkt der Wirtschaft auf den inländischen Markt gelegt werden. Dafür werde die Reichsbank jede mögliche Hilfestellung leisten. „Gerade der Initiative und Verantwortung des einzelnen kleinen Geschäftsmannes, Fabrikanten, Landwirts und Unternehmers wird jedes mögliche Entgegenkommen gezeigt werden müssen, nachdem die Überorganisation und Bürokratisierung der großen Konzerne nicht nur soziale, sondern auch so manche wirtschaftlichen Nachteile ans Licht gebracht hat. Deutschland werde seinen kommerziellen Schuldverpflichtungen nachkommen. Die Erhaltung der Wertbeständigkeit der Mark sei wesentliche Aufgabe der Währungspolitik"[13].

Nach langwierigen Verhandlungen mit den Auslandsgläubigern mußte die Reichsbank Anfang Juni ein Transfer-Moratorium verhängen[14], Reichsbankpräsident Schacht richtete deshalb am 6. Juni einen Brief an den Reichskanzler, in dem er die Notwendigkeit des Moratoriums ausführlich begründete[15]. Gemäß seinem Schreiben belief sich der Gold- und Devisenbestand der Reichsbank am 31. Mai nur noch auf 280 Millionen RM. „Die Reichsbank wird per 1. Juli d. Js. für den Transfer aller derjenigen Verpflichtungen, die bei der Bankenkrise am 15. Juli 1931 bestanden, soweit sie nicht in den sogenannten Stillhalteabkommen besonders geregelt sind, Devisen für eine vorübergehende Zeit nicht mehr zur Verfügung stellen." „Die Wurzel des Übels", so kommentierte die VZ diese Maßnahme, „die Inkongruenz zwischen den deutschen Auslandsverpflichtungen und dem Volumen des deutschen Außenhandels, ist damit aber keineswegs beseitigt. Hier sind wir durchaus auf die verständnisvolle Mitarbeit des Auslandes angewiesen. Zunächst muß Deutschland hoffen, daß nicht durch Verfälschung der Motive, die zur Verhängung des Transfer-Aufschubs führten, den deutschen Exporteuren neue Hemmnisse in den Weg gelegt werden. Denn dies könnte nur

---

13 Zit. n. VZ, Nr. 133 v. 19. Mrz. 1933, Morgen-Ausgabe, S. 1. „Die künftige Reichsbankpolitik"; ferner: VZ, Nr. 166 v. 7. Apr. 33, Abend-A., S. 1: „Die Mark bleibt stabil".
14 VZ, Nr. 264 v. 3. Juni 33, Abend-A., S. 1, „Zwischen Berlin und London. Was Deutschland zahlen kann."
15 ADAP, Serie C, I, Nr. 288 v. 6. Juni 1933, Anlage; ferner VZ, Nr. 273 v. 9. Juni 1933, Morgen-A., S. 1 „Devisensperre für Auslandsanleihen. Ebda auch der Brief Schachts an Hitler, ADAP, Serie C, I, Nr. 262 v. 25. 5. 33 (Schacht).

zu einer weiteren Verschärfung des Mißverhältnisses zwischen Auslandsschuld und Außenhandel führen[16]."

Der starke Rückgang der deutschen Ausfuhr, laut dem Schreiben Schachts von 94 Millionen RM monatlich im Jahre 1932 auf 44 Millionen RM im Jahre 1933 (die Zahlen beziehen sich auf die ersten vier Monate) war vornehmlich auf die internationale Boykotthetze zurückzuführen. Sowohl die in- wie die ausländischen Gegner des nationalsozialistischen Regimes hofften, auf diese Weise bald den Sturz der nationalsozialistischen Herrschaft herbeiführen zu können. Auch in diesem Falle unterschätzten sie die revolutionäre Durchschlagskraft und das Standvermögen der neuen Machthaber, die sich auf das Vertrauen der überwältigenden Mehrheit des deutschen Volkes stützen konnten. Der ganze Schwerpunkt des Arbeitsbeschaffungsprogrammes lag auf dem Inlandsmarkt, der Außenhandel diente der Deckung der Verpflichtungen gegenüber den Auslandsgläubigern. Hier schnitten sich die Feinde des neuen Deutschlands mit dem Boykott selbst in die Finger, wenn sie die deutsche Ausfuhr behinderten.

Mit Wirkung vom 1. Juli 1933 wurde das Gesetz über Zahlungsverbindlichkeiten gegenüber dem Ausland vom 9. Juni in Kraft gesetzt. Damit wurde für die deutschen Auslandsschulden eine Konversionskasse unter Aufsicht des Reichsbank-Direktoriums geschaffen. Der Schuldner hatte die fälligen Zahlungen in Reichsmark an die Konversionskasse zu zahlen, die die ausländischen und saarländischen Gläubiger dann abfand.

Auf der Londoner Weltwirtschaftskonferenz vom 12. Juni bis 27. Juli 1933[17] war Deutschland durch eine Delegation vertreten, welcher der Reichsbankpräsident Dr. Schacht, der Reichsaußenminister Freiherr von Neurath, der Reichswirtschafts- und Reichsernährungsminister Dr. Hugenberg, der Reichsfinanzminister Graf Schwerin von Krosigk, der Hamburger Bürgermeister Krogmann und der Wirtschaftssachverständige der NSDAP, Dr. Keppler, angehörten. Die sechswöchige Konferenz endete mit einem vollen Mißerfolg[18], praktisch war sie gescheitert. Schacht hob im Kreise seiner Delegation hervor, daß Deutschland sich

---

16 VZ, Nr. 274 v. 9. Juni 33, Abend-A., S. 1. „Deutschland und seine Gläubiger".
17 VZ, Nr. 278 v. 12. Juni 1933, Abend-A., S. 1. „Die Weltkonferenz eröffnet. 67 Nationen beraten in London – Kernfrage: die Kriegsschulden."
18 VZ, Nr. 283 v. 15. Juni 1933, Morgen-A., S. 1, „Das Ringen in London. Die Schlüsselstellung der Vereinigten Staaten." Ebda, Nr. 298 v. 23. Juni 33, Abend-A., S. 1: „Ein Vorstoß der Amerikaner. Ankurbelung durch Kreditausweitung."

insofern in einer günstigen Lage befinde, weil es so pleite sei, daß man ihm nichts mehr anhaben könne. „Man müßte die anderen Nationen auffordern, Vorschläge zu machen, wie Deutschland zu helfen sei; denn wir könnten unsern Devisenschatz immer nur abbauen, wenn die anderen Länder uns die Möglichkeit geben, Waren zu verkaufen[19]."

In seiner Schlußansprache am 27. Juli erklärte Schacht u. a. „Nach mehr als sechs Wochen anstrengender Arbeit ist leider festzustellen, daß kaum ein Punkt des Programms zu Abmachungen geführt hat ... Der Gedanke, durch generelle Empfehlungen oder Beschlüsse gleichzeitig die Lage von 64 völlig verschieden gearteten Ländern bestimmen zu können, hat sich als undurchführbar erwiesen." Besonders in den Reden des britischen Schatzkanzlers und des amerikanischen Senators Couzens seien „immer wieder zwei Gedankengänge durchgedrungen: Erstens, daß Schulden nur mit Warenexport und Dienstleistungen bezahlt werden können, und zweitens, daß durch die Ereignisse der letzten Jahre die Schulden ein solches Mißverhältnis zur Zahlungsfähigkeit angenommen haben, daß eine Adjustierung notwendig geworden ist ... Alle zu treffenden Schuldenregelungen müssen unterstützt werden von einer Wirtschaftspolitik, die die ‚earning power' (die Erwerbskraft) des Schuldnerlandes erhält. Nur wenn die ‚earning power' des Schuldners intakt bleibt, wird der Gläubiger zu seinem Geld kommen. Es ergibt sich die Frage", fuhr Schacht fort, „ob wir die Menschheit mit produktiver Tätigkeit beschäftigen wollen, selbst auf die Gefahr hin, daß von dem bisher investierten Kapital einiges verlorengeht, oder ob wir tatenlos warten wollen, bis uns die soziale Krisis in das Chaos stürzt ..." Er schloß mit den Worten: „Das Ziel wird freilich immer das gleiche bleiben: Die Bereinigung der Welt von den wirtschaftlichen und finanziellen Schlacken des Krieges, d. h. einen neuen Start zu gewinnen für eine bessere Zukunft[20]."

„Die Verantwortung für den Zusammenbruch der Konferenz trägt Amerika, das ein Abkommen über die grundlegende Frage der Währungsstabilisierung verhindert", schrieb die VZ am 6. Juli. „Mit rauhen Händen griffen Roosevelt und seine Berater in die Londoner Verhandlungen ein und brachten klar zum Ausdruck, daß keinerlei Möglichkeit einer Verständigung bestehe ...[21]"

---

19 C. V. Krogmann: Es ging um Deutschlands Zukunft, S. 81.
20 S. a. SEG, 74, 1933, S. 475 ff. „Weltwirtschaftskonferenz in London".
21 VZ, Nr. 320 v. 6. Juli 1933, Abend-A., S. 1 f.: Leitartikel: „Was will Amerika?"

Der stellvertretende Leiter der deutschen Delegation, Krogmann, schrieb an den Reichskanzler: „Die Auffassung des Auswärtigen Amtes vor der Abreise nach London, daß ein positives Ergebnis nicht erzielt werden würde, hat sich voll bestätigt[22]."

Schacht löste die große Aufgabe, die ihm gestellt war, nämlich die Geldmittel für die Arbeitsbeschaffung aufzubringen, mittels der von ihm ersonnenen „Mefo-Wechsel". Sie waren den Arbeitsbeschaffungswechseln nachgebildet. Die Mefo-Wechsel und das mit ihnen verbundene Finanzierungssystem ließen sich voll mit dem Inhalt des Bankgesetzes vereinbaren. „Die Mefopapiere waren Wechsel", so erläuterte sie Schacht, „gezogen in der Hauptsache von Heereslieferanten auf eine mit geringem Kapital ausgestattete ‚Metallforschung GmbH' (Abgekürzt ‚Mefo'), deren Akzeptunterschrift der Reichsbank gegenüber vom Reich garantiert war. Die Wechsel lauteten jeweils auf drei Monate, waren aber mit Prolongationen für eine Laufzeit von insgesamt fünf Jahren ausgestattet. Die Reichsbank verpflichtete sich, diese Wechsel, wenn sie drei Monate nach dem Ausstellungsdatum präsentiert wurden, jederzeit zu diskontieren. Benötigte der Aussteller das bare Geld früher, so mußte er den Wechsel einer Bank oder einem anderen Interessenten verkaufen. Natürlich nahmen die Banken diese Wechsel sehr gern herein, da sie ja jederzeit infolge der Reichsbankdiskontfähigkeit zu barem Gelde gemacht werden konnten. Infolgedessen traten die Mefowechsel vielfach an die Stelle barer Kassenbestände und mobilisierten auf diese Weise Beiträge der Wirtschaft, die sonst brachgelegen hatten, für die Arbeitsbeschaffung ... In jedem Fall waren die Mefowechsel überdies Warenwechsel, denn sie wurden für Warenlieferungen ausgestellt[23]." –

„Der ständische Gedanke des Nationalsozialismus" ging im Gegensatz zum Liberalismus vom unbedingten Primat der Politik über die Wirtschaft aus. Der Zweck des ständischen Aufbaues „ist die Überwindung der heutigen Schäden durch Herbeiführung eines neuen Verhältnisses von Staat und Wirtschaft. An Stelle ihrer unorganischen Verquickung", so heißt es in dem Leitartikel des VB[24], „wird der begrifflichen auch die organisatorische reinliche Scheidung von Politik und Geschäft folgen ... Der Gedanke an einen Klassenkampf aber wird in dem Au-

---

22 VZ, Nr. 386 v. 1. August 1933.
23 Hjalmar Schacht: Abrechnung mit Hitler, S. 8.
24 VB, Nr. 144 v. 24. Mai 1933, S. 1 f. „Der ständische Gedanke des Nationalsozialismus. Von Dr. Max Frauendorfer. Leiter des Amtes für ständischen Aufbau der NSDAP. Ders. in MNN, Nr. 61 v. 4. März 34, S. 1 f.: „Ständischer Aufbau – eine Aufgabe der Politik".

genblick absurd erscheinen, wo jeder einzelne wissen wird, daß der Nationalsozialismus nicht nur politisch das unerschütterliche Fundament der Nation bildet, sondern auch durch seinen ständischen Aufbau die Gewähr dafür bietet, daß jeder Schaffende als notwendiges Glied des deutschen Volkes betrachtet wird und seine wirtschaftlichen Bedürfnisse deshalb als berechtigt anerkannt und geschätzt werden. Deshalb geht der nationalsozialistische Staat in unseren Tagen daran, dem deutschen Volke durch seinen ständischen Aufbau das Instrument zu schaffen, in alle Zukunft seinen großen Grundsatz zu verwirklichen: Gemeinnutz vor Eigennutz."

Bereits am 3./4. Mai 1933 wurden die Reichsstände des deutschen Handwerks und Handels unter Leitung von Dr. Theodor A. von Renteln gegründet, am 13. September folgte die Errichtung des Reichsnährstandes unter Reichsminister Darré, am 12. Dezember die Verkündung des deutschen Rechtsstandes unter Reichsjustizkommissar Dr. Hans Frank. Ein führender Verfechter des ständischen Gedankens war auch der Leiter der wirtschaftspolitischen Abteilung der NSDAP und – von April bis Juni 1933 – Reichskommissar für Wirtschaft, Dr. h. c. Otto Wagener[25]. Für den berufsständischen Aufbau gab er zusammen mit dem Leiter der Arbeitsfront, Dr. Ley, eine Verfügung über die Zuständigkeit für die Durchführung des ständischen Aufbaues heraus, um einen wilden Aufbau von sogenannten „Reichsständen" zu unterbinden. Wagener selbst war dafür zuständig. Am 19. Mai fand eine Konferenz des Kanzlers mit Dr. Ley sowie dem Führer der Angestelltenfront, dem Leiter des Allgemeinen Deutschen Gewerkschaftsbundes, dem Vorsitzenden des Reichsverbandes der deutschen Presse und Dr. Wagener vom Verbindungsstab der NSDAP statt[26].

Am 29. Mai sprach der Kanzler über Ständeaufbau, Grundlagen der Selbstverwaltung in Handel und Handwerk[27] vor Vertretern der Reichsstände des Handels und des Handwerks. „Die berufsständische Wirtschaft muß", so führte er aus, „von unten her organisch aufwachsen, und die lebendige Wirtschaft muß die Formen bestimmen, in denen sich diese Entwicklung zu vollziehen hat. Aufgabe der in der Arbeitsfront zusammengeschlossenen Verbände des deutschen Unternehmertums,

---

25 Über Wagener s.: Hitler aus nächster Nähe. Aufzeichnungen eines Vertrauten 1929–1932, hsgb. v. H. A. Turner jr., S. I ff. S. 482 ff.

26 VZ, Nr. 239 v. 20. Mai 1933, Morgen-A., S. 2: „Der ständische Aufbau".

27 VZ, Finanz- und Handelsblatt, Beilage zur Nr. 258 v. 31. Mai 1933.

der Angestellten und Arbeiter wird es besonders sein, die inneren Voraussetzungen für die berufsständische Selbstverwaltung durch Erziehung zum nationalsozialistischen Gemeinschaftsgedanken zu schaffen."

Am 23. Mai veröffentlichte Dr. Ley folgendes Schreiben an Reichswirtschaftskommissar Wagener[28]:

,,Es ist mir ein dringendes Bedürfnis, verehrter Pg. Dr. Wagener, Ihnen gegenüber meine persönliche Sympathie und die Hochachtung und Wertschätzung aller meiner Mitarbeiter sowohl in der politischen Organisation der NSDAP als auch in der Deutschen Arbeitsfront zum Ausdruck zu bringen und Ihnen zu versichern, daß wir restlos, besonders nach den letzten eingehenden Aussprachen über den ständischen Aufbau und über Ihre sozialen Ansichten im Hinblick auf den deutschen Arbeiter und die deutsche Wirtschaft mit Ihnen in treuer Kameradschaft verbunden sind. Gegenüber den Tendenzen, die dahin gehen, Ihren Wirkungskreis zu begrenzen, drücken wir im Gegenteil den Wunsch aus, daß Ihre Kraft der Öffentlichkeit an einer Stelle zur Verfügung stehen möge, die es Ihnen gestattet, zum Besten der notleidenden Wirtschaft wie des gesamten Volkes Ihre Ideen möglichst unbeeinflußt in die Tat umzusetzen. Dieser Wunsch ist uns um so mehr Bedürfnis, weil wir die Erkenntnisse in uns tragen, daß es gerade die großen grundlegenden Maßnahmen auf dem Gebiet der Wirtschaft sind, welche die Rettung vorbehalten. Diese zu tun, ist uns aber noch vorbehalten."

Aus dem Schreiben Leys ist ersichtlich, daß gegen Wagener intrigiert wurde mit dem Ziele, ihn möglichst auszuschalten. Tatsächlich enthob ihn Hitler am 28. Juni seines Amtes aufgrund einer Intrige Görings, Wageners ärgsten Feindes in der Partei. An seiner Stelle berief der Kanzler dann Gottfried Feder, Wageners Konkurrenten auf dem Wirtschafts- und Finanzgebiet in der NSDAP, als Staatssekretär ins Wirtschaftsministerium, eine Stelle, für die ihn der Kanzler angeblich vorgesehen gehabt hatte[29].

Ein störungsfreies Funktionieren der Wirtschaft war eine Grundvoraussetzung für den wirtschaftlichen Aufbau. Die Versuche übereifriger Nationalsozialisten, aus ideologischen Gründen sich in den Wirtschaftsapparat einzuschalten oder gar personelle Veränderungen nach partei- und gesinnungspolitischen Gründen herbeizuführen, wurden von Hit-

---

28 VB, Nr. 144 v. 24. Mai 1933, S. 2.
29 Aufzeichnungen eines Vertrauten, S. 482 f. Wagener war befreundet mit Gregor Strasser und Hauptmann von Pfeffer. Am 30. Juni 34 entging er der Ermordung nur durch Zufall.

ler selbst, von den zuständigen Ministern und Fachleuten schärfstens zurückgewiesen und, falls solche erfolgt waren, auch wieder rückgängig gemacht und geahndet. ,,Autoritäre Erklärung: alle Eingriffe in die Wirtschaft sind zu unterlassen!", schrieb die VZ am 5. Mai[30]. Über ein ,,Gericht gegen eigenmächtigen Kommissar" hatte sie schon am 23. April berichtet[31].

Reichswirtschaftskommissar Wagener erklärte Anfang Mai einem Pressevertreter: ,,Das vordringliche Problem ist die unbedingte Beruhigung der Wirtschaft. Es muß verhindert werden, daß durch eigenmächtiges Vorgehen einzelner Gruppen Störungen hervorgerufen werden, die niemals zum Nutzen, aber meist zum Schaden der Wirtschaft sich auswirken. Vor allem wird daran zu gehen sein, diejenigen Fehler in der Wirtschaft zu beseitigen, die der reine Wirtschaftsliberalismus mit sich gebracht hat. Wir sind der Auffassung, daß nicht eine Planwirtschaft, sondern eine sinnvolle Planung eintreten muß, die es ermöglicht, daß die Vergewaltigung eines Teiles der Wirtschaftsunternehmen durch andere Wirtschaftsunternehmungen verhindert wird[32]." Wagener und von Renteln drohten auch mit Strafen bei unbefugten Eingriffen in die Wirtschaft. Reichswirtschaftskommissar Wagener erließ folgende Anordnung[33]:

,,Die Organisation des Kampfbundes des gewerblichen Mittelstandes ist ein Instrument zur Durchführung bestimmter wirtschaftspolitischer Aufgaben, die ihm ausschließlich von der Reichskampfbundführung gestellt werden. Keinesfalls gehören zu diesen Aufgaben die Einsetzung von Kommissaren, die Gleichschaltung in Verbänden und Betrieben, die Beseitigung und Ersetzung unerwünschter Personen, die unmittelbare Beeinflussung der Preisgestaltung und direkte Eingriffe in das Geschäftsleben. Diese Aufgaben sind den Staats- und Gemeindebehörden sowie den Reichskommissaren für die Wirtschaft und deren Stellvertretern und Beauftragten übertragen. Es wird deshalb allen Dienststellen des Kampfbundes aufs strengste untersagt, eigenmächtig irgendwelche Maßnahmen der vorbezeichneten Art zu treffen. Zuwiderhandlungen werden von nun an gesetzlich bestraft."
Die Anordnung ist außer von Dr. Wagener auch unterzeichnet von dem Führer des Kampfbundes für den gewerblichen Mittelstand Dr. von Renteln.

30 VZ, Nr. 214 v. 5. Mai 33, Abend-A.
31 VZ, v. 23. Apr. 1933.
32 VZ, v. 6. Mai 33, Artikel ,,Neubau der deutschen Wirtschaft".
33 VZ, v. 14. Mai 33, Artikel: ,,Eingriffe in die Wirtschaft".

Göring gab für Preußen einen Erlaß „an die Oberpräsidenten, Regierungspräsidenten, Landräte, Gemeinden und Gemeindeverbände" heraus, „mit dem er auf eine Einschränkung der Einsetzung von Untersuchungs-Ausschüssen oder Untersuchungs-Kommissaren zur Nachprüfung von Vorkommnissen der letzten Jahre hinwirken will"[34].

Für den wirtschaftlichen Aufbau legte die Reichsregierung besonderes Gewicht auf die Förderung des Bauerntums und der Landwirtschaft. Zu den ersten Maßnahmen der Regierung Hitler-Hugenberg gehörte der landwirtschaftliche Vollstreckungsschutz. Nach dem Rücktritt Hugenbergs wurde der Diplomlandwirt Dr. Walter Darré sein Nachfolger. Er gehörte seit 1930 der NSDAP an, wurde Leiter der Agrarpolitischen Abteilung der Partei und errichtete das „Rasse- und Siedlungshauptamt" der SS. Darré war der Hauptverfechter des Gedankens vom Bauerntum als Lebensquell der Nation (biologisch und ernährungspolitisch) und verfocht ihn mit dem Bestreben, die Verstädterung in Schranken zu halten und das deutsche Volk, soweit noch möglich, in seiner Existenz auch auf ein starkes Bauerntum zu stützen. So veröffentlichte er 1929 sein grundlegendes Buch „Das Bauerntum als Lebensquell der nordischen Rasse", 1930 das Buch „Neuadel aus Blut und Boden". Das Schlagwort von „Blut und Boden" war damit für die NS-Rasse- und Siedlungspolitik gegeben. Hitler selbst griff die Gedanken Darrés auf, als er auf der 63. Vollversammlung des Deutschen Landwirtschaftsrates am 5. April 1933 die Losung ausgab: „Die Erhaltung des Volkes ist gleichbedeutend mit der Erhaltung des Bauerntums".

Bereits am 14. Februar 1933 hatte die Reichsregierung die „Verordnung über den landwirtschaftlichen Vollstreckungsschutz" erlassen: Hugenberg war Minister für Ernährung und Landwirtschaft; Staatssekretär in diesem Ministerium war Hansjoachim von Rohr (bis September 1933). Er hielt am 22. Februar eine Rundfunkrede über die Bauernpolitik der nationalen Regierung. Bereits am 8. Februar waren die Einfuhrzölle für lebendes Vieh, frisches Fleisch und Schmalz erhöht worden; am 6. März erfolgten entsprechende Zollerhöhungen für Hartkäse und Eier. Der Stärkung der heimischen Landwirtschaft diente auch die Verordnung vom 23. März zur Neuregelung der Fettwirtschaft. Der Handelsvertrag mit Holland vom 25. April setzte Einfuhrkontingente zum Schutze der einheimischen landwirtschaftlichen Erzeugnisse fest. Am 4. April bildeten die Vorstände des Reichslandbundes und der ande-

---

34 Ebda.

ren Bauernorganisationen die „Reichsführerschaft des deutschen Bauernstandes" mit Darré als Leiter. Hitler hielt am 5. April auf der 63. Vollversammlung des Deutschen Landwirtschaftsrates eine Rede über die Erhaltung des deutschen Bauerntums. Er übernahm die Schirmherrschaft über das Bauerntum am 10. Mai, gleichzeitig mit der über die deutsche Arbeiterschaft. Schon am 15. Mai erließ die preußische Regierung ein Gesetz über das „Bäuerliche Erbhofrecht" mit den Einleitungsworten: „Die unlösbare Verbundenheit von Blut und Boden ist die unerläßliche Voraussetzung für das gesunde Leben eines Volkes . . ." Dieses preußische Gesetz wurde dann durch das Reichserbhofgesetz vom 26. September abgelöst. Mit dem Gesetz vom 1. Juni zur Regelung der landwirtschaftlichen Schuldverhältnisse wurde die Entschuldung landwirtschaftlicher Betriebe ermöglicht und damit dem Bauern„legen" und dem Sterben bäuerlicher Betriebe ein wirksamer Riegel vorgeschoben. Die Verschuldung wurde auf ein erträgliches Maß herabgesetzt und den bäuerlichen Betrieben eine gesunde Lebensgrundlage geboten.

Es ging den Nationalsozialisten nicht nur um die Erhaltung, sondern auch um die Mehrung des Bauernstandes durch Schaffung neuer Siedlerstellen. Zu diesem Zweck wurde am 14. Juli das „Gesetz über die Neubildung deutschen Bauerntums" erlassen. Das Reich bemühte sich um ländliche Siedlung, „insbesondere die Schaffung von Bauernhöfen". Mit dem tags darauf folgenden Gesetz „über die Zuständigkeit des Reiches für die Regelung des ständischen Aufbaues der Landwirtschaft" übernahm das Reich „die ausschließliche Gesetzgebung über die Neuregelung des Aufbaues des Standes der deutschen Landwirtschaft". Schließlich folgte am 13. September das Gesetz „über den vorläufigen Aufbau des Reichsnährstandes". Über die Neuordnung der Landwirtschaft führte Reichsernährungsminister Darré in einer Rundfunkrede am 19. Sept. 33 u. a. aus:

„Wir müssen uns vollkommen darüber klar sein, daß der Landwirt kein Unternehmer im landläufigen Sinne ist. Der Nährstand kann und soll sich nicht an dem Spiel der freien Preisbildung beteiligen; er darf nicht den damit verbundenen Gefahren ausgesetzt sein, weil seine Aufgabe für die Nation unerhört wichtig ist. Wir brauchen den Bauern als Blutsquell des deutschen Volkes, und wir brauchen ihn als den Ernährer des deutschen Volkes.
Darum kommt es auch nicht so sehr darauf an, daß der Bauer für seine Erzeugnisse einen möglichst hohen Preis erzielt, damit sein Betrieb eine

möglichst hohe Rente abwirft, sondern es kommt darauf an, daß der Bauer durch ein deutsches Bauernrecht mit seinem Grund und Boden fest verwurzelt wird und für seine Arbeit einen gerechten Lohn, d. h. auskömmlich gerechte Preise erhält.

Der Bauer muß seine Tätigkeit immer als eine Aufgabe an seinem Geschlecht und an seinem Volk betrachten und niemals nur als eine rein kapitalistische wirtschaftliche Aufgabe, mit der man Geld verdienen kann. Auf dieses Ziel muß eine Bauernpolitik ausgerichtet sein.

Wer den bäuerlichen Betrieb in das liberal-kapitalistische Wirtschaftssystem hineinstellt oder, wie es in den letzten Jahren von den verschiedensten Seiten versucht wurde, ihn sogar mehr und mehr zu liberalistischen Methoden drängen will, versündigt sich damit am Geiste deutschen Bauerntums und damit am deutschen Volk."

Als Erstes wurde ein Festpreissystem für die Getreidewirtschaft geschaffen.

Die Krönung der Maßnahmen zur Sicherung des deutschen Bauernstandes war schließlich das Reichserbhofgesetz vom 29. Sept. 1933. In der Einführung dazu heißt es:

„Die Reichsregierung will unter Sicherung alter deutscher Erbsitte das Bauerntum als Blutquelle des deutschen Volkes erhalten. Die Bauernhöfe sollen vor der Überschuldung und Zersplitterung im Erbgang geschützt werden, damit sie dauernd als Erbe der Sippe in der Hand freier Bauern verbleiben. Es soll auf eine gesunde Verteilung der landwirtschaftlichen Besitzgröße hingewirkt werden, da eine große Anzahl lebensfähiger kleiner und mittlerer Bauernhöfe, möglichst gleichmäßig über das ganze Land verteilt, die beste Gewähr für die Gesunderhaltung von Volk und Staat bildet.

Die Reichsregierung hat daher das folgende Gesetz beschlossen. Die Grundgedanken des Gesetzes sind: Land- und forstwirtschaftlicher Besitz in der Größe von mindestens einer Ackernahrung und von höchstens 125 Hektar ist Erbhof, wenn er einer bauernfähigen Person gehört. Der Eigentümer des Erbhofs heißt Bauer. Bauer kann nur sein, wer deutscher Staatsbürger, deutschen oder stammesgleichen Blutes und ehrbar ist. Der Erbhof geht ungeteilt auf den Anerben über. Die Rechte der Miterben beschränken sich auf das übrige Vermögen des Bauern. Nicht als Anerben berufene Abkömmlinge erhalten eine den Kräften des Hofes entsprechende Berufsausbildung und Ausstattung; geraten sie unverschuldet in Not, so wird ihnen die Heimatzuflucht gewährt. Das Anerbenrecht kann durch Verfügung von Todes wegen nicht ausgeschlossen oder beschränkt werden. Der Erbhof ist grundsätzlich unveräußerlich und unbelastbar . . ."

Es folgt dann der dreizehn Seiten umfassende Text des Gesetzes mit den Einzelbestimmungen.

Jährlich fand Anfang Oktober das Erntedankfest auf dem Bückeberg bei persönlicher Anwesenheit Hitlers statt, der eine Ansprache hielt. Am 8. Dez. 1933 wurde dann die erste Verordnung „über den vorläufigen Aufbau des Reichsnährstandes" erlassen.

Anfang Dezember fand in Hamm eine große Kundgebung der westfälischen Bauern in Anwesenheit von Reichsminister Darré statt. Der Oberbürgermeister begrüßte „den Reichsbauernführer in der Industriestadt Hamm als Symbol der Verwirklichung des ewigen Bündnisses zwischen Bauern und Arbeitern". Darré führte in seiner Rede u. a. aus: „Ein neues Jahrtausend deutscher Bauerngeschichte, wo Adel, Bauer und Arbeiter sich die Hand zum ewigen Bündnis reichen, ist angebrochen...[35]."

Über die Beteiligung des Adels am politischen Leben brachte die VZ im Mai folgende Statistik: im Reichstag saßen 39 adelige Abgeordnete. Davon entfielen 8,5 % auf die Nationalsozialisten, 19 % auf die Deutschnationalen und 11 % auf die Bayerische Volkspartei[36].

In der nationalsozialistischen Bewegung war der Hohenzollernprinz August Wilhelm (Auwi) SA-Führer. Prinz Philipp von Hessen spielte wegen seiner Ehe mit einer Tochter des italienischen Königs eine besondere Rolle als Mittelsperson zwischen Hitler auf der einen, Mussolini und dem italienischen Königshaus auf der anderen Seite. Eine nicht geringe Anzahl Adeliger waren SS-Führer[37]. Friedrich Christian Prinz zu Schaumburg-Lippe war Adjutant des Reichspropagandaministers Dr. Goebbels[38].

Sozial-, Bevölkerungs- und Rassepolitik

„Gemeinnutz vor Eigennutz" war die Devise des sozial- und wirtschaftspolitischen Denkens des NS. Der Sozialismus wurde national aufgefaßt als Gemeinschaft aller Klassen, Stände, Schichten und Berufe des deutschen Volkes. Der Volkstribun Hitler mobilisierte den Opfer-

---

35 VB, Nr. 337/8 v. 3./4. Dez. 33, S. 1: „Westfalens gewaltigster Bauerntag. Adel, Bauer und Arbeiter in ewigem Bund." Dazu auch: Max Frauendorfer: „Bauer und Arbeiter" in: VB, Nr. 280 v. 7. Okt. 33.
36 VZ, Nr. 215 v. 6. Mai 33, Morgen-A., S. 3: „Der Adel im Reichstag".
37 Nikolaus von Preradovich: „Der Adel zwischen SS und Widerstand", in „Nation Europa", Jg. 31, Heft 5, 1981, S. 8 ff.
38 Friedrich Christian Prinz zu Schaumburg-Lippe: Zwischen Krone und Kerker, Wiesbaden 1952.

sinn der breiten Schichten des Volkes und stellte ihn in den Dienst der nationalen Erneuerung.

Am 18. Februar erging eine erste Notverordnung zur Linderung von Härten in der Sozialversicherung und Arbeitslosenhilfe; die Rentenbezüge wurden verbessert und die Rentenversicherung saniert[39]. Die nächste Notverordnung diente der Verbesserung der Krankenversicherung. Beide Notverordnungen hoben wenigstens teilweise die großen Härten der Sparmaßnahmen der früheren Regierungen seit 1930 auf. Durch zwei weitere Verordnungen vom 17. März und 4. November wurde das Krankenversicherungswesen neu geordnet und staatlich überwacht. Der Krankenschein war nur einmal für die gleiche Krankheit zu erbringen und kostete 25 Pfennig. Auch der Arzneikostenanteil wurde durch Verordnung vom 25. Dezember auf 25 Pfennig herabgesetzt; den Familienangehörigen konnten die Arzneikosten bis zu 70% ersetzt werden. Noch vor der Wahl des 5. März 33 hatte die Reichsregierung beschlossen, kostenlos Lebensmittel für die Ärmsten der Notstandsgebiete verteilen zu lassen, zunächst 40 000 Zentner Butter und 700 000 Zentner Roggen[40].

Im Zusammenhang mit der Feier des 1. Mai und den damit verbundenen grundlegenden Änderungen der Arbeiterorganisation durch die neugeschaffene Deutsche Arbeitsfront erfolgte am 4. Mai die „Stiftung für die Opfer der Arbeit" durch einen Aufruf des Reichskanzlers. In Hitlers Aufruf vom 4. Mai heißt es:

„. . .Sieben deutsche Bergarbeiter, Angehörige des Arbeiterstandes, dem das Los der härtesten Arbeit zugefallen ist, sind am Vorabend des 1. Mai einem furchtbaren Unglück zum Opfer gefallen und auf dem Felde der Arbeit geblieben. Witwen und Waisen sind ihrer Ernährer beraubt worden. Der Tod dieser Helden soll der ganzen Nation der Anlaß sein, eine Stiftung zu errichten, aus der von jetzt an allen Soldaten der Arbeit, die auf dem Felde des Kampfes um das tägliche Brot fallen, die ausreichende Versorgung ihrer Familien gewährleistet wird. Es darf nicht mehr vorkommen, daß in Zukunft solche Opfer der Arbeit auf die knappen Leistungen der öffentlichen Fürsorge angewiesen sind. Es ist vielmehr eine Ehrenpflicht aller Deutschen, insbesondere aber der begüterten unter ihnen, hier ihr Bestes und Möglichstes zu tun.

---

39 VB, Nr. 48 v. 17. Febr. 33, S. 1: „Hilfe für Kleinrentner und Kriegsbeschädigte. Aufhebung der Rentenkürzungen."
40 VB, Nr. 62 v. 3. März 33, S. 1: „Kostenlose Lebensmittel für die Ärmsten der Notstandsgebiete".

Ich rufe hiermit zur Errichtung einer Stiftung für die Opfer der Arbeit auf. Aus ihr sollen in Zukunft die Hinterbliebenen aller deutschen Arbeiter, die in ihrem Berufe tödlich verunglückt sind, unterstützt werden. Diese Stiftung kann nicht groß genug sein. Sie muß ein sichtbares Symbol der Ehrfurcht des deutschen Volkes vor der nationalen Arbeit und ein Denkmal der unzerreißbaren Gemeinschaft aller Klassen und Stände untereinander werden."

Tags zuvor, am 3. Mai, hatte Hitler die unter Leitung von Erich Hilgenfeldt stehende NS-Volkswohlfahrt als die zuständige Parteiorganisation für Volkswohlfahrt und Fürsorge anerkannt. Der nächste Schritt zum Abbau der Überbelastung durch soziale Abgaben war am 12. Mai die Befreiung der Hausgehilfinnen von der Pflicht der Arbeitslosenversicherung. Auch die Beiträge der Hausgehilfinnen zur Invalidenversicherung wurden gesenkt. Ein eigenes Gesetz für den Lohnschutz der Heimarbeit erging am 8. Juni. Im Zuge der Arbeitsbeschaffungsmaßnahmen erfolgte eine Entlastung der Arbeitslosenversicherung, indem mit Wirkung vom 1. Oktober Land- und Forstwirtschaft, Binnen- und Küstenfischerei sowie die Teichwirtschaft von ihr entbunden wurden. Andererseits erfolgte eine Kürzung der Wartezeit zur Linderung der Not der Arbeitslosen.

Die Begründung des *Winterhilfswerks* am 13. September 1933 erfolgte mit einer Ansprache Hitlers im Rahmen einer feierlichen Veranstaltung im Reichspropagandaministerium. ,,. . . Daher muß als Motto über dieser großen Hilfsaktion das Wort ,Nationale Solidarität' stehen", führte er u. a. aus und fuhr fort: ,,Es ist die Solidarität unseres eigenen Volkes, die unzertrennliche Verbundenheit nicht nur in glücklichen, sondern auch in schlimmen Tagen. Die Verbundenheit nicht nur mit denjenigen, die vom Glück gesegnet sind, sondern auch mit denjenigen, die vom Unglück verfolgt sind. Wenn wir diesen Gedanken der nationalen Solidarität richtig auffassen, dann kann es nur ein Gedanke des Opferns sein . . ."

Neben dem Winterhilfswerk war der zweite Schwerpunkt sozialpolitischer Fürsorge die Gründung der Freizeitorganisation ,,*Kraft durch Freude*" durch den Leiter der Arbeitsfront, Dr. Robert Ley, am 28. November[41]. Sie diente nicht nur der Erholung der Minderbemittelten, sondern erhielt zur Aufgabe, die breiten Schichten des Volkes mit den deutschen Kulturgütern bekanntzumachen und so das nationale Be-

---

41 Rühle, I, S. 336.

wußtsein zu stärken. Das, was die Sozialdemokraten seit dem Ende des 19. Jahrhunderts versprochen hatten, nämlich u. a. Reisen für die Arbeiter im In- und im Ausland, verwirklichte die NS-Organisation „Kraft durch Freude".

Zu den sozialpolitischen Maßnahmen, die gleichzeitig der Arbeitsbeschaffung dienten, gehörte die schon erwähnte Gewährung von unverzinslichen Ehestandsdarlehen in Höhe von 1000 RM. Das Geld wurde nicht in bar, sondern in Form von Gutscheinen zur Verfügung gestellt. Mit den Gutscheinen konnten die jungen Paare Hausrat und Möbel kaufen. Dadurch wurde die Leichtindustrie gefördert, neue Arbeitsplätze wurden geschaffen. Die Eheschließungen sollten um 200 000 jährlich erhöht werden[42]. Der deutsche Gemeindetag befürwortete in einer Eingabe an den Reichsarbeitsminister die Einrichtung von Ausgleichskassen, um kinderreichen Arbeitern soziale Zulagen zu gewähren. Das Reichspropagandaministerium plante einen dreimonatigen bevölkerungspolitischen Aufklärungsfeldzug, um in allen Kreisen der Bevölkerung „das Verständnis für die Notwendigkeit des Kinderreichtums und Fragen der Hygiene und der Volksgesundheit" zu fördern. Eine großzügige Hilfsaktion für die kinderreichen Familien wurde gleichzeitig damit in Angriff genommen[43].

Am 1. Dezember beschloß die Reichsregierung ein Gesetz zur Erhaltung der Leistungsfähigkeit der Invaliden-, der Angestellten- und der Knappschaftsversicherung. Das Gesetz diente nur der Sanierung, nicht der Änderung der Organisation, wie der Staatssekretär im Reichsarbeitsministerium erläuterte[44].

Unter dem Titel „Kampf gegen Doppelverdiener. Die Arbeitsbeschaffung der Stadt Dortmund" berichtete die VZ über die Darlegungen des Oberbürgermeisters: „Alle diejenigen, die nicht wirklich arbeitslos sind und der öffentlichen Unterstützung zur Last fallen, werden systematisch erfaßt und aus der Unterstützung ausgeschaltet. Mit verschärften Maßnahmen wird der Kampf gegen das Doppelverdienertum aufgenommen. Wer sich nach den Aufrufen des Oberbürgermeisters nicht richtet und weiterhin die Maßnahmen zur Freimachung von Arbeitsplätzen sabotiert, wird rücksichtslos in ein Konzentrationslager einge-

---

42 VB, Nr. 192 v. 11. Juli, S. 1: „Zur Entlastung des Arbeitsmarktes. Die Maßnahmen des Reiches zur Förderung der Eheschließungen."
43 VZ, Nr. 393 v. 18. Aug. 1933, Morgen-A.: „Förderung der Kinderreichen".
44 VB, Nr. 337/8 v. 3./4. Dez. 1933, S. 2: „Die Sanierung der Sozialversicherung".

liefert. Es müssen soviel Arbeitsplätze freigemacht werden, wie es für das einzelne Unternehmen nur eben tragbar ist. Im Einvernehmen mit den einzelnen Werken muß es bei gutem Willen gehen, daß auf etwa fünfzehn Arbeiter eine neue Einstellung erfolgt. Überall dort, wo Frauen und Mädchen durch verheiratete Männer ersetzt werden können, soll das unverzüglich geschehen[45]."

Zu den wichtigsten bevölkerungspolitischen Maßnahmen zählte das *„Gesetz zur Verhütung erbkranken Nachwuchses"* vom 14. Juli 1933. Innenminister Frick führte dazu vor dem Sachverständigenbeirat für Bevölkerungs- und Rassepolitik aus: das deutsche Volk sei in kulturellem und völkischem Niedergang begriffen. Nicht zuletzt durch den Geburtenrückgang und die Kriegsausfälle nehme die begabte wertvolle Schicht ab. Besonders nachteilig wirke sich der Verfall der Familie aus. Das Gesundheitswesen müsse umgestellt werden. Die moderne Humanität und soziale Fürsorge „für das kranke, schwache und minderwertige Individuum" führe auf die Dauer zum Volksuntergang. „Erst wenn der Staat und das Gesundheitswesen als Kern ihrer Aufgaben die Vorsorge für die noch nicht Geborenen anstreben, können wir von einer neuen Zeit und von einer aufbauenden und Bevölkerungs- und Rassenpolitik sprechen. Zur Erhöhung der Zahl erbgesunder Nachkommen haben wir zunächst die Pflicht, die Ausgaben für Asoziale, Minderwertige und hoffnungslos Erbkranke herabzusetzen und die Fortpflanzung der erblich schwer belasteten Personen zu verhindern[46]."

Das Gesetz trat am 1. Januar 1934 in Kraft. Damit nahmen 1700 Erbgesundheits- und 27 Erbgesundheitsobergerichte ihre Tätigkeit auf. 400 000 Erbkranke wurden sterilisiert. In Dortmund wurde bereits im Mai 1933 mit der Errichtung eines Städtischen Rasseamtes begonnen[47]. In Halle fand am 1. August ein erster Lehrgang für Rassenhygiene statt. Mehr als fünfhundert Ärzte nahmen daran teil. „Der wissenschaftliche Leiter des Lehrgangs, Privatdozent Dr. Kürten, der an der Universität Halle über menschliche Erblichkeitslehre und Rassenhygiene liest, hielt den einleitenden Vortrag. Er verwies dabei auf die bahnbrechende Arbeit Amerikas auf dem Gebiet der Rassenhygiene und die vorbildlichen Gesetzgebungsmaßnahmen Amerikas unter Erwähnung der Arbeiten von Lothrop Stoddard und Madison Grant. Maßnahmen, die überein-

---

45 VZ, Nr. 393 v. 18. Aug. 1933, Morgen-A., S. 1.
46 VZ, Nr. 306 v. 28. 6. 33, Abend-A.
47 VZ, v. 4. Mai 33.

stimmend von den Gelehrten aller Länder schon seit langem gefordert werden, aber nirgends bisher durchgeführt worden seien, werde Deutschland jetzt verwirklichen[48]."

Der preußische Innenminister gab bekannt, daß Dr. Achim Gercke „als Sachverständiger für Rasseforschung" beim Reichsinnenministerium bestellt worden sei. Er sei ausschließlich zuständig für die Ausstellung von Gutachten, die im Vollzuge des Gesetzes zur Wiederherstellung des Berufsbeamtentums notwendig werden. Nur dieser Sachverständige dürfe die Amtsbezeichnung „Der Sachverständige für Rasseforschung" führen[49].

Planmäßige Bevölkerungspolitik, Volkstums- und Rassenpflege ließ sich die nationalsozialistische Regierung von Anfang an besonders angelegen sein. Das Reichsinnenministerium unter Leitung von Dr. Frick war für die entsprechenden gesetzlichen Maßnahmen zuständig. Der Reichsinnenminister wandelte den bestehenden „Reichsausschuß für Bevölkerungsfragen" in einen „Sachverständigenbeirat für Bevölkerungs- und Rassenpflege" um. Dieser bildete drei Arbeitsgemeinschaften: 1. für Finanz- und Steuergesetzgebung, Statistik, Sozialpolitik und Siedlung, 2. Für Rassenhygiene und Rassenpflege, 3. für Erziehungs-, Frauen-, Mütterfragen und Fürsorge. Eine Abteilung für Volksgesundheit wurde im Reichsinnenministerium geschaffen, ferner im Rahmen der Ärzteschaft ein „Aufklärungsamt für Bevölkerungspolitik und Rassenpflege". Im Reichspropagandaministerium entstand eine „Abteilung für Volkswohlfahrt und Volksgesundheit".

In der Reichsleitung der NSDAP wurde ein „Sachverständigenbeirat für Volksgesundheit" unter Leitung des Reichsführers des NS-Ärztebundes errichtet. Der Reichspropagandaminister leitete eine eigene Aufklärungsaktion gegen den Geburtenrückgang in seinen quantitativen und qualitativen Auswirkungen. Auf dem Reichsparteitag im September 1933 war das Rasseproblem Inhalt von Reden Hitlers und Goebbels' über „Rassenfrage und Weltpropaganda". Im Reichsinnenministerium wurde außerdem eine Dienststelle des „Sachverständigen für Rasseforschung" errichtet. Familien- und Sippenforschung wurden schon im Zusammenhang mit der Notwendigkeit des Nachweises arischer Ab-

---

48 VZ v. 2. Aug. 33, Artikel: „Rassenhygiene, erster Lehrgang".
49 Ebda. – Der britische Zoologie-Professor Julian Huxley veröffentlichte in der „Vossischen Zeitung" am 17. März 1934 einen Aufsatz: „Freiwillige Sterilisierung in England." Huxley wurde 1946 Generalsekretär, dann Generaldirektor der UNESCO.

stammung Pflicht. Das „Gesetz zur Wiederherstellung des Berufsbeamtentums" vom 7. April 1933, das „Gesetz über den Widerruf von Einbürgerungen und Aberkennung der deutschen Staatsangehörigkeit" vom 14. Juli sowie mit gleichem Datum das „Gesetz zur Verhütung erbkranken Nachwuchses" zum Zwecke der Sterilisation erbkranker Personen waren Meilensteine der neuen Bevölkerungspolitik.

Weitere gesetzliche Maßnahmen in dieser Richtung waren das Preußische Strafvollstreckungs- und Gnadenrecht vom 1. August und das „Gesetz gegen gefährliche Gewohnheitsverbrecher und Sittlichkeitsverbrecher" vom 24. November.

In den Rahmen der Bevölkerungspolitik gehörten auch Ehestandsdarlehen und Ehestandshilfe zur Förderung junger Eheschließungen, das „Gesetz über die Neubildung deutschen Bauerntums" und das Reichserbhofgesetz vom 1. Oktober. Das Erntedankfest am Bückeberg wurde, wie schon gesagt, am 1. Oktober im Beisein Hitlers groß gefeiert und war für den Bauernstand im Dritten Reich von ähnlicher Bedeutung wie der 1. Mai für die Arbeiterschaft.

Neue *Handelsverträge* im Sinne der Sicherung des deutschen Bauerntums und der Landwirtschaft wurden vor allem mit jenen Staaten geschlossen, die Lebensmittel und sonstige landwirtschaftliche Erzeugnisse nach Deutschland lieferten, so mit den Niederlanden, mit der Türkei, mit Jugoslawien und Chile (auf der Grundlage der Meistbegünstigung), mit Argentinien und Polen. Die ersten Ansätze für den Warenaustauschverkehr, der ab 1934 systematisch ausgebaut wurde, nämlich Rohstoffe und landwirtschaftliche Produkte gegen industrielle Erzeugnisse zu „tauschen", d. h. die Rohstoff- und Lebensmitteleinfuhr mit industriellen Fertigerzeugnissen zu bezahlen, wurden damit geschaffen. Wirtschafts- und Außenhandelspolitik standen ebenfalls im Dienste der Bevölkerungs- und Rassepolitik, da sie der Stärkung des Bauerntums dienten. Die gesamte Bauernpolitik im weiteren Sinne sollte der „Anforderung" des deutschen Volkes unter dem Motto „Blut und Boden" dienen.

Leider vermengten die Nationalsozialisten in unseliger Weise eine vernünftige Bevölkerungspolitik der Erbhygiene und Gesundheitslehre mit einer einseitigen und mißbräuchlichen Auslegung des Rassegedankens im politischen, antijüdischen und in dem Sinne des Nordismus. „Volksbiologisches Denken als Rettung der weißen Rasse" war das Thema des Staatsministers Hartnacke, Dresden[50]. Auch der norwegische

---

50 VB, Nov. 1933, Rasse, Volk und Staat, Rassenhygienisches Beiblatt.

Rassenhygieneforscher Dr. Jon Alfred Mjöen lieferte eine Stellungnahme zum Thema ,,Der nordische Sippenkult und die biologische Lebensanschauung im neuen Deutschen Reich"[51]. Der Gedanke, eine Bevölkerungspolitik unter erbhygienischen Vorzeichen zu betreiben, war an sich fruchtbar und zukunftsträchtig. Ähnliche Gedanken und Absichten hatten schon in den frühen zwanziger Jahren die amerikanischen Forscher Madison Grant und Lothrop Stoddard verfochten. Die amerikanische Einwanderungsgesetzgebung von 1924 hat die Vorschläge dieser Gelehrten berücksichtigt.

Besonders auch in der Kunst wurde der Rassegedanke mit dem Schönheitsideal der nordischen Rasse herausgestellt, vor allem von Hitler selbst. Auf dem Reichsparteitag hielt er eine Rede über ,,NS als Weltanschauung": ,,Der NS bekennt sich damit zu einer heroischen Lehre der Wertung des Blutes, der Rasse und der Persönlichkeit sowie der ewigen Auslesegesetze und tritt somit bewußt in unüberbrückbaren Gegensatz zur Weltanschauung der pazifistisch-internationalen Demokratie und ihrer Denkweise", führte er u. a. aus[52]. Das größenwahnsinnige Gerede von der ,,Herrenrasse" brachte aber nicht nur das Judentum auf, sondern auch andere Nationen fühlten sich zu Recht dadurch betroffen und reagierten empfindlich.

Die Proteste und der negative Widerhall dieser ,,Rassepolitik" waren um die Jahreswende immerhin so stark, daß Reichsinnenminister Dr. Frick sich gezwungen sah, eine ausführliche Stellungnahme bekanntzugeben, um das Ausland zu beruhigen. Er erklärte[53]:

,,Infolge unrichtiger Meldungen ist in den Ländern des Fernen Ostens in den letzten Wochen in der Tat eine gewisse Beunruhigung über die Pläne der Reichsregierung in der Rassenfrage entstanden. Insbesondere ist in diesem Zusammenhang in der Presse Japans und Indiens die Befürchtung zum Ausdruck gekommen, daß in Deutschland die Absicht bestehe, die Angehörigen fremder Rassen zu deklassieren und sie gegenüber den Angehörigen der eigenen Rasse allgemein zurückzusetzen. Namens der Reichsregierung kann ich feststellen, daß derartige Nachrichten jeglicher Grundlage entbehren. Die nationalsozialistische Rassengesetzgebung geht von dem Gedanken aus, daß die Reinerhaltung der Rasse für die Zukunft

51 Ebda, Nr. 363 v. 29. Dez. 1933.
52 VB, Reichsparteitag 1933, Hitler auf der Kulturtagung.
53 VB, Nr. 340 v. 6. 12. 1933, S. 1 ,,Innenminister Frick über unser Verhältnis zu fremden Rassen".

des deutschen Volkes von entscheidender Bedeutung ist. Entsprechende Gedanken sind auch in der Bestrebung anderer Völker, insbesondere Asiens, zum Ausdruck gekommen. Als fremde Rasse ist in Deutschland am stärksten das Judentum vertreten. Obwohl der zahlenmäßige Anteil der Juden in Deutschland nur 1,5 % beträgt, hatten sie doch in den letzten Jahrzehnten, besonders aber seit 1918 durch den Zustrom von Juden aus dem Nahen Osten einen ungeheuren Einfluß auf wirtschaftlichem, finanziellem und politischem Gebiet erlangt... Dieser übermäßigen Überfremdung Einhalt zu tun, war für das deutsche Volk eine Lebensfrage geworden, so daß seine Rassengesetzgebung nur einen Akt der Notwehr und nicht des Hasses darstellt."

Mit einem Werturteil über fremde Rassen habe die deutsche Rassengesetzgebung nichts zu tun.

Frick widmete sich in der „Deutschen Juristen-Zeitung" vom 1. Januar 1934 nochmals ausführlich dem Thema „Die Rassenfrage in der deutschen Gesetzgebung". Der Drehpunkt der Rassengesetzgebung und damit seiner Ausführung ist der Arierparagraph in dem Gesetz über die Wiederherstellung des Berufsbeamtentums vom 7. April 1933. „Daß der Arierparagraph geschaffen werden mußte", führte Frick aus, „wenn der neue Staat nicht einen seiner wichtigsten Grundsätze verleugnen wollte, liegt auf der Hand. Es wäre eine Halbheit gewesen", fuhr Frick fort, „wenn der Staat sie auf seine Beamten allein beschränkt hätte. Das völkische Prinzip mußte auch bei Angestellten und Arbeitern der öffentlichen Hand durchgeführt werden. Ähnliche Notwendigkeiten lagen auch bei Ärzten und Rechtsanwälten vor." Das Kirchengesetz vom 8. Dez. 1933 enthielt jedoch den Arierparagraphen nicht.

Rechtsleben

Hitler betraute seinen Rechtsanwalt Dr. Hans Frank mit der Neuordnung des Rechtswesens im nationalsozialistischen Sinne. Er hatte schon am 11. Oktober 1928 einen Aufruf für den Zusammenschluß nationalsozialistischer Juristen und Volkswirtschaftler unter Leitung von Dr. Frank erlassen. Damals wurde der „Bund nat. soz. Juristen" gegründet. Frank wurde im März 1933 nach dem Umsturz in Bayern Justizminister und am 24. April zum „Reichskommissar für die Gleichschaltung der Justiz in den Ländern und für die Erneuerung der Rechtsordnung" ernannt. Am 26. Juni gründete er die „Akademie für deutsches Recht", nachdem er am 1. Juni eine „Deutsche Rechtsfront" errichtet hatte, die alle bisherigen juristischen Organisationen als einheitlicher Verband aller Rechtswahrer (Richter, Staats- und Rechtsanwälte, Notare, Rechtspfleger, Verwaltungsjuristen, Wirtschaftsrechtler, juristische und wirtschaftsrechtliche Hochschullehrer sowie Jungjuristen) zusammenfaßte. Die Deutsche Rechtsfront bezog auch alle mit Rechtsangelegenheiten befaßten Berufsstände (z. B. Gerichtsvollzieher) ein und bildete so die Grundlage des deutschen Rechtsstandes. Im Geiste der nat. soz. Revolution „konnte Recht nur *das* sein, was dem Volke diente – und was dem Volke schadet, mußte *Unrecht* heißen"[54]. Vom 30. September bis 3. Oktober fand in Leipzig unter dem Leitspruch „Durch NS dem deutschen Volk das Deutsche Recht" der „Deutsche Juristentag" statt. Der Reichskanzler hielt dort, vom Erntedankfest in Bückeburg kommend, eine Rede, ebenso Dr. Frank. In Preußen hatten der nat. soz. Justizminister Hanns Kerrl und sein Staatssekretär Roland Freisler für die Gleichschaltung schon Vorarbeit geleistet.

Am Juristentag führte Frank u. a. aus: „Künftig wird kein anderer Wert im Recht mehr maßgebend sein als jener, der auf den ewigen Gesetzen des nationalen Werdens und Vergehens beruht. In den Mittelpunkt unserer Betrachtungen haben wir den Begriff der Rasse gestellt. Neben den Begriff der Rasse haben wir den Schutz der Ehre gestellt. Das Recht schützt die Ehre dadurch, daß es den deutschen Menschen dazu erzieht, diesen Schutz der Ehre anzusehen als den Schutz eines Repräsentanten der Volksgesamtheit, den jeder einzelne darzustellen hat." Die Reichsvereinheitlichung der Justiz stellte Frank als die nächstwichtige Aufgabe dar. Am 12. Dezember verkündete Frank den Deutschen Rechtsstand.

Eine Anzahl gesetzgeberischer Maßnahmen auf dem Gebiet des Zivil- und Strafrechts erging im Laufe des Jahres im Sinne und zum Schutze der nationalen Revolution. In Ergänzung der Verordnung des Reichspräsidenten zum Schutze von Volk und Staat vom 28. Februar beschloß am 29. März die Reichsregierung das „Gesetz über Verhängung und Vollzug der Todesstrafe". Es folgte am 4. April ein „Gesetz zur Abwehr politischer Gewalttaten", dem am 21. März eine Verordnung des Reichspräsidenten" zur Abwehr heimtückischer Angriffe gegen die Regierung der nationalen Erhebung" vorausgegangen war. Gleichzeitig ließ die Reichsregierung Sondergerichte bilden für beschleunigte Durch-

---

54 Rühle, a. a. O., I, 349.

führung von Verfahren aufgrund der oben angeführten Verordnungen und Gesetze. Am 26. Mai erging ein „Gesetz zur Abänderung strafrechtlicher Vorschriften". Die Strafen für Landes- und Hochverrat wurden verschärft, für Ausländer, die sich strafbar gemacht hatten, die Verweisung aus dem Reich eingeführt. Das Gesetz wandte sich gegen Denunziationen sowie gegen Ankündigung und Bereitstellung von Abtreibungsmitteln. Es verschärfte die Strafen für Kindesmißhandlung und für Tierquälerei. Am 13. Oktober folgte ein „Gesetz zur Gewährleistung des Rechtsfriedens", am 24. November ein „Gesetz zur Einschränkung der Eide im Strafverfahren", am 23. November ein „Gesetz gegen Mißbräuche der Eheschließung" und am 13. Dezember das „Gesetz über die Beschränkung der Nachbarrechte gegenüber Betrieben, die für die Volksertüchtigung von besonderer Bedeutung sind".

Mit dem Absolutsetzen von Rasse und Nation war eine Relativierung des Rechts verbunden. Der britische Satz dazu heißt „Wright or wrong, my country" „Recht oder Unrecht, mein Vaterland". Göring hob ihn in einer seiner Reden als Leitgedanken für nationalsozialistisches Denken und Handeln hervor. Er führte in radikaler Übersteigerung dazu, daß auf dem Rechtsgebiet der Grundsatz geltend gemacht wurde: „Was dem deutschen Volke nützt, ist recht, was ihm schadet, ist unrecht." Das Recht wurde so zum politischen Instrument degradiert[55]. Am 21. März, dem Tag von Potsdam, erging sinngemäß eine „Verordnung über die Gewährung von Straffreiheit" für Straftaten nationaler Kämpfer.

Politische Morde im nationalen Sinne wurden amnestiert. Darunter fielen nicht nur die Attentäter Erzbergers und Rathenaus, sondern auch die Mörder von Potempa (1932). Der Stabschef der SA, Ernst Röhm, und der Reichsführer SS, Heinrich Himmler, sprachen im Juli in Saaleck am Grabe der beiden Marine-Offiziere Kern und Fischer, die 1922 Rathenau erschossen hatten. Der „Völkische Beobachter" brachte die Ehrung unter der Schlagzeile: „Röhm und Himmler sprechen am Grabe der Rathenau-Beseitiger Kern und Fischer. Das neue Deutschland widerruft die Acht über die beiden vom System verfemten Seeoffiziere. Feierliche Totenehrung auf dem Friedhof von Saaleck[56]."

Roland Freisler, Rechtsanwalt und nationalsozialistischer Landtagsabgeordneter in Preußen, fiel im Untersuchungsausschuß des Landtags Anfang Februar unangenehm auf. Er hielt dort „ein ausführliches Refe-

55 Roberts, a. a. O., S. 82 ff. „Law as a political instrument".
56 VB, Nr. 199 v. 18. Juli 33, Berliner A., S. 1.

rat, das die Beschuldigungen Zarnows breit wiedergab. Daß es ihm nur darum zu tun war, ein öffentliches Podium für seine einseitigen Beschuldigungen zu finden, geht aus der Tatsache hervor", so schilderte die VZ den Vorfall[57], „daß er nach Beendigung seines Referats die Sitzung einfach mit der Begründung schloß, die Auflösung des Landtages stehe ja bevor, weitere Verhandlungen des Ausschusses seien daher zwecklos." Freisler, in russischer Kriegsgefangenschaft bolschewistischer Kommissar, seit 1925 Mitglied der NSDAP, wurde 1933 Leiter der Personalabteilung im Preußischen Justizministeriums, 1934 Staatssekretär und Leiter der Abteilung für Sabotagebekämpfung.

57 VZ v. 2. Febr. 33, Artikel „Mißbrauchter Parlamentarismus".

Kulturpolitik und Weltanschauung

Die geistige Entwicklung stand ganz unter dem irrationalen und anti-intellektuellen Vorzeichen der Nachkriegszeit. Der Erste Weltkrieg hatte das rationalistische Zeitalter beendet und den emotionalen, irrationalen Kräften die Bahn zum Durchbruch bereitet. Diese Kräfte siegten in Deutschland durch die nationalsozialistische Massenbewegung. Hitler hatte seine großen Erfolge als Agitator in den Jahren 1919 bis 1933 dem ständigen Appell an die Gefühle und Leidenschaften der Menge zu verdanken. Seine faszinierende Wirkung auf den „kleinen Mann" beruhte auf seiner Fähigkeit, als unbekannter Frontsoldat die am eigenen Leibe miterlebten Nöte und Leiden, Wünsche und Sehnsüchte des einfachen Mannes in seiner Sprache auszudrücken, ihn damit seelisch zu erfassen, zu erschüttern, zu begeistern. Einen geradezu magischen Einfluß vermochte er auf die Jugend und auf das weibliche Geschlecht auszuüben. Aber auch viele Gebildete erlagen seinem Bann. So wurde er schon im ersten Regierungsjahr zum Abgott der Massen[1].

Seine Feinde waren die Intellektuellen, soweit sie sich nicht ausdrücklich zu ihm bekannten, und der wesentliche Teil der konservativen Oberschicht. Nicht nur wegen der programmatisch antijüdischen Einstellung, sondern vor allem wegen dieser irrationalen und anti-intellektuellen Grundhaltung waren die Juden als Hauptträger des liberalen, rationalistischen und kapitalistischen wie auch sozialistischen Zeitgeistes die geschworenen Feinde des Nationalsozialismus und mit ihnen und durch sie die gesamte „Linke" der Zweiten und Dritten Internationale. Und diese intellektuelle „Internationale" beherrscht das gesamte Geistes- und Kulturleben im 20. Jahrhundert.

Die Macht der Intellektuellen beruht auf dem ständigen Mißbrauch der Freiheit, auf der Zügellosigkeit in Verbindung mit einem übertriebenen, alle gewachsenen Bindungen der Ehe, Familie, der Heimat, des Stammes, des Volkes, des Staates, der Kirche zersetzenden und zerstörenden Individualismus. „Im Schutz der individualistischen Freiheitsberauschung wächst die Verantwortungslosigkeit, im Schutz der Gleichheitsforderung der Frau geht die Familie ihrer Auflösung entgegen, im

---

1 „Er ließ sie kämpfen, und sie machten ihn zu einem Gott – dem Gott des Kleinbürgertums... seine Alltags-Mentalität, sein untilgbarer Idealismus und seine gewandte Zunge wirkten zusammen, um ihm ein Land zu Füßen zu legen." Roberts, a. a. O., S. 44.

Schutz einer mißverstandenen Humanität wächst eine steigende Zahl lebensuntüchtiger und kulturzerstörender Elemente heran", schrieb der Norweger Mjöen und fuhr fort: „Hitler hat erfaßt, daß die sittliche Erziehung des Volkes vom Kinde bis zum erwachsenen Menschen vergeblich ist ohne die Grundlage aller Moral: den Sippenkult- oder, um Thomas Carlyles' altes Wort zu gebrauchen: ohne Heldenverehrung. Die Ehrfurcht vor der Sippe . . ., die ging verloren . . .[2]"

Auf dem Nürnberger Parteitag begründete Reichspropagandaminister Goebbels das harte Vorgehen gegen die zersetzende Tätigkeit hemmungsloser Literaten und Intellektueller mit folgenden Beispielen aus dem Theater- und Presseleben:

> „Auf einer Berliner Bühne, die von Juden geleitet wurde, fegte man einen Stahlhelm mit den Worten ,Dreck, weg damit!' auf den Kehrichthaufen. Der Jude Gumbel nannte die Toten des Krieges ,auf dem Felde der Unehre Gefallene'. Der Jude Lessing verglich Hindenburg mit dem Massenmörder Haarmann, der Jude Toller bezeichnete das Heldentum als ,das dümmste aller Ideale'. Der Jude Arnold Zweig sprach vom deutschen Volk als einem ,Pack, dem man die Stirne zeigen müsse', von der ,viehischen Gewalt des ewigen Boche', und der ,Nation von Zeitungslesern, von Stimmvieh, Geschäftemachern, Mördern, Abrückern, Operettenliebhabern und Amtskadavern'. Ist es da verwunderlich, daß die deutsche Revolution auch eine Abschüttelung dieses geistigen Jochs mit sich brachte? . . ."

Hitler selbst entwickelte den neuen politischen Stil, beruhend auf Mystik und Mythos, auf Symbolik und Ritual mit dem dogmatischen Glauben an Blut und Rasse, mit berauschender Musik, mit Flaggen, Fahnen und Standarten. Damit kam er nicht nur einem elementaren Bedürfnis der Zeit, sondern der menschlichen Seele überhaupt entgegen. Zu spät hatte die Linke das erfaßt und 1932 den oben geschilderten kümmerlichen Versuch unternommen, die Hitlerbewegung mit ihrer Dreipfeilbewegung zu unterlaufen. Hitler gewann mit dem von ihm geschaffenen weltanschaulich-politischen Stil nicht nur die Massen, er sprach damit besonders die Jugend und auch die Frauen an.

„Er ist Romantiker durch und durch", so beurteilte ihn der australische Professor Roberts[3] und fuhr fort: „und es fehlt ihm die Bildung,

---

2 VB, Nr. 363 v. 29. Dez. 33, Artikel: Dr. Jon Mjöen: „Der nordische Sippenkult und die biologische Lebensanschauung im neuen Deutschen Reich."
3 Roberts, a. a. O., S. 10; Über Hitlers Auftreten am Parteitag: „Hitler acted as the pontiff of a Nazi Rome, ebda, S. 136.

seinen Romantizismus zu bezähmen durch das Gleichgewicht der Philosophie. Alles, was er tut, ist Wagnerianisch – das ist das Leitmotiv des ganzen Hitler-Stückes." Obwohl er selbst immer gepredigt hatte, die Aufgabe seiner Bewegung sei die politische Reorganisation des deutschen Volkes, nicht die religiöse Reformation, geriet er mit dem Lehren von der totalen Weltanschauung des Nationalsozialismus unbewußt und gegen seinen ursprünglichen Willen auf die verhängnisvolle Bahn einer dogmatischen, Ganzheitsanspruch erhebenden Ideologie, bestehend aus völlig unausgegorenen und unausgereiften Ansichten, voreiligen Schlußfolgerungen aus der Biologie, somit zu einem biologischen Materialismus. „Nationalsozialismus ist eine Weltanschauung", verkündete er auf dem Reichsparteitag in Nürnberg[4]. Er (der NS) „bekennt sich damit zu einer heroischen Lehre der Wertung des Blutes, der Rasse und der Persönlichkeit sowie der ewigen Auslesegesetze und tritt somit bewußt in unüberbrückbare Gegensätze zur Weltanschauung der pazifistisch-internationalen Demokratie und ihrer Auswirkungen." Als Kunstideal verherrlichte Hitler das „nordische Schönheitsideal", wie es von den Griechen geprägt wurde. Er selbst war als Künstler ein Anhänger des Klassizismus, vor allem Gottfried Semper war in der Baukunst sein Vorbild. Seine persönliche Veranlagung wies ihn als Architekturzeichner aus, Architektur in erster Linie, dann auch Malerei waren seine Steckenpferde. Und hier betätigte er sich als „Diktator". Bei der Grundsteinlegung des „Hauses der deutschen Kunst" in München, dessen Errichtung auf seine persönliche Initiative zurückging, rief er aus: „Das junge Deutschland baut seiner Kunst sein eigen Haus. Wenn es aber diesen Bau der deutschen Kunst in der Stadt München gibt, bekennt es sich zum Geiste desjenigen, der einst als bayerischer König diese Stadt zu einer Heimstätte der deutschen Kunst erhob . . . München soll wieder die Hauptstadt der deutschen Kunst werden[5]."

Die Erkenntnis der durch den Weltkrieg ausgelösten seelischen Revolution begann den im „Elfenbeinturm" liberaler Wissenschaft sitzenden Gelehrten, wenn überhaupt, dann nur sehr langsam zu dämmern. Deshalb hinkten sie auch mit der Einsicht in die dadurch verursachte wirtschaftliche, gesellschaftliche und politische Krise hinter den Ereignissen

---

4 VB, Hitlers Rede auf der Kulturtagung des Reichsparteitages 1933.
5 VB, Nr. 290 v. 17. Oktober 1933, S. 1: „Kein Wiederaufstieg ohne Wiedererweckung deutscher Kultur und Kunst. Die Rede des Führers bei der Grundsteinlegung zum ‚Haus der deutschen Kunst' in München."

nach. Ausnahmen wie der Ordinarius für Psychologie an der Universität Heidelberg, Professor Willy Hellpach, der im März 1933 einen Vortrag über das Thema hielt: „Die Wiedergeburt der Leidenschaft im öffentlichen Leben"[6], bestätigten nur die Regel.

Aber „der Appell an das Irrationale ist eine sehr zweischneidige Waffe", warnte der schon zitierte Romanist R. E. Curtius. „Denn es umfaßt nicht nur das, was höher ist als alle Vernunft, sondern auch das Untervernünftige und das Unvernünftige. Und da das Niedere immer bequemer, das Untere immer leichter erreichbar ist als das Hohe, bahnt der Irrationalismus nicht der mystischen Vision, sondern der seelischen Barbarei den Weg – . . ."[6a]

Gegen einen Umschlag vom liberalistischen Individualismus in eine neue Art von Kollektivismus in Gestalt eines hypertrophischen Nationalismus erhob bereits im Mai Vizekanzler von Papen warnend seine Stimme:

„Die Freiheit ist dem deutschen Volk so gefährlich geworden, weil die überdemokratische Verfassung von Weimar keine Zusammenfassung der staatlichen Kräfte von oben, also keine Gegenwirkung gegen die von unten kommende Zersplitterung ermöglichte. Die schlimmste Gefahr der Demokratie ist aber das Vorhandensein der politisierten Masse, in deren Stimmzettel das Schicksal des Staates gelegt wird", führte er in der Bonner Beethovenhalle aus und warnte: „Denn die allgemeine Nationalisierung eines Volkes bietet noch nicht die letzte Sicherheit für den völkischen Zusammenhalt. Dieser kann nur durch eine Erziehung erreicht werden, die das Erlebnis von Volksgemeinschaft und Staatlichkeit im Einzelmenschen lebendig macht. Dies ist aber nur möglich in freier Entscheidung, nicht im Zwange . . . Die Gefahr der Demokratie wird am besten gebannt durch die Loslösung der Wahl vom Partei- und Propagandaapparat. Dann wird auch das freie Wort harmlos. In der berufs- und gebietsständischen Ordnung wird gewählt", mit diesen Worten verfocht er den ständestaatlichen Gedanken, „nach Ansehen, Qualität und bindender Führerkraft der bodenständischen Persönlichkeit". Er wandte sich dann gegen den von radikalen Nationalsozialisten verfochtenen „antiliberalen Freiheitsbegriff", geprägt mit dem Satze „Der einzelne ist nichts, die Gemeinschaft ist alles", und sagte dazu wörtlich: „Denn dieser Satz ist kollektivistisch und geht über das Individuum hinweg. Der Mensch ist aber nicht nur Individuum, also Geschöpf, sondern auch Person, also frei entscheiden-

---

6 VZ, Nr. 136 v. 21. März 1933, Abend-A., S. 3.
6a Curtius, a. a. O., 920.

der Geist. Er ist nicht nur ein vollendetes Naturwesen, sondern ein un-
vollendetes göttliches Wesen. Als Individuum unterliegt er dem Schicksal,
als Person ist er frei. Aus diesem Grunde kann ihm das Maß seiner Freiheit nicht einfach von der Gemeinschaft zugewiesen werden. Denn auch
die Gemeinschaft ist erdgebunden und erhält ihren göttlichen Sinn durch
die freie schöpferische Tat der Person, die sich zur göttlichen Bestimmung
bekennt. Ohne Demut gegenüber Gott entartet die Freiheit in Willkür
oder in bewußter Stellungnahme gegen das Göttliche. Die natürlichen
Gemeinschaftsformen wie Familie, Stand und Volk umfassen den Einzelmenschen nicht nur als Individuum, sondern als Person. Sie sind soziolo-
gische Formen der Freiheit, während die Kollektivformen solche der
Willkür sind. Die Gleichmacherei und die Proletarisierung sind Ausfluß
des Strebens, die Person zu entpersönlichen, sie damit der freiheitlichen
Entscheidung oder des göttlichen Funkens zu berauben. Die letzte Lösung des Freiheitsproblems im antiliberalen Staat beruht also nicht auf
dem Mittel der künstlichen Beschränkung der Freiheit, die nur vorübergehend sein darf. Sie beruht vielmehr", so schloß der Vizekanzler seine
Rede, ,,auf der religiösen Wiedergeburt, auf der Durchdringung unserer
kollektivierten Welt mit personalem Geist. Hier liegt die christliche Aufgabe der deutschen Revolution und die Lösung des Freiheitsproblems[7]."

Äußerst kritisch beurteilte man im Ausland die nationalsozialistische
Weltanschauung. Aus ihr entsprangen die schwersten Bedenken für den
ausländischen Beobachter, aus ihr entstand weit mehr als aus allen anderen Gründen die feindselige Haltung in der Welt gegen die deutsche
Revolution.

,,Diese politische Philosophie", so meinte Prof. Roberts, und seine Ansicht war im Ausland weitgehend maßgebend, ,,kennzeichnet eine Rückkehr zum ältesten Zustand der Menschheit, ist jene der Priester in Ge-
meinschaften von Wilden. Die Nazis haben das Tabu-System wieder völlig hergestellt. In ihm hängt jeder Teil der gesellschaftlichen Struktur an
der blinden Annahme priesterlicher Edikte. Wenn ein Mitglied gegen
irgendeinen Teil des Systems verstößt, wird das ganze Gebäude zusam-
menbrechen. Das ist Nazi-Philosophie, das Tabu-System von Wilden,
verbunden mit einer entstellten mystischen Deutung der modernen Geschichte. Die Gemeinschaft gilt alles, der einzelne gilt nichts, und jeder
Kunstgriff patriotischer Propaganda wird benützt, den emotionalen Hintergrund hochzuhalten, sie zu sublimieren auf der Ebene des Opfers. Bei
aller Grobschlächtigkeit ist es der Gipfel der Ironie, daß sie auf etwas in
der menschlichen Natur tief Verwurzeltes zurückgeht. Die Nazis haben

---

7 VZ, Nr. 255 v. 30. Mai 1933, Morgen-A., S. 1: ,,Papen über die Freiheit."

Stammesinstinkte wiederbelebt und die mystischen Bestätigungen einer Gesellschaft von Wilden[8]."
Der neue deutsche Nationalismus ,, hat einen entscheidenden Schritt . . . nach rückwärts gemacht", urteilte Curtius. ,,Er braucht das ‚Geistige' dem Mythos der Nation gar nicht mehr unterzuordnen, denn er bestreitet ihm überhaupt jedes Daseinsrecht. Das bedeutet nun wirklich etwas Neues: Deutschland ist das erste Land, in dem der internationale Nationalismus eine geschlossene Front gegen den Geist – auch des eigenen Volkes – und gegen die Kultur – auch die auf eigenem Boden gewachsene – errichtet. Und diese Geistgegner sind nicht Pöbelhorden, sondern Intellektuelle[8a]."

Der kommissarische preußische Kultusminister Bernhard Rust setzte bereits im Februar die ersten Marksteine für den Umschwung durch entsprechende Personalveränderungen: am 11. Februar berief er ans preußische Staatstheater einen neuen Intendanten und einen neuen Dramaturgen. Wenige Tage später traten der Schriftsteller Heinrich Mann und die Graphikerin und Malerin Käthe Kollwitz aus der preußischen Dichter-Akademie aus, deren Präsident Heinrich Mann bis zu diesem Zeitpunkt war[9]. Im gleichen Monat noch beurlaubte und entließ Rust verschiedene leitende Beamte des Schulwesens in Berlin. Am 22. Februar erfolgte der Beschluß, die weltlichen Schulen ab Ostern abzubauen und den Religionsunterricht als ordentliches Lehrfach in Berufs- und Fachschulen einzuführen. Der kommissarische preußische Innenminister Göring gab am 3. März einen Erlaß gegen Nacktkultur heraus. Am Vorabend der Reichstagswahl erließen 300 Hochschullehrer einen Wahlaufruf für Hitler, kein geringes Zeichen für die zahlreichen Sympathisanten der neuen Regierung im Hochschulbereich.

Bereits am 9. April erfolgte eine Verbrennung ,,undeutscher" Bücher und Schriften vor der Berliner Universität. Im gleichen Monat kam es an verschiedenen Universitätsstädten zu einem ,,Büchersturm", so in Kiel und in Breslau[10]. Einen ersten Höhepunkt erreichte die literarische Inquisition am 10. Mai mit der Bücherverbrennung auf dem Opernplatz in Berlin durch die Aktion des studentischen Kampfausschusses ,,Wider

8 Roberts, a. a. O., S. 58.
8a Curtius, a. a. O., S. 43.
9 VZ, Nr. 80 v. 16. Febr. 33, Abend-A., Beilage: Unterhaltungsblatt, Artikel: ,,Die bedrohte Akademie". Dazu auch VB, Nr. 50/1 v. 19./20. Febr. 33. – Heinrich Manns Bruder Thomas Mann legte einige Monate später sein Amt als Vorsitzender des Schutzverbandes deutscher Schriftsteller nieder.
10 VZ v. 23. Apr. 33.

den undeutschen Geist" mit einer Ansprache des Reichspropagandaministers Dr. Josef Goebbels. Am gleichen Tag hielt der neuernannte Ordinarius für politische Pädagogik, Professor Alfred Bäumler, seine Antrittsvorlesung[11].

Für die geistige Gleichschaltung der Nation wurde das am 13. März errichtete Reichsministerium für Volksaufklärung und Propaganda maßgebender als das Reichsinnen- und das preußische Kultusministerium. In seiner Rede vor der Presse erklärte Goebbels am 15. März 1933:

„Das neue Ministerium hat keinen anderen Zweck, als die Nation geschlossen hinter die Idee der nationalen Revolution zu stellen. Die wichtigsten Aufgaben dieses Ministeriums müssen folgende sein: Zunächst müssen alle propagandistischen Unternehmungen und alle volksaufklärenden Institutionen des Reichs und der Länder zentral in einer Hand vereinigt werden." Die modernste Technik müsse angewandt werden. „Wir leben nun einmal in dem Zeitalter, wo Massen hinter einer Politik stehen müssen. Die nationalsozialistische Bewegung und die heute von ihr geführte Regierung der nationalen Revolution stehen ausschließlich auf dem Prinzip der Persönlichkeit. Das Prinzip der Masse und das Prinzip der Persönlichkeit brauchen sich hierbei nicht zu widersprechen. Im Gegenteil wird sich die wahre Persönlichkeit niemals der Masse unterordnen, sondern das umgekehrte Verhältnis wird eintreten. Die modernen Volksführer müssen moderne Volkskönige sein, sie müssen die Masse verstehen, brauchen aber nicht nach dem Munde der Masse zu reden . . ."

Der Reichskanzler erließ am 30. Juni folgende Verordnung über die Aufgaben des Reichsministeriums für Volksaufklärung und Propaganda:

„Der Reichsminister für Volksaufklärung und Propaganda ist zuständig für alle Aufgaben der geistigen Einwirkung auf die Nation, der Werbung für Staat, Kultur und Wirtschaft, der Unterrichtung der in- und ausländischen Öffentlichkeit über sie und der Verwaltung aller diesen Zwecken dienenden Einrichtungen.
Demzufolge gehen auf den Geschäftsbereich des Reichsministers für Volksaufklärung und Propaganda über:
1. Aus dem Geschäftsbereich des Auswärtigen Amtes:
   Nachrichtenwesen und Aufklärung im Auslande, Kunst, Kunstausstellung, Film- und Sportwesen im Auslande.
2. Aus dem Geschäftsbereich des Reichsministeriums des Innern:
   Allgemeine innerpolitische Aufklärung, Hochschule für Politik, Einführung und Begehung von nationalen Feiertagen und Staatsfeiern un-

---

11 VZ, Nr. 233 v. 11. Mai 33, Erste Beilage: „Macht und Geist"

Ein NSDAP-Wahlplakat aus der letzten Phase der Weimarer Republik

Kurt v. Schleicher, der letzte
Reichskanzler vor Hitler

Eintrag Adolf Hitlers und seines Adjutanten Wilhelm Brückner in Det-
mold am 9. Januar 1933: „In der schwersten Zeit des Kampfes für
Deutschlands Zukunft!" Adolf Hitler

Franz v. Papen, Reichskanzler vom 1. 6. 1932 bis 2. 12. 1932 mit den
Stahlhelmführern Franz Seldte und v. Duesterberg

Im Kabinett der „nationalen Erhebung" waren die Nationalsozialisten ▷
in der Minderheit. Hinter Göring (NSDAP-Minister ohne Geschäftsbereich), Reichskanzler Hitler (NSDAP) und Vizekanzler v. Papen (parteilos, früher Zentrum) stehen: Arbeitsminister Seldte (Stahlhelm), Arbeitsbeschaffungskommissar Gereke (Landvolk), Finanzminister Graf Schwerin v. Krosigk (parteilos), Innenminister Frick (NSDAP), Reichswehrminister v. Blomberg (parteilos) sowie Wirtschafts- und Ernährungsminister Hugenberg (deutschnational). Nicht auf dem Bild sind: Justizminister Gürtner (deutschnational), Außenminister v. Neurath (parteilos) und Post- und Verkehrsminister von Eltz-Rübenach (parteilos)

Im Namen des Reichs

ernenne ich Herrn

Adolf H i t l e r

zum Reichskanzler.

Berlin, den 30. Januar 1933.

Der Reichspräsident

von Hindenburg

Hitlers Ernennung zum Reichskanzler, von ihm selbst gegengezeichnet
(Bayer. Hauptstaatsarchiv Nachlaß Hitler Nr. 1)

Hitler nach der Ernennung im Hotel Kaiserhof, von links: Wagener, Kube, Kerrl, Frick (sitzend), Goebbels, Hitler, Röhm, Göring, Darré, Himmler und Heß

Reichsbankpräsident Dr. Hjalmar Scha
(1933–1939).

Der Fackelzug von Berliner SA-Männern vor der Reichskanzlei

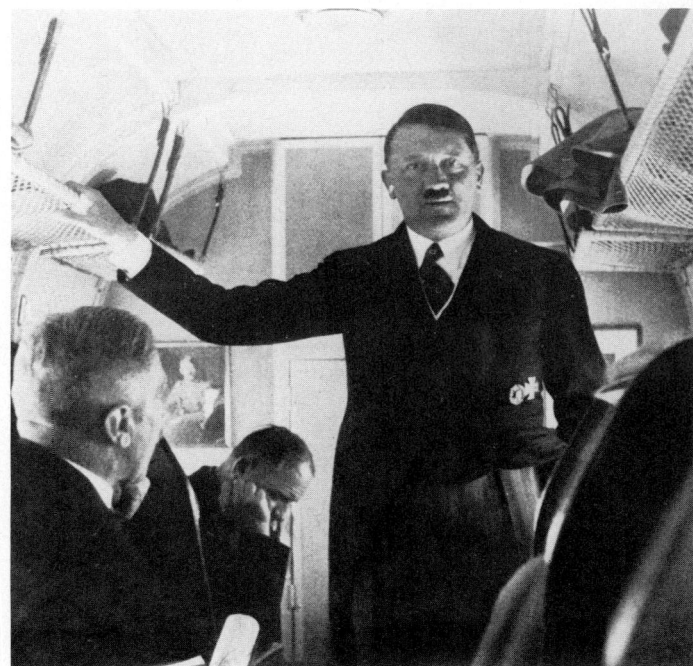

Der Reichstag brennt 27. 2. 1933

Hitler auf dem
Deutschlandflug im
Reichstagswahlkampf
März 1933

Der Tag von Potsdam. Reichspräsident von Hindenburg und Reichskanzler Adolf Hitler begrüßen sich am 21. März

Hitler spricht beim Staatsakt in der Potsdamer Garnisons-Kirche

Der 1. Mai 1933. Aufmarsch auf dem Tempelhofer Feld in Berlin

Bücherverbrennung in Berlin im Mai 1933

Der Autobahnbau beginnt

„Judäa erklärt Deutschland den Krieg". Jüdisches Plakat in New York

Boykottredner im Hyde-Park von London unter dem sog. Judenstern

Hermann Göring vor der Papstaudienz im Vatikan 1933

Marschall Pilsudski nach Abschluß des Nichtangriffspaktes vom
26. 1. 1934 mit dem deutschen Gesandten v. Moltke, Reichsminister
Dr. Joseph Goebbels und dem polnischen Außenminister Josef Beck

Staatsakt am Tannenberg-Denkmal am 27. August 1933 zum Gedächtnis an die Schlacht bei Tannenberg

Treuekundgebung am Tannenberg-Denkmal. Hitler, v. Hindenburg und Göring während der Ansprache von Oberpräsident Koch

5. Reichsparteitag 31. 8. / 3. 9. 1933 in Nürnberg, der „Parteitag des Sieges" – Großer Vorbeimarsch im Luitpoldhain in Nürnberg

Totenehrung vor dem Ehrenmal und Standartenweihe

Reichstagswahlen 1932 / 33
Stimmenanteil und Mandatsverteilung

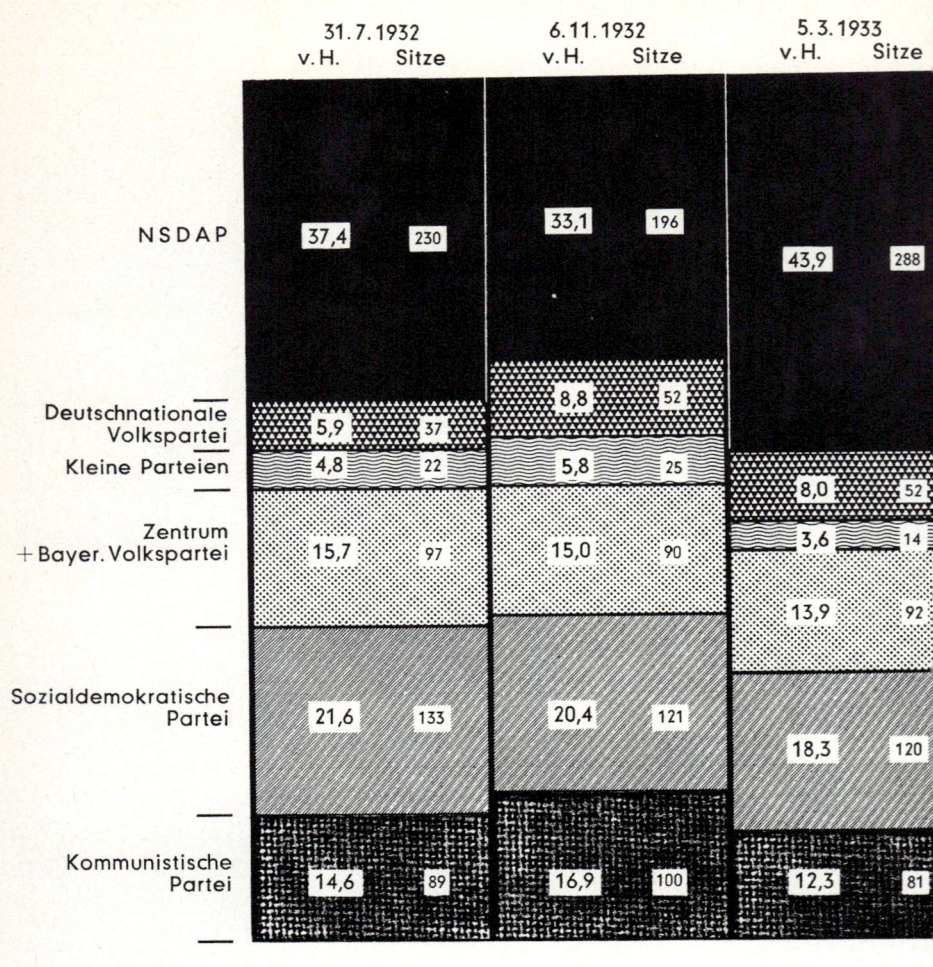

	31.7.1932		6.11.1932		5.3.1933	
	v.H.	Sitze	v.H.	Sitze	v.H.	Sitze
NSDAP	37,4	230	33,1	196	43,9	288
Deutschnationale Volkspartei	5,9	37	8,8	52	8,0	52
Kleine Parteien	4,8	22	5,8	25	3,6	14
Zentrum + Bayer. Volkspartei	15,7	97	15,0	90	13,9	92
Sozialdemokratische Partei	21,6	133	20,4	121	18,3	120
Kommunistische Partei	14,6	89	16,9	100	12,3	81
Insgesamt	100	608	100	584	100	647

ter Beteiligung des Reichsministers des Innern, Presse (mit dem Institut
für Zeitungswissenschaft), Rundfunk, Nationalhymne, Deutsche Bü-
cherei in Leipzig, Kunst (jedoch ohne Kunsthistorisches Institut in
Florenz, Urheberrechtsschutz für Werke der Literatur und Kunst, Ver-
zeichnis der national wertvollen Kunstwerke, Deutsch-österreichisches
Übereinkommen über Kunstausfuhr, Schutz der Kunstwerke und
Denkmäler, Schutz und Pflege der Landschaft und der Naturdenkmä-
ler, Naturschutzparke, Erhaltung von Bauwerken von besonderer geschichtlicher Bedeutung, Erhaltung der Nationaldenkmäler, Verband
deutscher Vereine für Volkskunde, Reichsehrenmal), Musikpflege einschließlich des Philharmonischen Orchesters, Theaterangelegenheiten,
Lichtspielwesen, Bekämpfung von Schund und Schmutz.
3. Aus den Geschäftsbereichen des Reichswirtschaftsministeriums und
des Reichsministeriums für Ernährung und Landwirtschaft:
Wirtschaftswerbung, Ausstellungs-, Messe- und Reklamewesen.
4. Aus den Geschäftsbereichen des Reichspostministeriums und des
Reichsverkehrsministeriums:
Verkehrswerbung.
Aus dem Geschäftsbereich des Reichspostministeriums gehen ferner alle
bisher dort bearbeiteten Rundfunkangelegenheiten über, soweit sie nicht
die technische Verwaltung außerhalb der Häuser der Reichsrundfunkgesellschaft und der Rundfunkgesellschaften betreffen. In Angelegenheiten
der technischen Verwaltung ist der Reichsminister für Volksaufklärung
und Propaganda so weit zu beteiligen, als es die Durchführung seiner
eigenen Aufgaben notwendig macht, vor allem bei der Festsetzung der
Verleihungsbedingungen für Rundfunkanlagen und der Gebührenrege-
lung. Auf den Reichsminister für Volksaufklärung und Propaganda geht
insonderheit die Vertretung des Reiches in der Reichsrundfunkgesellschaft und den Rundfunkgesellschaften im vollen Umfange über.
Auf den bezeichneten Gebieten ist der Reichsminister für Volksaufklärung und Propaganda für alle Aufgaben einschließlich der Gesetzgebung
federführend. Für die Beteiligung der übrigen Reichsminister gelten die
allgemeinen Grundsätze."

Den krönenden Abschluß der geistigen Diktatur des Reichspropagandaministers bildeten das Reichskulturkammergesetz vom 22. September
und das Schriftleitergesetz vom 4. Oktober 1933[12]. Damit waren alle
gesetzlichen Handhaben für die geistige Gleichschaltung geschaffen; für
ihre gründliche Durchführung sorgte Goebbels. An Einzelmaßnahmen

---

12 S. a. Roberts, a. a. O., S. 241 ff.: The drive for a common mentality: how a nation is
hypnotized.

seien noch erwähnt: die Berufung von Goetz O. Stoffregen zum Intendanten des Deutschlandsenders am 19. März und zum ersten Vorsitzenden des „Schutzverbandes deutscher Schriftsteller" am 4. Mai, von Krukenberg zum Reichs-Rundfunkkommissar am 23. März. Er wurde am 15. Juni von Dreßler-Andreß abgelöst. Am gleichen Tag erfolgte die Gründung des Reichsverbandes „Deutsche Bühne" und am 3. Juli jene der NS-Rundfunkkammer, ferner die Ernennung von Eugen Hadamovsky zum Leiter der Reichsrundfunkgesellschaft am 9. Juli, das Filmkammergesetz wurde am 14. Juli erlassen.

Das „Gesetz zur Wiederherstellung des Berufsbeamtentums" vom 7. April 1933 hatte folgenschwere Auswirkungen auf geistigem und kulturellem Gebiet. Der preußische Kultusminister Rust beurlaubte am 14. April erstmals sechzehn Hochschulprofessoren. Er löste damit eine für die Geltung der deutschen Wissenschaft nachteilige Reaktion aus. Nicht nur, daß weitere „Beurlaubungen"[13] mit anschließender zwangsweiser Versetzung in den Ruhestand oder die Auswanderung von bedeutenden Gelehrten folgten, auch eine ganze Anzahl hochangesehener deutscher Wissenschaftler, die nicht vom Arierparagraphen betroffen waren, legten aus Protest ihr Amt nieder, weil sie damit ihre Solidarität mit den betroffenen Kollegen bekunden wollten. In anderem Zusammenhang wurde erwähnt, daß von den 44 deutschen Nobelpreisträgern nicht weniger als acht Juden waren; ihr Verlust für die deutsche Wissenschaft schlug schwer zu Buche[13a]. Am schmerzlichsten war der Rücktritt von Fritz Haber, Leiter des Kaiser-Wilhelm-Instituts für Physikalische Chemie. Er hatte im Weltkrieg Stickstoff aus der Luft gewonnen und dafür den Nobelpreis erhalten. Auch unterstand ihm die wissenschaftliche Organisation des Gas-Krieges und seiner Abwehr[14]. Von den bedeutenden „arischen" Gelehrten erregte der freiwillige Rücktritt des Philo-

---

13 VZ v. 30. Apr. 33.
13a S. Kap.: Judentum.
14 VZ, v. 4. Mai 33: „Professor Fritz Haber zurückgetreten
  Neue Beurlaubungen
  Der Nobelpreisträger, Geheimrat Professor Fritz Haber, Ordinarius an der Berliner Universität und Leiter des Kaiser-Wilhelm-Instituts für physikalische Chemie, hat dem Kultusminister sein Abschiedsgesuch überreicht und um seine Versetzung in den Ruhestand zum 30. September gebeten.
  Kultusminister Rust hat folgende Dozenten beurlaubt:
  An der Technischen Hochschule Berlin die Professoren Max Kurrein (Betriebstechnik und Feinmechanik), Georg Schlesinger (Maschinenbau und Betriebswissenschaft), Edwin Schwerin (Mechanik), Hermann Levy (Nationalökonomie und Soziologie), Erich Lehmann (Fotochemie und Kinotechnik), Arthur Korn (Elektrotechnik und

Bildtelegrafie), Isidor Traube (Kolloid-Chemie), Hans Salinger (Schwachstromtechnik); die Privatdozenten Nikolaus Kelen (Bauingenieurwesen) und Wolf Grabowsky (Geopolitik).

An der Berliner Landwirtschaftlichen Hochschule Professor Karl Brandt, der Direktor des Instituts für landwirtschaftliche Marktforschung.

An der Universität Münster die Professoren Hermann Freund (Pharmakologie), Werner Friedrich Bruck (Nationalökonomie), Alfred Heilbronn (Botanik), Richard Waldt (Sozialwissenschaft).

An der Universität Greifswald die Professoren Fritz Klingmüller (römisches und bürgerliches Recht) und Konrad Ziegler (Klassische Philologie).

Wie der Amtliche Preußische Pressedienst mitteilt, ist die Beurlaubung der Kieler Professoren Opet und Schücking nicht auf Grund des Beamtengesetzes erfolgt. Der Völkerrechtler Professor Walther Schücking bleibt zur Wahrnehmung seines Amtes am Gerichtshof im Haag beurlaubt. Dem Urlaubsgesuch des Ordinarius für deutsches Recht, Professor Otto Opet, ist mit sofortiger Wirkung stattgegeben worden.

*

Fritz Haber ist einer der führenden Köpfe der Physikalischen Chemie nicht nur Deutschlands, sondern der Welt. Seine chemische Großtat ist die Gewinnung des Stickstoffs aus der Luft, für die er 1919 den Nobelpreis für Chemie erhielt. Im Kriege war er Kriegsfreiwilliger und später Abteilungsvorsteher im Preußischen Kriegsministerium. Ihm unterstand die gesamte wissenschaftliche Organisation des Gaskrieges und der Gasabwehr.

Nach dem Kriege schuf er mit Schmidt-Ott zusammen die Notgemeinschaft der Deutschen Wissenschaft. Seit mehr als zwei Jahrzehnten ist er Leiter des Kaiser-Wilhelm-Institutes für Physikalische Chemie und Elektrochemie, seit 1906 ordentlicher Professor an der Universität Berlin. Im Dezember dieses Jahres vollendet er das 65. Lebensjahr und würde damit die Altersgrenze erreichen.

Haber ist Mitglied der Akademien von Berlin, Göttingen, Halle, Washington, Petersburg, Stockholm und hat vier Ehrendoktorate inne. Als einer der repräsentativsten Vertreter der deutschen Wissenschaft wurde Haber bei einer Weltreise im Jahre 1924 in Amerika und besonders in Japan außerordentlich gefeiert.

Unter den Beurlaubten der Berliner Technischen Hochschule befindet sich Professor Arthur Korn, der Bahnbrecher der Bildtelegrafie. Er hat die Selenzelle und die Glimmlichtröhre eingeführt und damit die praktische Bildtelegrafie ermöglicht. Die preußische Polizei benutzt noch heute für ihre Bildübermittlungen das System Lorenz-Korn. An der Berliner Hochschule lehrt Korn seit 1914.

Professor Georg Schlesinger war zuerst Chefkonstrukteur in der Maschinenfabrik von Ludwig Loewe und wirkt seit 1904 als ordentlicher Professor an der Technischen Hochschule. Seine Hauptgebiete sind Werkzeugmaschinen und Betriebswissenschaft.

Professor Erich Lehmann ist Vorsteher des Fotochemischen Laboratoriums an der Technischen Hochschule und Vorsitzender der Deutschen Kinotechnischen Gesellschaft. Er hat sich in letzter Zeit besonders auch mit den Möglichkeiten des Farbfilms eingehend beschäftigt.

Professor Hermann Levy hat sich besonders mit nationalökonomischen und soziologischen Problemen Englands und Amerikas beschäftigt. Den Lesern der ,,Vossischen Zeitung" ist er aus zahlreichen Beiträgen bekannt. Adolf Grabowsky, der Leiter des Geopolitischen Seminars der Hochschule für Politik und Mitherausgeber der Zeitschrift für Politik, ist mit Veröffentlichungen über Sowjetrußland, über den Faschismus, über den Völkerbund, über Imperialismus und über Kolonialpolitik hervorgetreten.

Von den Beurlaubten an den anderen preußischen Universitäten ist besonders der Name des Greifswalder klassischen Philologen Konrad Ziegler bekannt. Er hat u. a. über Plutarch gearbeitet und Untersuchungen über Weltentstehung und Weltuntergang in Sage und Wissenschaft veröffentlicht. Eine Rektoratsrede widmete er Thukydides.''

sophen Eduard Spranger an der Universität Berlin besonderes Aufsehen[15]. Als Beispiel von einer anderen Universität sei der Rücktritt des Direktors der Nervenklinik an der Universität Freiburg/Br., Professor Alfred Hoche, erwähnt. Hoche, führender Psychiater, hatte zusammen mit dem bekannten Strafrechtler Karl Binding den Begriff des „lebensunwerten Lebens" geprägt, dessen Vernichtung er in einer 1920 erschienenen Schrift – in diesem Jahr starb Binding – zur Diskussion gestellt hatte.

Das von ihm gemeinsam mit Binding herausgegebene Buch „Die Freigabe der Vernichtung unwerten Lebens" diente dem NS-Regime als Grundlage für das Euthanasie-Programm. Hoche war, eine besondere Ironie, auch Gegner der Freudschen Psycho-Analyse! „Beurlaubt" wurde neben anderen Professoren auch einer der führenden Historiker Deutschlands, Professor Walter Goetz von der Universität Leipzig.

Der Physiker Erwin Schrödinger, überzeugter Liberaler, verließ 1933 Berlin, emigrierte nach Oxford und erhielt 1935 den Nobelpreis. Der berühmte Mathematiker und Philosoph Claus H. Weyl verließ 1933 Göttingen und nahm einen Ruf an die amerikanische Universität Princeton an[16].

Im ganzen fügte die neue Personalpolitik an den Hochschulen der deutschen Wissenschaft schweren Schaden zu.

Das Gesetz gegen die Überfüllung deutscher Schulen und Hochschulen schob der Gefahr der Heranzüchtung eines akademischen Proletariats einen Riegel vor. „Während der jährliche ‚Neubedarf' an Akademikern 8000 bis 10 000 beträgt, haben in den Schuljahren 1931/32 und 1932/33 rund 32 000 männliche und 11 000 weibliche Abiturienten die Mittelschule verlassen[17]." Der Reichsinnenminister setzte für 1934 als Richtzahl für die Abiturienten, die die Hochschulreife erhalten konnten, 15 000 fest.

Mit der Preußischen Studentenrechtsverordnung vom 12. April 1933 wurde eine einheitliche Organisation „Deutsche Studentenschaft" geschaffen. Die Führung übernahm der Nationalsozialistische Deutsche Studentenbund. Die Preußische Verordnung wurde dann auf alle Länder ausgedehnt und für das Reich gültig.

---

15 VZ v. 30. Apr. 33.
16 VZ, Nr. 294 v. 24. Okt. 33, S. 3.
17 Rühle, a. a. O., I, S. 154 f. S. a. Curtius, a. a. O., S. 20 f.: „Überfüllung und Niveausenkung."

„Der Sieg der Hochschulrevolution ist mit wenigen Ausnahmen ohne Verdienst der Hochschullehrerschaft, mitunter sogar in schroffstem Gegensatz zu ihr, erfochten worden. Fühlten sich doch die berufenen Träger deutscher Wissenschaft einem Begriff von Wissenschaft verpflichtet, dessen Vorstellungen von absoluter Objektivität dem längst überwundenen Ungeist des Rationalismus entstammten", so sah man von der NS-Warte aus die Umwälzung an den Hochschulen[18].

Immerhin hatten jedoch dreihundert Hochschullehrer sich in einem Wahlaufruf vom 4. März für Hitler ausgesprochen[19], und am 11. November richteten deutsche Gelehrte, darunter Prof. Sauerbruch (Mediziner), Prof. Binder (Kunsthistoriker), der Anthropologe Eugen Fischer (Rektor der Berliner Universität) und der Freiburger Philosoph Heidegger einen Aufruf an die Gebildeten der Welt mit der Forderung um Verständnis für Deutschlands Kampf um Gleichberechtigung im Zusammenhang mit dem Austritt Deutschlands aus dem Völkerbund und der bevorstehenden Reichstagswahl[20].

Die totale Gleichschaltung des Bildungs- und Erziehungswesens erfolgte über die NS-Organisationen „NS-Lehrerbund", „NS-Schülerbund", „NS-Studentenbund". An den Hochschulen war sie durch die „Deutsche Studentenschaft" unter Leitung des NSDSB festgelegt. Doch kam es 1933 noch zu keiner entsprechenden Organisation der Hochschullehrerschaft. Unter den namhaften Hochschulprofessoren, die sich vorbehaltlos zum neuen Regime bekannten, waren zwei Nobelpreisträger für Physik, Prof. Philipp Lenard und Johannes Stark, ferner der Nietzsche-Forscher Prof. Alfred Bäumler, der einen Lehrstuhl für Politische Pädagogik erhielt und der bekannte Rassenforscher Prof. Hans F. K. Günther. 88 deutsche Schriftsteller legten Ende Oktober ein Treuebekenntnis zur Politik des Kanzlers ab[21].

Auch auf dem Kunstgebiet hatte der Arierparagraph tiefgreifende Auswirkungen. Im Kampf gegen den Kunstverfall und die modernistischen Kunstströmungen, vielfach von Juden gefördert und getragen, wurden auch bedeutende jüdische Künstler betroffen, mußten ihre Tätigkeit niederlegen und gingen ins Ausland, so die Dirigenten Bruno Walter und Otto Klemperer, ferner der Theaterleiter Max Reinhardt.

---

18 Ebda, S. 156.
19 VB, Nr. 63 v. 4. Mrz. 33.
20 Rühle, I, 157.
21 VZ, v. 26. Okt. 33.

Generalmusikdirektor Wilhelm Furtwängler schrieb deshalb am 11. April 1933 an den Reichspropagandaminister folgenden Brief:

„Sehr geehrter Herr Reichsminister!

Angesichts meines langjährigen Wirkens in der deutschen Öffentlichkeit und meiner inneren Verbundenheit mit der deutschen Musik erlaube ich mir, Ihre Aufmerksamkeit auf die Vorkommnisse zu lenken, die meiner Meinung nach nicht unbedingt mit der Wiederherstellung unserer nationalen Würde, die wir alle so dankbar und freudig begrüßen, verbunden sein müssen. Ich fühle hierbei durchaus als Künstler. Kunst und Künstler sind dazu da, zu verbinden, nicht zu trennen. Nur einen Trennungsstrich erkenne ich letzten Endes an: den zwischen guter und schlechter Kunst. Während nun aber der Trennungsstrich zwischen Juden und Nichtjuden, auch wo die staatspolitische Haltung der Betreffenden keinen Grund zu klagen gibt, mit geradezu theoretisch unerbittlicher Schärfe gezogen wird, wird jener andere, für unser Musikleben auf die Dauer so wichtige, ja entscheidende Trennungsstrich, der zwischen gut und schlecht, allzusehr vernachlässigt. Das heutige Musikleben, durch die Weltkrise, das Radio usw. ohnehin geschwächt, verträgt keine Experimente mehr. Man kann Musik nicht kontingentieren wie andere lebensnotwendige Dinge, wie Kartoffeln und Brot. Wenn in Konzerten nichts geboten wird, gehen die Leute eben nicht hinein. Darum ist die Frage der Qualität für die Musik nicht nur eine ideale, sondern schlechthin eine Lebensfrage. Wenn sich der Kampf gegen das Judentum in der Hauptsache gegen jene Künstler richtet, die – selber wurzellos und destruktiv – durch Kitsch, trockenes Virtuosentum und dergleichen zu wirken suchen, so ist das nur in Ordnung. Der Kampf gegen sie und den sie verkörpernden Geist, der übrigens auch germanische Vertreter besitzt, kann nicht nachdrücklich und konsequent genug geführt werden. Wenn dieser Kampf sich aber auch gegen wirkliche Künstler richtet, ist das nicht im Interesse des Kulturlebens. Schon weil Künstler, wo es auch sei, viel zu rar sind, als daß irgendein Land sich leisten könnte, ohne kulturelle Einbuße auf ihr Wirken zu verzichten. Es muß deshalb klar ausgesprochen werden, daß Männer wie Walter, Klemperer, Reinhardt usw. auch in Zukunft in Deutschland mit ihrer Kunst zu Worte kommen müssen.

Deshalb noch einmal: Unser Kampf gelte dem wurzellosen, zersetzenden, verflachend destruktiven Geiste, nicht aber dem wirklichen Künstler, der in seiner Art immer, wie man seine Kunst auch einschätzen möge, ein gestaltender ist und als solcher aufbauend wirkt. In diesem Sinne appelliere ich an Sie im Namen der deutschen Kunst, damit nicht Dinge geschehen, die vielleicht nicht mehr gut zu machen sind.

In vorzüglicher Hochachtung
Ihr ergebener gez.: Wilhelm Furtwängler."

Goebbels antwortete Furtwängler.

„Sehr geehrter Herr Generalmusikdirektor!

Ich begrüße es dankbar, daß ich auf Grund Ihres Briefes Gelegenheit habe, Ihnen Aufschluß über die Haltung der national bedingten deutschen Lebenskräfte zur Kunst im allgemeinen und zur Musik im besonderen geben zu können. Dabei freut es mich außerordentlich, daß Sie im Namen der deutschen Künstlerschaft gleich zu Beginn Ihres Schreibens betonen, daß Sie die Wiederherstellung unserer nationalen Würde dankbar und freudig begrüßen. Ich habe niemals angenommen, daß das anders sein könnte. Denn ich glaube, der Kampf, den wir um Deutschlands Wiedergestaltung führen, geht den deutschen Künstler nicht nur passiv, sondern auch aktiv an. Ich berufe mich hier auf ein Wort, das der Reichskanzler drei Jahre vor unserer Machtübernahme in der Öffentlichkeit gesprochen hat: „Wenn die deutschen Künstler wüßten, was wir einmal für sie tun werden, dann würden sie uns nicht bekämpfen, sondern mit uns fechten." Es ist Ihr gutes Recht, sich als Künstler zu fühlen und die Dinge auch lediglich vom künstlerischen Standpunkt aus zu sehen. Das aber bedingt nicht, daß Sie der ganzen Entwicklung, die in Deutschland Platz gegriffen hat, unpolitisch gegenüberstehen. Auch die Politik ist eine Kunst, vielleicht die höchste und umfassendste, die es gibt. Und wir, die wir die moderne deutsche Politik gestalten, fühlen uns dabei als künstlerische Menschen, denen die verantwortungsvolle Aufgabe anvertraut ist, aus dem rohen Stoff der Masse das feste und gestalthafte Gebilde des Volkes zu formen. Es ist nicht nur die Aufgabe der Kunst und des Künstlers, zu verbinden; es ist weit darüber hinaus ihre Aufgabe, zu formen, Gestalt zu geben, Krankes zu beseitigen und Gesundem freie Bahn zu schaffen. Ich vermag deshalb als deutscher Politiker nicht lediglich den einen Trennungsstrich anzuerkennen, den Sie wahrhaben wollen; den zwischen guter und schlechter Kunst. Die Kunst soll nicht nur gut sein, sie muß auch volksmäßig bedingt erscheinen, oder besser gesagt, lediglich eine Kunst, die aus dem vollen Volkstum selbst schöpft, kann am Ende gut sein und dem Volke, für das sie geschaffen wird, etwas bedeuten. Kunst im absoluten Sinne, so wie der liberale Demokratismus sie kennt, darf es nicht geben. Der Versuch, ihr zu dienen, würde am Ende dazu führen, daß das Volk kein inneres Verhältnis mehr zur Kunst hat, und der Künstler selbst sich im luftleeren Raum des *l'art-pour-l'art*-Standpunktes von den treibenden Kräften der Zeit isoliert und abschließt. Gut muß die Kunst sein: darüber hinaus aber auch verantwortungsbewußt, gekonnt, volksnahe und kämpferisch. Daß sie keine Experimente mehr verträgt, gestehe ich gern zu. Es wäre aber angebracht gewesen, gegen künstlerische Experimente zu protestieren in einer Zeit, in der das deutsche Kunstleben fast ausschließlich von der Experimentiersucht volks- und rassenfremder Elemente bestimmt und dadurch das deutsche künstlerische Ansehen vor der ganzen Welt belastet und kompromittiert wurde. Gewiß haben Sie recht, wenn Sie sagen, daß die Qualität für die Musik nicht nur eine ideale, sondern schlechthin eine Lebensfrage sei, mehr noch haben Sie recht, wenn Sie den Kampf gegen die wurzellos destruktive, durch Kitsch und trockenes Virtuosentum verdorbene künstlerische Gestaltung mit uns kämpfen. Ich gebe gerne zu, daß auch germanische Vertreter sich an jenem übeln Treiben beteiligt haben; das ist aber ein Beweis dafür, wie tief die Wurzeln dieser Gefahren schon in den deutschen Volksboden hineingedrungen waren und wie notwendig es auf der anderen Seite erschien, dagegen Front zu machen. Wirkliche Künstler sind rar. Man muß sie deshalb fördern und unterstützen. Es sollen dann aber in der Tat wirkliche Künstler sein. Sie werden in Deutschland auch in Zukunft mit ihrer Kunst immer zu Worte kommen können. Dagegen zu klagen, daß hier und da Männer wie Walter, Klemperer, Reinhardt usw. Konzerte absagen mußten, erscheint mir im Augenblick um so weniger angebracht, als wirkliche deutsche Künstler in den vergangenen 14 Jahren vielfach überzeugt zum Schweigen verurteilt waren und die auch von uns nicht gebilligten Vorgänge in den letzten Wochen nur eine natürliche Reaktion auf diese Tatsache darstellen. Jedenfalls aber bin ich der Meinung, daß jedem wirklichen Künstler bei uns das Feld zur unbedingten Wirksamkeit freigegeben sein soll. Er muß dann aber, wie Sie selbst sagen, ein aufbauender, schöpferischer Mensch sein und darf nicht auf der Seite der von Ihnen mit Recht gegeißelten wurzellosen, zersetzenden, verflachend destruktiven, meistens nur technischen Könner stehen.

Seien Sie bitte davon überzeugt, daß ein Appell im Namen deutscher Kunst in unseren Herzen immer einen Widerhall finden wird. Künstler, die wirklich etwas können, und deren außerhalb der Kunst liegendes Wirken nicht gegen die elementaren Normen von Staat, Politik und Gesellschaft verstoßen, werden, wie immer in der Vergangenheit, so auch in der Zukunft bei uns wärmste Förderung und Unterstützung finden.

Darf ich Ihnen, sehr verehrter Herr Generalmusikdirektor, bei dieser Gelegenheit meine Dankbarkeit zum Ausdruck bringen für die vielen Stunden wirklich erbauender, großer und manchmal erschütternder Kunst, die Sie mir, vielen meiner politischen Freunde und Hunderttausenden von guten Deutschen schon bereitet haben. Es würde mich freuen, bei Ihnen für meinen Standpunkt ein offenes Gehör und ein weiteres Verständnis zu finden.

In besonderer Hochachtung Ihr ergebener

gez.: Dr. Goebbels.‟

Auch der Dirigent der Dresdener Staatsoper, Fritz Busch, verlor seine Stellung, weil er sich geweigert hatte, der NSDAP beizutreten. Busch war arischer Abstammung, Kriegsfreiwilliger und Frontoffizier gewesen[22].

Oswald Spengler schrieb am 18. April 1933 an Roderich Schlubach[23]: „Es sind große Möglichkeiten vorhanden, aber ich sehe die Leute nicht, die sie begreifen und behandeln könnten. Und ebenso, wie sich jetzt sehr viel mehr erreichen lassen wird als vor einem Jahr, so kann auch mehr verdorben werden."

Staat und Kirche

Während die Beziehungen zwischen dem Reich und der römisch-katholischen Kirche durch das Reichskonkordat vom 20. Juli 1933 formalrechtlich geregelt wurden[24], stieß die Neuordnung des Verhältnisses zwischen dem nationalsozialistischen Staat und den evangelischen Kirchen auf unüberwindliche Schwierigkeiten. Sie ergaben sich einmal aus der organisatorischen Zersplitterung des Protestantismus im Reich in 29 kirchliche Organisationen, zum anderen aber aus dem grundlegend verschiedenen Verhältnis des Protestantismus, insbesondere lutherischer Prägung, zum Staat im Vergleich zu der übernationalen und universalen römischen Kirche. Die enge Bindung an den monarchischen Staat, die „gottgesetzte Obrigkeit", machte den Protestantismus für staatliche Krisen viel anfälliger als die römisch-katholische Kirche. Der Sturz der Monarchie im Jahre 1918 hatte dem Protestantismus im Deutschen Reich in seiner lutherischen Prägung einen tödlichen Schlag versetzt[25]. Der Umsturz im Jahre 1933, getragen von einer alles überbordenden Welle nationalistischen Überschwangs, riß auch die evangelischen Kirchen mit in den Strudel der nationalen Revolution[26]. Alte Bestrebungen nach einer deutschen Nationalkirche wurden wieder lebendig. Sie hatten tiefe geschichtliche Wurzeln und waren zuletzt im Kulturkampf in der

22 MP v. 9. Mrz. 33, „Der Haken-Kreuzzug gegen die Kunst."
23 Spengler, Briefe, S. 686 f.
24 S. dazu unten: Kap. Außenpolitik, Abschnitt: Reichskonkordat.
25 Vgl. dazu: Karl Kupisch: Quellen zur Geschichte des deutschen Protestantismus 1871–1945, Göttingen 1960, S. 140, Nr. 34; S. 162 ff., Nr. 43; S. 214 ff., Nr. 54.
26 Günther van Norden: Der deutsche Protestantismus im Jahr der nationalsozialistischen Machtergreifung, S. 13 ff., 138; ferner: Rühle, I, S. 255.

zweiten Hälfte des 19. Jahrhunderts besonders von den Nationalliberalen aufgegriffen worden. Unter dem Einfluß von protestantischen Nationalsozialisten entstand eine Glaubensbewegung „Deutsche Christen"[27]. Ihre erste Reichstagung fand in Berlin am 3. und 4. April statt. Dort wurde „die sinngemäße Gleichschaltung der Kirche mit dem Volksstaat der nationalen Revolution und damit eine Reform der Evangelischen Kirche an Haupt und Gliedern . . ." gefordert[28].

Für den ideologischen Fanatismus und die Willkür in Amt und Würden gelangter Nationalsozialisten war die Ernennung eines Staatskommissars für die evangelisch-lutherische Kirche von Mecklenburg-Schwerin in der zweiten Aprilhälfte ein Beispiel. Ministerpräsident Ganzow und zwei nationalsozialistische Landtagsabgeordnete bildeten den Landes-Synodalausschuß. Dagegen wandte sich der Oberkirchenrat der mecklenburgisch-schwerinschen Landeskirche an den Reichspräsidenten, den Reichskanzler und den Reichsinnenminister mit folgendem Protesttelegramm[29]:

„Mecklenburg-schwerinscher Ministerpräsident hat heute Staatskommissar für die evangelisch-lutherische Kirche von Mecklenburg-Schwerin eingesetzt und angeordnet, daß der Staatskommissar seine Geschäfte im Oberkirchenrat sofort übernehme. Er ersuchte den Oberkirchenrat, die Geschäfte nach seinen Befehlen weiterzuführen und erklärte die Probsteisynode, die Landessynode und den Landessynodal-Ausschuß für aufgelöst und einen vorläufigen Synodal-Ausschuß für eingesetzt. Der Oberkirchenrat nahm dies unter Vorbehalt zur Kenntnis.
Der Oberkirchenrat legt unter Berufung auf die Zusicherung des Herrn Reichskanzlers, die Rechte und Selbständigkeit der Kirchen achten zu wollen, und unter Berufung auf Artikel 137 der Reichsverfassung gegen die getroffenen Maßnahmen Verwahrung ein und bittet um Schutz."
Das nationalsozialistische Regierungsorgan, der „Niederdeutsche Beobachter", erklärte zu dem Protesttelegramm des Oberkirchenrats, daß durch diesen Schritt an den bestehenden Tatsachen nichts mehr geändert werde.

Auch die Gesamtvertretung der deutschen evangelischen Landeskirchen, der Deutsche evangelische Kirchenbund, legte unter Berufung auf

---

27 Kupisch, a. a. O., S. 251 ff., Nr. 62; S. 253 ff., Nr. 63.
28 Rühle, a. a. O., I, S. 255; Norden, a. a. O., S. 139 ff.
29 VZ, v. 23. Apr. 1933.

die feierliche Erklärung des Reichskanzlers über die verfassungsrechtliche Freiheit der Kirchen entschiedene Verwahrung ein und forderte sofortige Abhilfe.

Wenige Wochen später trat der Landesbischof der evangelisch-lutherischen Kirche von Mecklenburg-Schwerin, Dr. Rendsdorff, der NSDAP bei[30]. Die jungreformatorische Bewegung der jungen Theologengeneration legte ihre Forderungen für die Neugestaltung und die Klärung des Verhältnisses zur nationalsozialistischen Kirchenbewegung in eigenen Richtlinien fest[31]. Da die antijüdischen und rassistischen Weltanschauungsbestrebungen der Nationalsozialisten sich gegen den religiösen Kern des Christentums, nämlich die Bibel, richteten, konnte

---

30 VZ, Nr. 212 v. 4. Mai 1933, Abend-A.
31 VZ, Nr. 237 v. 19. Mai 1933, Morgen-A:

,,Die neue Gestalt der Kirche

Die neue Gestalt der Kirche kann nur E i n h e i t s k i r c h e i n l e b e n s v o l l e r G l i e d e - r u n g sein. Diese Forderung ergibt sich aus der gewissenhaften Beachtung des geschichtlichen Werdeganges der Reformationskirchen und ihrer verschiedenen Bekenntnisse sowie im Blick auf das volksdeutsche Kirchentum der Welt.
Die Einheit der Kirche kommt als Führung des Gesamtprotestantismus i n a l l e n R e i c h s f r a g e n zum Ausdruck. Der Einsatz der Kirche im Reich und im Rat der Reformationskirchen der Welt ist Aufgabe der evangelischen Kirche deutscher Nation.
Eine schematische Übertragung politischer Gleichschaltung auf die Kirche ist ein Verrat an Staat und Volk. Sie macht die Kirche unfähig zu der Aufgabe, in unbestechlicher Klarheit der Nation mit dem Worte Gottes zu dienen.
Da die kirchlichen Reichsfragen als Sofortprogramm zu gelten haben, tritt das Problem der U n i o n zunächst in den Hintergrund. Ihre staatsrechtlichen Grundlagen bedürfen im Blick auf die abgetretenen Gebiete besonderer Berücksichtigung. Wir erwarten aber, daß die gegliederte Bekenntnisprägung der Lutheraner und Reformierten innerhalb der Union in wirksamer Gestalt heraustritt.

Die Führungsfrage

An die Spitze der neuen Kirche hat ein g e i s t l i c h e r F ü h r e r zu treten, der in persönlicher Verantwortlichkeit und freier Entscheidung die Gesamtkirche unbeschadet der reformierten Sonderart leitet. Das lähmende Kollegialsystem und abgestandene Wahlmethoden haben keinen Raum mehr in der Kirche. Ein Rat der Landesbischöfe und kirchliche Arbeitskammern haben dem obersten Bischof zur Seite zu stehen.
Der oberste Führer der evangelischen Kirche deutscher Nation ist der Reichsbischof lutherischen Bekenntnisses. Die Einsetzung des ersten Reichsbischofs kann weder auf demokratischem Wege durch Volkswahl, noch durch Ernennung von seiten der staatlichen Obrigkeit erfolgen, sondern allein durch die Kirche selbst. Für die jungreformatorische Bewegung kommt als Reichsbischof nur ein Geistlicher in Frage, der das Vertrauen der betenden und arbeitenden Gemeinden besitzt.

Die Bekenntnisfrage

Wir sind mit allen anderen kirchlichen Bewegungen in dem Willen einig, die B e k e n n t - n i s g r u n d l a g e d e r K i r c h e z u w a h r e n. Wir folgern daraus: daß das geforderte neue Bekennen der kommenden Kirche eine gegenwartsnahe Entfaltung der reformatories zu keiner fruchtbaren Neugestaltung des Protestantismus kommen[32]. So beschränkten sich zwangsläufig alle Bemühungen auf organisatorische Veränderungen. Am 23. April berief der Präsident des Deutsch-Evangelischen Kirchenausschusses, D. Kapler, zwei Personen zur Ausarbeitung einer neuen Verfassung für die ,,Bündische Deutsch-Evangelische Kirche". Der Reichskanzler schaltete sich persönlich ein und empfing am 25. April den obengenannten Präsidenten zu einem Gespräch. Tags darauf, am 26. April, beauftragte er den Wehrkreispfarrer von Königsberg, Ludwig Müller, als seinen Verbindungsmann zu den amtlichen Stellen der evangelischen Kirchen. Die bisherigen Kirchenführer wählten, um einer neuen Kirchenverfassung, deren Ausarbeitung ins

---

schen Bekenntnisse für die aktuellen Fragen der Ehe, des Volkes, der Rasse und des Staates sein muß.

In Übereinstimmung mit den neuen Thesen der Deutschen Christen fordern wir eine Absage an alle modernen Irrlehren, vermissen aber in jenen Leitsätzen auch die entschlossene Abwehr der völkischen Irrlehren des Tannenbergbundes, Hermann Wirths, Bergmanns und anderer, welche den Glauben der Gemeinde zu zersetzen drohen.

Die Fragen des Gemeindeaufbaus

Die Kirche ist zum Dienst an Volk und Staat nur dann befähigt, wenn die Gemeindeglieder zu neuer kirchlicher Verantwortlichkeit gerufen werden. Ein Weg zur Aktivierung der Gemeinde, nicht zu zerfahrener Betriebsamkeit, sondern zu missionarischer Willensbildung, sind Laienschulung und Bildung von Kampfbünden. Gerade das Führungsprinzip verlangt die Erziehung zur kirchlichen Verantwortlichkeit der Gemeindeglieder.

Die Auslese der künftigen Pfarrer setzt geistliche Berufung voraus und fordert menschliche Bewährung. Formalgeistige Schulung und theologische Kenntnisse müssen in Verbindung mit dem Leben des Volkes gebracht werden. Wir begrüßen ein praktisches Jahr, das den zukünftigen Pfarrer in echtem Kameradschaftsdienst mit Menschen aller Volksschichten vereinigt.

Das Ziel der evangelischen Kirche deutscher Nation ist die lebendige Gemeinde. Es genügt heute nicht, unverbindlich und allgemein zu erklären, die Kirche müßte sich auch in Zukunft der Armen und Hilfsbedürftigen annehmen, sondern es gilt die harte Not derjenigen Menschen mitzutragen, die durch das unvermeidliche politische Kampfschicksal in ihrer seelischen und sozialen Existenz erschüttert sind. Die Kirche weiß, daß der Staat das Schwertamt führen muß, und daß dieses Amt Härte fordert. Um so größer aber ist die Aufgabe der Kirche, im Gehorsam unter das Liebesgebot Jesu eine Stätte der Versöhnung für alle zu sein, welche ihren Dienst begehren.

Lutherische Kirche fordert Reichsbischof

Die Führer der vereinigten lutherischen Kirchen Deutschlands erlassen von einer Konferenz in Würzburg eine Erklärung in der es heißt: ,,Wir fordern, daß in der werdenden deutschen evangelischen Kirche der Glaube Luthers und das Bekenntnis der Väter freien Raum erhalten und zur vollen Würdigung kommen, daß diese Kirche unter Führung eines Reichsbischofs lutherischen Bekenntnisses gestellt und dabei alles ihrer Art Fremde, an vergangene parlamentarische Formen Erinnernde ausgeschaltet wird."

32 In der Berliner Universität fand ein Streitgespräch ,,Hie Christentum – Hie Germanentum" statt. VZ, Nr. 233 v. 17. Mai 1933.

Auge gefaßt war, zuvorzukommen, einen Reichsbischof[33]. Dagegen protestierten auf einer Massenkundgebung am 17. Juni die „Deutschen Christen". Darüber hinaus bestellte die Evangelische Kirche der Altpreußischen Union einen neuen kommissarischen Präsidenten des Evangelischen Oberkirchenrates, ohne sich, wie sie aufgrund des Vertrages mit dem Land Preußen verpflichtet war, mit der zuständigen staatlichen Stelle vorher in Verbindung zu setzen. Das veranlaßte den preußischen Kultusminister Rust zum Eingreifen[34]. Er beurlaubte den Leiter der Kirchenabteilung im preußischen Kultusministerium und ernannte einen ihm genehmen Kommissar für sämtliche evangelischen Landeskirchen Preußens. Unter dessen Leitung wurde eine neue Kirchenverfassung ausgearbeitet und im Reichsgesetz „über die Verfassung der Deutschen Evangelischen Kirche" vom 14. Juli anerkannt[35]. Neuwahlen wurden für den 23. Juli angesetzt; dazu hielt Hitler von Bayreuth aus, wo er zu den Festspielen weilte, am Vorabend eine Ansprache. Gemäß der neuen Verfassung wurde ein Reichsbischof an die Spitze berufen mit einem Geistlichen Ministerium an seiner Seite. Wehrkreispfarrer Ludwig Müller, Vertrauensmann des Reichskanzlers, übernahm die Leitung des Evangelischen Kirchenbundes, wurde am 5. August vom Altpreußischen Oberkirchensenat zum Präsidenten des Evangelischen Oberkirchenrats mit der Amtsbezeichnung „Landesbischof" gewählt und schließlich am 27. September von der ersten Deutschen Evangelischen Nationalsynode in Wittenberg zum Reichsbischof ernannt.

Bei den Wahlen vom 23. Juli hatten die „Deutschen Christen" zwei Drittel aller Stimmen erhalten, das letzte Drittel war auf die Liste „Evangelium und Kirche" gefallen. Die Generalsynode der Altpreußischen Union beschloß am 6. September drei Gesetze zur organisatorischen Neuordnung, darunter auch das Gesetz über „Rechtsverhältnisse

---

33 S. Kupisch, a. a. O., S. 255–264, Nr. 64, 65, 66.
34 VZ, Nr. 299 v. 24. Juni 1933, Morgen-A.: Der preußische Kultusminister Rust hat an die Kirchenkonferenz in Eisenach folgendes Telegramm gerichtet:
„Nachdem die Evangelische Landeskirche der Altpreußischen Union den Rechtsboden verlassen hat, weise ich ihre Vertreter in Eisenach nachdrücklich darauf hin, daß sie rechtsgültig nicht handeln können."
Diese Warnung steht im Zusammenhang mit der Bestellung des rheinischen Generalsuperintendenten Stoltenhoff zum kommissarischen Nachfolger des Präsidenten Kapler. Diese Berufung geschah ohne Unterrichtung und Befragung des preußischen Kultusministers und führte zur Beurlaubung des Leiters der Kirchenabteilung des Kultusministeriums, Ministerialdirektor Dr. Trendelenburg."
Ausführlich darüber Roberts, a. a. O., S. 268 ff. „Swastika versus Cross".
35 Kupisch, a. a. O., S. 260 ff., Nr. 67, S. 263 f., Nr. 68.

der Geistlichen und Kirchenbeamten". Geistlicher oder Kirchenbeamter konnte demnach nur sein, wer die vorgeschriebene Vorbildung besaß, rückhaltlos für den nationalen Staat und die deutsche evangelische Kirche eintrat und die arische Abstammung nachweisen konnte[36].

Die organisatorische Umgestaltung konnte freilich die inneren, geistigen und religiösen Spannungen nicht lösen. Die radikalen, von der nationalsozialistischen Rasse-Ideologie besessenen Neuerer in der evangelischen Kirche verfochten nicht nur die rücksichtslose Durchführung des Arierparagraphen, sondern forderten sogar die Ausmerzung des Alten Testaments[37]. Der Evangelische Pressedienst in Königsberg/Ostpr. teilte im September mit: ,,Aus dem Bestreben heraus, die Liturgie des evangelischen Gottesdienstes zu verdeutschen, ist der Vorschlag gemacht worden, auch die hebräischen Bezeichnungen ,,Halleluja" und ,,Amen" durch deutsche zu ersetzen. Für das Wort ,,Amen" wird ,,Das walte Gott" in Vorschlag gebracht, für ,,Halleluja" käme vielleicht ,,Lobe den Herrn" in Frage. Diese angestrebte Verdeutschung des kirchlichen Sprachgebrauchs wird dem Willen weitester Kreise des deutschen evangelischen Kirchenvolks entsprechen."

Der Regierungspräsident von Schleswig-Holstein veröffentlichte im gleichen Monat folgende Mitteilung: ,,Bei Besichtigung und Prüfung des Religionsunterrichts stellten meine Sachbearbeiter fest, daß immer noch die Geschichte der Opferung Isaaks behandelt wird. Ohne Rücksicht auf bevorstehende Änderung des alttestamentlichen Stoffes im Lehrplan der Schulen ordne ich an, daß die genannte Geschichte schon jetzt im Lehrplan zu streichen ist, da die in ihr vertretene Gottesanschauung undeutsch ist[38]."

Ins Lächerliche verstieg sich im konjunkturellen Übereifer auch die sächsische Kirchenregierung mit ihrer Verordnung gegen das Niederländische Dankgebet. Darüber berichtete die VZ am 21. Dezember 1933:

---

36 CVZ, Nr. 35 v. 14. Sept. 33 ,,Arierparagraph für Kirchenbeamte".
37 So der Gau-Obmann der ,,Deutschen Christen" in Berlin, Dr. Krause, in einer Massenversammlung im Sportpalast am 13. November. Er wurde vom Reichsbischof von allen kirchlichen Ämtern suspendiert und vom zuständigen Bischof auch seines Amtes als Gau-Obmann entbunden.
38 CVZ, Nr. 37 v. 28. Sept. 1933, S. 1: ,,Nachrichten der Woche. 20. September – 27. September."

„Das Niederländische Dankgebet

Die sächsische Kirchenregierung hat, wie der „Berliner Börsen-Courier" meldet, folgende Verordnung erlassen: „Der Wortlaut des Niederländischen Dankgebets, der schon seit langem durch den unchristlichen Geist, den er atmet, Anstoß erregt hat, wird immer untragbarer als das Geistesprodukt eines jüdischen Verfassers. Die Ersatztexte, die hier und da aufgetaucht sind, befriedigen jedoch nicht voll und ganz. Es ist deshalb wünschenswert, daß ein n e u e r T e x t gefunden werde, der sich zur allgemeinen Einführung eignet. Nachrichten über etwa vorhandene bessere Texte oder Einsendungen neuer Vorschläge werden an das Evangelisch-lutherische Landeskirchenamt erbeten. "

Reichsbischof Müller sah sich zur Entlassung einiger radikaler Neuerer gezwungen, das Geistliche Ministerium trat zurück. Der Reichskanzler verbot am 2. Dezember Eingriffe in den innerkirchlichen Streit. Reichsbischof Müller bildete ein neues Geistliches Ministerium. Dieses beschloß am 4. Dezember ein Gesetz, das den Mitgliedern und Hilfsarbeitern der Reichskirchenregierung die Zugehörigkeit zu kirchenpolitischen Bünden, Gruppen und Bewegungen verbot. Müller selbst legte die Schirmherrschaft über die Glaubensbewegung „Deutsche Christen" nieder.

Am 8. Dezember 1933 erging noch ein vorläufiges Kirchengesetz des Geistlichen Ministeriums, ein Kirchengesetz zur Beilegung kirchenpolitischer Streitfälle und ein drittes über die Zusammenlegung kleinerer Landeskirchen. Der organisatorische Eifer mit der Flut von Gesetzen und Verordnungen konnte jedoch über die religiös-geistigen Gegensätze und inneren Spannungen nicht hinwegtäuschen, mit denen die evangelischen Kirchen ins neue Jahr gingen.

Die Preußische Generalsynode hatte Anfang September die Einführung des Arierparagraphen in das Beamtengesetz der Kirche beschlossen. Nachdem das Auswärtige Amt die Leitung der Deutschen Evangelischen Kirche auf die Gefahr hingewiesen hatte, die evangelischen Kirchen in Skandinavien könnten bei Einführung des Arierparagraphen die Beziehungen zur Deutschen Evangelischen Kirche abbrechen, erwiderte Reichsbischof Müller am 9. November, „daß auf der Deutschen Evangelischen Generalsynode keinerlei Bestimmungen über nichtarische Geistliche und Beamte der Kirche oder nichtarische Kirchenglieder beraten und angenommen worden sind. Es ist auch nicht beabsichtigt, solche Bestimmungen einer späteren Tagung der Nationalsynode zur Beratung und Beschlußfassung vorzulegen. Es ist zunächst versucht worden, die durch die Annahme des Arierparagraphen durch verschiedene Landeskirchen entstandene Mißstimmung in den ausländischen Kirchen im Wege der Korrespondenz mit ausländischen Kirchenführern und durch persönliche Besprechungen zu klären . . ."[39]

Der Reichskanzler hatte am 31. Oktober ein Gespräch mit dem früheren Generalsekretär des Bundesrates der christlichen Kirchen in den Vereinigten Staaten, Pastor Charles S. Macfarland[40]. Dieser betonte den privaten Charakter seines Besuches. Er wies darauf hin, wie stark die Rückwirkung der evangelischen Kirche in Deutschland auf die ausländische Beurteilung der deutschen Zustände sei. Er habe den Eindruck gewonnen, daß sich im Lager der evangelischen Geistlichkeit zwei Parteien scharf gegenüberstünden. Er bitte den Kanzler, seine Auffassung über das richtige Verhältnis zwischen Kirche und Staat mitzuteilen. „Während die Struktur des Reiches grundlegende Änderungen erfahren habe", erwiderte der Reichskanzler, „hätten immer noch 26 Landeskirchen in Deutschland bestanden. Es hat sich der Zustand herausgebildet, daß bei politischer Einigkeit des deutschen Volkes eine Zersplitterung in der evangelischen Kirche eingerissen sei. Es sei daher ein unabweisbares Erfordernis gewesen, hier klare organisatorische Verhältnisse zu schaffen." Bei innerkirchlichen Konflikten sehe die Reichsregierung ihre Aufgabe lediglich darin, schlichtend mitzuwirken. „Seine, des Reichskanzlers, bisherige Amtsführung sei darauf gerichtet gewesen, dem Volke das kirchliche Leben zu erhalten . . . Sein einziger Wunsch gehe dahin, daß dem Volk eine christliche Erziehung vermittelt werde." Er sei jederzeit zur Vermittlung bereit, wenn er darum angegangen würde.

„Hakenkreuz gegen Kreuz" überschrieb der australische Kritiker sein Kapitel über die weltanschaulichen Bestrebungen der Nationalsozialisten. Der Streit zwischen den Hitleranhängern und den Kirchen, so urteilte er 1936/37, könne nur durch einen vollständigen Rückzug der Nationalsozialisten von ihrem gegenwärtigen Standpunkt gelöst werden. Es sei unwahrscheinlich, daß sie das tun würden, da so viele ihrer Führer antichristlich gesinnt seien und solange als sie Rosenbergs Doktrinen annähmen, denn er sei von ihnen allen der fanatischste Gegner der katholischen Kirche. „Die Nazis sagen", fuhr Roberts wörtlich fort, „das Kreuz muß fallen, wenn Deutschland leben soll. Die älteren

---

39 ADAP, Serie C, Bd. II, 1, Nr. 55 v. 9. Nov. 33; Norden, a. a. O., S. 313 ff. S. a. Kupisch, a. a. O., S. 265–269, Nr. 70, 71. VZ, Nr. 318 v. 19. 11. 33.
40 ADAP, Nr. 37 v. 31. Okt. 33.

Kirchen erwidern, Deutschland kann ohne Kreuz nicht leben. Hitler ließ sich in eine Stellung manövrieren, in der für ihn ein Kompromiß schwierig ist. Seine Politik ist unklug. Er ermutigte offensichtlich einen Konflikt zwischen seiner Ideologie und jener der Kirchen. Ein kluger Staatsmann hätte einen solchen Konflikt mit allen Mitteln vermieden. Das gegenwärtige Diktum der Nazis lautet so: ‚Dienst an Hitler ist Dienst an Gott; Dienst an Deutschland ist Gottesdienst'. Keine Kirche kann eine solch gottlose Denkweise annehmen[41]."

---

41 Roberts, a. a. O., S. 268 ff.: ,,Swastika versus Cross", hier S. 280 f.

Judentum

Die Ernennung der Regierung Hitler wirkte auf keine Gruppe, keine Partei so alarmierend wie auf die Juden im In- und Ausland. Darüber schrieb die CV-Zeitung, die sich im Untertitel „Allgemeine Zeitung des Judentums" nannte, wie folgt:

„Die neue Regierung

Das Präsidium des Centralvereins hat am 30. Januar nach der Ernennung des Kabinetts Hitler folgende Erklärung der Öffentlichkeit übergeben: Wir stehen einem Ministerium, in dem Nationalsozialisten maßgebendste Stellungen einnehmen, selbstverständlich mit größtem Mißtrauen gegenüber, wenn uns auch bei der gegebenen Lage nichts anderes übrig bleibt, als seine Taten abzuwarten. Wir sehen als den ruhenden Pol in der Erscheinungen Flucht den Herrn Reichspräsidenten an, zu dessen Gerechtigkeitssinn und Verfassungstreue wir Vertrauen haben. Aber auch abgesehen davon sind wir überzeugt, daß niemand es wagen wird, unsere verfassungsmäßigen Rechte anzutasten. Jeder nachteilige Versuch wird uns in entschiedener Abwehr auf dem Posten finden. Im übrigen gilt heute schon besonders die Parole: Ruhig abwarten!

I.

Adolf Hitler ist Kanzler des Deutschen Reiches geworden. Die politischen Geschicke Deutschlands und die Führung einer Partei liegen jetzt in der Hand des Mannes, unter dessen Führung die NSDAP in schärfstem Kampf gegen die deutsche Republik und ihre Verfassung von Weimar gestanden hat. Am 30. Januar 1933 hat Adolf Hitler den Eid auf die Weimarer Verfassung geleistet. Mag dem einen oder dem anderen die Bildung der neuen Regierung unter der Führung Hitlers überraschend gekommen sein, – sie wird niemand verwundern, der die Entwicklung der innerdeutschen Verhältnisse in den letzten Jahren beobachtet hat.

Daß die Betrauung Hitlers in den Augen seiner A n h ä n g e r Befriedigung geweckt hat, ist nur allzu verständlich. Die Massen haben lange genug auf dieses große Ereignis, das man ihnen immer wieder versprochen hat, warten müssen. Aber die Furcht, die Bestürzung bei den Gegnern, die man in den Reihen der Nationalsozialisten wohl erwartet hatte, sind ausgeblieben. Die Chance, die der Nationalsozialismus verlangt hat, ist ihm nun gegeben. Seine Gegner verlieren die Nerven nicht; sie haben keine der Versprechungen vergessen, die der Nationalsozialismus dem deutschen Volke für eine bessere Zukunft unter seiner Führung gemacht hat, und sie werden über ihre Erfüllung wachen; auch das deutsche Volk kann ja nicht auf die Dauer darüber im unklaren gehalten werden, ob der Nationalsozialismus wirklich die Rettung, der einzige Weg aus dem wirtschaftlichen Elend und zu einem besseren Dasein für das ganze deutsche Volk ist oder nicht.

So sehr wir auf einen b a l d i g e n W i e d e r a u f s t i e g Deutschlands, auf eine Besserung der politischen und wirtschaftlichen Zustände hoffen, so sehr fürchten wir, daß der Glaube, wir seien am Endpunkt des Leidensweges des deutschen Volkes, trügerisch ist. Denn in der neuen Reichsregierung sind Elemente vertreten, die auf weltanschaulichem, politischem und wirtschaftlichem Gebiete u n v e r e i n b a r e G e g e n s ä t z e darstellen. In dieser Zeit der Richtungslosigkeit und Uneinigkeit haben nur Ideen und Bestrebungen Aussicht auf Bestehen, die nicht schon in sich widersprechend sind. Wer aber konnte sich größere Gegensätze denken als den Führer einer Massenpartei, die sich sogar Arbeiterpartei nennt, a l s K a n z l e r und den konsequentesten Exponenten k a p i t a l i s t i - s c h e r Interessen in Deutschland als W i r t s c h a f t s m i n i s t e r. Ginge es nicht um Deutschlands Gedeihen und unser aller Zukunft, man könnte neugierig sein auf die Lösungen und den Weg, die jetzt gefunden werden. Sicherlich wird eine spätere Zeit die Ereignisse unserer Tage vom Standpunkt der Staats- und Gesellschaftswissenschaft aus mit besonderem Interesse behandeln; für die heutige Zeit, für ihre Menschen und ihre Not bedeutet die Ernennung dieser Regierung ein Experiment, dessen Mißlingen wahrscheinlich ist und das deshalb um so bedauerlicher bleibt, weil wir nicht Experimente, sondern Stetigkeit der Politik, nicht neue Gegensätze, sondern Einigung gebraucht hätten.

II.

Wir deutschen Juden könnten, wenn wir den Gedankengängen nationalsozialistischer Schriften und Aufsätze der letzten Zeit folgen wollten, mit dem Ergebnis der Regierungsbildung ganz zufrieden sein. Hat man doch noch in allerletzter Zeit Herrn v o n P a p e n, mit dem man jetzt in einer Regierung sitzt, als den ,, K a n z l e r d e s J u d e n t u m s'' bezeichnet. Auch der Herr R e i c h s p r ä s i d e n t wurde vor seiner Wahl als J u - d e n k a n d i d a t bezeichnet, und gar Herr Hugenberg und seine Partei wurden der Öffentlichkeit als ausgesprochene J u d e n p a r t e i vorgestellt. Soll man auf einen Wandel in der Gesinnung den Juden gegenüber schließen, wenn die gleichen Politiker des Nationalsozialismus, die in ihrer Presse Papen und Hugenberg als verjudet bezeichnet haben, sich nun mit ihnen in einer Regierung zusammenfinden? In der allgemeinen Presse der letzten Tage ist diese Frage nicht unerörtert geblieben. Man hat aber gesagt, daß alle derartigen Vorwürfe Vorgänge der Wahlzeit gewesen seien, die heute schon vergeben und vergessen sind.

In diesem Zusammenhang gewinnt eine Schrift von nationalsozialistischer Seite „Judas Macht, Deutschlands Tod", die in den letzten Tagen erschienen ist, besonderes Interesse. Das Titelbild zeigt auf der einen Seite eines Schachbretts Nationalsozialisten, auf der anderen Seite als ihre Gegner Juden, Deutschnationale, Zentrumsleute, den Stahlhelm und Herrn Hugenberg – Nationalsozialistische SA und Berliner Stahlhelm sind im Fakkelzug vor dem Herrn Reichspräsidenten und dem neuen Reichskanzler vorbeimarschiert. Hoffen wir, daß die Einheitsfront zwischen dem größten Teile der genannten Schachbrettfiguren auch eine gesinnungsmäßige Überbrückung der Gegensätze symbolisieren soll.

Die Anhänger Adolf Hitlers sehen nur den Kanzler, das Volk in seiner Gesamtheit sieht auch den Reichspräsidenten. Die deutschen Juden haben das tiefe Vertrauen, daß die Verfassungstreue, das Gerechtigkeitsgefühl und die Verbundenheit des Herrn Reichspräsidenten mit allen Teilen des deutschen Volkes keinen Angriff auf die verfassungsmäßigen Rechte von Teilen der deutschen Volksgemeinschaft dulden werde. Die neue Reichsregierung wird bald merken, daß sie ganz andere und schwierigere Fragen zu lösen hat als die sogenannte Judenfrage!

III.

Ernst und besorgt blicken die deutschen Juden in die Zukunft. Es hat keinen Sinn, sich über die Gefahren hinwegzutäuschen, die darin liegen, daß die führenden Männer einer Partei, die den Kampf gegen die Juden auf ihre Fahne geschrieben hat, nun die deutsche Politik beherrschen. Auch in dieser Zeit werden die deutschen Juden ihre Ruhe nicht verlieren, die ihnen das Bewußtsein untrennbarer Verbundenheit mit allem wirklich Deutschen gibt. Weniger denn je werden sie ihre innere Haltung zu Deutschland von äußeren Angriffen, die sie als unberechtigt empfinden, beeinflussen lassen. Viel zu tief ist in ihnen das Bewußtsein verwurzelt, was für sie der deutsche Lebensraum bedeutet. Dieses Bewußtsein, und nicht zuletzt die Tatsache ihrer Leistungen für Deutschland, geben den deutschen Juden heute Kraft und Halt. Ihr Kampf um Recht und Ehre wird getragen von einem gesteigerten jüdischen Verantwortungsgefühl, das heute jeder einzelne empfinden und betätigen muß. In dieser Gesinnung wissen sich die deutschen Juden nach wie vor einig mit der überwiegenden Mehrheit des deutschen Volkes. Sie vertrauen auf den endlichen Sieg der Wahrheit und der Vernunft.

Der Centralverein wird von seinem Kampf um das Recht der deutschen Juden nicht ablassen. Wichtiger, aber auch größer denn je, sind heute seine Aufgaben. Er steht in einer Reihe mit den Massen des deutschen Volkes, die im Bewußtsein einer guten Sache für innere Freiheit, äußere Unabhängigkeit und das soziale Wohl aller Teile des deutschen Volkes kämpfen. Er wird seine Anstrengungen gegen alle Versuche der Entrechtung auf politischem und wirtschaftlichem Gebiet mit allen Kräften fortsetzen. Nur aufrechtes Bekenntnis zu unserem wahren Wesen, unbedingte Mannhaftigkeit und stärkster Nachdruck in der Selbstbehauptung dessen, was wirklich deutsch und wirklich jüdisch ist, wird dem heute lebenden Geschlecht der deutschen Juden Anspruch geben, v o r d e r G e s c h i c h t e zu bestehen. Möge diese Entscheidungsstunde für die deutsche Judenheit ein würdiges Geschlecht finden.

Ludwig Holländer."

Nichts schadete der nationalen Erneuerungsbewegung, zu der sich auch die patriotisch gesinnten Juden bekannten, mehr als der radikale Antisemitismus der NSDAP. Die Reichsregierung selbst war aus wirtschaftlichen wie außenpolitischen Gründen gegen ungesetzliche Maßnahmen zur Bekämpfung des Judentums. Jedoch konnte sie nicht verhindern, daß die Berufung Hitlers an die Regierungsspitze revolutionäre Kräfte der SA und SS, teilweise auch des politischen Leiterkorps der NSDAP entfesselte, die eigenmächtig gegen Juden und jüdische Geschäfte vorgingen. Nicht nur maßlose Presseangriffe gegen Juden waren an der Tagesordnung, sondern auch tätliche Übergriffe, Mißhandlungen, Folterungen und vereinzelt Morde ereigneten sich[1]. Da Juden vornehmlich in den Linksparteien von der KPD über die SPD bis einschließlich der Staatspartei, der früheren DDP, politisch vertreten waren, wurden sie besonders unter diesem Vorzeichen des Marxismus und Liberalismus sowohl von SA und SS wie teilweise auch von den ersten gesetzlichen Schritten zur Bekämpfung der KPD hart betroffen. Hitler selbst erließ mehrfach Aufrufe zur Wahrung strenger Disziplin mit den Hinweisen, daß eigenmächtige Handlungen von Parteiorganisationen die Regierungsmaßnahmen nicht behindern oder gar lähmen dürften. Reichsinnenminister Dr. Frick gab Anfang März einen Runderlaß zum ,,Schutz des Geschäftslebens" heraus[2]. Gegen Schließung jüdischer Geschäfte durch SA und SS im Rheinland griff die Polizei ein[3]. Es gab daher 1933 keinen Judenpogrom. Die CVZ vom 23. Febr. 1933 stellte sich wie folgt häufigen Anwürfen:

---

1 CVZ, Nr. 6 v. 9. Febr. 33, S. 1: ,,Terror in Gersfeld". Verletzungen von zwei jüdischen Kaufleuten. Ebda, ,,Blutiger Terror in Viersen und Eisleben. Synagogenschädigungen in Krefeld und St. Pölten." Letzteres liegt in Österreich.
2 VZ, Nr. 116 v. 9. März 33, Abend-A., S. 1.
3 VZ, Nr. 111 v. 7. März 33, Morgen-A., 1. Beilage.

J.J.F.E.   15.II.33.

Central Verein Deutscher Staatsbürger Jüd. Gl.

Berlin W.15.

Emserstr. 42.

Wir warnen alle Juden!

Wenn einem der Führer der nationalen Regierung auch nur ein Haar gekrümmt werden sollte, wird das unser Signal zum allgemeinen Massenmord aller Juden sein, der erst dann sein Ende finden soll, wenn alle Juden getötet sein werden.

Der Femeausschuss
der Judenjäger Europas

Eine besondere Tonart der nationalsozialistischen Agitation gegen die deutschen Juden ist an dieser Stelle wiederholt festgestellt worden: der niemals begründete und niemals auch nur mit dem Scheine des Beweises versehene Versuch, die deutschen Juden in einen ursächlichen, aber mittelbaren Zusammenhang mit Blut- und Terrorakten zu bringen, die von Kreisen der radikalen deutschen Juden ausgehen sollen. Wir haben seit dem ersten Auftauchen dieser Behauptungen ihren verleumderischen Inhalt festgestellt und verlangt, daß man Tatsachen anführe. Nichts derartiges ist jemals versucht worden. Wir können aber Dutzende von Sätzen aus Veröffentlichungen der „C.V.-Zeitung" aufführen, in denen wir die Austragung politischer Gegensätze auf gewaltsame und blutige Weise auf das schärfste verdammt und erklärt haben, daß wir den Mord als Mittel politischen Kampfes entrüstet ablehnen. Trotzdem hörten die Verleumdungen nicht auf. Sie verschärfen sich in den letzten Tagen derart, daß die Ver antwortung der Verantwortlichen vor aller Öffentlichkeit festgestellt werden muß. Wieder wird in Versammlungen ausgesprochen, daß, wenn Hitler oder anderen nationalsozialistischen Führern „ein Haar gekrümmt" würde, die „Juden an die Laternenpfähle gehängt" werden. Der Centralverein erhält Zuschriften wie die oben faksimilierte. Wir sind weit entfernt, derartige Drohbriefe an sich ernst zu nehmen. Sie sind jedoch unverkennbar Ausdruck einer Stimmung, die durch die planmäßige Herstellung einer Gedankenverbindung von politischem Mord und Judentum in zahllosen Köpfen erzeugt worden ist. In ruhigeren Zeiten könnte man über solche Ausbrüche als rein demagogische Entgleisungen hinweggehen. Dazu aber ist die Zeit zu ernst. Wollen die Verantwortlichen ihre Verantwortung anerkennen? Dann müssen sie dieser Hetze zur Gewalt ein Ende bereiten!"

Die Reaktion der Juden im Ausland setzte ab Februar, unmittelbar nach dem Regierungsantritt Hitlers, in steigendem Maße ein, und zwar durch Presseangriffe im westlichen Ausland und besonders in den USA. Da das Judentum mit der Internationale, vor allem der Zweiten, aber auch der Dritten verbunden war, wurde durch die antisemitische Haltung der neuen Reichsregierung die westliche Welt gegen sie und gegen Deutschland aufgebracht. Dazu kam, daß die Juden die „Öffentliche Meinung" teilweise monopolartig beherrschten. Auch in den Parlamenten westlicher Länder, besonders in Großbritannien und in den USA, kamen Furcht und Haß zum Ausdruck.

Der „Völkische Beobachter" brachte am 15. Februar unter Berufung auf das „Israelitische Familienblatt" vom 9. Februar einen Artikel: „Drohungen des Judentums. ‚Reichskanzler Hamann' und die Ausrottung der 75 000 Perser. Sie wünschen dem Kanzler Hitler das gleiche Schicksal wie dem persischen antisemitischen ‚Reichskanzler Haman'[4]."

Die vom VB hier angezogene Zeitungsnotiz hat folgenden Wortlaut[4a]:

„Sprechsaal
Für Veröffentlichungen in dieser Rubrik übernimmt die Redaktion lediglich die preßgesetzliche Verantwortung

Eine Anregung

Am 5. März soll es sich endgültig entscheiden, wer die eigentlichen Machthaber unseres armen, gequälten Vaterlandes sein sollen.

Als vor Tausenden vor Jahren der Reichskanzler Haman von seinem König ein Dekret erlangen wollte, um etwas Ungeheuerliches gegen die Juden seines Reiches auszuführen, wählte er mit Absicht – so erzählt der Talmud im Traktat Megiloh – den Monat Adar deshalb, weil er festgestellt hatte, daß in diesem Monat der große Führer Moses gestorben war. Er hat es übersehen, daß dieser Tag auch die Geburtsstunde des Lehrers Moses war.

Ein ganz merkwürdiger Zufall hat es gefügt – ein Blick auf den jüdischen Kalender zeigt es uns – daß die diesjährige Reichstagswahl am 7. Adar stattfindet.

Es dürfte vielleicht empfehlenswert sein, da diesmal so ungeheuer viel für unsere Glaubensgemeinschaft auf dem Spiele steht, wenn von rabbinischer Stelle aus angeordnet wird, daß in Erkennung des tiefen Ernstes der Stunde in allen Gotteshäusern bis nach dem Tage der Wahl nach dem Abend- und Morgengebet gemeinschaftlich das Kapitel 22 aus den Psalmen gebetet wird, welches nach dem Talmud das Gebet der Königin Esther gewesen sein soll. B."

---

4 VB, Nr. 46 v. 15. Febr. 33, Erstes Beiblatt.
4a „Israelitisches Familienblatt", Berlin Nr. 6 v. 9. 2. 1933, Seite 5.

Mit den Worten „Das Judentum im Ausland ruft zum Mord auf. Die ,Jüdische Rundschau' spricht von der ,Verbundenheit des Weltjudentums'" ist ein Artikel vom 16. März betitelt[5]. Mit der wachsenden Boykottbewegung des Auslandes im März steigerten sich auch die nationalsozialistischen Presseangriffe. Das Zentralorgan der NSDAP berichtete am 28. März über „Fortgesetzte Hetze in Amerika" und brachte einen seitenlangen Artikel „Der jüdische Machtkampf gegen Deutschland". „Gegenschlag gegen die jüdische Greuel-Propaganda" ist die Schlagzeile der gleichen Nummer[6]. Dann folgten in den letzten Märztagen die Aufrufe zum eintägigen Boykott der jüdischen Geschäfte in Deutschland als Gegenmaßnahme gegen die antideutsche Boykottbewegung im Ausland[7]. Aufschlußreich war die Mitteilung „Der jüdische Boykott gegen Deutschland von der KPD organisiert". „Es konnte festgestellt werden", schrieb der VB unter diesem alarmierenden Titel, „daß die kommunistische Partei in der Vorwoche ein Geheimschreiben an die KP Großbritanniens gesandt hat, worin sie zur Organisation der Judenschaft und zur Bekämpfung des Hitler-Regimes auffordert[8]."Es war durchaus naheliegend, daß die kommunistische Partei den radikalen Antisemitismus in Deutschland zu ihren Gunsten nutzte.

Das britische Massenblatt „Daily Express" veröffentlichte am 24. März 1933 folgenden Aufruf: „Das israelische Volk der ganzen Welt erklärt Deutschland wirtschaftlich und finanziell den Krieg. Das Auftreten des Hakenkreuzes als Symbol des neuen Deutschlands hat das alte Streitsymbol Judas zu neuem Leben erweckt. Vierzehn Millionen Juden stehen wie ein Mann zusammen, um Deutschland den Krieg zu erklären. Der jüdische Großhändler wird sein Haus verlassen, der Bankier seine Börse, der Kaufmann sein Geschäft und der Bettler seine Elendshütte, um sich in einem heiligen Krieg gegen die Leute Hitlers zusammenzuschließen."

Am 24. März nahm Göring in seiner Eigenschaft als kommissarischer preußischer Innenminister vor der gesamten ausländischen Presse Stellung gegen die im Ausland verbreiteten Gerüchte von Pogromen in Deutschland[9]. Auch die amerikanische Handelskammer in Berlin wandte sich in Telegrammen an die nationale Handelskammer in Washington

5 VB, Nr. 75 v. 16. Mrz. 33, Erstes Beiblatt.
6 Ebda, Nr. 87 v. 28. Mrz. 33.
7 Ebda, Nr. 88 v. 29. Mrz. 33.
8 Ebda, Nr. 89 v. 30. März 1933, S. 1.
9 SEG, 74, 1933, S. 77. S. dazu a. VB, Nr. 53 v. 24. Mrz. 1933.

gegen die in den USA betriebene Boykott-Propaganda gegen deutsche Waren. Die Deutschamerikaner in New York bildeten einen Aufklärungsausschuß, um der antideutschen Propaganda entgegenzutreten[10]. Reichsaußenminister von Neurath erklärte dem Chefkorrespondenten Louis Lochner von der Associated Press, daß jede Revolution mit Ausschreitungen ungesetzlicher Art verbunden sei. Er wies auf die Unwahrhaftigkeit der Greuelpropaganda durch die maßlose Aufbauschung örtlicher Zwischenfälle und die Erfindung von Greuellügen hin. Neurath richtete auch an Kardinal O'Connell in Boston, den Führer des katholischen Klerus in den USA, ein Telegramm, in dem er sich energisch gegen die Lüge von Pogromen in Deutschland wehrte: ,,Ich erlaube mir, Ew. Em. zu versichern, daß derartige Behauptungen jeder Grundlage entbehren . . ." Der stellvertretende Vorsitzende des Lutherischen Weltkonvents, der sächsische Landesbischof D. Ihmels, telegraphierte an den Vorsitzenden des Lutherischen Weltkonvents, Prof. D. Morehead, in New York: ,,Bitte der Lügenpropaganda gegen Deutschland entschieden entgegenzutreten[11]."

In New York fand am 27. März eine große Protestversammlung gegen Deutschland mit etwa 55000 Teilnehmern statt. Zu den durch die Hearstpresse aufgeputschten Massen, die meist aus dem ostjüdischen Proletariat der Weltstadt zusammenkamen, sprachen der deutsche Bundessenator Wagner, der frühere Gouverneur Smith, Bürgermeister O'Brien, Bischof Manning und Rabbiner Wise. Rabbi Stephen Wise, eine der mächtigsten und einflußreichsten jüdischen Persönlichkeiten der USA, führte u. a. aus:[11a]

,,Unser Protest richtet sich nicht gegen das deutsche Volk, das wir hoch schätzen und verehren, nicht gegen das politische Programm Deutschlands, denn Deutschland ist sein eigener Herr, sondern einzig gegen die antijüdische Politik der Regierung. Wir verlangten und verlangen für Deutschland sein Recht von seinen ehemaligen Feinden, aber wir wenden uns dagegen, daß die Juden zum schwarzen Schaf gemacht werden, weil Deutschland über das Ausland Klage führt. Wir stellen keine Forderungen, wir erheben keine Bitte, wir betonen nur die elementaren Axiome der Zivilisation."

---

10 VZ v. 26. März 1933.
11 SEG, 74, 1933, S. 78.
11a VZ v. 29. Mrz. 33: ,,Beruhigung in New York". ,,Die Arbeit der polnischen Propaganda."

Als Drahtzieher der antideutschen Hetze in den USA bezeichnete die „Vossische Zeitung" Polen und Frankreich[12]. Der polnische Gesandte in Berlin machte seinen britischen Kollegen mehrfach auf Mißhandlungen polnischer Juden aufmerksam[13]. Staatssekretär Hull ließ am 27. März das Ergebnis seiner Untersuchungen, das der amerikanischer Botschafter in Deutschland angestellt hatte, den Führern der Protestaktion mitteilen. „Danach hat sich ergeben, daß während des Umschwungs kurze Zeit vorgekommene Ausschreitungen nunmehr als so gut wie beendet betrachtet werden könnten. Die deutsche Regierung habe diese Vorgänge mit ernster Sorge verfolgt und energische Gegenmaßnahmen ergriffen. Auch die Benachteiligung von Juden in ihrer Berufsausübung habe nachgelassen . . .[14]" Stärksten Eindruck rief die Erlaubnis für ausländische Journalisten hervor, politische Gefangene, die als ermordet galten, besuchen zu dürfen[15]. Die deutschen Juden wandten sich selbst gegen die Greuelpropaganda im Ausland[16]:

„*Wir 565 000 deutschen Juden legen feierliche Verwahrung ein*
Eine zügellose Greuelpropaganda gegen Deutschland tobt in der Welt. Durch jedes Wort, das gegen unser Vaterland gesprochen und geschrieben wird, durch jeden Boykottaufruf, der gegen Deutschland verbreitet wird, sind wir deutschen Juden genau so tief getroffen wie jeder andere Deutsche. Nicht aus Zwang, nicht aus Furcht, sondern weil gewisse ausländische Kreise die E h r e   d e s   d e u t s c h e n   N a m e n s lästern, das L a n d   u n s e r e r   V ä t e r und das L a n d   u n s e r e r   K i n d e r schädigen, sind wir ohne Verzug dagegen aufgestanden. V o r   d e m   I n l a n d   u n d   d e m   A u s l a n d   h a b e n   w i r   d i e   L ü g e n m e l d u n g e n   ü b e r   D e u t s c h l a n d   u n d   d i e   n e u e   R e g i e r u n g   g e b r a n d m a r k t . Maßgebende christliche und jüdische Persönlichkeiten daheim und draußen, nicht zuletzt der Vereinigten Staaten, kennen den Centralverein als einen Vorkämpfer der deutschen Sache, einen Vorkämpfer, der das Vaterland liebt, einen Vorkämpfer, der die Zehntausende deutscher Juden, die seine Fahne

---

12 Ebda
13 Individual cases of bodily maltreatment still occur, and my Polish colleague tells me that he has already dealt with some forty cases, victims being Polish Jews. Further cases are being reported to him. BDFP, 2. Series, Bd. V., Nr. 2 v. 26. Mrz. 33.
   Am 5. April schrieb Sir Rumbold: My Polish colleague has shown me a lengthy list of cases of physical maltreatment of Polish Jews, his evidence being frequently illustrated and confirmed by photographs. Doubtless, such maltreatment has been suffered, not only by Polish Jews, but by Jews generally . . . Ebda, Nr. 22.
14 VZ, Nr. 146 v. 27. März 33, S. 1.
15 Ebda, S. 1 f.
16 CVZ, Nr. 13 v. 30. März 33, S. 1 f.

tragen, zur Pflege unbeirrter deutscher Gesinnung im Leben und Streben anhält, einen Vorkämpfer, der sich stolz zu den Werken des Judentums als der angestammten Religion bekennt. Weil wir so sind, weil wir nicht anders sein können, ist unser energischer Protest gegen Deutschlands Verunglimpfung geglaubt worden. Weil wir so sind, sind die Schritte in Amerika, die wir unternahmen, erfolgreich für unser Vaterland ausgeschlagen.

Nur in unserem eigenen Vaterland, dem Land, für das zwölftausend jüdische Helden ihr Leben ließen, glaubt man uns nicht.

Man beschuldigt uns, daß die Kampagne des Hasses und der Lügenhetze von den deutschen Juden ausgehe: bei den deutschen Juden läge es, die Lügner zurechtzuweisen, die deutschen Juden wollten dies aber nicht.

Gegen diese ungeheuren Beschuldigungen legen wir 565 000 deutschen Juden vor ganz Deutschland feierliche Verwahrung ein.

Die deutschen Juden haben niemanden in Deutschland und in der Welt mittelbar oder unmittelbar zu schändlichen Verleumdungen oder gar zu irgendeiner Handlung gegen Deutschland veranlaßt. Die deutschen Juden haben, soweit sie es vermochten, dagegen sofort das Äußerste getan, um jede Beleidigung des Heimatlandes, jede Beschimpfung der Regierung, jede Schädigung der deutschen Volkswirtschaft unmöglich zu machen.

Vor Gott und den Menschen stehen wir so gerechtfertigt da. Mit Würde und mit Mut werden wir die mitleidlosen Maßnahmen Deutscher gegen Deutsche auf eigener Heimaterde zu ertragen wissen."

Die Vereinigten deutschen Gesellschaften von New York hatten in Gemeinschaft mit deutschen Juden ihren Protest gegen die Deutschenhetze in Amerika mitgeteilt und telegrafisch den Reichskanzler um eine Erklärung über die Lage in Deutschland gebeten. Sie erhielten aus der Reichskanzlei folgende Antwort: ,,Reichskanzler dankt für Ihre Mitwirkung im Kampf gegen jüdische Hetze. Deutsche Juden werden wie alle anderen Staatsangehörigen gemäß ihrer Einstellung zur nationalen Regierung behandelt werden. Abwehraktion nationalsozialistischer Partei durch Verhalten deutscher Juden im Ausland herausgefordert[17]."

Die CVZ veröffentlichte am 30. März einen ganzseitigen Aufruf gegen die antideutsche Hetze und Greuelpropaganda im Ausland[18]. Es

17 ,,Amerika-Telegramm der Reichskanzlei", in ,,VZ, Nr. 155 v. 1. 4. 1933, Morgen-Ausgabe.
18 CVZ Nr. 13 v. 30. 3. 1933.

war begreiflich, daß die deutschen Juden größtes Interesse hatten, Öl auf die stürmischen Wogen zu gießen, weil sie mit Recht eine Verschlimmerung ihrer Lage angesichts der antideutschen Hetze im Ausland befürchteten. Auch der deutsche Kronprinz nahm dagegen Stellung mit Hinweis auf die Greuelpropaganda während des Krieges im deutschfeindlichen Ausland[19].

Der bisherige Botschafter der USA in Berlin, Sackett, der Ende März nach Amerika zurückkehrte, erklärte, ,,daß man mit einem Urteil über die Ereignisse in Deutschland zurückhalten müsse. Als er in der letzten Woche Deutschland verlassen habe, habe er den Eindruck gehabt, daß die Demonstrationen vorüber seien. Soweit sich die Kundgebungen gegen Unbeteiligte gerichtet hätten, seien sie ohnedies nur sporadischer Natur gewesen. Die wenigen Fälle, die zur Aufmerksamkeit des Botschafters gebracht worden und in denen Amerikaner die Opfer gewesen seien, seien alle durch besondere Umstände veranlaßt gewesen, und die deutsche Regierung habe sich beeilt, Abhilfe zu schaffen und eine Wiederkehr solcher Vorgänge zu verhüten. Es wäre bedauerlich, wenn diese Fälle zum Anlaß einer allgemeinen Verurteilung genommen würden und wenn infolge einer solchen Verurteilung eine wirkliche antisemitische Bewegung in Deutschland entstehen sollte. Wenn irgendeine Regierung infolge einer politischen Kampagne von der Intensität der nationalsozialistischen Bewegung zur Macht gelangt sei, sei es am Anfang immer schwer gewesen, Ausschreitungen von Parteigängern zu verhüten[20]."

Der britische Botschafter in Berlin, Sir Rumbold, verfolgte aufmerksam die Entwicklung im Reich, besonders die Behandlung der Juden. Diese hätten in Deutschland während der letzten fünfzehn Jahre eine Reihe von Berufssparten monopolisiert, nämlich die Lehrberufe, die Medizin, das Rechtswesen, Presse, Literatur und Architektur. Viele Führer der Linksparteien seien Juden und verantwortlich für die Erfüllungspolitik. Die Verbindung der Juden mit dem Bolschewismus mache sie den Nazi-Führern doppelt widerwärtig. Auch zeige die jüdische Literatur in Deutschland häufig eine antideutsche oder zumindest eine nichtdeutsche Haltung. Die jüdisch gelenkte Presse sei international eingestellt. Erdrückend sei die Vorherrschaft der Juden auf finanziellem Gebiet, besonders seit Einführung der Renten- und Goldmark. Die besten Elemente der Juden müßten nun leiden für die Sünden der

---

19 VZ, v. 29. 3.: ,,Der Kronprinz über die Greuelpropaganda".
20 VZ, v. 31. März 1933, Artikel: ,,Botschafter Sackett klärt auf."

schlechtesten, vor allem der russischen und galizischen Juden, die während des Umsturzes 1918 nach Deutschland kamen. Die großen Finanzskandale der Weimarer Republik seien mit den Namen jüdischer Einwanderer wie Barmat und Sklarek verknüpft[21].

---

21 BDFP, 2. Series, Bd. V, Nr. 5 v. 28. Mrz. 33:
Sir H. Rumbold (Berlin) to Sir J. Simon (Received April 4)
No. 295 [C 3074/319/18]

Sir,   Berlin, March 28, 1933

I have the honour to report that the new Government have now decided to embark on a campaign of propaganda in order to counteract the hostility of the foreign press to the new régime. Early in February the Government proceeded to take very harsh measures against those newspapers which published extracts from the foreign press unfavourable to themselves. They even dismissed the editor of Wolff's Bureau and issued stringent warnings to other news purveyors. Newspapers naturally refrained from reporting unpalatable foreign news, and the Government seemed to think that they could follow this ostrich policy indefinitely. They have now been hoist with their own petard, the outcry in the foreign press having swollen to such dimensions that it is no longer possible to maintain secrecy about it in this country. The sensational press in America appears to have availed itself of the opportunity (provided so unwisely by the German Government themselves) of increasing its circulation at the expense of Germany's good name. Captain Göring, in particular, provided this opportunity on a number of occasions by means of inflammatory addresses, and the task of making reparation seems now to have devolved on him in the first instance.

2. The Government practically ignored the anti-Nazi campaign in the foreign press until the 23rd March, when Captain Göring, speaking in the Reichstag, vigorously denied the allegations made abroad concerning the illtreatment of German political prisoners. On the 25th March he summoned the representatives of the foreign press and lectured them with that brusqueness and vehemence to which they are now becoming accustomed. He admitted that individuals had been killed and maltreated, but insisted that the excesses were insignificant in view of the revolutionary experience through which the country had just passed. In bullying tones he threatened the correspondents with dire penalties if they, or rather their newspapers, did not mend their ways. He went on to say that many thousands of persons had been arrested, but insisted that they were being well treated. He claimed that members of patriotic associations had actually been dismissed for beating Jews. Selected newspaper correspondents were then taken to see the Communist leaders, Thälmann and Torgler, as well as the editors of the Communist ‚Rote Fahne‘ and ‚Welt Bühne‘. These men admitted that they were being given normal prison treatment and had not been subjected to bodily punishment.

3. On the same day Baron Neurath and Herr von Papen telephoned expostulations to America, while Jewish organisations in Germany got into touch with similar organisations abroad. The Nazi propaganda machine was then set to work, and Jewish newspapers were invited to take up the cudgels on behalf of the new Government lest worse should befall them. The statement by the Central Jewish Association (which comprises most of the important Jewish bodies in Germany) to the effect that excesses had now ceased was then issued. A systematic ‚anti-cruelty‘ campaign is now being conducted.

4. As stated in my telegram No. 68 of the 26th March, the Government's recent statements are reasonably accurate, and acts of revenge and other excesses are becoming rare. In my despatch No. 268 of the 21st March I stated that the number of persons murdered or seriously injured in political affrays ran into hundreds. No official statement has yet appeared, but my estimate appears to be confirmed by Captain Göring's public statement

189

that the counter-revolution had cost ,no more in casualties, both killed and injured, than the political skirmishes of last year'. As those skirmishes cost not less than 350 lives, the casualty list must be considerable, though it is to be doubted if the Nazis themselves have any reliable statistics. The total number of individuals maltreated or imprisoned is given by a very good authority at 15 000. This figure is evidently an underestimate.

5. The Jewish community in this country are faced with a much more serious danger than mere bodily maltreatment or petty persecution. Throughout the public services they are being systematically removed from their posts, nominally on the ground that they have Marxist sympathies. Doctors, lawyers, judges, professors and persons whose appointment rests in any way in official hands are being ruthlessly dismissed for no other reason than the accident of race. In a number of Federal States, including Bavaria, the Commissioners of Justice have decided that judges of Jewish origin are to be excluded from the courts and that Jewish advocates are not to be allowed to prosecute. A strong movement to enforce similar rules in Prussia is now on foot. The hardship inflicted on members of the learned professions who are suddenly deprived of their livelihood in this irresponsible way need not be emphasised. The counter-agitation by the Nazi propaganda machine in the foreign press may lead to a revulsion of opinion abroad and to the belief that all the recent stories of cruelty are unfounded. As in the case of the ,war atrocities' in Flanders, falsehood and truth have already become so intermixed that it is impossible to disentangle them, but it would be wrong to imagine that Jews have not suffered, and are not still suffering, gross injustice in this country. The Chancellor and Captain Göring must be held responsible for the campaign against the Jews. The other Ministers, including Dr. Goebbels, the Minister of Propaganda, have hitherto kept aloof from it. Indeed, Dr. Goebbels's appearance, which is suspiciously non-Nordic, and his unusual intelligence and imagination seem to point to a Semitic admixture somewhere.

6. Before the Hitlerite Government took office in February the Jewish problem in Germany was admittedly becoming a serious one. Ever since the revolution Jews have been given fair play in every walk of life in this country, with the result that their racial superiority was asserting itself, at any rate in German eyes, to an almost alarming extent. It is obvious to any observer that the average German, while superior to the Jew in many respects, and while endowed with remarkable qualities of tenacity, industry and sobriety, is distinctly inferior in an artistic sense and even in a purely intellectual sense to the German Jew. Wherever imagination, financial acumen or even business flair comes into play, the Jew tends to outdistance his German rival, and in every domain of intellectual effort the achievements of the Jews are entirely out of proportion to their numbers. In a country where they hardly amount to 2 per cent. of the population, they have practically monopolised some professions and have obtained the plums of a great many others. The teaching professions, medicine, the law, the press, imaginative literature, architecture, and the like, might, in time, become completely monopolised by the Jewish element if we are to judge by the strides made by them during the last fifteen years. It is only natural that the academic youth of this country should bitterly resent the success of the Jews, especially at a moment when the learned professions in Germany are hopelessly overcrowded. The dismissal of doctors, lawyers and teachers, which is now taking place on a wholesale scale, will reopen these professions to the National Socialist candidates, and the anti-Semitic Nazi party comprises in its ranks most of the academic youth of this country for that very reason.

7. It must be borne in mind that the Jewish element in Germany has always been closely associated in the Nationalist mind with the cardinal sins of democracy and pacifism. Many of the leaders of the Left parties were Jews, and they were undoubtedly responsible to a large extent for the ,abominable policy' – to use Hitler's expression – of fulfilment. The association of the Jews with bolshevism in Russia renders them doubly obnoxious to the Nazi leaders; not only are they guilty in their eyes of having destroyed civilisation and Christianity in Russia, but they are accused of ,infusing into the German and European

Wenige Tage später, am 31. März, schrieb Sir Rumbold, die deutsche Regierung werde von einem „hypersensitiven Kanzler" geführt, der von drei unerfahrenen und brutalen Kollegen unterstützt werde, die taub seien für einen weisen Ratschlag. Die „Nazis" betrachteten das ganze Außenministerium mit Mißtrauen und Feindseligkeit[22].

In der Deutschland-Debatte des britischen Oberhauses Ende März führte Viscount Cecil aus[23]: „Bei den Vorgängen in Deutschland müsse man verschiedene Dinge genau auseinanderhalten. Zunächst seien Meldungen verbreitet, wonach Juden gewalttätig und rücksichtslos behandelt worden seien, Vorkommnisse, die sich aber nicht mit Ermächtigung durch die deutsche Regierung, sondern ohne deren Eingreifen abgespielt

system the poison of communism'. Again the Jewish press in Germany, which ranked and still ranks far above the native press, has, in its outlook, always been international rather than nationalist. The Jewish contribution to recent German literature, especially the drama, was often anti-German in outlook, or, at any rate, non-German. Generally speaking the intellectual ascendancy of the Jews in the domain of literature, the drama, the cinematograph and the wireless aroused the most active jealousy in the Nationalist and Nazi camps, and the present campaign is directed not merely against politicians, but against authors and artists as well.

8. The supremacy of the Jews in the domain of finance became overwhelming when the currency collapsed in 1923 and was replaced in turn by the Renten Mark and the Gold Mark. It is at such moments of disturbance that the elasticity and adaptability of the Jewish character become most manifest. Jewish financiers were quick to seize the opportunity to lay firm hands on the financial machinery of the country. The ostentatious mode of life of Jewish bankers and financiers – a tradition from the days when the ex-Emperor ennobled Jews who built ocean-going yachts or set up large racing stables – inevitably aroused envy when unemployment became general. The best elements in the Jewish community will now have to suffer and are suffering for the sins of the worst, and more especially for the sins of the Russian and the Galician Jews who came into this country during the revolution of 1918. Immigrants like Sklarek and Barmat, with a natural bent for crooked finance, became the centre of great financial and political scandals, which seriously discredited the Left parties and still serve as classic examples of the kind of Jew abhorrent to the ‚Nordic' or Nazi mind. It will need all the intelligence and resource of the hard-working Jewish *intelligentsia* to cope with the present onslaught. The young Nazi generation has no knowledge of the services rendered by German Jews and by Jews in foreign countries throughout the struggle against the more oppressive clauses of the Treaty of Versailles. The same skilful and incessant propaganda which contributed so much to the improvement in Germany's international position during the last decade is now being turned against the Nazi movement, and it is evident from the angry outbursts of the Nazi leaders that German interests are feeling the effects of this propaganda in every part of the world. As a countermeasure the Government are now threatening to outlaw the Jewish community in Germany, and it is clear that Jewish organisations abroad would be well advised to desist, at any rate, from public forms of agitation. They are dealing with unintelligent and ruthless opponents in the present German Government, and they may do more harm than good by goading them too far at the present juncture.

I have, &c., Horace Rumbold

22 Ebda, Nr. 14 v. 31. März 33.
23 VZ, Nr. 154, v. 31. März 33, Abend-Ausgabe. Artikel: „Deutschlanddebatte im Oberhaus."

hätten. Die deutsche Regierung habe nachdrücklich gegen die übertreibende Darstellung solcher Vorkommnisse protestiert und erklärt, sie sei schuldlos. Soweit sich derartige Vorfälle ereignet hätten, gehörten sie zu den bedauerlichen, aber unvermeidlichen Begleitumständen einer Revolution ... Ernster aber als die bisher von ihm erwähnten Dinge seien die im großen Umfang vorgenommenen Entlassungen jüdischer Ärzte, Juristen und Gelehrter, die die deutsche Judenheit am folgenschwersten träfen. Diese Maßnahmen gebe man auf deutscher Seite zu und rechtfertige sie mit der Begründung, daß gegen den deutschen Handel im Ausland ein Boykott organisiert worden sei, dem die fremden Regierungen nicht Einhalt geboten hätten. Sicherlich hätten die Ereignisse in Deutschland große Besorgnis in England hervorgerufen. Auch die Regierung der Vereinigten Staaten habe, wie man erfahre, bei der deutschen Regierung freundschaftliche Vorstellungen erhoben ...

Die besondere Stellung", fuhr Viscount Cecil fort, „die England als Mandatar Palästinas einnehme, habe zur Folge, daß England mit Wohl und Wehe des jüdischen Volkes in besonderer Weise verknüpft sei. Wenn man betone, daß die Judenfrage eine Angelegenheit der deutschen Regierung sei, in die England sich nicht einmischen dürfe, so treffe dies zwar in gewissem Maße zu. Doch sei es seit mehr als einem halben Jahrhundert üblich, die Behandlung volklicher und religiöser Minderheiten als eine Frage zu betrachten, die nicht nur die Länder angehe, in denen die Minderheiten leben, sondern die das Interesse und vielleicht auch Maßnahmen anderer Länder erfordere. Kein Staat Europas habe eifriger auf die strikte Durchführung der Minderheitsbestimmungen des Versailler Vertrages bestanden als Deutschland in Genf.

Er selbst," so betonte Cecil, „sei niemals der Auffassung gewesen, der Versailler Vertrag sei das letzte Wort menschlicher Weisheit oder Gerechtigkeit. Ohne Zweifel werde man möglicherweise die Frage der Revision prüfen müssen, da ja im Völkerbundpakt entsprechende Bestimmungen vorhanden seien ..."

„Emil Ludwig Cohn verkündet die jüdische Weltmacht. Lord Reading (Isaacs) hetzt die britische Regierung gegen Hitler", meldete der VB am 1. April. Wenige Tage später hob der britische Innenminister das Verbot der Boykott-Propaganda unter jüdischem Druck wieder auf[24].

---

24 VB, Nr. 101 v. 11. Apr. 33, erstes Beiblatt, Artikel: „Die Juden feiern einen Sieg über die britische Regierung." Über „Rumänische Abwehr jüdischer Machtbestrebungen, VB, Nr. 10 v. 13. Apr. 33.

Bis Ende März hatte sich „eine ausgesprochen antisemitische Parole noch nicht vernehmen lassen", wie Rudolf Diels feststellte. Der von Goebbels verkündete und von Streicher organisierte Boykott vom 1. April war die erste antijüdische Maßnahme von seiten der maßgebenden Regierungspartei, der NSDAP, eine unglückliche und falsche Reaktion auf die Boykottaufrufe und die antideutsche Propaganda im Ausland. „Göring lag seiner Natur nach der Antisemitismus fern[25]." Er selbst und die preußischen Beamten, vor allem sein Stellvertreter in der Leitung des Geheimen Staatspolizeiamtes, Oberregierungsrat Rudolf Diels, nahmen entschieden gegen antijüdische Ausschreitungen Stellung, verhinderten oder bestraften sie. Die Mitarbeiter des Vizekanzlers von Papen, Jung, von Savigny, von Bose und von Tschirschky, taten alles, um eine Reaktion des Auslandes herbeizuführen, die Hitler beeindrucken sollte. „Sie mobilisierten die Botschafter in London und Paris, Hoesch und Köster, zu Vorstellungen beim Auswärtigen Amt..." Gegen Goebbels, Streicher und Kube verbündeten sich mit der Beamtenschaft prominente Vertreter der Partei, so der Leiter des „Rassenpolitischen Amtes der NSDAP", Professor Walter Groß, oder der Referent für Bevölkerungspolitik im Propagandaministerium, Dr. Thomalla, gegen jede Diffamierung anderer Rassen. Auch blieb die rein jüdische Presse 1933 nahezu unbehelligt; „sie war jahrelang die einzige in Deutschland, die offen gegen prominente antisemitische Äußerungen polemisieren durfte"[26].

Reichsinnenminister Frick und Reichswirtschaftsminister Schmitt wandten sich gegen eine Anwendung des Arierparagraphen auf die Wirtschaft, ganz besonders auch Schacht und seine führenden Mitarbeiter stellten sich schützend vor die Juden[27].

Verdrängt wurden die Juden vor allem aus ihren kulturellen Positionen; hier wirkte sich die Tätigkeit Rusts unheilvoll aus.

Gegen die Greuelpropaganda und Boykotthetze im Ausland beschloß die Reichsleitung der NSDAP auf Veranlassung von Goebbels mit Zustimmung Hitlers einen Boykott der jüdischen Geschäfte in Deutschland für den 1. April. Das „Zentralkomitee zur Abwehr jüdischer Greuel- und Boykottpropaganda" leitete Julius Streicher, eine der übelsten Figuren in der NSDAP, berüchtigt wegen seiner pathologischen

---

25 Diels, Lucifer ante portas, S. 277–285.
26 Ebda, S. 281.
27 Ebda. S. 280.

Hetze gegen die Juden in seinem Leibblatt ,,Der Stürmer"[28]. Die Aktion verlief mit wenigen Ausnahmen diszipliniert. Vor den jüdischen Geschäften standen SA- und SS-Posten; Aufschriften und Plakate forderten die Bevölkerung auf, nicht bei Juden zu kaufen[29]. ,,Das Rühmenswerteste, das von dem Boykott-Sonnabend gesagt werden kann", schrieb die ,,Vossische Zeitung", am 2. April, ,,ist, daß er, von einer einzigen schlimmen Ausnahme abgesehen, im ganzen Reich ruhig verlaufen ist. In den großen Geschäftszentren Berlins hatte man den Eindruck eines Feiertags ... Akteure und Zuschauer wahrten musterhafte Disziplin. Bewiesen wurde gestern erneut, daß die nationalsozialistische Führung die Bewegung völlig in der Hand hat, unbewiesen bleibt allerdings, daß der materielle Ausfall, der durch den Boykott bedingt worden ist, nur die deutschen Staatsbürger jüdischen Glaubens getroffen habe ... Das ist bei der engen Verästelung der Wirtschaft in hohem Grade unwahrscheinlich. Man wiederholt nur eine alte Binsenwahrheit, wenn man daran erinnert, daß Boykott in jeder Form eine zweischneidige Waffe ist."

Der Boykott der jüdischen Geschäfte am 1. April als Reaktion auf die weltweite antideutsche Boykottbewegung im Ausland war eine umstrittene und fragwürdige Maßnahme. Als der britische Botschafter den Reichsaußenminister am 1. April nach den Gründen des angeordneten Boykotts fragte, erwiderte Neurath, er selbst sei überrascht und bedauere diesen Schritt. Der Reichspräsident habe am Donnerstag, dem 30. März, vergeblich den Kanzler zu bewegen versucht, den geplanten Boykott abzublasen. Neurath erzählte dem Botschafter weiter, er habe nach hartem Kampf im Kabinett Hitler und die ,,wilderen Kollegen" überreden können, den Boykott zu beenden, wenn maßgebliche Vertreter des Judentums in England und in den USA zugeben würden, daß die Berichte über Ausschreitungen gegen Juden übertrieben seien und keine Absicht bestehe, deutsche Waren zu boykottieren. In England erklärte sich Lord Reading bereit, eine solche Erklärung abzugeben, begleitet von einem Schreiben des britischen Außenministers Sir Simon[30]. Tatsächlich wurde der Boykott auf einen Tag beschränkt. Sir Rumbold kam in seinem Bericht vom 5. April noch einmal darauf zu sprechen. Neu-

---

28 VB, Nr. 90 v. 31. März 1933, S. 1 ,,Der Leiter der Greuel-Abwehr: Schlagt den Weltfeind!"
29 Ebda, Nr. 91 v. 1. Apr. 33, S. 1.
   Nr. 92/3 v. 2./3. Apr. 33, S. 1 ,,Ganz Deutschland boykottiert die Juden".
30 BDFP, 2. Series, Bd. V, Nr. 15 v. 1. April 1933.

rath habe ihm noch ergänzend mitgeteilt, der Reichspräsident habe über eine Stunde auf den Kanzler eingeredet, die sinnlose Maßnahme aufzuheben. Hindenburg wurde von Papen, Schacht und Neurath unterstützt[31].

Vergeblich bemühten sich die deutschgesinnten Juden um ein positives Verhältnis zum neuen Staat[32]. Träger dieser Bemühungen waren vor allem der „Verband nationaldeutscher Juden mit 8000 Mitgliedern und der „Reichsbund jüdischer Frontsoldaten" mit etwa 30 000 Mitgliedern. Es muß hervorgehoben werden, daß im Ersten Weltkrieg 12 000 deutsche Juden für ihr deutsches Vaterland gefallen sind.[32a] Beide Verbände gründeten kurz nach dem Boykott vom 1. April zusammen mit der „Bündischen Jugend" einen „Aktionsausschuß jüdischer Deutscher". Der geistige Führer der „Bündischen Jugend" war Hans Joachim Schöps (1909–1980).

Den entscheidenden Einschnitt in der Entwicklung der nationalen Revolution hinsichtlich ihres Verhältnisses zum Judentum bildete aber nicht der Boykott vom 1. April, sondern das fast gleichzeitig erlassene Gesetz zur Wiederherstellung des Berufsbeamtentums vom 7. April 1933.

Reichspräsident Hindenburg setzte sich bereits vor Erlaß des Berufsbeamtengesetzes vom 7. April in einem persönlichen Schreiben an den Reichskanzler für kriegsbeschädigte jüdische Justizbeamte ein. Er schrieb am 4. April:

„Sehr verehrter Herr Reichskanzler!
In den letzten Tagen sind mir eine ganze Reihe von Fällen gemeldet worden, in denen kriegsbeschädigte Richter, Rechtsanwälte und Justizbeamte von untadeliger Amtsführung lediglich deshalb zwangsbeurlaubt wurden und später entlassen werden sollen, weil sie jüdischer Abstammung sind. Für mich, der ich mit ausdrücklicher Zustimmung der Reichsregierung am Tage der nationalen Erhebung, am 21. März, eine Kundgebung an das Deutsche Volk erlassen habe, in der ich mich in Ehrfurcht vor den Gefallenen verneigte und dankbar der Kriegshinterbliebenen, der Kriegsbeschädigten und meiner alten Frontkameraden gedachte, ist eine solche Behandlung jüdischer kriegsbeschädigter Beamten persönlich ganz

---

31 Ebda, Nr. 22 v. 5. April 1933.
32 CVZ, Nr. 12 v. 23. März 1933.
32a VZ, Nr. 505 v. 22. 10. 33, M.-A., Artikel: „Wieviel Juden waren im Kriege?" Anfang November brachte die VZ unter Berufung auf Nr. 15 der Zeitschrift des Reichsbundes jüdischer Frontsoldaten v. 15. 8. 33 einen Art. „Wieviel Juden fielen im Weltkrieg?"

unerträglich. Ich bin überzeugt, daß Sie, Herr Reichskanzler, in diesem menschlichen Gefühl mit mir übereinstimmen, und bitte Sie herzlichst und eindringlichst, sich dieser Frage persönlich anzunehmen und ihre einheitliche Regelung für alle Zweige des öffentlichen Dienstes im ganzen Reich zu veranlassen. Nach meinem Empfinden müssen Beamte, Richter, Lehrer und Rechtsanwälte, die kriegsbeschädigt oder Frontsoldaten oder Söhne von Kriegsgefallenen sind oder selbst Söhne im Felde verloren haben – soweit sie in ihrer Person keinen Grund zu einer Sonderbehandlung geben – im Dienste belassen werden; wenn sie wert waren, für Deutschland zu kämpfen und zu bluten, sollen sie auch als würdig angesehen werden, dem Vaterlande in ihrem Beruf weiter zu dienen. In dem Bewußtsein, daß ich nicht umsonst an Ihre kameradschaftliche Gesinnung appelliere, bin ich mit freundlichen Grüßen gez. von Hindenburg."

Der Kanzler erwiderte darauf ausführlich und in sehr respektvoller Weise:

„Die Abwehr des deutschen Volkes gegenüber der Überflutung gewisser Berufe durch das Judentum hat zwei Gründe", schrieb er einleitend: „Erstens das ersichtliche Unrecht, das durch die unerhörte Zurücksetzung des deutschen Staatsvolkes gegeben ist. Denn es gibt heute eine ganze Reihe von Intelligenzberufen, z. B. die Berufe der Rechtsanwälte und Ärzte, in denen an einzelnen Orten des Reiches – in Berlin und in anderen Städten – das Judentum bis zu 80 % und darüber alle Stellen besetzt hält. In derselben Zeit gehen hunderttausende deutsche Intellektuelle, darunter ehemalige Kriegsteilnehmer, stempeln oder befinden sich in irgendeiner gänzlich untergeordneten Nebenstellung und verkommen vollständig. Zweitens die schwere Erschütterung der Autorität des Staates, die dadurch bedingt wird, daß hier ein mit dem deutschen Volk nie ganz verwachsener Fremdkörper, dessen Fähigkeit in erster Linie auf dem geschäftlichen Gebiet liegt, in die Staatsstellungen drängt und hier das Senfkorn für eine Korruption abgibt, von deren Umfang man auch heute noch keine annähernd genügende Vorstellung besitzt. Die Sauberkeit des alten preußischen Staates hing nicht zum wenigsten davon ab, daß das Judentum nur sehr beschränkten Eingang in das Staatsbeamtentum besaß. Das Offizierskorps hatte sich davon fast vollständig reingehalten. Das deutsche Volk hat in überwältigender Zahl auch gefühlsmäßig diese Schäden erkannt und leidet gemeinsam unter ihren Folgen.

Die Abwehr dagegen wurde in der heutigen Form selbst wieder nur ausgelöst durch den gänzlich ungerechtfertigten Angriff, den das Juden-

tum durch seine internationale Greuel- und Boykotthetze vollzog."
Hitler erwähnte dann das in Vorbereitung befindliche „Gesetz zur Wiederherstellung des Berufsbeamtentums". Er habe es mit dem Reichsinnenminister, „die edlen Motive Ihres Gefühls, Herr Generalfeldmarschall, würdigend", dahingehend abgesprochen, jene Juden, „die entweder selbst Kriegsdienste geleistet haben oder durch den Krieg zu
Schaden kamen oder sich sonst Verdienste erwarben oder in langer
Amtsdauer niemals Anlaß zu Klagen gegeben haben, zu berücksich-
tigen"[33].

Das „Gesetz zur Wiederherstellung des Berufsbeamtentums vom 7.
April 1933" bestimmte in Paragraph 3[34]:

„Beamte, die nichtarischer Abstammung sind, sind in den Ruhestand
(§§ 8 ff.) zu versetzen; soweit es sich um Ehrenbeamte handelt, sind sie
aus dem Amtsverhältnis zu entlassen.

Abs. 1 gilt nicht für Beamte, die bereits seit dem 1. August 1914
Beamte gewesen sind oder die im Weltkrieg an der Front für das Deutsche Reich oder für seine Verbündeten gekämpft haben oder deren Väter
oder Söhne im Weltkriege gefallen sind. Weitere Ausnahmen können der
Reichsminister des Innern im Einvernehmen mit dem zuständigen Fachminister oder die obersten Landesbehörden für Beamte im Auslande
zulassen."

„Als nichtarisch gilt" laut 1. Durchführungsverordnung vom 11.
April 1933[35], wer von nichtarischen, insbesondere jüdischen Eltern oder
Großeltern abstammt. Es genügt, wenn ein Elternteil oder ein Großel-
ternteil nichtarisch ist. Dies ist insbesondere dann anzunehmen, wenn ein
Elternteil oder ein Großelternteil der jüdischen Religion angehört hat."

„Frontkämpfer im Sinne des Gesetzes ist" laut 3. Durchführungsverordnung vom 6. Mai[36], wer im Weltkrieg (in der Zeit vom 1. Aug. 1914
bis 31. Dez. 1918) bei der fechtenden Truppe an einer Schlacht, einem
Gefecht, einem Stellungskampf oder einer Belagerung teilgenommen
hat . . . Es genügt nicht, wenn sich jemand, ohne vor den Feind gekommen zu sein, während des Krieges aus dienstlichem Anlaß im Kriegsge-
biet aufgehalten hat . . . Die Teilnahme an den Kämpfen im Baltikum, in
Oberschlesien, gegen Spartakisten und Separatisten sowie gegen die

---

33 Briefwechsel zitiert nach Hubatsch, a. a. O., Dokumente Nr. 109 und 110, S. 375–378.
34 Dokumente der deutschen Politik, I, S. 145 ff., Nr. 59 ff.
35 Ebda, S. 147, Anm. 3.
36 Ebda, S. 147, Anm. 4.

Feinde der nationalen Erhebung sind der Teilnahme an den Kämpfen des Weltkrieges gleichzustellen."

Mit diesem Gesetz war die Rechtshandhabe geschaffen, nicht nur alle politisch als unzuverlässig und mißliebig geltenden Beamten auszuschalten, sondern vor allem die Juden aus dem Staatsdienst zu entfernen. Der Begriff „Beamter" wurde sehr weit gefaßt. „Es fallen darunter", schrieb die CVZ am 13. April (Nr. 14) in einem Artikel „Die Gesetzgebung der letzten Tage für Beamte und Rechtsanwälte" nicht nur alle mittelbaren und unmittelbaren Beamten des Reichs, der Länder, der Gemeinden und Gemeindeverbände, sondern auch die Beamten von Körperschaften des öffentlichen Rechts und solcher Unternehmungen und Einrichtungen, bei denen die öffentliche Hand, sei es durch Zuschüsse, sei es durch Kapitalbesitz einen maßgebenden Einfluß hat. Auch die Angestellten und Arbeiter all dieser Behörden und Körperschaften sind dem Gesetz entsprechend zu behandeln. Schließlich werden noch die Reichsbank und die Deutsche Reichsbahngesellschaft ermächtigt, Anordnungen der gleichen Art zu treffen."

Gleichzeitig erging ein „Gesetz über die Zulassung zur Rechtsanwaltschaft." Es traf mit dem Arierparagraphen die Juden noch viel härter als das Berufsbeamtengesetz, weil in diesem freien akademischen Beruf die Juden neben dem Ärzteberuf am stärksten vertreten waren. Ungetauften Juden stand der Weg in die Anwaltschaft seit hundert Jahren offen, während ihnen die Beamtenlaufbahn in der Monarchie fast völlig verschlossen war. 1933 waren von nahezu 16 000 Anwälten im Deutschen Reich 3500 mosaischen Glaubens. 1925 hatte die Zahl jüdischer Anwälte 2500 betragen[37].

Der Arier-Paragraph galt auch für die Mitgliedschaft in der „Deutschen Arbeitsfront". Kein Jude oder Juden„stämmling" konnte der Arbeitsfront angehören. Als „nichtarisch" galt man schon, „wenn lediglich ein Elternteil oder ein Großelternteil der jüdischen Religionsgemeinschaft" angehörte[38].

Aufgrund dieses Gesetzes „beurlaubte" der preußische Kultusminister Rust sechzehn Hochschulprofessoren[39]; damit setzte die „Gleichschaltung" an den Hochschulen ein. Weitere Professoren-„Beurlaubun-

---

37 „Tatsachen, die man wissen muß", in CVZ, Nr. 32 v. 10. Aug. 1933.
38 CVZ, Nr. 30 v. 27. Juli 33, S. 1: „Vom Recht der jüdischen Arbeitnehmer".
39 VZ v. 14. April 1933, Nr. 177/8, Morgen-Ausgabe. Laut „Völkischem Beobachter", schrieb die „Vossische Zeitung", Nr. 210 v. 3. Mai 33, Abend-Ausgabe, „Was ist arisch?", arisch = nichtjüdisch.

gen" und -Entlassungen folgten in den nächsten Wochen und Monaten[40].

„Was sind Nichtarier?" Unter dieser Überschrift behandelte die „Vossische Zeitung" am 20. April 1933 die Erörterungen über diesen schwammigen und höchst unglückseligen Begriff im Reichsinnenministerium. „Es war von einzelnen Stellen als zweifelhaft bezeichnet worden, ob Wenden unter diesen Begriff fallen. Sie sind als Slawen selbstverständlich als Arier zu betrachten. Ausnahmevorschriften wollte man auch für Personen mit negroidem und mongolischem Einschlag einführen. Bei den Askaris ehemaliger deutscher Kolonien sei zu überlegen, ob man sie unter den Begriff der Frontkämpfer fallen lasse. „Es ist ferner festzustellen, daß zwar unter den europäischen Völkern die Ungarn und Finnen als Nichtarier zu betrachten sind. Zweifellos wird aber berücksichtigt, daß gerade zwischen diesen beiden Völkern und Deutschland alte freundschaftliche Beziehungen bestehen."

Die ebenso beschämenden wie verheerenden Rückwirkungen dieser Art der Ausschaltung von Juden aus dem Staatsdienst zeigten sich bereits im gleichen Monat April an der Universität Göttingen in der freiwilligen Amtsniederlegung von Professor James Franck, Nobelpreisträger für Physik im Jahre 1925. Obwohl Franck als hoch ausgezeichneter Frontoffizier des Weltkrieges nicht unter den Arierparagraphen fiel, legte er seine Tätigkeit nieder. Er begründete seinen Schritt mit folgendem Schreiben an den Rektor der Universität Göttingen[41]:

„Ich habe meine vorgesetzte Behörde gebeten, mich von meinem Amt zu entbinden. Ich werde versuchen, in Deutschland weiter wissenschaftlich zu arbeiten. Wir Deutschen jüdischer Abstammung werden als Fremde und Feinde des Vaterlandes behandelt. Man fordert, daß unsere Kinder in dem Bewußtsein aufwachsen, sich nie als Deutsche bewähren zu dürfen. Wer im Kriege war, soll die Erlaubnis erhalten, weiter dem Staat zu dienen. Ich lehne es ab, von dieser Vergünstigung Gebrauch zu machen, wenn ich auch Verständnis für den Standpunkt derer habe, die es heute für ihre Pflicht halten, auf ihrem Posten auszuharren."

Von den 44 deurschen Nobelpreisträgern im Jahre 1933 waren acht Juden[42]. Albert Einstein hatte Deutschland bereits vor dem Regierungs-

---

40 VZ v. 30. Apr. 33.
41 CVZ, Nr. 16 v. 20. Apr. 1933, ferner: VZ v. 19. Apr. 1933: Artikel: „Professor Franck legt sein Amt nieder".
42 CVZ, Nr. 19 v. 11. Mai 1933, S. 167: Paul Ehrlich, Albert Einstein, James Franck, Fritz Haber, Otto Meyerhof, Otto Wallach, Otto H. Warburg, Richard Willstätter.

antritt Hitlers verlassen. Als Schweizer Staatsbürger, gesinnungsmäßig radikaler Pazifist und Zionist, war er ein leidenschaftlicher Gegner des nationalsozialistischen Regimes. Gegen Einsteins politische Tätigkeit im Ausland nahm das Sprachrohr der NSDAP, der VB, des öfteren Stellung[43]. Einstein schrieb am 5. April 1933 folgenden Brief an die Preußische Akademie der Wissenschaften, deren Mitglied er war[44]:

„Die Preußische Akademie der Wissenschaften veröffentlicht den folgenden Brief Albert E i n s t e i n s:

„Le Coq bei Ostende, 5. 4. 33

An die Preußische Akademie der Wissenschaften.

Ich habe von durchaus zuverlässiger Seite die Nachricht erhalten, daß die Akademie der Wissenschaften in einer offiziellen Erklärung von einer „Beteiligung Albert Einsteins an der Greuelhetze in Amerika und Frankreich" gesprochen hat.

Ich erkläre hiermit, daß ich mich niemals an einer Greuelhetze beteiligt habe, und ich muß hinzufügen, daß ich von einer solchen Hetze überhaupt nirgends etwas gesehen habe. Man begnügte sich im großen ganzen damit, die offiziellen Kundgebungen und Anordnungen der verantwortlichen deutschen Regierungspersonen sowie das Programm betreffend die Vernichtung der deutschen Juden auf wirtschaftlichem Wege wiederzugeben und zu kommentieren.

Die Erklärungen, welche ich der Presse gegeben habe, beziehen sich darauf, daß ich meine Stellung an der Akademie niederlegen und mein preußisches Bürgerrecht aufgeben würde; ich begründete dies damit, daß ich nicht in einem Staate leben wolle, in dem den Individuen nicht gleiches Recht vor dem Gesetze, sowie Freiheit des Wortes und der Lehre zugestanden wird.

Ich erklärte ferner den Zustand im jetzigen Deutschland als einen Zustand psychischer Erkrankung der Massen und sagte auch einiges über die Ursachen dieses Zustandes.

In einem Schriftstück, das ich der internationalen Liga zur Bekämpfung des Antisemitismus zu Werbezwecken überließ, und das überhaupt nicht für die Presse bestimmt war, forderte ich ferner alle besonnenen und den Idealen einer bedrohten Zivilisation treu gebliebenen Menschen auf, alles daran zu setzen, daß diese in Deutschland in so furchtbarer Weise sich äußernde Massen-Psychose nicht weiter um sich greife.

Es würde der Akademie ein leichtes gewesen sein, sich in den Besitz des richtigen Textes meiner Aussagen zu setzen, bevor sie sich über mich in

43 Z. B. VB, Nr. 255 v. 12. Sept. 33, Erstes Beiblatt.
44 VZ, v. 19. Apr. 1933.

solcher Weise äußert, wie sie es getan hat. Die deutsche Presse hat meine Äußerungen tedenziös entstellt wiedergegeben, wie es bei der gegenwärtig dort herrschenden Knebelung der Presse auch gar nicht anders erwartet werden kann. Ich stehe für jedes Wort ein, das ich veröffentlicht habe. Ich erwarte aber andererseits von der Akademie, zumal sie sich ja selbst an meiner Diffamierung vor dem deutschen Publikum beteiligt hat, daß sie diese meine Aussage ihren Mitgliedern sowie jenem deutschen Publium zur Kenntnis bringe, vor welchem ich verleumdet worden bin."

Hierzu bemerkt die Preußische Akademie der Wissenschaften, daß ihre Erklärung vom 1. April 1933 sich nicht nur auf deutsche, sondern in der Hauptsache auf ausländische, insbesondere auf die Berichte französischer und belgischer Zeitungen gründet, denen Herr Einstein nicht widersprochen hat; ferner lag ihr unter anderem seine weithin wörtlich verbreitete Erklärung an die Liga gegen den Antisemitismus vor, in der er sich gegen den Rückfall Deutschlands in die Barbarei längst vergangener Zeiten wendet.

Im übrigen stellt die Akademie fest, daß Herr Einstein, der nach seiner eigenen Erklärung an die Greuelhetze sich nicht beteiligt hat, auch nichts getan hat, um den Verdächtigungen und Verleumdungen entgegenzutreten, wozu er nach Auffassung der Akademie als ihr langjähriges hauptamtliches Mitglied verpflichtet gewesen wäre. Herr Einstein hat vielmehr, und zwar im Auslande, Erklärungen abgegeben, die als Zeugnis eines weltbekannten Mannes von allen den Kreisen ausgenützt und mißbraucht werden mußten, die nicht nur der gegenwärtigen deutschen Regierung, sondern dem ganzen deutschen Volke in Ablehnung und Feindschaft gegenüberstehen."

Tatsächlich wirkte er bei dem ,,Weltkomitee für die Opfer des Hitler-Faschismus" an führender Stelle mit, wie aus dem ,,Braunbuch über Reichstagsbrand und Hitler-Terror", 1933 in Basel erschienen, hervorgeht. Dort heißt es in der Vorrede des Verlags: ,,Das Weltkomitee für die Opfer des Hitler-Faschismus, an dessen Spitze Prof. Einstein und Lord Marley stehen, hat diesem Buch seine Hilfe geliehen."[44a]

Auch bedeutende nichtjüdische Gelehrte, wie der Philosoph und Pädagoge Eduard Spranger, legten ihr Amt nieder aus Protest gegen die Hochschul- und Wissenschaftspolitik des preußischen Kultusministers Bernhard Rust, eines ehemaligen Studienrates, der Gauleiter der

---

44a Einstein dementierte Anfang Sept. seine Mitarbeit am ,,Braunbuch". VZ, Nr. 422v. 4. 9. 33, A.-A. – Die VZ, Nr. 425 v. 6. 9. 33, M.-A. bezeichnete ihn aber in dem Artikel ,,Einstein und das Braunbuch" als den ,,eigentlich geistigen Vater" des ,,Braunbuches".

NSDAP in Hannover gewesen war.[45]. Stellungnahmen der Studenten für und gegen Spranger bezeugten die geistige Verwirrung der akademischen Jugend. Auch Professor Alfred Weber, Bruder von Max Weber, beantragte seine Emeritierung an der Universität Heidelberg zum 1. Mai 1933. Eine geradezu lächerliche nationalistische Übertreibung war auch das Gerede von ,,Deutscher Mathematik", ähnlich wie nach 1945 der Streit um ,,protestantische" oder ,,katholische" Mathematik.

Der fatale Begriff ,,nichtarisch" gab Prof. Max Wallmüller Anlaß zu einem kritischen Arikel: ,,Wieviel Mischstämmige gibt es?" Er weist am Schlusse seiner treffenden Kritik darauf hin, daß es offensichtlich keine Statistik ,,über die Zahl sämtlicher aus jüdischen Mischehen stammenden Deutschen" gibt[46].

,,Wir bekämpfen nicht das Judentum", so definierte Curtius den Stand der deutschen Gebildeten," sondern die Destruktion: nicht eine Rasse, sondern eine Negation . . . Aber die Schuld trifft nicht uns Deutsche und Deutschstämmige allein, sie trifft ebenso unsere Juden, von denen leider gesagt werden muß, daß sie zum überwiegenden Teile und in maßgebender Betätigung der Skepsis und der Destruktion zugeschworen sind. Diese Juden sind von der Idee des Judentums selbst *abgefallene* Juden, vom Glauben des auserwählten Volkes. Sie sind aber auch nicht bereit, sich dem Christentum, dem Humanismus oder dem Deutschtum zu öffnen und es aufzunehmen. Es bleibt ihnen also nur die Negation in ihren zwei Formen: Destruktion und Zynismus. Dagegen müssen wir uns wehren, weil Destruktion in einer so zerklüfteten Nation wie der deutschen zehnfach gefährlich ist . . .‘‘[46a]

,,Deutsch-jüdische Wirklichkeit" behandelt ein Leitartikel der CV-Zeitung vom 13. April: ,,Zwei nationale Erhebungen hat unsere Generation erlebt", heißt es eingangs. ,,Die nationale Erhebung im August 1914 schmolz mit ungeheurer Kraft das Volk zu einer Einheit zusammen, die den Stößen und Schlägen einer Welt bis zum Ende standhielt. Auch die blühende junge Mannschaft des deutschen Judentums war dabei. Die Wehrpflicht war vornehmster Ausdruck des Staatsbürgerrechts. Das Blut, das die Schlachtfelder Europas, Asiens und Afrikas tränkte, floß ohne Arierparagraphen. Der nationale Aufschwung von 1933, die Welle der Begeisterung und des Jubels, den die Geschehnisse der letzten Wochen

---

45 Über Sprangers Rücktritt s. VZ v. 27. Apr. 1933.
46 VZ, v. 20. April 1933, ,,Briefe an die Vossische Zeitung".
46a Curtius, a. a. O., S. 85.

auslösten, vollzieht sich bewußt ohne uns, gegen uns . . . Die Geschehnis-se der letzten Tage machen mit der Gleichberechtigung der deutschen Juden Schluß. Es gibt jetzt kein Hinüber und kein Herüber mehr. Kein Verzicht und keine Hingabe kann noch wirken. Vor jedes Wollen legt sich der Arierparagraph. Das Blut, dem die Weisheit Salomos und die religiöse Inbrunst eines Jesaia entsprang, das einen gesetzgeberischen Genius wie Moses, das den Gründer und Künder des Christentums gebar, das Mai-monides und Spinoza aus seiner Quelle tränkte – die endlose Reihe jüdi-scher Bahnbrecher menschlicher Gesinnung und Gesittung, der Schöpfer kultureller Werte, wissenschaftlichen Fortschritts, staatsschöpferischer Fähigkeit der letzten hundert Jahre übergehen wir – dieses Blut soll nicht mehr wert sein, dem deutschen Volk Beamte zu stellen! Die Weltanschau-ung vom Rassenwert des Ariers und von der Ungeeignetheit der Semiten für staatliches Leben ist Staatsgesetz geworden. Das deutsche Judentum bestreitet die Richtigkeit, aber es muß sich der Macht beugen. Eine neue Epoche jüdischer Geschichte in Deutschland hat damit begonnen . . ."[47].

Viel härter noch als jüdische Beamte wurden durch den Arierparagra-phen die Rechtsanwälte betroffen. Neben dem Arzt- und Journalisten-beruf war der des Rechtsanwalts am stärksten von Juden ergriffen wor-den. Laut einer Statistik des preußischen Justizministeriums gab es in der Reichshauptstadt im Jahre der nat.-soz. Machtübernahme 3890 An-wälte; davon waren mehr als die Hälfte Juden (1998 jüdische, 1892 nichtjüdische Anwälte). Von diesen jüdischen Anwälten waren 797 Alt-anwälte und 406 Frontkämpfer, so daß nach der Neuregelung 1203 jüdische Anwälte in Berlin zugelassen blieben. Vertretungsverbote wur-den gegen 487 jüdische und 87 kommunistische Anwälte erlassen.

Im Oberlandesgerichtsbezirk Königsberg blieben von 105 Juden 53 zugelassen bei insgesamt 375. In Breslau waren von 1056 Anwälten 692 Arier und 364 Juden. Davon blieben 239 Juden zugelassen. In Düssel-dorf waren von 858 Anwälten 141 jüdisch; davon blieben 88 zugelassen. In Köln gab es 919 Anwälte, davon 124 Juden. Von ihnen blieben 77 zugelassen. Frankfurt/Main zählte 607 Anwälte, davon 275 Juden; 165 jüdische Anwälte blieben zugelassen[48].

Die nächsten gesetzlichen Schritte zur Ausschaltung des Judentums aus dem öffentlichen Leben waren die ,,Preußische Studentenrechtsver-ordnung vom 12. April 1933", dann das ,,Gesetz über die Bildung von Studentenschaften an den wissenschaftlichen Hochschulen vom 22.

---

47 CVZ, Nr. 15 v. 13. Apr. 1933, Leitartikel.
48 VZ v. 13. Mai 1933.

April 1933" und das „Gesetz gegen die Überfüllung deutscher Schulen und Hochschulen vom 25. April 1933". Dem Arierparagraphen gemäß durfte der Anteil der Nichtarier bei Neuaufnahmen denjenigen „der Nichtarier an der reichsdeutschen Bevölkerung nicht" übersteigen (§ 4). Der preußische Kultusminister führte in seiner Rede vom 6. Mai in der Berliner Universität über das jüdische Problem an den Hochschulen aus:

„Seien wir in diesen Tagen nicht unangebracht sentimental! Ich muß einen Teil der deutschen Hochschullehrer ausschalten, auf daß die deutsche Hochschule wieder in der Synthese von Forschung und Führung der Jugend ihre Aufgaben erfüllen kann. Die deutsche Jugend, so wie sie diese Dinge jetzt erlebt hat und sieht, sie läßt sich nun einmal heute von fremdrassigen Professoren nicht führen, so wenig sie sich führen läßt von jenem, der geistig abgekehrt ist von Deutschland und seinem Wesen. Denken Sie nicht immer an den einzelnen, denken Sie an die Nation! Wir sind nur gerecht, wenn wir den Anteil nichtarischer Hochschullehrer einigermaßen der Zusammensetzung unseres Volkes angleichen. Sagen Sie nicht, es sei ungerecht, die Fähigkeit nichtarischer Professoren abzuweisen und damit den freien Wettbewerb zu unterbinden..."

Während der Anteil der Juden an der Gesamtbevölkerung des Reiches sich auf 1,5 % belief, erreichte er in Berlin an acht höheren Knabenschulen einen solchen von 23 % bis 54 % und bei sieben Mädchenanstalten einen von 21 % bis 43 %. Gemäß der Neuregelung durfte der nichtarische Anteil nicht mehr höher sein als der der gesamten jüdischen Bevölkerung im Reich, also 1,5 %.

Das Mißverhältnis zwischen der jüdischen und der eingesessenen Bevölkerung hinsichtlich Zahl und Einfluß war eine der wesentlichen Triebfedern für die antijüdischen Maßnahmen. Die starke Zuwanderung von Ostjuden seit 1918 – in Preußen rund 70 000 – verschärfte das Judenproblem in der Zeit der Weimarer Republik außerordentlich. Berlin wurde das „große Zentrum des osteuropäischen Judentums"[49]. Die eingesessenen Juden sahen mit Besorgnis diesen Vorgang. Der Referent im Preußischen Innenministerium, Ministerialrat Rathenau, ein Vetter des ermordeten Ministers, sprach sich im Reichsrat fast immer gegen die Erlaubnis zur Einwanderung seiner Rassegenossen aus. Auf die Frage nach dem Grund seines ablehnenden Verhaltens antwortete er, „er habe

---

49 Nahum Goldmann: Das jüdische Paradox, S. 37; ders. „Staatsmann ohne Staat", S. 114, 171.

keine Lust, einmal Opfer eines Pogroms zu werden"[50]. So schrieb der „Völkische Beobachter" am 19. Juli 1933: „Wie sich das Judentum in Deutschland eingenistet hat: In 15 Jahren über 70 000 Juden in Preußen eingewandert! Erschreckende Zahlen über die Verjudung des gesamten öffentlichen und wirtschaftlichen Lebens. Darum der Einfluß des Judentums gebrochen werden muß[51]."

Nahum Goldmann schildert Rolle und Bedeutung der deutschen Juden: „Von der wirtschaftlichen Position her gesehen, konnte sich keine jüdische Minderheit in anderen Ländern, ja nicht einmal die amerikanische mit den deutschen Juden messen. Sie waren mit führend in den Großbanken und hatten führende Stellungen in der Industrie und im Großhandel." „Die Geschichte der Juden in Deutschland von 1870–1930", so fährt er wörtlich fort, „das ist wohl der glänzendste Aufstieg, der einem Zweig des jüdischen Volkes geglückt ist[52]."

Im Zusammenhang mit dem Boykott vom 1. April befaßte sich Sir Rumbold in seinem Bericht vom 13. April noch einmal sehr ausführlich mit dem Judenproblem in Deutschland von der geschichtlichen Warte aus[53]:

Die durch Wilsons vierzehn Punkte erweckte Hoffnung auf einen billigen Frieden habe sich nicht erfüllt, obwohl die Linksparteien die Hohenzollern gestürzt und eine Republik errichtet hatten. Die Erfüllungspolitik erwies sich als Fehlschlag, von dem sich die Linksparteien und die jüdische Presse nicht mehr erholten. Die Linksparteien ließen die Ostjuden nach Deutschland hereinströmen. Politische Führer wie der Sozialdemokrat Bauer und der Zentrumsmann Erzberger wurden durch jüdische Finanzskandale belastet. Sir Rumbold zählte dann die Gebiete des öffentlichen Lebens auf, die von den Juden beherrscht wurden, an erster Stelle Presse, Literatur, Rundfunk, Finanzwesen, dann Medizin, Juristerei, Lehrberufe. Das machte böses Blut in Deutschland, besonders infolge der Massenarbeitslosigkeit und des Massenelends. Dadurch kam Hitler mit seinen antisemitischen Parolen an. Die Judenfeindlichkeit habe nichts mit dem jüdischen Glauben zu tun. Sie richte sich laut Hitler gegen die Juden als Rasse. Sir Rumbold schloß seinen Bericht mit dem Hinweis, er habe die Unpopularität der Juden hervor-

---

50 Lutz Graf Schwerin von Krosigk: Es geschah in Deutschland, S. 266.
51 VB, Nr. 200 v. 19. Juli 1933, S. 1.
52 Nahum Goldmann: Mein Leben als deutscher Jude, S. 115 ff.
53 BDFP, 2. Series, Bd. V., Nr. 30 v. 13. Apr. 33. S. a. Roberts, a. a. O., S. 258 ff.

gehoben, um den gegenwärtigen heftigen Ausbruch gegen sie einigermaßen zu erklären. Er habe keineswegs bezweckt, die begangenen Ausschreitungen zu entschuldigen.

Die CVZ warnte die jüdischen Studenten vor dem Ausweichen ins Ausland zur Fortsetzung des Studiums, weil dort die akademischen Berufe ebenfalls überfüllt und die Berufsaussichten nicht besser seien als in Deutschland. Gemäß einer Statistik dieser Zeitung waren von den 129 606 Studierenden beiderlei Geschlechts im Sommer 1932 5233 jüdischen Glaubens, d. h. 4,02 Prozent. Damit waren freilich die Juden, die sich glaubensmäßig nicht festgelegt oder konvertiert hatten, nicht erfaßt. Nach dieser Statistik standen fachlich an der Spitze die jüdischen Medizinstudenten, dann folgten die Jurastudenten, Zahnmediziner, Volkswirtschaftler, Philosophie- und Pädagogik-Studenten, schließlich Germanisten und Historiker. An den technischen Hochschulen waren die jüdischen Studierenden am stärksten in der Elektrotechnik vertreten; es folgten Maschinenbau, Architektur, Chemie[54].

In den freien akademischen Berufen, die von den Juden besonders begehrt und auch ausgeübt wurden, weil es bis zum Sturz der Monarchie für sie sehr schwer, vielfach unmöglich war, in die Beamten- und Offizierslaufbahn hineinzukommen, stand der Arztberuf an erster Stelle. Schon im Mittelalter spielten jüdische Ärzte im Gesundheitswesen eine führende Rolle wegen kirchlicher Verbote für die Christen, diesen Beruf auszuüben. In der Weimarer Republik waren von insgesamt 52 000 Ärzten 8000 Juden, obwohl sie in beamtete Arztstellen auch noch schwer Zugang fanden. So waren sie als praktische und als Spezialärzte freiberuflich oder auch als Krankenhausärzte tätig. In der Reichshauptstadt lebten fast 30 % der deutschen Juden; daher waren dort auch jüdische Krankenhausärzte besonders zahlreich[55].

Das Frontkämpferprinzip wurde wenige Monate später bereits eingeschränkt. Aufgrund des Gesetzes über Ehrenämter in der sozialen Versicherung und der Reichsversorgung vom 18. Mai 1933 durften nichtarische Ärzte, auch wenn sie Frontkämpfer gewesen waren, als Vertrauens- und Durchgangsärzte nicht eingestellt werden, mit Ausnahme von Schwerbeschädigten des Weltkrieges[56].

Das ,,Gesetz zur Änderung von Vorschriften auf dem Gebiet des

---

54 CVZ, Nr. 18 v. 4. Mai 1933, S. 157.
55 CVZ, Nr. 32 v. 10. Aug. 1933, Artikel: ,,Tatsachen, die man wissen muß.''
56 CVZ, Nr. 27 v. 6. Juli 1933.

allgemeinen Beamten-, des Besoldungs- und des Versorgungsrechts vom 30. Juni 1933" (veröffentlicht am 1. Juli) bestimmte, daß Personen nichtarischer Abstammung oder mit einer nichtarischen Person Verheiratete nicht als Reichsbeamte berufen werden durften. Das galt auch für jüdische Frontkämpfer sowie Väter oder Söhne im Weltkrieg Gefallener[57].

Eine weitere, die Lage der Juden betreffende Verschärfung brachte das ,,Gesetz über den Widerruf von Einbürgerungen und die Aberkennung der deutschen Staatsangehörigkeit vom 14. Juli 1933".

Am radikalsten erfolgte die Ausschaltung des Judentums und jüdischen Einflusses in kürzester Zeit außerhalb des Schul- und Hochschulwesens im kulturellen Leben, in Presse, Film, Rundfunk und Theater. Den nationalsozialistischen Machthabern kam es darauf an, vor allem die Öffentliche Meinung allein und ausschließlich zu beherrschen. Diesem Zweck diente die Errichtung des Reichsministeriums für Volksaufklärung und Propaganda am 13. März 1933.

,,Wie wir in den vergangenen Wochen erlebt haben, daß sich in steigendem Maße eine politische Gleichschaltung zwischen der Reichspolitik und der Länderpolitik vollzogen hat", sagte Goebbels in seiner Ansprache vor der Presse über die Errichtung des Ministeriums am 15. März, ,,so sehe ich die erste Aufgabe des neuen Ministeriums darin, nunmehr eine Gleichschaltung zwischen der Regierung und dem ganzen Volke herzustellen . . ."

Der Arierparagraph wurde von ihm, einem der größten Judenhasser in der Partei, rigoros gehandhabt, so daß im Laufe kurzer Zeit aus Film, Rundfunk, Presse, Theater, Publizistik, Literatur und Kunstleben die Juden restlos ausgeschaltet wurden. Er organisierte eine öffentliche Verbrennung ,,undeutscher Bücher" am 10. Mai und hielt dazu eine Ansprache:

,,Meine Kommilitonen! Deutsche Männer und Frauen!" begann er. ,,Das Zeitalter eines überspitzten jüdischen Intellektualismus ist nun zu Ende, und der Durchbruch der deutschen Revolution hat auch dem deutschen Wesen wieder die Gasse freigemacht . . . Und deshalb tut ihr gut daran", rief er den Studenten zu, ,,um diese mitternächtliche Stunde den Ungeist der Vergangenheit den Flammen anzuvertrauen. Es ist eine starke, große und symbolische Handlung, eine Handlung, die vor aller Welt dokumentieren soll: Hier sinkt die geistige Grundlage der Novemberrepublik

---

57 Ebda, S. 259.

zu Boden. Aber aus diesen Trümmern wird sich siegreich erheben der Phönix eines neuen Geistes..."

Wenige Wochen vorher hatte der völkische Literaturhistoriker Adolf Bartels im „Völkischen Beobachter" einen Aufsatz veröffentlicht: „Die deutsche Literaturgeschichte und die Juden. Ein Beitrag zur Verjudung der Geisteswissenschaften in den letzten Jahrzehnten[58]."

Was in Tausenden von Zentnern am 10. Mai verbrannt wurde, waren vornehmlich Schriften und Bücher jüdischer Schriftsteller. Die „Schwarze Liste der deutschen Literatur", wie die CVZ in ihrem einschlägigen Artikel schreibt[59], „enthielt folgende Namen jüdischer Schriftsteller: Schalom Asch, Max Brod, Alfred Döblin, Arthur Eloesser, Heinrich Eduard Jacob, Robert Neumann, Arthur Schnitzler, Richard Beer-Hofmann, Arnold und Stefan Zweig, Lassalle, Hilferding, Marx, Hugo Preuß und Rathenau, eine bunte und merkwürdige Reihe. Darunter vereinzelt auch einige Nichtjuden, solche, die sich, wie Heinrich Mann, Bertold Brecht u. a., unbeliebt gemacht hatten. Sie können jedoch nicht darüber hinwegtäuschen, daß der Vorstoß in erster Linie dem jüdischen Geistesschaffen gilt..."

Die „Machtergreifung" war mit der Auflösung aller Parteien mit Ausnahme der NSDAP abgeschlossen. Hitler selbst traf diese Feststellung am 6. Juli vor der Konferenz der Reichsstatthalter. Damit war der totale Staat errichtet. Niemand registrierte diese Tatsache aufmerksamer und leidbewußter als die deutschgesinnten Juden. So schrieb Dr. Hirschberg am 13. Juli:

„Auf der einen Seite steht in monumentaler Geschlossenheit der nationalsozialistische Neubau des Deutschen Reiches; auf der anderen Seite befindet sich die deutsche Judenheit, weltanschaulich in sich gespalten, in ihren Zukunftsabsichten unterschieden und nur in dem einen negativ einig, nämlich sich außerhalb des Staatsvolkverbandes im nationalsozialistischen Reiche gestellt zu sehen. Aber wem es nicht ausreicht, seinen Platz nur dadurch bestimmt zu finden, daß er außerhalb einer Gemeinschaft ist, muß – und das dürfte für die überwältigende Mehrzahl der deutschen Juden zutreffen – zur Erkenntnis des Ortes gelangen, auf dem er für sich und aus sich heraus steht..."

58 VB, Nr. 112 v. 22. April 1933, 2. Beiblatt.
59 CVZ, Nr. 18 v. 4. Mai 1933, S. 155.

Hans-Joachim Schöps schrieb in der gleichen Nummer der CVZ folgende grundlegende Feststellungen:

„Wir jungen, jüdischen Deutschen werden das Kollektiv-Schicksal drohender Proletarisierung mit der gleichen stillen Selbstverständlichkeit auf uns nehmen, mit der unsere Väter und unsere älteren Brüder auf den Schlachtfeldern des großen Krieges dem Vaterland ihr Leben hingegeben haben. Die nationale Regierung hat uns diese Chance gelassen, unsere Deutschheit durch Leiden und Entbehrung zu beweisen. – Denn als Juden wissen wir, daß Geist stärker ist als Blut. Aus dem Blut erwächst Rausch, und Rausch verrauscht; aus dem Geist entspringt Zeugnis, und Zeugnis zeugt!
Ein zweites: die nationale Regierung hat nicht unsere ‚Gleichschaltung‘ vorgenommen... Als Sprecher der am weitesten ‚rechts‘ stehenden Gruppe des deutschen Judentums stelle ich aber ausdrücklich und nachdrücklich das Selbstverständliche fest, daß der deutsche Nationalsozialismus in seiner reinen, völkischen Form keine jüdische Möglichkeit bedeutet... Das Judentum kennt wohl die Autorität des Lehrers und den Gehorsam vor der Obrigkeit, es kennt aber nicht das Führerprinzip, das durch Rausch und Bannung totale Gefolgschaft konstitutiert.“

In diesen Worten von Schöps drückt sich nicht nur staunenswerter Mut aus, gegen den schon zu dieser Zeit zur Vergötzung gesteigerten Führerkult Stellung zu nehmen, sondern eine ebenso bewundernswerte Hellsichtigkeit für die damit verbundene tödliche Gefahr! Schöps fuhr fort:

„Weil Gott, der Herr, den Juden der einzige und ausschließliche ‚Führer‘ ist, können wir keinem menschlichen Führer mehr verfallen und gebannt werden, so ausgezeichnet, tapfer und erfolgreich dieser auch ist und so herrlich und beglückend der Zustand der Verfallenheit auch sein mag... Der totale Staat ist keine jüdische Möglichkeit; der autoritäre Staat fände uns Juden in vorderster Front, weil wir überall dort hinzutreten können, wo darum gewußt wird, daß Gott der Herr der Völker und Staaten ist, daß die Obrigkeit des Landes ihren Auftrag, Ordnung zu schaffen, von Ihm hat und daß jegliche Beamtung auf Erden eine göttliche Bestimmung ist...“ Über das Schicksal der Juden urteilt Schöps: „Wir müssen uns einmal vor Augen stellen, was aus dem deutschen Judentum geworden wäre, wenn das noch fünfzig Jahre so weitergegangen wäre. Wir wären zugrundegegangen an allgemeiner Indifferenz, und die besten Teile der Jugend hätten wir an die zionistische Säkularisierung und die rote Assimilation verloren... Wir haben jetzt viel Muße, uns zu überlegen..., ob uns die liberalistische Entscheidung unserer Väter und Großväter nicht unter weltgeschichtlichen Aspekten vielmehr furchtbar geschadet hat...

daß wir mit dem Bündnis Liberalismus-Judentum auch politisch Schiffbruch erlitten haben, haben die letzten Wochen bewiesen. Praktisch und theoretisch sind wir heute um 120 Jahre zurückgeworfen worden..." Schöps selbst bekennt sich zum Erlebnis der deutschen Jugendbewegung und schließt seinen Aufsatz mit den Worten: „Über das Schicksal der jüdischen Jugend ist in der neuen Gesetzgebung entschieden worden. Aber auch jüdische Jugend hat sich entschieden: Ja, nein und trotzdem. Wir gehen einen deutschen Weg[60]!"

Eine allgemeine Lösung der Judenfrage blieb 1933 offen. Der Leitgedanke der nationalsozialistischen Gesetzgebung war die Ausschaltung des jüdischen Einflusses auf das öffentliche Leben, insbesondere aus Staat und Geistesleben. In der Wirtschaft mußte die Regierung wegen der internationalen Verflechtung besonders vorsichtig vorgehen, um das Arbeitsbeschaffungsprogramm nicht zu gefährden und den Zahlungsverpflichtungen weiter gerecht werden zu können. Die Juden wurden nicht als Glaubensgemeinschaft betrachtet und behandelt, sondern als eigene Rasse, eigene Nation. Aus diesen Überlegungen heraus tauchten Pläne auf, sie allmählich aus dem Deutschen Reich auszusiedeln. Solche Gedanken verfochten in den „Nationalsozialistischen Monatsheften" Dr. Achim Gercke, Sachverständiger für Rassenforschung im Reichsinnenministerium und Dr. Johann von Leers[61].

„Alle Vorschläge, die einen Dauerzustand, eine Dauerregelung für die Juden in Deutschland beabsichtigen", schrieb Achim Gercke im Juni 1933, „lösen die Judenfrage nicht, denn sie lösen die Juden nicht von Deutschland, und darauf kommt es an. Die Juden, wenn sie auf ewig bei den Wirtsvölkern schmarotzen können, bleiben ein ständiger Brandherd, an dem das offene, zerstörende Feuer des Bolschewismus leicht immer wieder entzündet werden kann, abgesehen davon, daß die politische Unsicherheit, die Volkszerrissenheit und die Gefahr für den rassischen Bestand dauernd wachgehalten werden. Schwören wir solchen Gedanken, ob sie nun aus Denkunfähigkeit oder aus böser Absicht geboren werden, ab, ein für allemal. Zusammenfassend, staatlich geregelt werden kann und darf nur der planmäßige Ausmarsch, die Abwanderung... Unseren Staat müssen wir ohne Juden aufbauen", so schließt der Aufsatz Gerckes, „sie können nur staatenlose Fremdlinge bleiben und keine gesetzliche, rechtli-

---

60 CVZ, Nr. 28 v. 13. Juli 1933, S. 275 f., s. a.: Hans-Joachim Schöps: „Bereit für Deutschland". Der Patriotismus deutscher Juden und der Nationalsozialismus, S. 99–103.
61 „Die Lösung der Judenfrage" in: Nationalsozialistische Monatshefte", Juni 1933, zit. nach VB, Rassenhygienisches Beiblatt, Folge 3, Juni 1933.

che Dauerstellung beziehen. Nur so wird Ahasver gezwungen, zum letztenmal den Wanderstab zu ergreifen, um ihn dann in Axt und Spaten umzutauschen. "

Zu diesen Äußerungen nahm die CVZ am 15. Juni 1933 wie folgt Stellung in einem Artikel „Soll das die Regelung sein?":

„Wir haben nicht den Eindruck, als wäre in absehbarer Zeit mit einer Regelung der Judenfrage durch die Reichsregierung zu rechnen. Noch weniger aber vermögen wir zu glauben, daß die von den beiden genannten Nationalsozialisten erstrebte Lösung etwa den Absichten der Regierung entspricht. Nachdem strenge Gesetze die erdrückende Mehrzahl der deutschen Juden, die treu zum deutschen Vaterland stehen, aus dem deutschen Volke wenigstens formell „herausbefohlen" haben, würde eine gewaltsame Abstempelung aller Juden zu einem jüdisch-politischen Volk und gar eine unerbittliche „Aussiedlung" für das jüdische Deutschtum unerträglich sein. Gibt es wirklich für Teile des deutschen Judentums – wir denken dabei an gewisse jugendliche Kreise – in der Heimat keinerlei Lebensmöglichkeit mehr (eine entsetzliche Aussicht!), so könnte man vielleicht eine Umsiedlung solcher in Erwägung ziehen und darüber Verhandlungen beginnen. Das Gros der deutschen Juden wird und muß in Deutschland leben."

Vor allem auch von der Reichsführung SS wurde dieser Plan gefördert. Hier trafen sich die nationalsozialistischen Bestrebungen mit dem zionistischen Programm[62]. Es ergab sich daraus im Laufe der nächsten Jahre auch eine gewisse Zusammenarbeit zwischen der Reichsführung SS und zionistischen Organisationen: im Sinne einer tatkräftigen Förderung der jüdischen Auswanderung, besonders nach Palästina[63].

Die Regierung Hitler-Papen-Hugenberg hatte kein Programm für eine „Judenpolitik". Das Reichswirtschaftsministerium förderte jedoch im Einvernehmen mit dem Auswärtigen Amt die Auswanderung der Juden nach Palästina. Bereits im Mai 1933 kam zwischen dem Reichswirtschaftsministerium und der palästinensischen Zitrus-Pflanzengesellschaft „Hanotaiah" ein Transfer-Abkommen zustande – nach dem hebräischen Wort für Transfer „Haavara"-Abkommen benannt. Demnach zahlten auswandernde Juden einen größeren Betrag auf ein Sperrkonto

---

62 Theodor Herzl: Der Judenstaat, S. 26: „Wir sind ein Volk – der Feind macht uns ohne unseren Willen dazu . . .“; ferner S. 27 ff.
63 Dazu neuestens: Jacob Boas: A Nazi travels to Palestine, in „History Today", London 1980, vol. 30, Nr. 1.

und erhielten dafür in Palästina den Gegenwert in Form von Waren, Haus- oder Grundbesitz.

„Aufgrund der erneut zwischen Herrn Sam Cohen und meinen Sachbearbeitern geführten Verhandlungen bin ich bereit", so heißt es in einem Schreiben des Reichswirtschaftsministeriums vom 18. Juli 1933 an die Firma Hanotaiah, Tel Aviv, „die Auswanderung deutscher Juden nach Palästina durch Gewährung folgender Erleichterungen für eine erweiterte Übertragung ihres Vermögens zu unterstützen. Jüdische Auswanderer, die zur Errichtung einer neuen Existenz in Palästina über das von der Einwanderungsbehörde verlangte Vorzeigegeld (1000 Palästinische Pfund) hinaus Teile ihres Vermögens dorthin überführen wollen, werden von den Devisenbewirtschaftungsstellen auf Antrag die Genehmigung zur Einzahlung eines angemessenen Mehrbetrages auf ein bei der Reichsbank für die Anglo-Palästina-Bank und die Tempelbank geführtes Sonderkonto ihrer Firma erhalten. Gleiche Genehmigungen können deutschen Staatsbürgern jüdischen Volkstums erteilt werden, die zur Zeit noch nicht auswandern, sich aber gleichwohl schon jetzt eine Heimstätte in Palästina schaffen und an dem Aufbau Palästinas mitwirken wollen... Diese Genehmigung gilt für insgesamt drei Millionen RM... Ich hoffe, daß es auch unter diesen Bedingungen möglich sein wird, den Export deutscher Waren nach Palästina in der in Aussicht genommenen Weise weiter zu fördern..."[64]

„Es handelte sich bei diesem ungewöhnlichen Abkommen um ein von Vertretern des Jischuw initiiertes und zusammen mit deutschen Regierungsstellen, mit der Deutschen Reichsbank und mit den als Treuhändern tätigen Hamburger und Berliner Bankhäusern M. W. Warburg und A. E. Wassermann organisiertes jüdisches Hilfswerk für die vom Hitler-Regime bedrohten Juden. In den sechs Jahren vom November 1933, dem Datum seines Inkrafttretens, bis zum Kriegsausbruch wurde über das Abkommen ein jüdisches Vermögen im Gegenwert von 139,6 Millionen Reichsmark größtenteils auf der Basis eines deutschen Warenkontingents nach Palästina transferiert, und etwa 50 000 Juden wanderten dorthin aus, wovon wiederum ein Fünftel in Deutschland wohnhafte Juden fremder Staatsbürgerschaft waren[65]."

Der Gedanke, den Juden in Madagaskar Siedlungsland zu schaffen,

---

64 ADAP, Serie C, Bd. 1, Nr. 369 v. 18. Juli 1933; ferner ebda Nr. 399 v. 10. Aug. 1933, Der Reichswirtschaftsminister an das AA.

65 Helmut Mejcher: „Palästina in der Nahostpolitik europäischer Mächte und der Vereinigten Staaten von Amerika 1918–1948" in: Mejcher/Schölch: Die Palästina-Frage 1917–1948, S. 163 ff., S. 187.

war schon vor 1933 in dem Buch des Holländers van Vinghene „Vollzionismus" geäußert worden[66].

Ende Dezember 1933 berichtete die CVZ, daß für Flüchtlinge aus Deutschland eine Siedlung in Palästina errichtet worden sei[67].

Immerhin wanderten 1933 37 000 Juden aus Deutschland aus, davon etwa 73 % nach Europa, 19 % nach Palästina und 7–9 % nach Übersee. 1934 sank die Zahl der Auswanderer auf 23 000[68]. Nach anderer Angabe verließen bis August 1933 60 000 Juden Deutschland; davon gingen 5000 nach Palästina.[68a]

Äußerst gehässige Kommentare gegen die Juden kamen besonders aus den Reihen der Ärzteschaft bzw. ihrer amtlichen oder halbamtlichen Organe. Auf diesem Berufsgebiet waren die Juden besonders stark vertreten, an den medizinischen Fakultäten in Berlin und in Breslau laut Angabe des Reichsinnenministers Frick 45 %! Aus dem Organ des „Hartmannbundes" zitierte die CVZ folgende Stelle: „Die Einsickerung fremdrassigen Blutes in den Organismus unseres Volkes wollen wir nach Möglichkeit verhindern. Juden, Neger, Mongolen und dergleichen Völker können also straffrei sterilisiert werden, ganz gleich, ob sie gesund sind oder krank." Der Verfasser dieses Artikels in den „Ärztlichen Mitteilungen" schlägt vor, schreibt die CVZ, „daß ‚den Fremdrassigen der Entschluß zu einer Sterilisation durch eine nicht zu geringe Prämie leichter gemacht werden' könnte. Man könnte über diesen Artikel, der den großen eugenischen Gedanken in karikaturistischer Verzerrung zeigt, zur Tagesordnung übergehen, stünde er nicht in dem repräsentativsten Organ der deutschen Ärzte an sichtbarster Stelle und träte nicht der Wunsch zur Herabsetzung des Judentums deutlich zutage . . .[69]"

Im September berichtete die CVZ, die Ausschaltung nichtarischer Ärzte sei abgeschlossen durch das Abkommen „zwischen dem Hartmannbund und dem Verband der privaten Krankenversicherungen über die Ausschaltung nichtarischer Ärzte und die Einstellung der Rückerstattung von Beträgen für Behandlung durch nichtarische Ärzte nach

66 CVZ, Nr. 24 v. 15. Juni 33, S. 223.
67 CVZ, Nr. 570 v. 28. Dez. 1933, S. 2.
68 Bracher: Die nationalsozialistische Machtergreifung, 1960, S. 283. Siehe dazu auch: „Deutsches Judentum und Palästinawanderung" von Rabbiner Dr. I. Maibaum und Dr. Fr. Brodnitz in: CVZ, Nr. 30 vom 27. Juli 1933, S. 283.
68a VZ, Nr. 405 v. 25. 8. 1933, Morgen-A. Artikel: „Deutsche Judenfrage auf dem Zionistenkongreß, Prag, 24. 8."
69 „Sterilisierung der Juden, Ausschluß aller jüdischen Ärzte fordern nichtjüdische Ärzte" in: CVZ, Nr. 21. v. 26. Mai 1933, S. 2.

dem 1. September. „Eine einheitliche Zulassungsordnung zum Ärztestand für das ganze Reich sei aber erst nach Errichtung der Reichsärztekammer zu erwarten[70]."

Im europäischen und überseeischen Ausland ging die antideutsche Propaganda und der wirtschaftliche Boykott unentwegt weiter, infolge des durch die nationalsozialistischen Unterdrückungsmaßnahmen erzwungenen Zusammenhalts des Judentums und seiner Entschlossenheit, das nationalsozialistische Deutschland wegen seiner judenfeindlichen Maßnahmen durch einen systematischen Propaganda- und Wirtschaftskrieg in die Knie zu zwingen, mit dem Ziele, das Hitler-Regime zu stürzen. Die Aussichten dafür waren nicht schlecht wegen der katastrophalen wirtschaftlichen und finanziellen Notlage des Reiches. Die wesentlichen Machtstellungen des Judentums waren die protestantischen und angelsächsischen Länder, vor allem die USA mit New York als dem wichtigsten jüdischen Zentrum, dann die britische Hauptstadt London und auch Holland, ein altes jüdisches Finanz- und Handelszentrum[71].

In Holland kam es unter jüdischem Einfluß[72] zu einer Boykott-Propaganda gegen deutsche Waren, und in den USA fanden laufend antideutsche Demonstrationen statt, besonders in New York, dem Hauptsitz des Judentums, so Anfang Mai eine mit rund 100 000 Teilnehmern. Zahlreiche rote Fahnen wurden mitgetragen. Unter den Rednern befand sich General O'Ryan, der Wilsonsche Staatssekretär Bainbridge Colby, der bekannte jüdische Führer Bernhard Deutsch und der Rabbiner Stephen Wise[73]. Ein deutschfeindlicher Kriegsfilm in New York ließ die Kriegsgreuelpropaganda wieder aufleben[74].

Lord Melchett, der Leiter des britischen Chemie-Trusts „Imperial Chemical Industry", hatte eine jüdische Weltwirtschaftskonferenz nach London einberufen. Sie wurde aufgrund von Protesten führender briti-

---

70 „Ausschaltung nichtarischer Ärzte abgeschlossen" in: CVZ, Nr. 35 v. 14. Sept. 1933.
71 VZ, Nr. 115 v. 9. März 33, Morgenausgabe.
72 VB, Nr. 286 v. 13. Okt. 33, Erstes Beiblatt, Artikel: „Boykottiert sie!" Als Beobachter bei den jüdischen Deutschenhetzern in Holland.
VZ, Nr. 232 v. 16. Mai 33, Abend-A., S. 2: „Boykott-Propaganda gegen deutsche Waren".
73 VZ, Nr. 232 v. 16. Mai 33, Abendausgabe; Nr. 224 v. 11. Mai, Abend-A.
74 VZ v. 27. Aug. 33:
„Deutschfeindlicher Kriegsfilm in New York
Eigene Meldung der Vossischen Zeitung
NEW YORK, 26. AUGUST
Im Strandtheater am Broadway läuft seit einigen Tagen ein deutsch-feindlicher Film, betitelt „Gefangen", der Vorgänge in einem Gefangenenlager hinter der

scher Juden aber aufgehoben. Dafür tagte um die gleiche Zeit in London der „Board of Jewish Deputies". Er beschäftigte sich mit Anträgen auf Boykott deutscher Waren; Präsident war Neville Laski. Der „Board" lehnte mit 110 gegen 27 Stimmen einen Boykott ab. „Das deutsche Judentum kann die Stellungnahme der englischen Juden nur begrüßen", schrieb dazu der CVZ[75].

Lord Melchett, der einer früher in Deutschland ansässigen Judenfamilie entstammte, war bisher Mitglied der anglikanischen Kirche gewesen und kehrte nun wieder in die jüdische Glaubensgemeinschaft zurück[76].

Zu der von Lord Melchett einberufenen Weltwirtschaftskonferenz war aus Amerika der bekannte New Yorker Rechtsanwalt Samuel Untermeyer erschienen. Aus Protest über die britische Absage an die Konferenz lud er die Konferenzteilnehmer zu einer Zusammenkunft nach Amsterdam ein, „eine Zusammenkunft von noch nicht zwei Dutzend Menschen, deren Beschlüsse" laut CVZ vom 27. Juli 1933, „und Ansichten für das Judentum sowohl als auch für jeden nichtjüdischen ernsten Wirtschaftspolitiker belanglos sind". Untermeyer sprach weder im Auftrag des „American Jewish Congress" noch des „American Jewish Committee". Diese „Konferenz" war lediglich mehr oder weniger sein Privatunternehmen[77]. Untermeyer wurde nach seiner Rückkehr in New York begeistert empfangen. Dort hielt er eine Ansprache mit der Aufforderung zum Boykott und zum ‚heiligen Krieg‘ gegen Deutschland:

Er sagte: „Die Juden sind die Aristokraten der Welt. Seit undenklichen Zeiten wurden sie verfolgt und sahen ihre Verfolger kommen und gehen. Sie allein haben überlebt." „Es ist nicht ein Kampf der Juden, sondern der Humanität", führte er u. a. aus. „Wir sind im Kampf für jeden freiheitsliebenden Bürger, gleichgültig welcher Rasse und welchen Glaubens. Die-

---

deutschen Front während des Weltkrieges schildert und in dem Leslie Howard in der Hauptrolle als englischer Hauptmann spielt. Der erste Teil des Films stellt die Mißhandlungen des Helden durch einen deutschen Offizier dar, in einer Form, die den schärfsten Protest herausfordert. Der deutsche Offizier mit Monokel und Pour-le-mérite schlägt den Engländer ins Gesicht, weil er sich weigert, militärische Geheimnisse zu verraten, er läßt bei einer Massenflucht von Gefangenen mit dem Maschinengewehr auf sie schießen, und wird schließlich von seinem Burschen erschossen, weil er ihm glühend-heißen Kaffee ins Gesicht schüttete. Auch die Typen der übrigen deutschen Soldaten und Offiziere des Kriegsgerichts wirken so abstoßend, daß ein sehr übler Eindruck von den deutschen Soldaten bei dem amerikanischen Publikum entstehen muß."
75 CVZ, Nr. 30 v. 27. Juli 33, Artikel „Belanglose und ernsthafte Konferenzen".
76 CVZ, Nr. 29 v. 20. Juli 1933, S. 283: „Lord Melchett kehrt zum Judentum zurück."
77 CVZ, Nr. 30 v. 27. Juli 1933, Art.: „Belanglose und ernsthafte Konferenzen".

ser Krieg muß unablässig geführt werden, bis die dunklen Wolken blinder Gläubigkeit, des Rassenhasses und Fanatismus zerstreut sind, die sich über das einstige Deutschland lagerten, das jetzt mittelalterliches Hitlerland ist[78]."

Der Zionistenkongreß in Prag nahm in seiner Entschließung leidenschaftlich gegen die Entrechtung der Juden in Deutschland Stellung und forderte die Mandatsmacht (Großbritannien) auf, „die Tore Palästinas für die größtmögliche Einwanderung deutscher Juden zu öffnen, ihre Ansiedlung zu erleichtern und alles zu tun, damit das jüdische Nationalheim... im schnellsten Tempo und im größten Umfang aufgebaut wird...[79]".

In Kairo hatten Juden einen Prozeß wegen Verbreitung einer Aufklärungsbroschüre über das Judenproblem in Deutschland gegen die dafür verantwortlichen Deutschen angestrengt als Schadensersatzklage auf Zahlung von 1500 RM. Der internationale Gerichtshof in Kairo wies jedoch die Klage ab. Nach dem Urteil des neutralen Gerichtshofes hatten die Beklagten nachgewiesen, „daß zu allen Zeiten und an allen Orten die Leute, auf die es ankam, in den vier zur Erörterung stehenden Punkten (Parasitentum, zersetzender Einfluß, Eigentumsvergehen, Degeneration) die gleiche Meinung über die Juden hatten wie die Beklagten[80]".

Die dritte, besonders gegen die Juden gerichtete gesetzgeberische Maßnahme im Jahre 1933 war das Schriftleitergesetz vom 4. Oktober 1933. Dadurch wurde der jüdische Einfluß auf die Presse ausgeschaltet. Laut Paragraph 5 konnte Schriftleiter nur sein, wer „arischer Abstammung ist und nicht mit einer Person von nichtarischer Abstammung verheiratet ist".

Die jüdischen Landesverbände und sonstigen großen jüdischen Organisationen schlossen sich im Sommer 1933 zusammen und wählten eine Reichsvertretung, die laut CVZ am 26. September folgende Proklamation an die Öffentlichkeit erließ:

---

78 The New York Times, 7. Aug. 1933, „Text of Untermeyers Address".
79 Zit. n. VB, Nr. 238 v. 26. Aug. 33, S. 1: „Die zionistische Proklamation. Neuer Hetzfeldzug gegen Deutschland".
80 VB, Nr. 279 v. 6. Okt. 33, Art.: „Ägyptische Finsternis. Eine Neuauflage des Londoner Judentheaters", Zitat nach VB, Nr. 26 v. 26. Jan. 34, S. 1. „Die Niederlage der jüdischen Mobilmachung in Kairo." „Der mißglückte jüdische Angriff gegen die Gesetzgebung in Deutschland."

„Die Reichsvertretung an die Öffentlichkeit

Die neu gewählte Reichsvertretung der deutschen Juden hat in einer Pressebesprechung, über die wir an anderer Stelle berichten, am 28. September der Öffentlichkeit nachstehende Proklamation übergeben:

„In Tagen, die hart und schwer sind, wie nur je Tage der jüdischen Geschichte, aber auch bedeutungsvoll, wie nur wenige gewesen, ist uns durch die gemeinsame Entschließung der jüdischen Landesverbände, der großen jüdischen Organisationen und der Großgemeinden Deutschlands die Leitung und Vertretung der deutschen Juden übertragen worden.

Kein Parteigedanke, kein Sonderwunsch hat darin gesprochen, sondern allein und ganz die Erkenntnis dessen, daß Leben und Zukunft der deutschen Juden heute durch ihre Einigkeit und ihren Zusammenhalt bedingt sind.

Darum ist es die erste Aufgabe, diese Einheit lebendig werden zu lassen. Jede Organisation und jeder Verband sollen in ihrer Lebenskraft und in ihrem Aufgabenkreise anerkannt sein, aber in allen großen und entscheidenden Aufgaben darf es nur die eine Gemeinschaft, nur die eine Gesamtheit der deutschen Juden geben. Wer heute Sonderwege geht, wer heute sich ausschließt, hat sich an dem Lebensgebote der deutschen Juden vergangen . . .

Es ist zur großen Aufgabe geworden, Plätze zu erkunden und Wege zu bahnen, wie auf dem heiligen Boden Palästinas, dem die Vorsehung eine neue Zeit gefügt hat, so überall, wo Charakter, Fleiß und Tüchtigkeit des deutschen Juden sich bewähren können, niemandem Brot nehmend, sondern anderen Brot schaffend.

Hierfür wie für alles das andere erhoffen wir den verständnisvollen Beistand der Behörden und die Achtung unserer nichtjüdischen Mitbürger, mit denen wir uns in der Liebe und Treue zu Deutschland begegnen.

Wir bauen auf den lebendigen Gemeinschaftssinn und das Verantwortungsbewußtsein der deutschen Juden wie auch auf die opferwillige Hilfe unserer Brüder überall.

Wir wollen zusammenstehen und im Vertrauen auf unseren Gott für die Ehre des jüdischen Namens arbeiten. Möge aus dem Leiden dieser Tage das Wesen des deutschen Juden neu erstehen!

Die Reichsvertretung der deutschen Juden:
Leo Baeck
Otto Hirsch (Stuttgart) Siegfried Moses (Berlin)
Rudolf Callmann (Köln)
Jakob Hoffmann (Frankfurt a. Main)
Leopold Landenberger (Nürnberg
Franz Meyer (Breslau) Julius L. Seligsohn (Berlin)
Heinrich Stahl (Berlin)"

In Dezember, nach Erlaß des Gesetzes über die Einheit von Partei und Staat vom 2. Dez. 1933, umriß die CVZ in einem Artikel: ,,Andersartig, nicht minderwertig!" die Stellung der Juden wie folgt[81]:

,,Wir deutschen Juden haben uns, wie oft wir auch in den letzten Monaten uns aus dem Staat herausgedrängt fühlen mußten, niemals außerhalb des Staates gestellt. Wir haben nicht erwartet, daß ein weltgeschichtlicher Vorgang wie die nationale Revolution des Jahres 1933 von Rücksicht auf irgendeine Bevölkerungsgruppe negativ bestimmt werden könnte. Wir haben verstanden und dieses Verstehen auch ausgesprochen, daß eine neue Grundlegung des deutschen Staates, wenn er auf dem Rassenprinzip aufgebaut ist, auch unsere Beziehungen zum Staat und unsere Stellung in ihm neu regeln würde. Wir haben aber zugleich festgestellt, daß wir unsere grundsätzliche Gleichberechtigung schon aus dem Grunde nicht preisgeben können, weil wir damit eine Unwahrhaftigkeit begingen: das Zugeständnis, als ob das Judentum und die Prägung, die es seinen Anhängern verleiht, diese für das staatliche und gesellschaftliche Gemeinschaftsleben entwerte."

Gegen die gefährlichen kulturkämpferischen Bestrebungen der staatstragenden NSDAP mit ihren antijüdischen, antikirchlichen und letzten Endes antichristlichen Zielsetzungen nahm der Erzbischof von München-Freising, Kardinal Faulhaber, in seinen Adventspredigten Stellung. Darin würdigte er das Alte Testament als Grundlage des Christentums, betonte seinen sittlichen Wert und nannte Palästina ,,die Wiege der Humanität". ,,Es braust ein Sturm durch unser Land, der die heiligen Schriften, weil sie Judenbücher seien, vom deutschen Boden wegfegen soll. Ich habe die Überzeugung, dieser Sturm wird eher bei allen Bekenntnissen ein heiliges Feuer neuer Begeisterung für die heiligen Bücher entzünden[82]."

Rabbiner Leo Baerwald hob die Adventspredigten des Münchner Kardinals in einem ganzseitigen Artikel unter dem Titel: ,,Neue Begeisterung für unsere Heilige Schrift" hervor[83]. Er schrieb dazu: ,,Wir können diese Worte nur mit Dankbarkeit und Befriedigung erwähnen, vor allem aber als Mahnung, die, . . . auch und gerade in unserer Mitte beherzigt zu werden verdient. . . . Suchen wir das Judentum, so werden wir es nicht finden in Doktrinen, Philosophemen, theoretischen Erörte-

---

81 CVZ, Nr. 47 v. 7. Dez. 33.
82 VZ, v. 21. 12. 1933.
83 CVZ, Nr. 1 v. 4. Januar 1934.

rungen und programmatischen Erklärungen. In der lebendigen Stimme der Bibel, in ihrer wunderbaren Wirklichkeit klingt es am lautesten und reinsten . . . Das religiöse Bewußtsein wird immer der Wertmesser des jüdischen Bewußtseins bleiben. Noch einmal", so fuhr Baerwald fort, „sei Kardinal Faulhaber zitiert: ,Volk Israel, das ist nicht als deine Pflanzung in deinem Garten gewachsen.' Nein, wahrlich, ,es ist Gottes Pflanzung'. Aber er hat es in unserem Garten gepflanzt und uns zu Gärtnern berufen, die seiner Früchte warten und sie der Welt mitteilen sollen. Wir haben den demütigen Stolz, daß der Welt durch uns die Offenbarung geschenkt ward. Tragen wir sie in uns und vor uns mit dem Gefühl des Erhobenseins, des Verpflichtetseins, des Auserwähltseins, aber auch – und das ist nichts anderes – mit dem Gefühl der Verantwortung, das man jeder schweren Aufgabe gegenüber hat."

Die Judenfrage kam auch auf der Völkerbundsversammlung in Genf anläßlich der Debatte über die Minderheiten zur Sprache. Der deutsche Gesandte von Keller nahm dazu Stellung:

„Es gehe nicht an, das Judenproblem, das eine Rassenfrage sei, mit jener der Minderheiten in Verbindung zu bringen. „Zunächst sind die Juden Deutschlands weder eine sprachliche noch eine nationale Minderheit. Sie fühlen sich nicht als solche und haben niemals Wünsche geäußert, als solche behandelt zu werden. Die Ausübung der jüdischen Religion ist in Deutschland völlig unbehindert. Die religiöse Frage spielt bei der Auseinandersetzung mit dem deutschen Volk keine Rolle. Es handelt sich in Deutschland in erster Linie um ein bevölkerungspolitisches und soziales Problem, das in der Nachkriegszeit eine besondere Verschärfung durch eine starke Wanderung des Judentums von Osteuropa nach dem Westen erhalten hat. Es ist ein Problem sui generis, das als solches auch eine besondere Lösung wird erfahren müssen[84]."

In der Aufzeichnung des Vortragenden Legationsrates Fuehr vom 20. Dezember 1933 „betr. die antideutsche Hetze in New York" heißt es eingangs[85]:

„Bei der antideutschen Hetze in New York gehen, von den gleichen jüdischen Drahtziehern veranlaßt, seit Mitte Oktober zwei verschiedenartige Verfahren nebeneinander her." Einerseits schwebt ein Verfahren „gegen Heinz Spanknöbel wegen des Vergehens, sich im Auftrage einer frem-

---

84 VZ, Nr. 472 v. 3. Okt. 33, Abend-A., S. 1: „Deutschland und die Minderheiten. Gesandter von Keller über die Judenfrage in Genf."
85 ADAP, Serie C, II, Nr. 139 v. 20. Dez. 33.

den Regierung beim Staatsdepartement betätigt zu haben. Andererseits betreibt der New Yorker Kongreßabgeordnete Samuel Dickstein in seiner Eigenschaft als Vorsitzender des Ausschusses für Einwanderungssachen ein Verfahren, das die unter falschen Angaben in die Vereinigten Staaten zugelassenen ,,Nazi-Agenten" ermitteln und ihre Deportation herbeiführen soll. In beiden Verfahren, bei denen die Stimmungsmache in der Presse die Hauptrolle spielt, wird von den Anklägern behauptet, daß die Tätigkeit der Nazi-Agenten in Amerika auf Unterminierung der amerikanischen Institutionen und letzten Endes auf Beseitigung der Verfassung abziele." Dickstein behauptete u. a., daß ,,in den letzten elf Monaten 60 000 Hitler-Agenten nach Amerika gekommen" seien."

Der Reichskanzler hatte jedoch schon in seiner Ende Oktober dem Vertreter der Hearst-Presse, Karl von Wiegand, gewährten Unterredung erklärt, er habe nationalsozialistische Propaganda im Ausland verboten, um freundschaftliche Beziehungen nicht zu gefährden[86]. Über eine ,,Neue Judenoffensive gegen Deutschland, Abflug eines hitlerfeindlichen Propagandaflugzeugs in letzter Minute verhindert" berichtete der ,,Völkische Beobachter" am 5. Dez. 1933.

86 VB, Nr. 305 v. 1. Nov. 33: ,,Interview des Führers mit der Hearst-Presse. Gegen die politische Agitation von Parteigenossen im Ausland."

Außenpolitik

Gleichberechtigung und Abrüstung

Deutschland ist aufgrund seiner Mittellage das gefährdetste Land Europas, infolge des verlorenen Krieges und des Friedensdiktates von 1919 war es zur Stunde der nationalen Revolution 1933 auch das ohnmächtigste. Der „Friedensvertrag" von Versailles mußte im Reichsgesetzblatt dem Wortlaut gemäß veröffentlicht werden; er war also Reichsgesetz und die eigentliche „Verfassung" der Weimarer Republik[1]. Die aus der Niederlage und der Revolution von 1918/19 hervorgegangene neue staatliche Ordnung war durch das Versailler Diktat schon in der Geburtsstunde zum Tode verurteilt. Einer der besten Kenner des Versailler Diktats, Rechtsanwalt Friedrich Grimm, sagte im Jahre 1932 warnend zu Adolf Hitler[2]:

„Versailles ist mit einem Gefängnis zu vergleichen, einer Zwingburg, die auf vielen Säulen ruht und so raffiniert zusammengefügt ist, daß das ganze Gebäude zusammenstürzen kann und Deutschland unter sich begräbt, wenn man eine Säule davon zerbricht. Man muß die Säulen einzeln zerbrechen und dabei so vorsichtig verfahren, daß es nicht zu einer neuen Katastrophe kommt. Die Schöpfer von Versailles haben rings um Deutschland Grenzprobleme geschaffen, so daß an der Aufrechterhaltung des status quo eine Vielzahl von Interessenten beteiligt ist und bei der Anrührung jedes Problems Deutschland als der Störenfried erscheint . . ."

Die Bildung der Regierung Hitler-Papen-Hugenberg wurde vom Ausland im allgemeinen zunächst mit Zurückhaltung aufgenommen, teilweise mit Mißtrauen[3]. Freundlich begrüßt wurde die neue Regierung nur von der Presse des faschistischen Italien. Beim Völkerbund in Genf

---

1 Friedrich Stampfer, Hauptschriftleiter des sozialdemokratischen Zentralorgans „Vorwärts", weist in seinem Buch darauf hin, daß die Amerikaner die Versailler Friedensbedingungen als Enttäuschung und Abfall von den Prinzipien betrachteten, für die sie gekämpft hatten. Er zitiert dann Lansing: „Die Friedensbedingungen erscheinen unsagbar hart und demütigend, viele von ihnen erscheinen unerfüllbar." Stampfer, Die ersten vierzehn Jahre der deutschen Republik, S. 111.
Kurt Töpner: „Gelehrte Politiker und politisierende Gelehrte", befaßt sich ausführlich mit der Kritik an der Weimarer Verfassung, S. 214 ff., und dem „Konnex Verfassung und Friedensvertrag", S. 226 ff.
2 Friedrich Grimm: Mit offenem Visier, Leoni 1961, S. 120.
3 Dazu u. a.: VZ v. 12. Februar, Morgen-A.: „Was das Ausland zu Hitler sagt"; „Münchener Post", Nr. 28 v. 3. Februar 1933, S. 3:

„Hitlers Kanzlerschaft und das Ausland

Mit der Kanzlerschaft Hitler, die am 30. Januar in Berlin zur Tatsache geworden ist, steht der Rest des deutschen Ansehens im Auslande auf dem Spiel. Die Kritik des Auslandes ist nur zu deutlich. Etwas erschreckend Übereinstimmendes erklingt auf der ganzen Linie: Die geradezu „abenteuerliche Zusammensetzung" des neuen deutschen Kabinetts, durch die dem politischen Wahnsinn in Deutschland kaum mehr Grenzen gezogen sind. Die Notwendigkeit des „größten Pessimismus gegenüber der neuen deutschen Politik", der nur „durch geduldiges Abwarten, welcher Unterschied zwischen Worten und Taten der neuen Volksführer sich herausstellen werde", ersetzt werden könnte, die „hochgespannten Machtansprüche des Autarkisten Hugenberg" und der „schwächliche Dilettantismus der problematischen nationalsozialistischen Wirtschaftslehre, die alles andere als Vertrauen erwecken und denn doch im Ausland allzu bekannt sind" – all das gibt den Rahmen zu dem „grotesken Kern" dieses Kabinetts, den „die beiden Parteien bilden, zwischen denen im Grunde der schärfste Gegensatz besteht, den erzkonservativen, offen hochkapitalistischen Deutschnationalen und den halbbolschewistisch sich gebärdenden Nationalsozialisten". Daneben betrachtet das Ausland „den Sieg der Harzburger Front als erfolgreichen Vorstoß derjenigen Elemente, die an der Verschleierung der Osthilfe-Verhältnisse interessiert sind". Der Kennerblick des Auslandes sieht die Brücke von Hitler zu Hugenberg vor allem „in der Angst des großen Führers vor dem drohenden finanziellen Zusammenbruch, so daß er jetzt tatsächlich den Eintritt in die Regierung nicht weiter hinausschieben zu können glaubte". Aus diesem Grunde glaubt auch eine große Zahl ausländischer Blätter nicht an eine Zurückhaltung Hitlers, „den seine postenhungrigen Unterführer zu übereilten Maßnahmen drängen werden".

Als ein ganz bedenkliches Moment bezeichnen viele Blätter die durch die letzten Berliner Vorgänge beschleunigte Abnahme des Prestiges des Reichspräsidenten. Englische und amerikanische Blätter erblicken eine Gefahr für die Börsen darin, daß eine Kombination Hitler-Hugenberg-Papen in arbeits- und wirtschaftspolitischer Hinsicht vor allem Versprechungen einlösen muß und zu Maßnahmen schreiten könnte, deren Wirkung nicht abzusehen sei.

„Ein großes und risikoreiches Experiment", schreibt die Zürcher Zeitung „Die Verabschiedung Schleichers erhielt erst durch die rasche Berufung Hitlers ihren vollen politischen Sinn. Die instinktmäßige Abneigung des Marschallpräsidenten gegen den „tschechoslowakischen Gefreiten", wie er dort hieß, ist anscheinend durch die steigende Sympathie für Papen aufgewogen worden. Nach der Kampagne der Reichspräsidentenwahl, der Angriffe Hitlers gegen Hindenburg, der homerischen Rededuelle Hitler-Papen – allerhand Selbstüberwindung bei Hindenburg und Papen und – auch Hitler hat dem „Herrenreiter" Papen seine „Erbschleicherei" verziehen." Auch der Berner Bund findet es „interessant, daß Adolf Hitler zwar nicht den Weg zu Schleicher, wohl aber zu Hugenberg, Papen und anderen feinen Leuten gefunden hat, die er vorher so maßlos bekämpfte und beschimpfte. Doch was will man? Die Parteikassen sind leer und auf den Straßen machen SS-Leute in brauner Uniform mit klappernder Sammelbüchse den frierenden Bettlern Konkurrenz." Die Basler Nachrichten schreiben: „Es ist nicht angenehm, sich selbst desavouieren zu müssen. Der Osaf hat vor dem Reichskanzlerpalais monatelang gebrummt wie ein wilder Bär, darum blieb ihm das Tor verschlossen. Jetzt hat er sich einen Nasenring anlegen lassen und ist ein manierlicher Tanzbär geworden und darf darum unter Dudelsackmusik einziehen. Freilich bleibt Bär und es kommt auf den Bärenführer an – und der ist Herr von Papen – – – Hoffentlich wird Germania an dem nikotinfreien Nationalsozialismus, den man ihr eine Zeitlang zu rauchen gibt, nicht lebensgefährlich erkranken. Besser wäre es ja schon, wenn sie überhaupt nicht rauchte, aber rauchen will sie nun einmal."

Trotz der eigenen Ministerkrise herrscht in Frankreich stärkste Erregung „Die Schwierigkeiten häufen sich. Hitler Reichskanzler ist eine nicht zu verachtende Tatsache, erklärte D a l a d i e r der Presse. Mit der Machtübernahme durch Hitler beginne nach dem T e m p s in Deutschland ein E x p e r i m e n t, das allen Abenteuern Tür und Tor öffnet. J o u r n a l   d e s   D e b a t s hält die Berliner Ereignisse für einen Beweis, daß der Wahnsinn in der Welt herrsche. Das rechtsstehende J o u r n a l spricht von dem gewaltig sinkenden Ansehen des Reichspräsidenten, seit er sich den Leuten der Diktatur und Gewalt verschrieben habe. Mit Riesenschritten eile man einer Präsidentenkrise entgegen. „In Berlin ist die ganze reaktionäre Sippe am Ruder", meint der M a t i n, „die die Osthilfe-Affäre zu ersticken bemüht ist. Weiß der Reichspräsident nicht, daß diese Ultranationalisten auf seine Ü b e r a l t e r u n g pochen und große Hoffnungen auf seine Demission setzen? "Die allgemeine Auffassung, daß man sich in Berlin immer weiter von Weimar entfernt, um zur o f f e n e n   D i k t a t u r, wenn nicht zur Monarchie zu schreiten, bringt der sozialistische P o p u l a i r e am schärfsten zum Ausdruck.

In E n g l a n d äußern sich einzelne Blätter zurückhaltend und hoffen in Berlin auf eine Klärung, statt daß Hitler immer drohend im Hintergrund stehe. Ernster lautet schon der Kommentar der T i m e s, nach denen der Reichspräsident ein g r o ß e s   R i s i k o eingegangen sei. Sehr scharf äußern sich die beiden großen konservativen Blätter M o r n i n g - P o s t und D a i l y   T e l e g r a p h. Morning-Post spricht Hitler in der abfälligsten Weise jede Möglichkeit eines Erfolges innen- und außenpolitisch ab. Hugenberg sei ein plumper Vertreter des Junkertums. Die Überschriften „Auf dem Stuhle Bismarcks" mit entsprechendem Kommentar sind Hohn in Reinkultur. Auch die liberalen Blätter wie Manchester G u a r d i a n und N e w s   C h r o n i c l e äußern Besorgnis und sprechen vom S p r u n g   i n s Ungewisse, während D a i l y   H e r a l d feststellt, daß der schwerste Verlust für Deutschland der V e r l u s t   d e r   A u t o r i t ä t und des Prestiges sei, den der R e i c h s p r ä - s i d e n t in den letzten 24 Stunden erlitten habe.

Auch die h o l l ä n d i s c h e   P r e s s e ist durchaus ablehnend vom N e u e n   R o t t e r d a m - s c h e n   K u r a n t bis zum H e t   V o l k, das vom Faschismus in seiner abenteuerlichsten und gefährlichsten Gestalt im Bunde mit dem Klassenegoismus Hugenbergs spricht. Für Europa und Deutschland bedeute das trübe Zukunft.

Nicht viel weniger abfällig urteilt die P r a g e r und W i e n e r   P r e s s e. „Hitler hat den Wildgeruch des Abenteurers, der nicht durch solide Leistung, sondern durch fanatische Bearbeitung der Massen emporgestiegen ist." (P r a g e r   T a g e b l a t t) „Durch Hitlers Ernennung hängen schwarze Wolken über Deutschland, wodurch jede Annäherung zwischen Deutschland und Frankreich in den Hintergrund gedrängt wird, ebenso jede Befriedung Europas." (Prabo Lidu) „Diese Regierung ist das Ergebnis abscheulichsten Kuhhandels, der je einen Wechselbalg von Ministerium hervorgebracht hat." (W i e n e r   A r b e i t e r - Z e i t u n g) „Mit größter Sorge und angehaltenem Atem wird man abwarten, wie sich Hitler zwischen Hugenberg und Papen, in dieser neuen Kombination von Kräften, die sich wie in einem Hexenkessel bekämpft haben, entwickeln wird." (N e u e   F r e i e   P r e s s e.)

Über den Jubel des größten Teiles der i t a l i e n i s c h e n   P r e s s e kann man zur Tagesordnung übergehen.

A m e r i k a hält die Hand an den Kopf und denkt. H e r a l d   T r i b u n e spricht ganz allgemein von einer nicht gerade angenehmen Überraschung. Charlatan oder Held: Die Ereignisse würden rasch klären. N e w y o r k   T i m e s hält es für zwecklos, die Zweifel zu verbergen, die die letzten Nachrichten aus Berlin bei allen Freunden Deutschlands hervorrufen mußten.

Die Situation zeichnet treffend die Feststellung des F i g a r o: „Das Kabinett Hitler bedeutet die L u n t e   a m   P u l v e r f a ß", und die Fragen des P r a g e r   T a g e s b l a t t s: „Hitler Reichskanzler und Hugenberg Verwalter der Wirtschaftsbelange! Wer wird der Gefangene des anderen sein? Der sehnige Wirtschaftsautokrat oder der Trommler des Dritten Reiches?"   C."

wirkte das Verbleiben des bisherigen Reichsaußenministers Freiherr von Neurath beruhigend. Der Reichskanzler gewährte dem Vertreter der britischen Zeitung „Sunday Expreß", Oberst a. D. P. T. Etherton am 11. Februar eine Unterredung.

Laut Etherton betonte der Kanzler, das erste und wichtigste Problem sei die Abrüstung als Vorbereitung für Frieden und Wohlfahrt der Welt. „Aber – und darin bin ich unerbittlich – die Abrüstung muß auf der Grundlage von Billigkeit und Gleichberechtigung erfolgen. Entweder muß Frankreich in demselben Ausmaß wie wir abrüsten, oder wir müssen gleichberechtigt sein." „Eine Revision des Friedensvertrages muß von uns verlangt werden und könnte sogar bald auch von der übrigen Welt verlangt werden . . .", fuhr Hitler fort. Mit „Hinsicht auf die dort lebende deutsche Bevölkerung, ganz abgesehen von anderen Gründen", müsse „der polnische Korridor uns zurückgegeben werden". Der Kommunismus sei eine Weltgefahr, mit der jedes Land allein fertig werden müsse. Von einer Rückkehr der Hohenzollern könne keine Rede sein. Auf seine überseeischen Kolonien werde Deutschland nicht verzichten. Der Kanzler schloß seine Ausführungen mit den Worten: „Lassen Sie mich zum Schluß sagen, daß ich den Wunsch habe, voll und ganz mit England für den Weltfrieden zu wirken, und daß ich nicht beabsichtige, irgend jemand zu verletzen, wenn ich es vermeiden kann. Der Staatsmann, den ich als nachahmenswertes Vorbild bewundere, ist Cromwell. Was Deutschland jetzt braucht, ist ein starker Patriot wie Cromwell, der es aus seinen gegenwärtigen Gefahren und Schwierigkeiten emporführt zu einer neuen Ära des Wohlstandes und des Friedens[4]."

Abrüstung und Gleichberechtigung waren die beiden Kernpunkte der deutschen Außenpolitik auch schon vor der Regierung Hitler gewesen. Die Genfer Abrüstungskonferenz tagte seit 2. Februar 1932 und feierte nun ihr einjähriges Beisammensein voller Enttäuschung für alle Freunde der Abrüstung, wie ihr Präsident Henderson feststellte[5]. Der deutsche Vertreter bei der Konferenz, Botschafter Nadolny, erklärte am 2. Februar auf der Konferenz zum französischen Abrüstungsplan: die deutsche Regierung stehe nach wie vor auf dem Standpunkt, daß ihr ein vertragliches Recht auf allgemeine Abrüstung zustehe und daß die Erfüllung dieses Anspruchs nicht mehr länger aufgeschoben werden dürfe. Gegenüber dem französischen Plan, das Angriffsmaterial nicht abzu-

---

4 VZ, Nr. 73 v. 12. Februar 1933, Morgen-A., S. 1: „Hitler über seine Außenpolitik". Oberst Etherton wich laut VZ, Nr. 74 v. 13. Februar, Abend-A., S. 1 einige Tage später von der Fassung des Gesprächs ab.
5 VZ, Nr. 58 v. 3. Februar 1933, Abendausgabe, S. 1 f.: „Das Mißverhältnis".

schaffen, sondern teils zur Ausrüstung der nationalen Kontingente einer Völkerbundarmee, teils im Lande des bisherigen Besitzers zur Verfügung des Völkerbundes zu halten, erläuterte Nadolny den deutschen Standpunkt wörtlich wie folgt:

„Die deutsche Delegation ist der Auffassung, daß eine solche Maßnahme die qualitative Abrüstung illusorisch machen würde. Nach ihrer Ansicht muß das gesamte Material, das in Zukunft nicht mehr erlaubt sein soll, innerhalb einer festgesetzten Zeit vernichtet und seine Herstellung völlig unterbunden werden. Das ist das einzige Mittel, um in kürzester Zeit zu der wirklichen Abrüstung zu gelangen, auf die die Welt wartet und von der die mit der allgemeinen Abrüstung erstrebten politischen und wirtschaftlichen Wirkungen am besten erzielt werden könnten[6]."

Deutschland forderte die Abschaffung der reinen Angriffswaffen und bestand auf reinem Defensivheer[7]. Diese Forderung wurde von der Konferenz übergangen. Ebenso nahm der deutsche Vertreter Nadolny auf der Abrüstungskonferenz gegen die Militärluftfahrt Stellung und verlangte ihre vollständige Abschaffung[8].

Der ehemalige Kriegspremier Großbritanniens, Lloyd George, hielt in der ersten Märzhälfte in Sheffield eine Rede. Er klagte die alliierten Unterzeichnermächte des Versailler „Vertrages" an, ihr Abrüstungsversprechen nicht eingehalten und damit den Vertrag gebrochen zu haben und warnte vor der Gefahr eines kommenden Krieges[9]. Frankreich protestierte um diese Zeit gegen den Einsatz von Hilfspolizei in der demilitarisierten Rheinlandzone; Reichsaußenminister Neurath wies die französische Beschwerde als unbegründet zurück[10]. In seiner ersten Reichstagsrede in der Krolloper am 23. März betonte Hitler, daß die Reichswehr die „einzige wirklich abgerüstete Armee" sei. „Deutschland wartet vergeblich seit Jahren auf die Einlösung des uns gegebenen Abrüstungsversprechens der anderen" und er fuhr fort:

---

6 VZ, Nr. 57 v. 3. Febr. 1933, Morgenausgabe, S. 1 f.
7 VZ, Nr. 91 v. 23. Febr. 33, Morgen-A., S. 1; „Nur noch Defensivheer".
8 VZ, Nr. 252 v. 27. Mai 33, Abend-A., S. 1: „Deutschland gegen den Luftkrieg".
9 VZ, Nr. 124 v. 14. Mrz. 33, Abend-A., S. 2, Artikel: „Der gebrochene Versailler Vertrag". – Als der französische Luftfahrtminister Pierre Cot in Genf für die tatsächliche Gleichberechtigung Deutschlands eintrat, wurde er in Frankreich scharf gerügt. VZ, Nr. 83 v. 18. Febr. 33, Morgen-A.; ebda, Nr. 85 v. 19. Febr. 33, Morgen-A., ferner ADAP, Serie C, Nr. 23 v. 18. Febr. 33.
10 VZ, Nr. 125 v. 15. Mrz. 33, Morgen-A., S. 1, Artikel: „Französische Demarche wegen Hilfspolizei".

„Es ist der aufrichtige Wunsch der nationalen Regierung, von einer Vermehrung des deutschen Heeres und unserer Waffen absehen zu können, sofern endlich auch die übrige Welt geneigt ist, ihre Verpflichtung zu einer radikalen Abrüstung zu vollziehen. Denn Deutschland will nichts als gleiche Lebensrechte und gleiche Freiheit . . . Das deutsche Volk will mit der Welt in Frieden leben. Die Reichsregierung wird aber gerade deshalb mit allen Mitteln für die endgültige Beseitigung der Trennung der Völker der Erde in zwei Kategorien eintreten. Die Offenhaltung dieser Wunde führt den einen zum Mißtrauen, den andern zum Haß und damit zu einer allgemeinen Unsicherheit. Die nationale Regierung ist bereit, jedem Volk die Hand zu aufrichtiger Verständigung zu reichen, das gewillt ist, die traurige Vergangenheit einmal grundsätzlich abzuschließen . . ."

Der Kanzler begrüßte den Abrüstungsvorschlag des britischen Premierministers MacDonald, der für Deutschland eine Heeresstärke von 200 000 Mann vorschlug. In der vom Reichskanzler festgelegten Weisung an die deutsche Abrüstungsdelegation in Genf heißt es unter Punkt 1 wörtlich: „Keine Sabotage. Hinarbeiten auf positiven Abschluß, der vertragslosen Aufrüstung vorzuziehen; weitere Benützung der Völkerbundstribüne zur Vertretung deutscher Interessen[11]."

Ende März stellte der deutsche Vertreter auf der Abrüstungskonferenz, Nadolny, die beiden deutschen Forderungen klar heraus: „1. Die Forderung nach einer tatsächlichen und wirklichen Abrüstung der anderen Mächte, die relativ ebenso weit gehen muß wie die deutsche, bereits vollzogene Abrüstung, und 2. der Grundsatz, daß die deutsche Gleichberechtigung, die ja am 11. Dezember theoretisch ausdrücklich anerkannt wurde, im weiteren Verlauf der Entwicklung auch praktisch durchgeführt wird[12]."

Den Schritt von der theoretischen Anerkennung zur praktischen Gleichberechtigung wollten die Siegermächte offensichtlich nicht vollziehen[13]. Nicht zuletzt unter dem Eindruck der nationalen Revolution in Deutschland machten sie laufend immer neue Schwierigkeiten auf der Abrüstungskonferenz, um die eigene Abrüstung zu verzögern oder gar zu unterlassen und gleichzeitig das Reich am Aufrüsten zu hindern. Diese passive Sabotage der Einhaltung des im „Friedensvertrag" bereits gegebenen Versprechens der Abrüstung wurde durch die allgemei-

---

11 ADAP, Serie C, I, 1, Nr. 94 v. 17. März 1933.
12 VZ, Nr. 152 v. 30. März 1933, Abend-A., S. 1.
13 VZ, v. 5. März 33: „Die deutsche Politik in Genf".

ne Verschlechterung der Stimmung gegen Deutschland im Jahre 1933 nicht nur gefördert, sondern mindestens teilweise verursacht; damit hing auch engstens die internationale Boykottbewegung, die weitgehend vom internationalen Judentum betrieben wurde, zusammen. Gegen die antideutsche Greuelpropaganda brachte die „Vossische Zeitung" folgenden Aufruf am 30. März 1933:

„Helft alle mit!

Die Wahrheit ins Ausland

Die Abwehr der im Ausland gegen das deutsche Volk entfesselten Greuel-Propaganda darf sich nicht nur auf Maßnahmen der Behörden und Verbände oder auf Proteste in der Presse beschränken. Sie muß von Mensch zu Mensch im Inland und im Ausland geführt werden. Jeder, der einen Verwandten oder einen Bekannten im Auslande hat, kläre ihn brieflich, durch Übersendung von Zeitungen oder anderem Propaganda-Material darüber auf, daß Deutschland zu Unrecht verdächtigt wird, daß dem deutschen Volk nichts ferner liegt als die Grausamkeiten, die ihm jetzt von verantwortungslosen Elementen zugeschrieben werden, daß wir unseren Staat in Ruhe neugestalten wollen, und daß es nicht nur unfair, sondern auch zwecklos wäre, wenn ausländische Kräfte sich in die politische Umwälzung Deutschlands einmischen wollten.

Wir bitten vor allem unsere Leser und Freunde im Auslande, die ihrem Blatt und dem deutschen Volk in langen Jahren die Treue gehalten haben, jetzt mit allen zur Verfügung stehenden Mitteln und besonders durch die Mundpropaganda an dieser Aufklärungsarbeit sich zu beteiligen. Niemand soll denken, auf ihn komme es nicht an. Nur wenn alle für das Volk, zu dem sie gehören, oder für das Land, mit dem sie in Geschäftsverbindung stehen, einmütig zusammenhelfen, wird die Wahrheit über Deutschland schnell und endgültig zum Durchbruch kommen.

Wir haben auch unsere Korrespondenten und Mitarbeiter im Ausland gebeten, in diesem Sinne tätig zu sein. Wenn schließlich auch noch die zahlreichen Ausländer, die in Deutschland leben, es für ihre Ehrenpflicht halten, das Volk, das ihnen gern Gastrecht gibt, gegen üble Verleumdungen zu verteidigen, dann muß es gelingen, die Lügenpropaganda, die schon zu einem gefährlichen Element der Unruhe in der ganzen Welt geworden ist, in kurzer Frist gänzlich zu unterdrücken."

Auf der Abrüstungskonferenz kam es Ende April zu einem Zusammenstoß zwischen dem deutschen und französischen Delegierten wegen der neuen deutschen Anträge zur Frage der Heeresbestände. Die Diskussion zeigte die Unvereinbarkeit der beiden Standpunkte[14]. Die deutsche

---

14 VZ, Nr. 203 v. 29. 4. 33, Morgenausgabe, S. 1 f.

Delegation wandte sich energisch gegen die Anrechnung der Schutzpolizei auf die Heeresstärke[15].

Gegen den von Mussolini vorgeschlagenen Viermächtepakt nahm auch im französischen Senat der Senator Béranger ähnlich wie Attlee im britischen Unterhaus Stellung mit dem Vorwand, die kleinen Nationen schützen zu müssen. Diese hätten sich gegen Mussolini aufgelehnt, weil sie gegen jede Revision außerhalb des Völkerbundes seien. Béranger stellte auch die Frage, woran man jetzt mit Deutschland ,,seit dem Triumph der Völkischen" sei. ,,Wir sehen uns", rief er aus, ,,einer Erscheinung gegenüber, die uns um mehrere Jahrhunderte zurückwirft, denn seit Jahrhunderten hat Europa nicht mehr den Ausbruch einer solchen nationalistischen Politik gesehen, die bis zu einer antisemitischen Verfolgung geht. Die deutsche Politik ist die Verwirklichung der alldeutschen Politik, und hierin liegt ihre Gefahr . . ."

Gegen ,,verbrecherische Kriegsgerüchte" nahm Vizekanzler von Papen in einem Gespräch mit Lord Newton, Mitglied des britischen Oberhauses, am 26. April Stellung:

,,. . . Man scheue sich nicht", erklärte Papen, ,,sogar von der Möglichkeit eines Präventivkrieges gegen Deutschland zu sprechen, weil man fürchte, daß die innere Wiedergeburt unserer Nation das mitteleuropäische Kraftfeld verändern könne. Der Vizekanzler sagte Lord Newton, das Geraune von einem Präventivkrieg sei nicht nur ein Verbrechen gegen Deutschland und gegen die europäische Mission, die Deutschland in diesem Augenblick erfülle, es sei vielmehr ein unerhörtes Verbrechen gegen den Bestand der abendländischen Kultur. Die deutsche Reichsregierung werde jede notwendige Maßregel ergreifen, um der Weltöffentlichkeit klarzumachen, woher und aus welchen Motiven solche finsteren Pläne gegen den Weltfrieden kämen, und sie werde von sich aus die rigorosesten Maßnahmen treffen, um jede Möglichkeit auszuschließen, die fremden Mächten Anlaß zur Verwirklichung solcher finsterer Pläne bieten könnte[17]."

Das Tauziehen auf der Abrüstungskonferenz verschärfte sich, weil die Westmächte SA, SS und Stahlhelm für eine Neugestaltung des deutschen

---

15 VZ 204 v. 29. 4. 33, Abend-A., Nr. 206 v. 2. 5., Morgen-A.
16 SEG, 74, 1933, S. 326.
17 VZ, Nr. 199 v. 27. Apr. 1933, Morgen-A., S. 1. VB, Nr. 137 v. 17. Mai 33, Erstes Beiblatt: Gayda im ,,Giornale d'Italia": ,,Welche Ziele hat die französische Militärpolitik? Pariser Aktion zur Durchführung eines Präventivkrieges."

Heeres mit in Rechnung bringen wollten, wogegen sich das Deutsche Reich energisch wehrte.

Die gespannte Lage gab am 12. Mai Anlaß zu einer eigenen Kabinettssitzung mit dem Thema: „Außenpolitische Lage"[18]. „Der Reichsminister des Auswärtigen entwarf ein Bild über die trotz aller unserer Einwirkungsversuche sich täglich verschlechternde Stimmung im Ausland. Auf der Abrüstungskonferenz in Genf versuche man, uns die Schuld am Scheitern der Verhandlungen zuzuschieben, weil wir nicht bereit seien, die Reichswehr zu opfern. Wir befinden uns einer geschlossenen Front gegenüber, die zu keinerlei Zugeständnissen bereit sei, und laufen Gefahr, in den nächsten Tagen in Genf niedergestimmt zu werden. Auch Italien mache nicht mehr mit. Dieser Situation könne nur dadurch begegnet werden, daß vor dem Reichstag eine öffentliche Regierungserklärung abgegeben werde."
Der Reichskanzler stellte fest, daß die Frage der Abrüstung „nicht am Konferenztisch gelöst werde"; es sei klar zu erkennen, daß die Abrüstungskonferenz nur dem Zwecke diene, die Reichswehr zu zerschlagen oder Deutschland die Schuld am Scheitern der Konferenz zuzuschieben."

Das Kabinett beschloß die Einberufung des Reichstags für den 17. Mai. Die *große Rede Hitlers am 17. Mai* wurde *vom Reichstag einstimmig mit den Stimmen der Sozialdemokraten gebilligt.* Der Reichskanzler führte u. a. aus:

„Im Gegenteil, weder politisch noch wirtschaftlich könnte die Anwendung irgendwelcher Gewalt in Europa eine günstigere Situation hervorrufen, als sie heute besteht. Selbst bei ausschlaggebendem Erfolg einer neuen europäischen Gewaltlösung würde als Endergebnis nur noch eine Vergrößerung der Störung des europäischen Gleichgewichts eintreten und damit so oder so der Keim für spätere neue Gegensätze und neue Verwicklungen gelegt werden. Neue Kriege, neue Opfer, neue Unsicherheiten und eine neue Wirtschaftsnot würden die Folge sein. Der Ausbruch eines solchen Wahnsinns ohne Ende aber müßte zum Zusammenbruch der heutigen Gesellschafts- und Staatenordnung führen. Ein im kommunistischen Chaos versinkendes Europa würde eine Krise in der Entwicklung der

---

18 ADAP, Serie C, I, 1, Nr. 226 v. 12. Mai 1933. – Mit Reichswehr „zerschlagen" und „opfern" bezogen sich Kanzler und Außenminister auf die alliierte Forderung, die Reichswehr vom Berufsheer in ein Milizheer mit achtmonatiger Dienstzeit umzuwandeln.

Welt heraufbeschwören von unabsehbarem Ausmaß und nicht abzuschätzender Dauer.

Es ist der tiefernste Wunsch der nationalen Regierung des Deutschen Reichs, eine solche unfriedliche Entwicklung durch ihre aufrichtige und tätige Mitarbeit zu verhindern. Dies ist auch der innere Sinn der in Deutschland vollzogenen Umwälzung. Die drei Gesichtspunkte, die unsere Revolution beherrschten, widersprechen in keiner Weise den Interessen der übrigen Welt: 1. Verhinderung des drohenden kommunistischen Umsturzes und Aufbau eines die verschiedenen Interessen der Klassen und Stände einigenden Volksstaates, fundiert auf dem Begriff des Eigentums als der Grundlage unserer Kultur; 2. Lösung des schwersten sozialen Problems durch die Zurückführung der Millionenarmee unserer bedauernswerten Arbeitslosen in eine allen nützliche Produktion; 3. Wiederherstellung einer stabilen und autoritären Staatsführung, die, getragen vom Vertrauen und Willen der Nation, dieses große Volk endlich wieder der Welt gegenüber vertragsfähig macht.

Wenn ich in diesem Augenblicke bewußt als deutscher Nationalsozialist spreche, so möchte ich namens der nationalen Regierung und der gesamten nationalen Erhebung bekunden, daß gerade uns und dieses junge Deutschland das tiefste Verständnis beseelt für die gleichen Gefühle und Gesinnungen sowie die begründeten Lebensansprüche der anderen Völker. Die Generation dieses jungen Deutschlands, die in ihrem bisherigen Leben nur die Not, das Elend und den Jammer des eigenen Volkes kennenlernte, hat zu sehr unter dem Wahnsinn gelitten, als daß sie beabsichtigen könnte, das gleiche anderen zuzufügen. Unser Nationalismus ist ein Prinzip, das uns als Weltanschauung grundsätzlich allgemein verpflichtet. Indem wir in grenzenloser Liebe und Treue an unserem eigenen Volkstum hängen, respektieren wir die nationalen Rechte auch der anderen Völker aus dieser selben Gesinnung heraus und möchten aus tiefinnerstem Herzen mit ihnen in Frieden und Freundschaft leben.

Wir kennen daher auch nicht den Begriff des ,,Germanisierens``. Die geistige Mentalität des vergangenen Jahrhunderts, aus der man glaubte, vielleicht aus Polen oder Franzosen Deutsche machen zu können, ist uns genau so fremd, wie wir uns leidenschaftlich gegen jeden umgekehrten Versuch wenden. Wir sehen die europäischen Nationen um uns als gegebene Tatsache. Franzosen, Polen usw. sind unsere Nachbarvölker, und wir wissen, daß kein geschichtlich denkbarer Vorgang diese Wirklichkeit ändern könnte. Es wäre ein Glück für die Welt gewesen, wenn im Vertrage von Versailles diese Realitäten auch in bezug auf Deutschland gewürdigt worden wären. Denn es müßte das Ziel eines wirklich dauerhaften Vertragswerkes sein, nicht Wunden zu reißen oder vorhandene offenzuhalten, sondern Wunden zu schließen und zu heilen. Eine überlegte Behandlung der europäischen Probleme hätte damals im Osten ohne weiteres eine Lösung finden können, die den verständlichen Ansprüchen Polens genau so wie den natürlichen Rechten Deutschlands entgegengekommen wäre.

Der Vertrag von Versailles hat diese Lösung nicht gefunden.

Denn folgendes habe ich namens des deutschen Volkes und der deutschen Regierung zu erklären: Deutschland hat abgerüstet. Es hat alle in dem Friedensvertrag auferlegten Verpflichtungen weit über die Grenzen jeder Billigkeit, ja jeder Vernunft hinaus erfüllt. Seine Armee beträgt 100 000 Mann. Die Stärken und die Art der Polizei sind international geregelt. Die in den Tagen der Revolution aufgestellte Hilfspolizei hat ausschließlich politischen Charakter. Sie mußte in den kritischen Tagen des Umsturzes dem neuen Regiment zunächst den politisch als unsicher vermuteten Teil der anderen Polizei ersetzen. Nun, nach der siegreichen Durchführung der Revolution, ist sie bereits im Abbau begriffen und wird noch vor Ausgang des Jahres vollständig aufgelöst sein. Deutschland hat damit einen moralisch berechtigten Anspruch, zu fordern, daß die hochgerüsteten Staaten nunmehr auch ihrerseits die Verpflichtungen, die sich aus dem Vertrag von Versailles ergeben, erfüllen.

Die Deutschland im Dezember zugestandene Gleichberechtigung ist bisher nicht verwirklicht worden. Wenn von seiten Frankreichs nunmehr wieder die These aufgestellt wird, daß der Gleichberechtigung die Sicherheit entsprechen müsse, so darf ich demgegenüber zwei Fragen erheben: Erstens: Deutschland hat bisher alle Sicherheitsverpflichtungen übernommen, die sich aus der Unterzeichnung des Versailler Vertrages, dem Eintritt in den Völkerbund, dem Locarno-Pakt, dem Kellogg-Pakt, den Schiedsgerichtsverträgen, dem Kriegsverhütungspakt und der non force-Erklärung ergeben. Welches sind die konkreten Sicherungen, die außer den internationalen Verpflichtungen von Deutschland noch übernommen werden sollen?

Zweitens: welche Sicherungen hat demgegenüber Deutschland? Nach den Angaben beim Völkerbund besitzt Frankreich allein 3046 im Dienst befindliche Flugzeuge, Belgien 350, Polen 700, die Tschechoslowakei 670. Dazu kommen unermeßliche Mengen an Reserveflugzeugen, Tausende von Kampfwagen, Tausende von schweren Geschützen sowie alle technischen Mittel zur Führung des Krieges mit giftigen Gasen . . ."

Die Rede verfehlte ihre Wirkung im Ausland nicht und führte zu einer beachtlichen Entspannung der internationalen Lage. Hatte am 11. Mai auf der Abrüstungskonferenz noch eine Abstimmung gegen Deutschland stattgefunden, so daß es isoliert war, so folgte am 13. Mai eine leichte Linderung durch einen Vermittlungsvorschlag des Präsidenten Henderson. Nach der Kanzlerrede konnte ein Scheitern der gegen Hitler gerichteten Offensive festgestellt werden[19]. Die deutsche Forderung nach Abschaffung der schweren Geschütze wurde jedoch ebenso abgelehnt wie jene nach Abschaffung der Militärluftfahrt. Diese Anträge scheiterten am Widerstand Frankreichs und Großbritanniens, ein Zeichen dafür, daß der ernste Wille zur Abrüstung fehlte[20]. In Frankreich erzeugte die Friedensrede des Kanzlers Verlegenheit. Das „Journal" schrieb u. a.: „Die Rede Hitlers ist so geschickt, wie wir sie nur erwarten konnten, denn wir haben niemals den Wert des Redners verkannt und noch weniger die Vorteile, die ihm die Initiative Roosevelts bot. Der Führer hat sie voll ausgenutzt[21] . . ." In Italien wurden die Ausführungen Hitlers groß gebracht und allgemein begrüßt. Auf der Abrüstungskonferenz wies der amerikanische Vertreter Norman Davis auf die Kanzlerrede mit den Worten hin, „der deutsche Reichskanzler habe sich in seiner Rede im einzelnen über die deutsche Haltung auf dem Gebiet der Abrüstung verbreitet. Das sei sehr nützlich gewesen. Die Rede des deutschen Kanzlers in Verbindung mit der neuerlichen Erklärung Botschafter Nadolnys habe die Situation derartig geklärt, daß man jetzt von neuem die Prüfung des englischen Planes aufnehmen könne, in der Hoffnung, zum Ziele zu gelangen. Die amerikanische Delegation nehme die Bestimmungen des englischen Entwurfes über das Kriegsmaterial an."

Der Hauptausschuß der Konferenz beendete am 1. Juni die erste Lesung des englischen Konventionsentwurfes. Die Konvention wurde auf fünf Jahre begrenzt und die Einberufung einer neuen Abrüstungskonferenz vor Ablauf dieser Periode ins Auge gefaßt. Die Vertreter Frankreichs, Polens und der Kleinen Entente legten Vorbehalte ein gegen die Bestimmung, „daß mit dem Inkrafttreten der Konvention die militärischen Teile der „Friedensverträge" von Versailles, St. Germain und Trianon durch die neue Konvention ersetzt würden. Es konnte daher kein Zweifel sein, daß die Siegermächte, vor allem Frankreich mit seinen Klientelstaaten, die Abrüstung weiterhin sabotierten, indem sie

19 VZ, Nr. 238 v. 19. Mai, Abend-A., 239 v. 20. Mai, Morgen-A., Nr. 240 v. 20. Mai, Abend-A.
20 Ebda, Nr. 245 v. 24. Mai, Nr. 252 v. 27. Mai, Abend-A.
21 VZ, v. 18. Mai 33: „Weltecho der Hitlerrede". – Am 24. Mai erklärte der Kanzler über die gefährdete Lage des Reiches in einer Ministerratssitzung: „Wir befinden uns in einer weltpolitischen Isolierung, aus der wir nur herauskommen, wenn wir die Stimmung im Ausland verbessern können." Das Reichspropagandaministerium sollte daher die Auslandspropaganda übernehmen. ADAP, Serie C, I, 2, v. 24. Mai 33, Niederschrift einer Chefbesprechung.

ihre Verwirklichung ad Calendas Graecas vertagten. Die am 8. Juni in Paris abgehaltene französisch-englisch-amerikanische Dreierkonferenz über die Lage der Abrüstungskonferenz hatte ebenfalls kein positives Ergebnis. Gegen den entschiedenen Widerstand des deutschen Vertreters Nadolny vertagte sich die Abrüstungskonferenz dann bis 10. Oktober[22].

„Begräbnis erster Klasse" nannte der deutsche Vertreter Nadolny die Vertagung der Abrüstungskonferenz am 29. Juni bis zum 16. Oktober[23]. Die Enttäuschung darüber war auf deutscher Seite groß, bestätigte sie doch die Befürchtung, daß die Westmächte nicht den ernsten Willen hatten, Deutschland die theoretische Gleichberechtigung auch praktisch zuzugestehen. Dieser üble Eindruck wurde durch das Gespräch zwischen dem Reichskanzler und dem Präsidenten der Abrüstungskonferenz, Henderson, in München am 22. Juli noch verstärkt[24]. Auf den französischen Vorschlag der Teilung der Konvention in zwei Abschnitte von je vier Jahren ging der Kanzler nicht ein. „Herr Henderson", so notierte Neurath, „glaubte uns dadurch beeindrucken zu können, daß er immer wieder auf die zur Zeit gegen uns herrschende schlechte Stimmung des Auslandes hinwies." Der Kanzler erklärte dazu: „England habe es vierzehn Jahre lang trotz der in Deutschland an der Regierung befindlichen pazifistischen Parteien nie über theoretische und platonische Sympathiekundgebungen für eine gleichberechtigte Behandlung Deutschlands hinauskommen lassen. Er frage sich, wie viele Regierungen in Deutschland noch kommen müßten, bis es England genehm sei, die prinzipiell anerkannte Gleichberechtigung auch praktisch zu gewähren und bei seinen früheren Verbündeten durchzusetzen. Deutschland verlange lediglich Verteidigungswaffen und auch diese nur in ganz beschränktem Umfange. Es verzichte von vornherein auf alle Waffen, die von andern Staaten als Angriffswaffen bezeichnet würden und deren Abschaffung und Vernichtung in der Konvention festgesetzt werde." Das Ergebnis der Verhandlungen war enttäuschend. „Viel habe ich ja nie erwartet, aber daß er so wenig aus Paris mitbringen werde, hätte ich doch nicht gedacht", schrieb Staatssekretär von Bülow[25].

Der italienische Ministerpräsident Mussolini versuchte, das Gespräch

22 SEG, 74, 1933, S. 469.
23 VZ, Nr. 308 v. 29. Juni 1933, Abend-A., S. 1.
24 ADAP, Serie C, I, 2, Nr. 374 v. 22. Juli 1933. VZ, Nr. 343 v. 20. Juli 33, Morgen-A., S. 1.
25 ADAP, Serie C, I, 2, Nr. 376 v. 27. Juli 1933.

zwischen den europäischen Großmächten durch den Vorschlag eines Viererpaktes zu beleben. Die vier Großmächte sollten alle sie und Europa betreffenden Fragen unter sich beraten und entscheiden. Sinn und Zweck des Vorschlages war, den schwerfälligen, zur Unfruchtbarkeit verurteilten Apparat des Völkerbundes auf diese Weise auszuschalten und den Großmächten Handlungsfreiheit zu geben, besonders auch gegenüber den kleineren Staaten, wenn es um große Entscheidungen wie um Abrüstung und Wiederbelebung der europäischen Wirtschaft ging. Am 7. Juni wurde der Viermächtepakt in Rom paraphiert und am 15. Juli unterzeichnet. „Vertrag der Verständigung und Zusammenarbeit" hieß er. Italien, Frankreich, Großbritannien und das Reich waren beteiligt. Artikel 1 lautete:

„Die Hohen vertragschließenden Teile werden sich über alle Fragen, die sie angehen, ins Einvernehmen setzen. Sie verpflichten sich, alle Anstrengungen zu machen, um im Rahmen des Völkerbundes eine Politik wirksamer Zusammenarbeit zwischen allen Mächten zur Erhaltung des Friedens zur Anwendung zu bringen." Der Vertrag sollte den Erfolg der Abrüstungskonferenz sicherstellen und dem wirtschaftlichen Aufbau Europas dienen. Er war für zehn Jahre vorgesehen.

Da er nicht ratifiziert wurde, trat er nie in Kraft, ein Beweis des fehlenden guten Willens vor allem auf Seite Frankreichs. Aber auch im britischen Unterhaus erfolgten so scharfe Stellungnahmen gegen deutsche Revisionsansprüche, daß die deutsche Regierung eine Protestnote überreichen ließ. Die polnische wie die französische Presse verliehen ihrer Freude über die antideutschen Töne im britischen Unterhaus unverhohlenen Ausdruck[26].

Der spätere Führer der Labour Party, Attlee, bekämpfte den Viermächtepakt, weil die Großmächte auf Kosten der kleinen Staaten damit ihre Streitigkeiten beilegen wollten. Die Arbeiterpartei lehne es ab, „daß dem Hitlertum und der Gewalt Zugeständnisse gemacht würden, die man den demokratischen Staatsmännern verweigert habe". Der frühere Außenminister Austin Chamberlain lehnte eine Revision der Verträge zu diesem „besonders ungeeigneten Zeitpunkt ab". Während Europa bedroht ist und in Deutschland dieser engherzige aggressive Geist herrscht, wo es ein Verbrechen ist, für den Frieden zu sprechen oder ein Jude zu sein – ist das ein Deutschland, dem Europa die Gleichberechtigung anbieten könnte?" Winston Churchill sprach von einer Mißstim-

---

26 VZ, Nr. 175 v. 13. Apr. 33, Morgenausgabe; Nr. 180 v. 15. 4. Abendausgabe.

mung in Europa „auf Grund der Tatsache, daß Deutschland mit den Ergebnissen des letzten Krieges nicht zufrieden sei... Wenn aber Deutschland völlige militärische Gleichheit mit seinen Nachbarn erhalte, während seine eigenen Beschwerden nicht abgestellt seien und es sich in der gegenwärtigen Gemütsverfassung befinde, dann sei der Ausbruch eines allgemeinen europäischen Krieges in absehbarer Zeit sicher[27]...“ Unter solchen Vorzeichen erfolgte die Unterzeichnung eines deutschenglischen Zusatzabkommens zum Handelsvertrag mit einem für beide Teile unbefriedigenden Ergebnis.

Der ehemalige britische Kriegspremier Lloyd George richtete in der „Daily Mail“ mit einem Artikel „Kommunismus muß kommen, wenn Hitler scheitert“ „eine Warnung an die englische Regierung, ihre Antipathie gegen Hitler-Deutschland zum Anlaß einer ungerechten Abrüstungspolitik Deutschland gegenüber zu nehmen“, berichtete die VZ unter dem Titel: „Lloyd George warnt Europa“ und brachte aus dem genannten Artikel folgende Inhaltsangabe[28]:

„Deutschlands erniedrigende Wehrlosigkeit
Man habe nicht das Recht, die F o r m oder die Ü b e r z e u g u n g einer ausländischen Regierung, mit der man verhandeln müsse, zu kritisieren. Der deutsche Fall in der Abrüstungsfrage sei ganz und gar eindeutig. Lloyd George schildert mit beredten Worten, wie der Vertrag von Versailles Deutschland zu e r n i e d r i g e n d e r W e h r l o s i g k e i t geknebelt habe. „Deutschland wehrlos und auf die Gnade aller seiner Nachbarn angewiesen, hat eine ganze Dekade lang die Mächte gedrängt, das A b r ü s t u n g s v e r s p r e c h e n zu erfüllen, das sie im Versailler Vertrag kategorisch gegeben haben.“

Gebrochenes Versprechen
Dieses feierlich im Vertrag gegebene Versprechen sei aber schmählich g e b r o c h e n worden. Anstatt mit der Abrüstung zu beginnen, sei die Rüstungsstärke der früheren Gegner Deutschlands heute b e d r o h l i c h e r als 1919. Schon lange v o r A n t r i t t der Hitlerregierung hätten deutsche Diplomaten darauf hingewiesen, daß das deutsche Volk nicht länger die Erniedrigung ertragen könne, in einem Zustand der Achtlosigkeit gehalten zu werden. Lloyd George schildert die glorreiche Tradition deutscher Wissenschaft, Literatur und Kunst, und wenn Deutschland in einem Augenblick der Selbstüberhebung die Welt in einen furchtbaren

---

27 SEG, 74, 1933, S. 296 f.
28 VZ, v. 14. Okt. 1933.

Krieg mit hereingegrissen habe, so müsse man darauf hinweisen, daß es nicht das einzige Land gewesen sei, dessen Ehrgeiz das moderne Europa verwüstet habe. Deutschland verlange heute nichts anderes, als daß der traurigste Vertrag, der je einem Land aufgezwungen worden sei, von denen respektiert würde, die ihn aufgesetzt und seine Annahme erzwungen hätten.

Frankreichs Vertragsbruch

Frankreich aber schlage jetzt vor, diesen Vertrag gegen den Willen der übrigen Signatarmächte zu brechen, indem es die Durchführung der Abrüstung weiter verzögern will. Bestehe Frankreich weiter auf seiner Weigerung, so werde es eines bewußten Bruchs seiner eigenen Verträge schuldig sein. Dann könne sich niemand über Deutschland beklagen, wenn es den Vertrag als nicht mehr gültig betrachte. Lloyd George warnt daher die Mitglieder der Abrüstungskonferenz, ihre Entscheidungen übers Knie zu brechen, auch wenn Deutschland sich den Vorschlägen der übrigen Mächte nicht zugängig zeigen sollte.

Keine Bedrohung

Selbst für den Fall, daß Deutschland aufrüsten würde, sei dies noch lange keine Bedrohung des europäischen Friedens, denn bei dem augenblicklichen Stand der deutschen Rüstungen brauche es Jahre, bis Deutschland als Kriegsgegner überhaupt in Frage kommen könne. Das Deutschland von heute sei nicht mehr mit dem Deutschland zur Zeit der Ruhrbesetzung zu vergleichen. Die Durchführung des passiven Widerstandes würde heute unter den leicht erregbaren und aufgebrachten Patrioten zu Zusammenstößen führen müssen. Ein neues Temperament der Verzweiflung herrsche heute unter der deutschen Jugend. Würde Hitler scheitern, so müßte Anarchismus einziehen, und die Kommunisten würden sodann die Macht ergreifen. Lloyd George schildert schließlich die gefährlichen Machenschaften Litwinows, die auf nichts anderes abzielten, als Deutschland in den Abgrund des Kommunismus zu treiben, und die ahnungslosen europäischen Staatsmänner ließen sich für die Ziele des geschickten Ränkeschmieds mißbrauchen.

Lloyd George schließt mit einer Frage an diejenigen, die Deutschland boykottieren oder gar bekriegen wollen: „Ist es möglich, ein Volk von 63 Millionen, das in einer Quarantäne lebt, vor dem Ansteckungskeim einer gefährlichen Krankheit zu bewahren, und ist es möglich, trotz aller Vorsicht den Keim, den dieses Volk fangen wird, vor Übergriffen auf andere zu verhindern?"

Und der italienische Regierungschef Benito Mussolini veröffentlichte am 5. Oktober 1933 in der „Vossischen Zeitung" einen Artikel über „Die Abrüstung", in dem es u. a. heißt: „Deutschland hat trotz unzeitgemäßer Äußerungen von Seiten der sog. Unterführer am 17. Mai durch den Mund seines Kanzlers gesprochen und kann nicht den Gedanken an einen Krieg hegen, wenn es nicht durch eine neue und vielleicht nicht wiedergutzumachende Katastrophe gestraft werden will. Der Nationalsozialismus ist zu sehr mit innerdeutschen Aufgaben beschäftigt, um an Abenteuer militärischer Art zu denken[29] . . ."

Das Verhalten der maßgeblichen Staaten auf der Konferenz mußte auf deutscher Seite die Überzeugung hervorrufen, daß der gute Wille, die Abrüstung zu verwirklichen, nicht vorhanden war. Die Reichsregierung zog daraus die entsprechenden Folgerungen, nachdem die Siegerstaaten sich auch nicht mehr an den britischen Konventionsentwurf hielten; das Reich erklärte am 14. Okt. 1933 seinen Austritt aus der Abrüstungskonferenz und aus dem Völkerbund[30]. Reichsaußenminister von Neurath sandte an den Präsidenten der Abrüstungskonferenz folgendes Telegramm:

„Nach dem Verlauf, den die letzten Beratungen der beteiligten Mächte über die Abrüstung genommen haben, steht nunmehr endgültig fest, daß die Abrüstungskonferenz ihre einzige Aufgabe, die allgemeine Abrüstung durchzuführen, nicht erfüllen wird. Zugleich steht fest, daß dieses Scheitern der Abrüstungskonferenz allein auf den mangelnden Willen der hochgerüsteten Staaten zurückzuführen ist, ihre vertragliche Verpflichtung zur Abrüstung jetzt einzulösen. Damit ist auch die Verwirklichung des anerkannten Anspruchs Deutschlands auf Gleichberechtigung unmöglich gemacht worden und die Voraussetzung fortgefallen, unter der sich die Deutsche Regierung Anfang dieses Jahres zur Wiederbeteiligung an den Arbeiten der Konferenz bereitgefunden hatte[31]."

Präsident Henderson antwortete dem Reichsaußenminister im Auftrag des Hauptausschusses wie folgt[32]:

„. . . Die deutsche Regierung hat diese Maßregel in einem Augenblick ergriffen, in dem das Präsidium beschloß, dem Allgemeinen Ausschuß ein genaues Programm vorzulegen. Dieses Programm, das in einer befristeten Zeit durchgeführt werden sollte, sicherte fortschreitend, in Übereinstimmung mit den von der Konferenz unter Beteiligung Deutschlands angenommenen Entschließungen die Verwirklichung von Rüstungsbeschränkungen so, daß diese den Rüstungsbeschränkungen vergleichbar ist, wel-

29 VZ, Nr. 475 v. 5. Okt. 1933, Morgenausgabe, S. 1 f.
30 ADAP, Serie C, I, 2, Nr. 499 v. 13. Okt. 33.
31 SEG, 74, 1933, S. 473.
32 Ebda, S. 473 f.

che der Abkommensentwurf vorsieht, der dem Allgemeinen Ausschuß vorliegt. Dieses Programm sicherte ebenfalls mit entsprechenden Sicherheitsmaßnahmen die Verwirklichung der Gleichberechtigung, die die deutsche Regierung stets in die erste Reihe ihrer Forderungen gestellt hat. Unter diesen Umständen bedauere ich, daß Ihre Regierung diesen ernsten Entschluß aus Gründen gefaßt hat, die ich nicht in der Lage bin, als berechtigt anzuerkennen."

Gleichzeitig erließ Hitler einen Aufruf an das deutsche Volk zum Austritt aus dem Völkerbund, ebenso die Reichsregierung, und am gleichen Tage, dem 14. Oktober, hielt der Kanzler eine Rundfunkrede über dieses Thema. Er begann die Ansprache mit der Formel: ,,Mein deutsches Volk!" Daraus ist ersichtlich, daß er sich bereits zu diesem Zeitpunkt mit der Nation identifizierte im Bewußtsein seiner wachsenden Volkstümlichkeit. Er ließ auch den Reichstag auflösen und neu wählen, um durch ein eindeutiges Plebiszit seine bisherige Politik insgesamt bestätigen zu lassen. Mit dem Satz:

,,Als im November 1918 in vertrauensvoller Gläubigkeit auf die in den vierzehn Punkten des Präsidenten Wilson niedergelegten Zusicherungen das deutsche Volk die Waffen senkte, fand ein unseliges Ringen sein Ende, für das wohl einzelne Staatsmänner, aber sicher nicht die Völker verantwortlich gemacht werden konnten,"

begann er seine Ausführungen. Nach kurzer Schilderung der Folgen des ,,Friedensvertrages" ging er auf die unmittelbare Gegenwart, die Lage Deutschlands um die Jahreswende 1932/33 ein:

,,Eines der ältesten Kulturländer der heutigen zivilisierten Menschheit stand mit über sechs Millionen Kommunisten am Rande einer Katastrophe, über die nur der blasierte Unverstand hinwegzusehen vermag ... Indem die nationalsozialistische Bewegung Deutschland vor dieser drohenden Katastrophe zurückgerissen hat, rettete sie nicht nur das deutsche Volk, sondern erwarb sich auch ein geschichtliches Verdienst um das übrige Europa. Und diese nationalsozialistische Revolution verfolgt nur ein Ziel: Wiederherstellung der Ordnung im eigenen Volk, Schaffung von Arbeit und Brot für unsere hungernden Massen, Proklamation der Begriffe von Ehre, Treue und Anständigkeit als Elemente einer sittlichen Moral, die anderen Völkern keinen Schaden zufügen kann, sondern höchstens allgemeinen Nutzen ... Seit acht Monaten führen wir einen heroischen Kampf gegen die kommunistische Bedrohung unseres Volkes, gegen die Verrottung unserer Kultur, Zersetzung unserer Kunst und Vergiftung unserer öffentlichen Moral. Der Leugnung von Gott, der Beschimpfung der Religion haben wir ein Ende gesetzt. Wir sind der Vorsehung zu demütigem Dank verpflichtet, daß sie unseren Kampf gegen die Not der Arbeitslosigkeit, für die Rettung des deutschen Bauern nicht erfolglos sein ließ. Im Zuge eines Programmes, für dessen Durchführung wir vier Jahre errechneten, sind in knapp acht Monaten von sechs Millionen Arbeitslosen über zweieinhalb Millionen wieder einer nützlichen Beschäftigung ... zugeführt worden ..."

Am 24. Oktober empfing der Kanzler den britischen Botschafter, der das Bedauern seiner Regierung über den deutschen Schritt mitteilte. Hitler erklärte ihm die deutsche Entscheidung und unterbreitete einen Vorschlag für die Anpassung der beiderseitigen unterschiedlichen Standpunkte[33]. Reichsaußenminister Freiherr von Neurath gab am 16. Oktober der ausländischen Presse eine ausführliche Begründung des deutschen Schrittes. Hitler hielt dann am 10. November vor den deutschen Arbeitern in einer Werkhalle der Siemensstadt eine propagandistisch äußerst eindrucksvolle Rede mit dem Thema „Für Frieden und Gleichberechtigung". Reichspräsident Hindenburg erließ am 11. November einen Aufruf an das deutsche Volk:

„. . . An Euch, deutsche Volksgenossen, ist nun der Ruf ergangen, zu dieser unserer Politik der Ehre und des Friedens Euch selbst zu erklären. Morgen soll das deutsche Volk das Bekenntnis ablegen, daß es einig ist in dem Gefühl der nationalen Ehre, der Forderung nach gleichem Recht und zugleich nach einem wahren, wirklichen, dauerhaften Frieden ... Bekennt Euch mit mir und dem Kanzler zum Grundsatz der Gleichberechtigung und für den Frieden in Ehren und zeigt der Welt, daß wir wiedergewonnen haben und mit Gottes Hilfe festhalten wollen die deutsche Einigkeit!"

Der Stimmzettel trug den vollständigen Aufruf der Reichsregierung und hatte folgenden Wortlaut: „Billigst Du, deutscher Mann, und Du, deutsche Frau, diese Politik Deiner Reichsregierung, und bist Du bereit, sie als den Ausdruck Deiner eigenen Auffassung und Deines eigenen Willens zu erklären und Dich feierlich zu ihr zu bekennen?"

---

33 ADAP, Serie C, II, 1, Nr. 23 v. 24. 10. 33. – In Wahrheit aber mußte er (der britische Außenminister) sich eingestehen, daß seine auf Isolierung und moralische Diskriminierung Deutschlands gerichtete Politik zu diesem Zeitpunkt ihr Ziel nicht erreicht hatte." Hauser, England und das Dritte Reich, I, S. 39.

Die Volksabstimmung erzielte 95,1% Ja-Stimmen und 4,9% Nein-Stimmen. Die gleichzeitige Reichstagswahl ergab für die herrschende Partei 92,2% und 7,8% ungültige Stimmen.

Ohne Zweifel ging die Regierung und vor allem der an ihrer Spitze stehende Volkstribun gestärkt aus der Wahl hervor[34]. Außenpolitisch bedeutete sie die Wende vom System der kollektiven Sicherheit, gestützt auf den Völkerbund und die ihn tragenden Siegermächte, zur Politik der zweiseitigen Abmachungen. Bereits Ende März des gleichen Jahres war Japan aus dem Völkerbund ausgetreten. Dieser war nun mehr denn je zuvor eine Vereinigung der westlichen Alliierten zur Aufrechterhaltung des Status quo von 1919. Nachdem nun innerhalb eines Jahres eine Siegermacht und die wichtigste besiegte Macht ausgeschieden waren, die USA dem von ihr initiierten Völkerbund aber nie beigetreten war, Italien als unbefriedigte Siegermacht ein kritisches distanziertes Verhältnis zu ihm hatte, blieb der Völkerbund eine fragwürdige Stütze der Politik Frankreichs, Großbritanniens und ihrer kleinen Verbündeten. Erst der Beitritt Sowjetrußlands im Jahre 1934 verlieh ihm wieder etwas mehr Lebensgeist.

In der französischen Kammer nahm Außenminister Paul Boncour am 14. November zu den deutschen Wahlen Stellung. Sie hätten keine Überraschung gebracht, sondern die Revolution in Deutschland bestätigt. ,,Die politische Auffassung, die auf die Rasse begründet sei, enthalte unbegrenzte Möglichkeiten und greife über die Nation und Grenzen hinaus. Es gehe um die Ordnung und Stabilität Europas. Zwischen der Revolution Hitlers und der Genfer Institution bestehe ein erheblicher Gegensatz . . .`` Boncour wies im Laufe seiner Rede auf den Wandel der französischen Beziehungen zu Rußland hin, besonders durch den 1932 abgeschlossenen Nichtangriffspakt. ,,Frankreichs Zusammenarbeit mit Rußland werde schon jetzt zu einem Austausch von technischen Missionen führen . . . Es bestehe aber kein Anlaß, an eine Einkreisung gegen Deutschland zu glauben . . .[35]``

Der Kanzler gewährte dem Vertreter der französischen Zeitung ,,Ma-

---

34 ,,Nach dem Wahlsieg am 12. Nov. erklärte Papen in der nächsten Kabinettssitzung in Ausdrücken, die Popitz und mir zu dithyrambisch klangen, durch das überwältigende Treuebekenntnis, das je eine Nation ihrem Führer abgelegt habe, sei die nat. soz. Bewegung zum totalen Staat geworden, die Sehnsucht aller Deutschen sei erfüllt, der 12. November sei ein Wendetag in der deutschen Geschichte. Er schloß mit der Fanfare: Nach dem Sieg bindet den Helm fester!`` Schwerin von Krosigk, Staatsbankrott, S. 188.
35 SEG, 74, 1933, S. 343 ff.

tin", Brinon, am 22. November eine Unterredung. Es gebe keinen Streitfall, der einen Krieg rechtfertige, sagte er. Elsaß-Lothringen sei kein Streitpunkt zwischen Deutschland und Frankreich. ,,Man beleidigt mich, wenn man weiterhin erklärt, daß ich den Krieg will. Sollte ich wahnwitzig sein? Den Krieg? Er würde keine Regelung bringen, sondern nur die Weltlage verschlimmern", erklärte Hitler und fuhr fort: ,,Er würde das Ende unserer Rassen bedeuten, die Eliten sind, und in der Folge der Zeiten würde man sehen, wie Asien sich auf unserem Kontinent festsetzt und der Bolschewismus triumphiert... Glauben Sie, daß ich meine Arbeit durch einen Krieg zunichte machen will?" Sein Programm laute: ,,Keinen Deutschen für einen neuen Krieg, aber für die Verteidigung seines Vaterlandes das gesamte Volk." Zum Schluß erklärte der Kanzler: ,,Wir werden nicht nach Genf zurückkehren. Der Völkerbund ist ein internationales Parlament, in dem die Mächtegruppen im Gegensatz zueinander stehen. Die Mißverständnisse sind dort verschärft worden, anstatt gelöst zu werden. Ich bin stets bereit, und ich habe das bewiesen, Verhandlungen mit einer Regierung aufzunehmen, die mit mir sprechen will[36]."

Für die Einstellung Frankreichs zum Reich und besonders zur neuen Reichsregierung ist ein Gespräch des britischen Militärattachés in Paris, Colonel Heywood, mit den beiden führenden Militärs in Frankreich, den Generälen Weygand und Gamelin, Ende Oktober symbolhaft: Auf die Frage, was er vorziehen würde: Frankreich und Deutschland gemeinsam beschränkt durch eine Abrüstungskonvention oder beide Länder frei hinsichtlich ihrer Rüstungen, antwortete Weygand, er würde sich für das letztere entscheiden, da er persönlich den Deutschen mißtraue. Der britische Attaché erwähnte, in England bestehe eine allgemeine Stimmung gegen eine deutsche Aufrüstung. General Gamelin gab Schätzungen über die deutsche Wiederaufrüstung durch den französischen Generalstab bekannt, die stark übertrieben waren. Doch meinte er, Frankreich habe keinen deutschen Angriff zu fürchten, solange die beiden Westmächte zusammenhielten. Gamelin bezeichnete den Gedanken, daß man fünfzehn Jahre nach den Schrecken des letzten Krieges wieder über die Möglichkeit eines neuen Krieges spreche, als traurig. Die weiße Rasse scheine dem Wahnsinn verfallen; ein neuer Krieg könne nur in folgender Alternative enden: entweder ein Chaos in Europa ähnlich dem augenblicklichen in China oder ,,a living death", wie er in der

---

36 VZ, Nr. 540 v. 23. Nov. 1933, S. 1: ,,Adolf Hitler an Frankreich".

UdSSR existiere. Zum Schluß bestanden beide Generale auf der Notwendigkeit einer Fortsetzung der britisch-französischen Zusammenarbeit, um den Frieden in Europa aufrechtzuerhalten[37].

Deutschland und Polen

„Ich habe vor mir eine lange innerpolitische Arbeit. Ich habe dem Volke den Begriff seiner Ehre wiedergegeben. Ich will ihm auch die Lebensfreude wiederschenken. Wir bekämpfen das Elend", führte der Kanzler in seinem oben angezogenen Gespräch mit de Brinon weiter aus. „Schon haben wir die Arbeitslosigkeit zurückgedrängt. Aber ich will Besseres leisten! Ich werde noch Jahre brauchen, um dahin zu gelangen. Glauben Sie, daß ich meine Arbeit durch einen Krieg zunichte machen will?" Angesichts der gewaltigen innenpolitischen Probleme und wirtschaftlichen Aufgaben war die neue Regierung an der Erhaltung des Friedens und der möglichen Verringerung außenpolitischer Belastungen stärkstens interessiert. Das galt besonders für die heiklen Beziehungen zu den beiden Deutschland feindlich gesinnten Nachbarn, Frankreich und Polen. Die starrsinnige antideutsche Sicherheitspolitik Frankreichs machte einen echten Ausgleich nach wie vor unmöglich, so sehr sich die verschiedenen deutschen Regierungen vor Hitler schon darum bemüht hatten[38]. Die in den bewährten Händen von Reichsaußenminister Neurath liegende Leitung der Außenpolitik konnte sich, in Fortsetzung der Politik Stresemanns und Brünings, nur bemühen, die Spannungen durch entgegenkommende Haltung unter Wahrung des deutschen Rechtsstandpunktes in erträglichen Grenzen zu halten. Frankreich hintertrieb mit Hilfe und unter Mißbrauch des Völkerbundes die Abrüstung, zu der sich die Alliierten in Versailles verpflichtet hatten. Frankreich und seine östlichen Verbündeten, vor allem Polen und die Tschechoslowakei, beobachteten die Vorgänge in Deutschland mit feindseligem Mißtrauen[39].

Am gefährlichsten seit 1919 war das gespannte Verhältnis zwischen Polen und dem Reich. Der „polnische Korridor", der die deutsche Stadt Danzig und die Provinz Ostpreußen vom Reich trennte, war eine

---

37 DBFP, 2. Serie, Bd. V, Nr. 508, Enclosure v. 25. Okt. 33.
38 Deshalb waren Reichswehr- und Reichsaußenminister auch gegen eine Verlängerung des am 28. Febr. ablaufenden Rüstungsfeierjahres. ADAP, Serie C I, 1 Nr. 17 v. 8. Febr. 33.
39 MP, Nr. 39 v. 16. Febr. 33, Schlagzeile, S. 1: „Bedenkliche Konstellation um Deutschland". „Auswirkungen des neuen Kurses."

ständig schwärende Wunde und die schlimmste Bedrohung des europäischen Friedens, von den Siegermächten 1919 selbst geschaffen. Von 1919–1933 waren die Beziehungen der Weimarer Republik zu keinem anderen Nachbarn so gespannt wie zu dem aggressiven Polen. Hunderttausende von Deutschen wurden in Polen enteignet und vertrieben[40]. Am 17. Februar 1933 sprach der polnische Gesandte im Auswärtigen Amt u. a. wegen der Neubesetzung des polnischen Generalkonsulates in Königsberg vor und kam dabei auf „die deutsch-polnische Spannung" zu sprechen. „Er warf ein", so lautete die Niederschrift des Gesprächs, „ob es denn überhaupt noch Zweck hätte, diesen Posten zu besetzen, da wir ja doch am Vorabend eines Krieges zwischen Deutschland und Polen ständen." Der deutsche Gesprächspartner widersprach ihm entschieden[41].

Am 6. März besetzte eine polnische Militär-Einheit die Westerplatte des Danziger Hafens, ein offener Vertragsbruch. Die Stadt Danzig, unter Völkerbundsverwaltung stehend, protestierte beim Völkerbund. Polen zog zehn Tage später, am 16. März, sein Militär von der Westerplatte wieder ab[42]. Über die „deutsch-feindliche Welle in Polen. Schwere deutschfeindliche Ausschreitungen in verschiedenen Städten" berichtete die „Vossische Zeitung" am 10. und 11. April, ebenso über einen „neuen deutschen Protest in Warschau"[43]. Die Tschechen stießen ins gleiche Horn wie die Polen; Benesch wandte sich gegen jede Revision und trat für einen Pakt mit Polen ein[44].

Trotz der ununterbrochen deutschfeindlichen Kundgebungen in Polen[45] bemühte sich besonders Reichskanzler Hitler um eine Besserung der Beziehungen[46]. Zu diesem Zweck empfing er am 3. Mai den polni-

---

40 VZ, Nr. 55 v. 2. Febr. 33, Morgen-A., S. 4: „Deutschland appelliert an Den Haag. Wegen ungerechter Durchführung der Agrarreform".
41 ADAP, Serie C, I, 1, Nr. 22 v. 17. Febr. 33. „Aufzeichnung des Ministerialdirektors Meyer".
42 VZ, Nr. 125 v. 15. Mrz. 33, Morgenausgabe, S. 1.
43 VZ, Nr. 170 v. 10. Apr. 33, Abendausgabe, Nr. 171 v. 11. Apr., Morgenausgabe, Nr. 186 v. 19. Apr., Abendausgabe, Nr. 194 v. 24. 4., Abendausgabe. ADAP, Serie C, I, 1, Nr. 167 v. 19. Apr., Gesandter von Moltke an das AA.
44 VZ, Nr. 197 v. 27. Apr. 33.
45 VB, Nr. 97 v. 7. Apr.: „Deutscher Protestschritt gegen polnische Greuel". Ebda, Nr. 99 v. 9. Apr. 33, ebda, Nr. 109 v. 19. Apr.: „Polen droht mit Kanonenfeuer".
46 ADAP, Serie C, I, 1, Nr. 201 v. 2. Mai 33. – Die erste Anregung zu einer deutsch-polnischen Zusammenarbeit ist nach Otto Wagener bereits im Herbst 1930 von Marschall Pilsudski an Hitler auf privatem Wege herangetragen worden. Hitler ging auf diese Anregung, ein Mitteleuropa zu schaffen, freudig ein. S. dazu: Hitler aus nächster Nähe, S. 118–122.

schen Gesandten in Berlin zu einer Aussprache. Die Presse konnte über eine „starke Wirkung der Hitlererklärung in Polen" berichten[47].

Tatsächlich wurden in Polen im Frühjahr 1933 nicht nur ernsthafte Überlegungen zu einem militärischen Vorgehen gegen Deutschland angestellt, sondern in diesem Sinne auch Fühler nach Paris ausgestreckt. Marschall Pilsudski erhielt unter dem Eindruck des Umschwungs im Reich diktatorische Vollmachten[48]. Er selbst hatte wegen eines Präventivkrieges gegen Deutschland beim französischen Verbündeten sondieren lassen, vollzog aber noch im Laufe des Jahres 1933 eine Schwenkung zu einer deutschfreundlichen Politik.

In dem Bericht des deutschen Gesandten in Warschau, von Moltke, vom 23. April heißt es über die polnischen Vorbereitungen zu einem Präventivkrieg gegen Deutschland zum Schluß: „In jedem Fall wird man aber sagen können, daß die polnische Regierung eine Atmosphäre aufrechterhält, die zu Besorgnissen Anlaß bietet. Man gewinnt nachgerade den Eindruck, daß es ihr nicht unwillkommen wäre, wenn die Provokationen eine Gegenreaktion auf deutscher Seite auslösen würden[49]." Am 26. April schrieb Moltke ergänzend: „Außerdem haben sie selbstverständlich ganz allgemein ein Interesse daran, in der ganzen Welt Stimmung gegen uns zu machen. Vielleicht spielt hierbei auch der Gedanke eine Rolle, einen moralischen Druck auszuüben, durch den es uns unmöglich gemacht wird, die 80 000 polnischen Juden, die nach Angabe des hiesigen Außenministeriums noch in Deutschland sind, von dort auszuweisen, ·eine Frage, die die hiesigen Stellen außerordentlich beschäftigt. Ob Polen, das klassische Land der Judenpogrome, sich bei einer rein auf Juden abgestellten Völkerbundsaktion selbst zum Sachwalter der jüdischen Interessen aufwerfen wird, erscheint mir zunächst noch zweifelhaft . . . Aber die Tatsache, daß der von hiesigen Juden eingeleitete Boykott doch nur ein Teil der hier zu beobachtenden antideutschen Aktion ausmacht, läßt die Frage aufwerfen, ob Polen in Genf wirklich nur die Aufrollung der Judenfrage zum Ziel hat oder ob nicht ein Angriff auf breiterer Grundlage geplant wird[50]."

Für die gespannte Atmosphäre sind folgende Zeitungsmeldungen bezeichnend: „Der Aufständischen-Verband in Alarmbereitschaft", meldete am 22. April die VZ. „Polnischer Alarmbefehl gegen die deutsche Bevölkerung. Dreiste Lügen über angebliche Polenverfolgungen", be-

---

47 VZ, Nr. 212 v. 4. Mai und Nr. 213 v. 5. Mai 1933.
48 VZ Nr. 124 v. 14. März 1933, Abendausgabe, S. 3.
49 ADAP, Serie C, I, 1, Nr. 180 v. 23. April 1933;
50 Ebda, Nr. 192 v. 26. Apr. 1933.

richtete der VB am 22. April ebenfalls aus Kattowitz. „Aus dem Nichtangriffspakt des Vorjahres ist schon etwas wie der Anfang einer politischen Zusammenarbeit Polens und Rußlands geworden . . . Die offiziellen Moskauer und Warschauer Zeitungen rühmen sich gegenseitig wegen ihrer tiefen Einsicht in die deutsche Gefahr", berichtete die VZ aus Warschau[51].

Stimmen für eine deutsch-polnische Verständigung waren in Polen selten. Deshalb sei hier ein außergewöhnliches Zeugnis dafür angeführt, das die VZ vom 21. Januar 1933, also vor Hitlers Machtübernahme, brachte:

„Ein Pilsudski-Mann zeugt für die Deutschen
Eigene Meldung der Vossischen Zeitung

Warschau, 20. Januar
Vor dem Warschauer Bezirksgericht fand gestern Abend der politische Beleidigungsprozeß seinen Abschluß, den der oberschlesische Wojwode G r a z y n s k i gegen einen bekannten Publizisten seiner e i g e n e n P a r t e i, den Wilnaer Pilsudski-Anhänger Professor S t u d n i c k i, führen mußte. Studnicki hatte den Wojwoden wegen seines Vorgehens gegen die deutsche Minderheit in Oberschlesien öffentlich e i n e n d e r g r ö ß t e n S c h ä d l i n g e P o l e n s genannt.

Vor Gericht hielt Studnicki diese Bezeichnung aufrecht und begründete sie in ausführlichen Erörterungen über die Minoritätenfrage und das deutsch-polnische Verhältnis, die jetzt durch die ganze polnische Presse gehen. Die Deutschen Oberschlesiens, so führte er aus, hätten dort in der Rolle echter Kulturträger gewirkt. Wenn der Wojwode Grazynski sie als „Einwanderer" abtun wolle, so seien auch die Polen in den heutigen Ostgebieten ihres Staates nur „Einwanderer". Die Belastung der Stellung Polens in Genf und der deutsch-polnischen Beziehungen durch die sieben Jahre lang angewandten Methoden Grazynskis hätte er, der Angeklagte, an Ort und Stelle studiert. So sei er zu seiner Parole „ F o r t m i t G r a z y n s k i" gekommen, und er könnte nichts davon zurücknehmen, werde vielmehr seinen Kampf zunächst in einem Buch über Oberschlesien fortsetzen.

Das Warschauer Gericht lehnte die Beweisanträge Professor Studnickis ab und verurteilte ihn wegen schwerer Beleidigung eines Staatsbeamten im Dienst zu 3 M o n a t e n G e f ä n g n i s, die gleichzeitig durch die letzte Amnestie als e r l a s s e n gelten.

---

51 VZ, Nr. 199 v. 27. Apr. 1933, Morgen-A., Leitartikel S. 1: „Zwischen den Großmächten".

Der Staatsanwalt, der sich der Privatklage des Wojwoden angeschlossen hatte, erklärte: Das Auftreten Studnickis habe Polens auswärtige Stellung erheblich geschädigt.

Besonders starken Eindruck machte es auf das Gericht, daß Professor Studnicki in seiner Verteidigung freimütig erklärte: Während des russischpolnischen Krieges sei er Anhänger eines Verbleibens ganz Oberschlesiens bei Deutschland um den Preis deutscher Waffenhilfe für Polen gewesen. Er bedaure noch heute, daß dieser Gedanke damals nicht durchdrang, denn ein gesunder Aufbau des polnischen Staates auf kleinerer Grundlage sei besser als spätere Amputation eines groß gewordenen Körpers.

Die amtliche Zensur hat die Aufnahme dieser Sätze in die Verhandlungsberichte der polnischen Presse nicht zugelassen. Der verurteilte Professor, der schon während des Weltkrieges zu den mutigsten Anhängern einer deutsch-polnischen Verständigung gehörte, steht mit dieser nüchternen Ansicht heute auch innerhalb seines engeren politischen Freundeskreises vereinzelt da."

Die Kette feindlicher Kundgebungen und auch Maßnahmen gegen die Volksdeutschen in Polen riß nicht ab. So berichtete die VZ am 26. Juli über eine „Polnische Aktion in Oberschlesien". „Die polnischen Behörden haben heute", so meldete die Zeitung, „zu einem entscheidenden Schlag gegen einen Teil der deutschen Minderheitenorganisationen in Ostoberschlesien ausgeholt. Unter Bezugnahme auf das polnische Vereinsgesetz wurden von der Kattowitzer Polizei die Jugendgruppe des Deutschen Volksbundes und die Jugendstellen des Volksbundes aufgelöst[52]." Die polnische Agrarreform wurde auf deutschen Antrag vor dem ständigen internationalen Gerichtshof in Den Haag behandelt, weil sie sich vornehmlich gegen den deutschen Großgrundbesitz richtete. Der Haager Gerichtshof lehnte jedoch den deutschen Antrag ab[53].

„Verzweiflungsmarsch über die Grenze. Erregte Arbeitslose aus Ostoberschlesien flüchten ins Reich." Unter diesem Titel brachte die VZ folgenden Vorfall in Ost-Oberschlesien zur Sprache[54]:

---

52 VZ, Nr. 354 v. 26. Juli 1933, Abend-A., S. 1.
53 Ebda, v. 21. Juli 1933: „Polens Agrarreform vor dem Haag, ferner „Deutsche Güter in Polen", ebda, v. 30. Juli 1933.
54 VZ, NR. 365 v. 2. Aug. 1933, Morgen-A., S. 1. „Neue Deutschen-Überfälle in Ost-Oberschlesien" meldete die VZ am 10. Okt. 33.

„Eigene Meldung der Vossischen Zeitung

Breslau, 1. August
An der deutsch-polnischen Grenze im Abschnitt Hindenburg spielten sich am Dienstag nachmittag aufregende Vorgänge ab. In Antonienhütte und Neudorf jenseits der Grenze kam es bei der Auszahlung von Arbeitslosenunterstützungen zu Zwischenfällen. Etwa tausend Arbeitslose waren vor dem Gemeindeamt versammelt und erhielten die Mitteilung, daß die Unterstützungssätze von neuem gekürzt worden seien. Der Menge bemächtigte sich eine große Erregung. Sie versuchte zum Teil, tätlich gegen die Beamten und die Polizei vorzugehen. Einer der beteiligten Beamten soll dabei den zum allergrößten Teil der deutschen Minderheit angehörigen Erwerbslosen gegenüber die Äußerung getan haben, wenn sie nicht zufrieden seien, sollten sie sich „bei Hitler die Unterstützungen holen". Das brachte die erwerbslosen Männer und Frauen auf den Gedanken, nun tatsächlich die nahegelegene deutsch-polnische Grenze zu überschreiten. Als die polnischen Beamten feststellen mußten, daß es den Erwerbslosen mit diesem Plan Ernst sei, ließen sie sofort die Grenzstraßen sichern. 131 Männer und 21 Frauen stürmten jedoch über die Felder zwischen zwei Schachtanlagen über die Grenze. Ein an dieser Stelle postierter polnischer Zollbeamter war machtlos. Er gab lediglich einige Schreckschüsse in die Luft ab. Auf deutscher Seite wurden die 152 Leute von der Polizei in Empfang genommen und geschlossen nach dem Polizeiamt in Hindenburg gebracht. Auf dem Wege durch die Straßen der Stadt brachten die auch jetzt noch maßlos erregten Arbeitslosen Niederrufe gegen Polen und Hochrufe auf Adolf Hitler aus. Sie wurden zunächst aus städtischen Mitteln verpflegt. Die Frage, was mit ihnen geschehen soll, ist außerordentlich schwer zu entscheiden. Da die Erwerbslosen sich weigern, nach Polen zurückzukehren, und durchweg ihre Zugehörigkeit zum Deutschtum betonen, dürfte man sie als Flüchtlinge behandeln und zunächst behelfsmäßig unterbringen. Von den übrigen Arbeitslosen, die an den Zusammenstößen in Antonienhütte und Neudorf beteiligt waren, lagerten noch in den Nachmittagsstunden gegen 500 an der Grenze, die aber inzwischen von dem polnischen Grenzschutz und von der deutschen Polizei umfassend gesichert worden war. So verständlich der Verzweiflungsschritt der Arbeitslosen aus Oberschlesien ist und so wenig man ihnen das Argument widerlegen kann, daß sie es nicht begreifen könnten, warum die erwerbslosen Oberschlesier in ihrem eigenen Land so unterschiedlich behandelt würden, nur weil dort eine Grenze gezogen worden sei, die sie nicht anerkennen könnten, so ist der von den 152 verzweifelten Menschen spontan eingeschlagene Weg keine Lösung des Problems.

Die Zahl der über die deutsche Grenze gekommenen Erwerbslosen ist bis zum Dienstag abend a u f 220 g e s t i e g e n."

Während die amtlichen Verhandlungen für die Entspannung zwischen den beiden Staaten bereits in einem fortgeschrittenen Stadium waren[55], besetzte Anfang November die polnische Polizei das IG-Verwaltungsgebäude in Kattowitz. „Der Vorstoß gegen die IG ist von langer Hand vorbereitet und verfolgt rein politische Zwecke. Es ist in kürzester Zeit damit zu rechnen, daß entweder die Sequestrierung der Werke erfolgt oder eine Geschäftsaufsicht eingesetzt wird. In beiden Fällen ist die vollständige Polonisierung der Belegschaft unvermeidlich, heißt es in der Aufzeichnung des Auswärtigen Amtes[56].

Dank der beharrlichen Bemühungen des Reichskanzlers und der einsichtigen Haltung des Marschalls Pilsudski konnte im Laufe des Monats November der Entwurf für ein deutsch-polnisches Nichtangriffs-Abkommen erarbeitet werden. Der deutsche Gesandte Moltke berichtete am 28. November über ein diesbezügliches Gespräch mit dem Marschall folgendes[57]:

„Der Marschall, der in Unterhaltung gern vom sachlichen Thema abschweift, um persönliche Erinnerung, meistens militärischer Art, einzuflechten, macht einen geistig frischen, körperlich aber über seine Jahre hinaus gealterten und fast gebrechlichen Eindruck. Seine Grundeinstellung zu dem erörterten Fragenkomplex war gekennzeichnet durch eine immer wieder zum Ausdruck kommende sympathische Anerkennung der Persönlichkeit des Reichskanzlers, dessen aufrichtigen Friedenswillen er im Laufe der Unterhaltung in einer fast polemisch klingenden, an Herrn Beck gerichteten Bemerkung unterstrich.
Ich begann die Unterredung mit Übermittlung des Dankes und der Grüße des Reichskanzlers, die Pilsudski mit sichtlicher Befriedigung entgegennahm. Nach der weisungsgemäß erfolgten Darlegung über die gewählte Form der „Erklärung" habe ich diese dem Wunsch des Marschalls entsprechend auf deutsch vorgelesen und durch Erläuterungen in der ihm geläufigeren französischen Sprache ergänzt.
Pilsudski äußerte sich zustimmend zu Grundgedanken des deutschen Vorschlags. Er billigte insbesondere, und zwar in der ihm eigenen drastischen Ausdrucksweise, die Wahl einer neuartigen Formulierung und den

55 ADAP, Serie C, II, Nr. 69 v. 15. Nov., Nr. 70 v. 16. Nov., Nr. 81 (undatiert), Nr. 82 v. 23. Nov. 33.
56 ADAP, Serie C, II, Nr. 41 v. 3. Nov. 1933.
57 ADAP, Serie C, II, 1, Nr. 90 v. 28. Nov. 33.

ihm besonders sympathischen Verzicht auf die verhaßten Paragraphen, ließ aber vorsichtshalber durchblicken, daß manchmal auch althergebrachte Formen und Paragraphen ihren Wert hätten. Er erklärte, daß er naturgemäß nicht in der Lage sei, zu Einzelheiten des Entwurfs Stellung zu nehmen, daß er aber ein Bedenken schon jetzt hervorheben wolle, und zwar die Bezugnahme auf den Schiedsvertrag von Locarno, der in Polen einen schlechten Klang habe. Hinsichtlich des weiteren Prozedere setzte der Marschall in umständlicher Form auseinander, wem alles der Entwurf zur Prüfung und Begutachtung vorgelegt werden müsse, und wies wiederholt darauf hin, daß dieses Verfahren geraume Zeit in Anspruch nehmen würde. Im weiteren Verlauf der Unterredung unterstrich Pilsudski seinen Wunsch, die deutsch-polnischen Beziehungen auf eine freundnachbarliche Basis zu bringen, betonte aber mit einer Deutlichkeit, wie ich sie bisher von polnischen Politikern kaum gehört hatte, daß sich aus der 1000 Jahre alten Deutschfeindlichkeit des polnischen Volkes große Schwierigkeiten bei der Durchführung dieser Politik ergeben würden. Diese Politik dürfe infolgedessen nicht auf Gefühlsmomente, sondern nur auf Erwägungen der Vernunft aufgebaut werden. Seiner Behauptung, daß die Verhältnisse in Deutschland ähnlich lägen, widersprach ich und betonte unter Hinweis auf Vorfälle der letzten Zeit die Notwendigkeit, eine planmäßige Wirkung einzuleiten, wie das bereits von seiten Deutschlands z. B. auf dem Gebiet der Presse in wirksamer Weise geschehen sei. Meine Darlegungen beantwortete Pilsudski, indem er seiner grenzenlosen Verachtung für die Presse Ausdruck verlieh, mit der er nichts zu tun haben wolle, gab aber zu, daß es nützlich sei, auf politische Organisationen einzuwirken.

Abschließend erwähnte ich den Wunsch des Reichskanzlers, auch auf wirtschaftlichem Gebiet zu normalen Beziehungen zu gelangen. Pilsudski erwiderte, daß seinerzeit nur ein Minister im polnischen Ministerium dem Zollkrieg widersprochen habe, während heute sich wohl kaum ein Minister finden würde, der die Fortführung dieses unseligen Krieges gutheiße. Allerdings sei Polen, das sich ohne jegliche Reserve durch die Wirtschaftskrise durchgekämpft habe, darauf angewiesen, einen wirtschaftlich tragbaren Ausgleich zu suchen.

Moltke"

Hitlers außenpolitisches Wunschdenken: Bündnis mit England und Italien

Die Grundlinie der Außenpolitik des Kanzlers war bestimmt von dem Bemühen um Bündnisse mit England und Italien. Hitler gehörte zu den Verehrern und Bewunderern des britischen Weltreiches. Er war nicht nur – wie die überwiegende Mehrzahl der deutschen Oberschicht – anglophil, sondern von seiner germanischen Rasse-Ideologie her geradezu angloman. Seine Bemühungen um britische Freundschaft waren jedoch wegen seines radikalen Antisemitismus von vornherein zum Scheitern verurteilt. Es war ihm offensichtlich nicht bewußt, daß die geistig-religiöse Grundlage der angelsächsischen Weltherrschaft das Alte Testament war, daß die Angelsachsen sich als das „Israel der Neuzeit" betrachteten und deshalb für sie ein Bündnis mit antisemitischen Vorzeichen, von anderen Gründen ganz abgesehen, undenkbar war. Auch mit seinem geschichtlichen Vorbild, dem britischen Diktator Oliver Cromwell, kam er bei den Engländern des 20. Jahrhunderts schlecht an. Hitler gehörte auch zu den frühen Bewunderern Mussolinis und hatte in dieser Richtung etwas mehr Glück als gegenüber Großbritannien, weil Italien als unbefriedigte Siegermacht von 1919 einer Revision des Versailler „Vertrages" freundlich gegenüberstand. Dazu kamen bestimmte Ähnlichkeiten der autoritären Systeme des faschistischen Italiens und des nationalsozialistischen Deutschlands, die einer Annäherung förderlich waren[58]. So fand der Reichskanzler in seiner Reichstagsrede vom 23. März entsprechend freundliche Worte für das faschistische Italien und seinen Duce sowie für dessen Vorschlag eines Viermächte-Paktes.

Hitlers erster Paladin, Göring, und Vizekanzler von Papen reisten am 10. April nach Rom und statteten sowohl dem italienischen Staatschef Mussolini wie dem Vatikan Besuche ab. Göring führte mit dem Duce am 11. April ein herzliches Gespräch von anderthalb Stunden und nahm zusammen mit Papen an einem zu Ehren Mussolinis in der deutschen Botschaft veranstalteten Diner mit anschließendem Empfang teil[59].

Das Reichskonkordat

Vizekanzler von Papen führte an Ostern 1933 Gespräche mit dem Kardinalstaatssekretär Pacelli und Papst Pius XI. zur Vorbereitung eines Abkommens zwischen dem Reich und der Kurie. Kardinal Eugenio Pacelli war von 1917–29, also dreizehn Jahre, als Nuntius in Deutschland tätig gewesen, zuerst in München, dann in Berlin. Er hatte das

58 ADAP, Nr. 95 v. 17. Mrz. 33. Nr. 35 v. 23. Febr. 33.
59 VZ, Nr. 173 v. 12. Apr. 1933, Morgen-Ausgabe, S. 1.: „Römische Gespräche".

bayerische Konkordat von 1924[60] und das preußische Konkordat von 1929 abgeschlossen[61]. Papen ergriff die Initiative zum Abschluß eines Reichskonkordates auf eigene Verantwortung, um die Rechte der Kirche gegenüber unberechenbaren antikirchlichen Strömungen der NSDAP rechtzeitig zu sichern[62]. Er fand beim Kardinalstaatssekretär, der schon in der Zeit seiner Nuntiustätigkeit ein Reichskonkordat als krönenden Abschluß seiner Bemühungen um eine für die Kirche günstige Neuordnung zwischen ihr und dem Staat nach dem Umsturz von 1918/19 angestrebt hatte, ein offenes Ohr. Die konfessionelle Partei, das Zentrum, hatte unter Mitwirkung von Prälat Dr. Ludwig Kaas bereits in den Jahren 1920/21 einen entsprechenden Entwurf ausgearbeitet[63]. Die Verhandlungen gingen rasch voran. Am 20. Juli konnten der Kardinalstaatssekretär und Vizekanzler von Papen das Konkordat unterzeichnen. Neben Prälat Kaas hatte besonders der Freiburger Erzbischof Gröber an der Ausarbeitung mitgewirkt[64].

„Hitler, der nie aus der Kirche ausgetreten ist", so schildert der Reichsfinanzminister die Einstellung des Kanzlers zur katholischen Kirche, „erblickte in der Kirche eine der ‚traditionellen Mächte' wie die Wirtschaft und die Bürokratie, mit denen er sich nicht gern in einen Kampf einließ, auch wenn er sie nicht mochte. Er zog es vor, sie auszunutzen. Besonders scheute er den Kampf mit der katholischen Kirche, vor deren Klugheit und Macht er Respekt hatte. Ich erinnere mich genau an die ehrliche Freude, mit der Hitler den Erfolg der ganz geheim geführten Konkordatsverhandlungen im Kabinett bekanntgab, und an die verkniffenen Gesichter einiger Kabinettsmitglieder. Den Zorn Fricks, daß er ausgeschaltet worden war, wischte Hitler mit der Bemerkung vom Tisch, das Konkordat sei ein großer Erfolg Papens, für den ihm das Kabinett Dank schuldig sei[65]."

60 S. dazu: Georg Franz-Willing: Die Bayerische Vatikangesandtschaft 1803–1934, München 1965, S. 181 ff.
61 Franciscus Hanus: Die Preußische Vatikangesandtschaft 1747–1920, München 1954, S. 410 ff.; Herbert Hömig: Das preußische Zentrum in der Weimarer Republik, Mainz 1979, S. 179 ff.
62 MM Papen v. 19. Mai 1966; ferner ders. Der Wahrheit, S. 313 ff.
63 ADAP, Serie C, I, 1, Nr. 145 v. 7. Apr. 33, ferner Konstantin von Bayern: Papst Pius XII, Stein 1980, S. 123: „Das Konkordat war kein Machwerk der Nationalsozialisten, wie bisher geglaubt wird, sondern ein Entwurf noch aus der Zeit des Reichspräsidenten Ebert, an dem Kaas mitgearbeitet hatte."
64 Über kirchliche Bedenken und Beschwerden s. ADAP, I, 2, Nr. 188 v. 7. Juni 33: Vorsprache von Bischof Dr. Berning beim Reichskanzler am 26. Apr. 33. Ebda, Nr. 196, Brief des Kanzlers an Kardinal Bertram in Beantwortung eines Schreibens des Kardinals.
65 Schwerin von Krosigk, Staatsbankrott, S. 208.

Das Konkordat grenzte die Einflußsphären zwischen Staat und Kirche ab, bestimmte den Treueid der Bischöfe auf das Reich und verbot den Geistlichen jegliche politische Betätigung. Für die weiterbestehenden Länderkonkordate mit Bayern (1924), Preußen (1929) und Baden (1932) war es Rahmenkonkordat, darüber hinaus eigenständige Regelung wichtiger Bereiche unmittelbar zwischen dem Reich und der Kurie (Rechtsstellung des Klerus, Besetzung besonders der Bischofsstühle, theologische Fakultäten, Konfessionsschulen, Religionsunterricht, Vereinswesen, politische Betätigung der Geistlichkeit).

Das Reichskonkordat war der erste außenpolitische Erfolg des nationalsozialistischen Regimes, den es dem Vizekanzler von Papen verdankte, gleichzeitig auch innenpolitisch bedeutsam für die Wiederherstellung des Friedens zwischen Staat und Kirche, auch Sinnbild einer positiven Hinwendung der Leitung der katholischen Kirche zum neuen deutschen Staat, wie sie von seiten des deutschen Episkopates schon auf der Fuldaer Bischofskonferenz vom 28. März zum Ausdruck gebracht worden war:

„Es ist nunmehr anzuerkennen", so heißt es in der Kundgebung der deutschen Bischöfe[66], „daß von dem höchsten Vertreter der Reichsregierung, der zugleich autoritärer Führer jener Bewegung ist, öffentliche und feierliche Erklärungen abgegeben worden sind, durch die der Unverletzlichkeit der katholischen Glaubenslehre und den unveränderlichen Aufgaben und Rechten der Kirche Rechnung getragen sowie die vollinhaltliche Geltung der von den einzelnen Ländern mit der Kirche abgeschlossenen Staatsverträge durch die Reichsregierung ausdrücklich zugesichert wird. Ohne die in unseren früheren Maßnahmen liegende Verurteilung bestimmter religiös-sittlicher Irrtümer aufzuheben, glaubt daher der Episkopat, das Vertrauen hegen zu können, daß die vorbezeichneten allgemeinen Verbote und Warnungen nicht mehr als notwendig betrachtet zu werden brauchen."

Auch der Hirtenbrief der Bischofskonferenz vom 11. Juni 1933 begrüßte die Ziele der staatlichen Autorität. Im Oktober berichtete die VZ, daß der Fürstbischof von Breslau, Kardinal Bertram, sich hinter das neue Reich und seinen Führer stelle[67]. Aus diesem in den Hirtenbriefen geäußerten Vertrauen heraus hatten die Bischöfe auch das Zustande-

---

66 SEG, 74, 1933, S. 79; ferner: VB, Nr. 88 v. 29. Mrz. 33, S. 2: „Die katholische Kirche gibt Verfemung des NS auf."
67 VZ, Nr. 484 v. 10. Okt. 1933, Abend-A., S. 3: „Katholisches Bekenntnis zu Hitler."

kommen des Konkordates gefördert; dieses Vertrauen sollte bitter enttäuscht werden. Trotz des Abkommens zwischen dem Reich und dem Heiligen Stuhl und der Finanzierung der Kirchen durch die vom Reich erhobene Kirchensteuer betrieben kirchenfeindliche Kräfte in der NSDAP antikirchliche Politik in unterschiedlichem Ausmaß.

Das Konkordat war gleichzeitig der Schwanengesang für die Zentrumspartei[68]. ,,In Verhandlungen, die ich heute abend mit Pacelli, Erzbischof Gröber und Kaas hatte, ergab sich, daß Auflösung Zentrumspartei mit Abschluß Konkordats hier als feststehend betrachtet und gebilligt wird", heißt es in einem Telegramm des Botschafters Bergen, das gleichzeitig von Papen unterzeichnet ist[69]. In der Fortsetzung wies Bergen auf folgende Bedingung des Vatikans hin: ,,Erneut wird aber Abschluß abhängig gemacht von baldiger Erklärung Kanzlers, daß damit endgültig Friede hergestellt und Übergriffe untergeordneter Stellen revidiert werden. Eine solche Erklärung würde auch der Zentrumspartei ihren Entschluß psychologisch erleichtern. Am 14. Oktober 1933 berichtete der Vatikanbotschafter: ,,Papst hat den . . . Kardinalstaatssekretär, wie dieser mir mitteilt, angewiesen, gegen die trotz allen feierlichen deutschen Zusagen ständig zunehmenden Konkordatsverletzungen und Bedrängung der Katholiken scharfen Protest einzulegen, und plant, in einer Ansprache – ich vermute beim bevorstehenden Konsistorium – gegen die beanstandeten Vorgänge in Deutschland öffentlich Stellung zu nehmen . . . Kardinal bezweifelte, den tief verstimmten Papst von seinem Befehl und von seinem Vorhaben abbringen zu können, doch erklärte er sich schließlich bereit, dahingehenden Versuch zu machen[70]."

Kulturkämpferische Maßnahmen unter Mißachtung des Konkordats rissen von seiten kirchenfeindlicher Gauleiter, aber auch höherer Dienststellen der Partei nicht ab. Eine besonders üble Rolle spielte unter den Reichsleitern Alfred Rosenberg. ,,Hitler persönlich war", wie Meißner urteilt, ,,wenn man aus gelegentlichen Äußerungen des Unbehagens über solche Vorkommnisse diesen Schluß ziehen kann, nicht der Urheber dieser Maßnahmen gegen die Kirche, ließ aber, aufgehetzt durch Goebbels und verschiedene Gauleiter, den Dingen freien Lauf

68 K. Repgen: Das Ende der Zentrumspartei und die Entstehung des Reichskonkordates, 1970; W. Bußmann: Der deutsche Katholizismus i. J. 1933, in: Festschrift für H. Heimpel, 1971.
69 ADAP, Serie C, I, 2, Nr. 350 v. 3. Juli 33.
70 Ebda, Nr. 501 v. 14. Okt. 1933.

und trat nur selten gegen besonders krasse Übergriffe auf[71]." Am 19.
Oktober schrieb der Kardinalstaatssekretär in großer Sorge[72]: „Die un-
terdessen zur Kenntnis des Hl. Stuhles gelangten Vorkommnisse machen es ihm jedoch zur unabweisbaren Pflicht, nicht zu schweigen gegenüber offenbaren Eigenmächtigkeiten und Gewalttätigkeiten, durch
die in Deutschland und besonders in gewissen Gebieten konkordatlich
geschützte und unveräußerliche Freiheitsrechte des katholischen Bekenntnisses unterdrückt werden und ein Zustand geschaffen wird, der
von den Erfahrungen des beklagenswerten Kulturkampfes früherer Zeiten sich nur durch seine größere Härte und Willkür unterscheidet..."

Beziehungen zum faschistischen Italien

Göring reiste bereits im Mai wieder nach Rom, um den Kontakt mit
Mussolini im Auftrag Hitlers zu pflegen. Für die deutsch-italienischen
Beziehungen war auch die Ehe des Prinzen Philipp von Hessen mit einer
Tochter des italienischen Königs von Nutzen, weil der Prinz sich dem
neuen Regime zur Verfügung stellte. Prinz Philipp war mit Göring be-
freundet[73].

Der deutsche Botschafter am Quirinal, von Hassell, stellte in einer
Aufzeichnung zur Außenpolitik folgende Gesichtspunkte für das
deutsch-italienische Verhältnis heraus[74]:

1. „Das wichtigste Ziel ist die Aufrüstung..., weil ohne einen Rü-
   stungsausgleich keine aktive Außenpolitik möglich ist.
2. Das nächste Ziel ist dann, unsere Verstümmelung im Osten zu beseitigen.
3. Das Ziel im Gegensatz zu Frankreich und Polen erreichen zu wollen,
   hieße, es ad calendas graecas zu vertagen. Daher ist ein politischer
   Zustand zu erstreben, in dem Frankreich Anlaß hat, Gewehr bei Fuß
   zu stehen, wenn wir uns mit Polen so oder so auseinandersetzen.
4. Eine solche Verständigung mit Frankreich ist heute noch nicht reif,
   weil Frankreich noch auf zu hohem Pferde sitzt, zu hoch spielt.
5. Aus 1–4 ergibt sich eine konkrete, in der Natur der Dinge begründete

71 Meißner, a. a. O., S. 308.
72 ADAP, Serie C, II, 1 Nr. 17.
73 VZ, Nr. 238 v. 19. Mai 1933, Abend-A.
74 ADAP, Serie C, I, 2, Nr. 448 v. 24. Sept. 33.

Interessengemeinschaft mit Italien in dem Punkte: Durch deutsch-italienisches Zusammenwirken und durch deutsche Aufrüstung eine europäische Gleichgewichtslage zu erreichen, die Frankreich verständigungsreif für uns beide macht; denn auch Italien hat als wichtigstes politisches Ziel die Beseitigung der Übermacht Frankreichs.

6. So wenig es also heute eine deutsch-italienische Front geben kann, vor allem weil es keine Front mit einem militärisch ohnmächtigen Lande wie Deutschland gibt, so sicher ist doch, daß wir ein ganz wesentliches gemeinsames Interesse mit Italien in dem bezeichneten Punkte haben..."

Hassell sah zwei Gefahren für eine deutsch-italienische Zusammenarbeit: Eine unmittelbare italienisch-französische Verständigung auf Deutschlands Kosten und den Konflikt zwischen dem Reich und Österreich. Unbedingte Anerkennung der österreichischen Unabhängigkeit sei eine Notwendigkeit, besonders mit Rücksicht auf Rom. In seinem Bericht vom 6. Okt. 1933 wies Hassell darauf hin, daß der deutsch-österreichische Konflikt das Verhältnis zu Italien am meisten belaste[75].

Anfang November schrieb Hitler an Mussolini einen Brief mit ausführlicher Begründung des Austritts aus der Abrüstungskonferenz und aus dem Völkerbund. Göring überbrachte das Schreiben an den italienischen Staatschef und führte mit ihm mehrere Gespräche[76], besonders auch über Fragen der deutschen Aufrüstung. Die Verhandlungsnotizen, die Göring mitbrachte, enthielten folgende Angaben[77]:

,,3154/D 671 323-24
Aufzeichnung ohne Unterschrift*
[4. November 1933]
Notizen für Ministerpräsident Göring
(ihm am 4. November übergeben)

Reines 300 000-Mann-Heer, d. h. ohne Einrechnung von Luftstreitkräften, Luftschutztruppen, Küstenwehr, Polizei und Verbänden.
Allmählicher Übergang dazu in insgesamt 6 Jahren.
300 000 bedeutet Tagesdurchschnittstärke.
Höchstdienstzahl 1 Jahr, i. ü. angemessene Zahl Langdienender – mindestens 40 % – keine Beschränkung der Rekrutenquote.
Artillerie (Feldheer) nicht über 15-cm-Kaliber.

---

75 ADAP, Serie C, I, 2, Nr. 485 v. 6. Okt. 1933.
76 ADAP, Serie C, II, 1 Nr. 40 v. 2. Nov. und Nr. 50 v. 8. Nov. 1933, Beilage.
77 ADAP, Serie C, II, 1, Nr. 45 v. 4. Nov.

Tanks nicht über 6 t (Leergewicht).
Im Dienst befindliches Material im übrigen entsprechend der Ausrüstung der französischen Armee.
30 % der Zahl der Aufklärungs- und Jagdflugzeuge folgender an Deutschland angrenzender Staaten: Frankreich, Belgien, Polen, Tschechoslowakei.
Allgemeines absolutes Gas- sowie Bombenabwurfverbot. Unter dieser Bedingung Verzicht auf Bombenflugzeuge.
Teil V des V[ersailler] V[ertrags]** fällt im übrigen."

„3154/D 671 310–17
*Reichskanzler Hitler an den italienischen Ministerpräsidenten Mussolini**
Berlin, den 2. November 1933
Euere Exzellenz!
Es ist die Wiedergabe der Empfindungen des ganzen deutschen Volkes, wenn ich an die Spitze dieses Briefes die Versicherung des aufrichtigen Dankes setze für die vielseitigen Bemühungen Euerer Exzellenz, in denen wir eine ebenso wertvolle Unterstützung des deutschen Volkes wie tatkräftige Förderung aufrichtiger Friedensbestrebungen erblicken. Das deutsche Volk wird dies nicht vergessen. In mir selbst verbindet sich die Bewunderung für das geschichtliche Wirken Euerer Exzellenz mit dem Wunsche einer vom Geiste wahrer Freundschaft erfüllten Zusammenarbeit unserer beiden Nationen, die, weltanschaulich verwandt, durch zweckmäßige Wahrnehmung gleicher Interessen unendlich viel zur Befriedung Europas beitragen können.
Denn ich brauche Euerer Exzellenz nicht zu versichern, daß die deutsche Regierung und das deutsche Volk nur von dem einen Wunsche beseelt sind, unter Wahrung der allgemeinen Gleichberechtigung und damit des Lebensrechtes des deutschen Volkes, mitzuhelfen an der Beendigung einer Periode der Geschichte der europäischen Staaten, die einzelnen Völkern vielleicht scheinbare Vorteile gebracht haben mag, insgesamt aber weder der Wohlfahrt dieser Völker, ihrer zukünftigen Stellung innerhalb der übrigen Welt, noch der allgemeinen menschlichen Kultur nützlich war. Ich darf weiter Euerer Exzellenz versichern, daß ich während eines vierjährigen Einsatzes an der Westfront den Krieg in seiner unromantischen Wirklichkeit zu sehr kennengelernt habe, um nicht die ungeheure Verantwortung derer zu ermessen, die die Vorsehung Völker regieren läßt, daß ich aber als Mann erfüllt bin von der Überzeugung, nicht nur das Recht, sondern auch die Ehre der Nation, die mich als ihren Sprecher und Führer anerkennt, vertreten zu müssen. Ich wollte daher lieber jede Drangsal ertragen, als für mich oder die Nation jene Prinzipien preisgeben, die durch Blut und Opfer zahlreicher Generationen verteidigt und

erhalten, für die Existenz einer Nation unentbehrlich und damit wahrhaft geheiligt sind.

Euere Exzellenz haben das Glück, der souveräne Führer eines aus dem Weltkrieg erfolgreich zurückgekehrten Volkes zu sein. Als glühender Patriot werden Sie aber dennoch Verständnis empfinden für Männer, die in nicht minder großer Liebe an einem Volke hängen, das das Schicksal nach heroischem Widerstande und unermeßlichen Opfern geschlagen hat und die nun die geschichtliche Aufgabe zu erfüllen haben, diesem Volke Ehre und Lebensrecht wiederzugeben. Als großer Italiener können Sie nicht anders denken und würden selbst nicht anders handeln, wie wir deutsche Nationalsozialisten es heute tun!

Die Abrüstungsfrage ist ein Problem, das für die anderen Nationen nur sachliche, für Deutschland leider aber auch moralische Bedeutung besitzt. Es ist für die Regierungen der anderen Staaten nur eine Angelegenheit sachlicher militärischer Zweckerwägungen, Verminderungen oder Begrenzung der Streitkräfte und Rüstungen vorzunehmen. Für Deutschland ist diese Frage verbunden mit jenem Kapitel des Versailler Vertrages, das nicht nur unsere sachliche Wehrlosigkeit, sondern auch moralische Diskriminierung beinhaltet. Für uns kann daher diese Frage nicht nur eine solche ausschließlich sachlicher Erwägungen sein, sondern es ist dies eine Frage des Ehrempfindens der Nation und ihrer Regierung. Es ist daher eher noch möglich, auf sachlichen Gebieten entgegenzukommen, als es möglich ist, auf moralischen Konzessionen zu machen!

Als die deutschen Regierungen einst den Waffenstillstand und später den Friedensvertrag unterzeichneten, konnten sie nur eine einzige schwache Entschuldigung für ihr Handeln anführen: Nicht die sonst drohende Not, sondern nur die in den 14 Punkten Wilsons und später im Friedensvertrage gegebene Aussicht, daß die Waffenniederlegung und Waffenzerstörung des deutschen Volkes die Voraussetzungen sein würden zu einem analogen Verfahren der übrigen Völker und damit zu einer Entgiftung und Befriedigung der Welt. Ich nehme nicht zur Ideologie dieser Auffassung Stellung, sondern nur zu den in den Verträgen niedergelegten Zusicherungen und der in der Tat vollzogenen deutschen Ausführung.

Deutschland hat abgerüstet.

Daß Deutschland ein Recht besitzt, die Abrüstung der anderen Staaten unter Berufung auf den Friedensvertrag zu fordern, kann nicht bestritten werden, schon aus dem Grunde, weil die Unbegrenztheit der Dauer der deutschen Abrüstung bzw. die Fixierung der deutschen Rüstung für die Zukunft überhaupt nur denkbar war unter der Annahme, damit eine Voraussetzung für die Abrüstung der anderen Staaten und zugleich für deren Ausmaß zu bestimmen. Denn wenn jemand die Verpflichtung der Abrüstung der anderen Nationen bestreitet, so würde er bei der zeitlich unbegrenzten Dauer der im Versailler Vertrag niedergelegten deutschen

Abrüstung und des in ihm fixierten Rüstungsstandes behaupten, daß durch diesen Vertrag für ewige Zeiten und unbegrenzt für alle Zukunft ein Kriegsausgang entscheidend sein soll für die Minderberechtigung eines Volkes. Es erübrigt sich jede Stellungnahme zu einer solchen wahnsinnigen Auffassung; wollte man einen Friedensvertrag so auslegen, dann hieße dies zugleich, dem Besiegten jedes moralische Recht zum Bruch eines solchen Vertrages zubilligen. Damit aber läge in einem solchen Vertrage bereits der Keim eines kommenden Krieges.

Dies konnte nicht der Sinn des Abschlusses des Weltkrieges sein und war es auch nicht. Indem das deutsche Volk seine Verpflichtungen erfüllt hat, besitzt es ein moralisches Recht, von der übrigen Welt die Erfüllung der analogen Verpflichtung zu fordern und zu erwarten.

Die praktische Entwicklung dieser Angelegenheit läßt aber eines eindeutig und klar erkennen: Keine Macht denkt im Ernst daran, ihre Rüstung irgendwie zu beschränken und damit die einst übernommene Verpflichtung zu erfüllen. Es ist nicht notwendig, im einzelnen die Gründe für dieses Verhalten zu untersuchen. Ich will aber annehmen, daß es den Regierungen unmöglich erscheint, vor den Parlamenten und den Generalstäben die Belastung einer wirklichen Abrüstung auf sich zu nehmen. Ja, im Gespräch unter vier Augen wurde uns von verschiedenen Staatsmännern ganz offen und frei erklärt, daß ihre Regierungen nicht daran dächten, auch nur eine einzige Kanone zu vernichten. Damit aber konnte der Zweck der Genfer Verhandlungen nur mehr der sein:

Erstens eine wirkliche Abrüstung unter allen Umständen zu verhindern und

zweitens die Schuld von sich ab- und auf einen anderen hinzuwälzen!

Ich habe schon in meiner Rede vor dem Reichstag keinen Zweifel darüber gelassen, daß im Falle einer solchen Entwicklung Deutschland sowohl die Abrüstungskonferenz als auch den Völkerbund verlassen würde. Ich habe in einer Unterredung mit dem Botschafter Euerer Exzellenz 8 Tage vorher** desgleichen darauf hingewiesen, daß ich dieser Entwicklung nicht willenlos zusehen würde, sondern daß ich unter allen Umständen und auf jede Gefahr hin die gebotenen Konsequenzen ziehen würde. Baron von Neurath, der am 14. Oktober 10 Uhr vormittags Eurer Exzellenz Botschafter die bevorstehende Durchführung des deutschen Schrittes mitteilen sollte, konnte diesen leider nicht erreichen. Ich hielt es aber nach den gegebenen Umständen für notwendig, nach der Bekanntgabe der neuen englischen Entwürfe*** unverzüglich eine Bindung zu lösen, aus der sich unter solchen Umständen nur noch mehr Verwirrungen und damit eine Verschärfung der Lage hätten ergeben müssen.

Da der Vorsatz der hochgerüsteten Staaten, in Sonderheit Frankreichs, nicht abzurüsten, feststeht, glaube ich auch nicht mehr an eine Möglichkeit der Verwirklichung des MacDonald-Planes. Im Gegenteil, ich fürchte, vom deutschen Standpunkt aus gesehen, daß jede Verbindung der Forderung unserer Gleichberechtigung mit einer Forderung nach Abrüstung der anderen Staaten dem deutschen Rechtsanspruch nur schädlich sein kann.

Ich glaube daher auch, daß dieser und jeder ähnliche Versuch keinerlei Aussicht auf tatsächliche Verwirklichung mehr besitzen. Ich glaube, daß statt dessen bei der Lösung dieser Frage ausgegangen werden muß von der Berücksichtigung der tatsächlichen Umstände. Folgendes scheint mir dabei wichtig:

1. Deutschland hat ein unbestreitbares Recht auf Gleichberechtigung.
2. Die hochgerüsteten Staaten gedenken unter keinen Umständen ihre Rüstungen preiszugeben.

Ich sehe damit, soweit die hochgerüsteten Staaten in Frage kommen, höchstens nur noch eine Möglichkeit, nämlich unter Verzicht auf eine wirkliche Abrüstung ihre Rüstungshöhe für die Dauer einer bestimmten Konvention auf den heutigen Stand festzulegen und zu erhalten. Ich darf Eurer Exzellenz dabei versichern, daß Deutschland an dieser Lösung weniger interessiert ist als die hochgerüsteten Staaten selbst. Jede Steigerung der derzeitigen Rüstungen kann nicht gegen Deutschland gedacht sein. Deutschland fühlt sich auch durch sie nicht mehr bedroht, als es an sich bedroht ist. Ob Frankreich zur Masse seiner zwanzig- oder dreißigtausend Kriegsgeschütze noch einige Tausend dazu erhält, seine viertausend Tanks noch um einige Tausend erhöht, seine dreitausend Flugzeuge auf fünf- oder zehntausend bringt, seine Unterseeboote verdoppelt usw., kann für Deutschland ziemlich gleich sein. Es sind die hochgerüsteten Staaten selbst, die allein ein Interesse daran haben könnten, diesen nur sie betreffenden gegenseitigen Rüstungskrieg zu stoppen.

Ich halte es nun für eher möglich, diesen Rüstungswettstreit anzuhalten, als die vorhandenen Rüstungen abzubauen.

Deutschland, das an sich keinen anderen Wunsch besitzt, als in Ruhe und Frieden seiner inneren Entwicklung nachgehen zu können, würde sich an diesem Wettstreit der Schaffung von Angriffswaffen überhaupt nicht beteiligen. Wir würden uns aber im Rahmen einer solchen Konvention, die auf eine längere Reihe von Jahren abgeschlossen werden könnte, beteiligen

a) unter Anerkennung einer wirklichen Gleichberechtigung durch die anderen Mächte,

b) unter der freiwilligen eigenen Verpflichtung Deutschlands, von dieser Gleichberechtigung nur einen ebenso begrenzten mäßigen wie für die anderen Staaten angriffsungefährlichen Gebrauch zu machen.

Ministerpräsident General Göring, den ich beauftrage, dieses Schreiben an Eure Exzellenz zu überbringen, ist unterrichtet, auf Eurer Exzellenz Wunsch über diese Frage noch mündliche Ausführungen zu machen . . ."

Die Nationalitätenprobleme
Mittel- und Südosteuropas

Erster Besuch eines ausländischen Staatsmanns

Der ungarische Ministerpräsident Julius von Gömbös besuchte die Reichsregierung Hitler in Berlin am 17. Juni als erster ausländischer Staatsmann[78]. Dem ungarischen Abgeordnetenhause berichtete der Ministerpräsident über seinen Berliner Besuch u. a.:

„Ich muß feststellen, daß Hitler der ganzen Menschheit außerordentliche Dienste geleistet hat. Es ist das Verdienst Hitlers, daß in Deutschland die kommunistische Gefahr aufgehört hat. Ich habe in Deutschland eine Bewegung gefunden, die in ihrem Ausmaße und in ihrer psychologischen Auswirkung ungeheuer groß ist. Mit diesem Ausmaß habe ich nicht gerechnet. Die europäische Politik wird mit der nationalsozialistischen Bewegung, mit der deutschen Renaissance als einem wichtigen Faktor rechnen müssen... Mit Freuden stellte ich fest, daß der deutsche Kanzler seine Führung im Zeichen des Friedens gestalten will. Die deutsche Politik ist auf den Frieden bedacht. Ich habe weiter feststellen können, daß die Auffassung Deutschlands in der Frage der Gleichberechtigung als Vorbedingung des europäischen Friedens identisch ist... In der österreichischen Frage hat sich in Berlin eine identische Auffassung ergeben. Die Unabhängigkeit Österreichs ist nicht bloß ein deutsches, sondern auch ein italienisches, ein europäisches und daher auch ein ungarisches Problem...[79]"

Im Juli stattete Gömbös auch dem italienischen Regierungschef Mussolini einen Besuch ab. Die beiden Staatsmänner einigten sich dahingehend, daß im Donauraum nichts ohne Österreich und Ungarn geschehen könne. „Die Ziele der italienischen und der ungarischen Politik in der mitteleuropäischen Frage liegen auf der gleichen Linie[80]." Aus der italienischen Donauraumpolitik ergaben sich dann erhebliche Differenzen zum Deutschen Reich.

Die Zerschlagung des habsburgischen Vielvölkerreiches durch die Alliierten im Jahre 1918 und die willkürliche Bildung von Nationalitäten-

---

78 Die Initiative dazu ging von Gömbös in Anknüpfung an seine frühen Kontakte zur deutschen Rechtsbewegung im Jahre 1923 durch Vermittlung Scheubner-Richters aus. S. dazu, ADAP, Serie C, I, 1 Nr. 15 v. 8. Febr. 1933.
79 Zit. nach VZ, Nr. 293 v. 21. Juni 1933, Morgen-Ausgabe, S. 1: „Gömbös über Hitler."
80 VZ, Nr. 355 v. 27. Juli 1933, Morgen-A., S. 1.: „Die Einstellung Budapests."

staaten hatten das schwierige Nationalitätenproblem im Donauraum nicht nur nicht gelöst, sondern verschärft. Unter Berufung auf das Selbstbestimmungsrecht der Völker, das Präsident Wilson pathetisch verkündet hatte, wollten die zehn Millionen Deutschen der westlichen Reichshälfte der Donaumonarchie sich an das Reich anschließen. Die Siegermächte hatten es verboten, dreieinhalb Millionen Sudetendeutsche unter das Joch der Tschechen und die deutschen Alpen- und Donaugebiete zur Bildung eines damals lebensunfähigen Kleinstaates gezwungen. Mit dem Sieg der nationalsozialistischen Bewegung im Reich flammte das Nationalbewußtsein auch in Deutsch-Österreich und im Sudetenland stark auf und brachte das Nationalitätenproblem erneut ins Rollen.

Ende Mai hatte bereits in Iburg bei Osnabrück eine Grenzlandtagung mit dem Vizekanzler von Papen als Redner stattgefunden. „Ein Drittel des deutschen Volkes lebt außerhalb der Reichsgrenzen", betonte er und fuhr fort: „Wilson wußte nichts vom osteuropäischen Völkergemischgürtel, der Unmöglichkeit, Staats- und Volksgrenzen zur Deckung zu bringen, als er für Europa das Selbstbestimmungsrecht proklamierte." „Wenn der deutsche Reichskanzler in seiner großen außenpolitischen Rede davon sprach", fuhr der Vizekanzler fort, „daß das revolutionäre Deutschland jede Germanisierung verwerfe und eine besondere Achtung vor den Volkstümern, gerade den kleinen hege, so hat er sich auch auf außenpolitischem Gebiet als europäischer Revolutionär im Geistigen gezeigt." Papen richtete von Iburg aus folgendes Telegramm an den Reichskanzler[81]:

„Die gewaltige volksdeutsche Kundgebung auf der Iburg, bei der ich die Ehre habe, Sie und die Reichsregierung zu vertreten, ist ein flammendes Bekenntnis des Gesamtdeutschtums zu dem geistigen Umbruch unserer Tage und zu dem Manne, in dessen Hände der Feldmarschall die Führung des neuen Deutschland legte. Sie haben, Herr Kanzler, in Ihrer bedeutsamen Reichstagsrede als einen weiteren Beweis unseres Friedenswillens vollkommen neue Wege für eine v o l k s d e u t s c h e P o l i t i k gewiesen, und es ist klar, daß das durch den Versailler Vertrag balkanisierte Europa mit seinen zahlreichen entrechteten völkischen Minderheiten nur durch bewußte Abkehr von dem nationalstaatlichen Prinzip und durch neue politische Methoden dem wahren Frieden zugeführt werden kann. Ich hoffe und bin überzeugt, daß die Ausführungen, die ich heute im Sinne

---

81 VZ, Nr. 249 v. 26. Mai 33, Morgen-Ausgabe, S. 1.

dieser Zielsetzung habe machen dürfen, den Weg bereiten helfen zu einem Recht für die volklichen Einheiten in einem Europa des Friedens und der Wohlfahrt."

Die nationalsozialistische Bewegung und der von ihr verfochtene großdeutsche Gedanke wurde in der Führung der Partei weitgehend von Grenz- und Auslandsdeutschen getragen. Hitler kam aus Deutsch-Österreich, Heß war in Ägypten geboren, Darré in Argentinien, Rosenberg war Baltendeutscher, der Münchner Gauleiter Adolf Wagner Elsässer.

Rudolf Heß, Stellvertreter des Führers, wurde zum maßgeblichen Sprecher des Grenz- und Auslandsdeutschtums in der Parteileitung. Am 27. Oktober 1933 erließ er folgende Verfügung[82]:

,,1. Sämtliche Fragen des Deutschtums jenseits der Grenzen (Grenz- und Auslandsdeutschtum) und die Fragen der Stärkung und Einheit des Gesamtdeutschtums sowie alle damit zusammenhängenden Angelegenheiten im Innern des Reiches unterliegen meiner Obhut und Aufsicht.

2. Als Beratungs- und Vollzugsorgan habe ich den Volksdeutschen Rat berufen, an dessen Spitze Herr Universitätsprofessor Dr. Haushofer, München, steht.

3. Nach außen federführend vertritt den Volksdeutschen Rat Herr Dr. Steinacher, Berlin.

4. Der Volksdeutsche Rat tritt in der Öffentlichkeit nicht in Erscheinung.

gez. Rudolf Heß"

Mit gleichem Datum warnte Rudolf Heß in einem Brief an den Führer der NSDR, Fritz Fabritius, Hermannstadt, Siebenbürgen, die Auslandsdeutschen sollten jeden Anschein ,,einer Abhängigkeit von reichsdeutschen Stellen, welche das Auslandsdeutschtum als eine Art Expositur des Deutschen Reiches erscheinen lassen könnte", vermeiden[83].

Am Heiligen Abend, dem 24. Dez. 1933, hielt Rudolf Heß seine erste Weihnachtsansprache über den Rundfunk an die Grenz- und Auslandsdeutschen.

Die Beziehungen zwischen dem Reich und Deutsch-Österreich waren jedoch gespannt und verschlechterten sich laufend. Die nationalso-

---

82 ADAP, Serie C, II, 1, Nr. 31 v. 27. Okt. 1933.
83 Ebda, II, 1, Nr. 36 v. 30. Okt. 33, Anlage Brief v. 27. Okt. 33.

zialistische Bewegung in Österreich erhielt durch die Machtergreifung starken Auftrieb. Dagegen nahm die autoritäre Regierung Dollfuß mit scharfen Maßnahmen Stellung, die schließlich am 19. Juni 1933 in dem Verbot der NSDAP in Österreich gipfelte[84]. Bereits am 29. Mai hatte die Reichsregierung mit Wirkung vom 1. Juni eine Tausend-Mark-Gebühr für die Einreise nach Österreich eingeführt und damit der österreichischen Wirtschaft durch weitgehende Lähmung des Fremdenverkehrs einen schweren Schlag versetzt. Bei der Beratung im Kabinett über die 1000-RM-Sperre erklärte der Reichskanzler, für die „Motivierung unserer Maßnahmen dürfe natürlich nicht mit großdeutschen Argumenten gearbeitet werden. Auch die Anschlußfrage müsse vorläufig ganz zurückgestellt werden. Wir müssen uns darauf beschränken zu erklären, daß Deutschland es bedaure, wenn durch österreichische Maßnahmen Reisen von Deutschen nach Österreich verhindert würden. Die Reichsregierung habe sich aber zu ihrer Maßnahme entschließen müssen, da sie auch nicht den Schatten eines Verdachtes auf sich fallen lassen wolle, als ob sie dem österreichischen Volk durch den Verkehr von deutschen Reisenden in Österreich Auffassungen aufoktroyieren wolle, die der jetzigen österreichischen Regierung nicht genehm seien." Demgemäß faßte das Reichskabinett seinen Beschluß. („Gesetz über die Beschränkung der Reisen nach Österreich[85].")

Der Pressekrieg ging in unverminderter Schärfe weiter. Viele österreichische Nationalsozialisten flüchteten heimlich über die Grenze ins Reich. Die nationalsozialistischen Zeitungen berichteten besonders häufig über das von der österreichischen Regierung errichtete Konzentrationslager Wöllersdorf.

Die Spannung an der deutsch-österreichischen Grenze nahm in den nächsten Monaten ständig zu, auch auf internationaler Ebene. Besonders die britische Politik befaßte sich ernsthaft mit der Frage Österreich, nicht minder auch Italien und Frankreich. Aufschlußreich für die Bedeutung, die man in London der österreichischen Frage beimaß, ist das von Sir Vansittart verfaßte Memorandum vom 28. August 1933[86].

Ähnlich wie in Österreich gab die nationale Revolution im Reich dem Deutschtum in der Tschecho-Slowakei – die Sudetendeutschen bildeten

---

84 VZ, Nr. 284 v. 15. Juni 33, Abend-A., Artikel: „Der Konflikt um Habicht"; Nr. 291 v. 20. Juni 33, Morgen-A. „NSDAP-Verbot in Österreich".

85 ADAP, Serie C, I, 2, Nr. 262 v. 26. Mai 1933.

86 BDFP, 2. Serie, Bd. V., Chapter V: Austro-German Relations. Ebda, Memo v. Vansittart, Nr. 371.

mit 3,5 Millionen Menschen die stärkste Volksgruppe im Nationalitätenstaat; sie zählten eine Million mehr als die Slowaken (2,5 Mill.) – starken Auftrieb, besonders der Deutschen Nationalsozialistischen Partei (DNSAP) und der Deutschen Nationalpartei. Erstere war die Stammmutter der nationalsozialistischen Bewegung Großdeutschlands. Bereits im Februar 1933 wurde gegen ihre vier Führer, Knirsch, Jung, Krebs und Kasper, ein Hochverratsverfahren eingeleitet[87]. Knirsch besuchte den Reichskanzler Hitler und machte ihm den Vorschlag, mit der Tschecho-Slowakei ein Nichtangriffsabkommen zu schließen. Hitler erteilte ihm den Rat, ,,die Sudetendeutschen sollten ihre eigene Politik machen, das Reich könne ihnen auf lange Zeit hinaus nicht helfen"[88].

Die Sudetendeutschen im allgemeinen, die nationaldeutsch Gesinnten im besonderen waren nun in steigendem Maße der Verfolgung und Unterdrückung durch die Tschechen ausgesetzt. ,,Die täglichen Verhaftungen und Bestrafungen von Nationalsozialisten und die wachsende Spannung zwischen Tschechen und Deutschen sowie die zunehmende Nervosität der sudetendeutschen Kreise ließen es mir angezeigt erscheinen", berichtete der deutsche Gesandte in Prag am 13. September 1933, ,,auf der Burg vorzusprechen." Die Unterredung fand beim stellvertretenden Außenminister Krofta statt. ,,Die Frage, die mich Tag und Nacht beschäftigt", sagte Dr. Koch zu Krofta, ,,ist: Welches Ziel hat die Tschechoslowakei bei dem Kurs im Auge, den sie gegen Deutschland steuert? Beinah Tag für Tag werden Deutsche – Reichsdeutsche und Sudetendeutsche – zu Freiheitsstrafen verurteilt, einzig und allein, weil sie Nationalsozialisten sind oder mit Nationalsozialisten im Reich in Verbindung stehen, immer wieder mit der stereotypen Begründung: Der reichsdeutsche NS habe die Losreißung von Gebietsteilen der Tschechoslowakei zum Ziele, und wer daher Nationalsozialist sei oder mit solchen in Verbindung trete, der mache sich der Teilnahme am Verbrechen gegen die Integrität des tschechoslowakischen Staates schuldig!..."[89]

Nicht nur die DNSAP und die Deutsche Nationalpartei verfielen im Oktober der Auflösung, sondern auch die völkischen deutschen Turnvereine[90]. Von den obengenannten vier maßgeblichen Führern war

---

87 VB, Nr. 42 v. 11. Febr. 1933, Erstes Beiblatt; VZ, v. 24. Febr. 33: ,,Ohne Immunität".
88 ADAP, Serie C, II, Nr. 132 v. 17. Dez. 33, Ber. d. deutschen Gesandten in Prag, Dr. Koch.
89 Ebda, Nr. 429 v. 13. Sept. 33.
90 VB, v. 22. Okt. 1933; VZ, Nr. 475 v. 5. Okt. 33, Morgenausgabe, S. 2.

Knirsch gestorben, Krebs geflohen, Jung und Kasper wurden ins Gefängnis geworfen. Außenminister Benesch war neben Masaryk die führende Persönlichkeit der Tschechen und ein fanatischer Deutschenhasser. Im Gespräch mit dem deutschen Gesandten verhielt er sich ausweichend und heuchlerisch freundlich[91], nachdem er kurz zuvor im Parlament eine antideutsche Rede gehalten hatte[92]. Reichskanzler Hitler erteilte nach Kenntnisnahme der Verfolgungen der Sudetendeutschen die Weisung, ,,unter Wahrung der aus außenpolitischen Gründen gebotenen Vorsicht der Notlage der Sudetendeutschen Nationalsozialistischen Partei im allgemeinen und der unter Anklage oder Verfolgung stehenden Mitglieder im besonderen abzuhelfen"[93]. Das erwies sich freilich laut Feststellung des deutschen Gesandten als außerordentlich schwierig, ja fast unmöglich[94]. In den nächsten Jahren hatten die Sudetendeutschen in steigendem Maße unter wirtschaftlichem Druck und politischer Verfolgung zu leiden[95].

Einen großen Erfolg konnte die nationalsozialistische Bewegung in Danzig verzeichnen. Bei der Neuwahl zum Danziger Volkstag am 28. Mai, zu der tags zuvor Hitler eine Rundfunkrede an die Danziger Wähler gehalten hatte, erzielte die NSDAP mit 51,1 % aller Stimmen die absolute Mehrheit[96]. Eine nationalsozialistische Regierung unter Leitung des Senatspräsidenten Dr. Rauschning wurde gebildet. Der neue Volkstag beschloß auch ein Ermächtigungsgesetz. Die Danziger Regierung führte unter Ausschaltung des Völkerbundes Verhandlungen mit Polen zur Besserung der Beziehungen und schloß ein Abkommen über die Ausnutzung des Danziger Hafens und die Behandlung von Polen auf dem Gebiet der freien Stadt Danzig. Hier deutete sich das Bestreben der Hitlerschen Außenpolitik an, durch zweiseitige Abkommen unter Ausschaltung des Völkerbundes die Beziehungen zu den Nachbarstaaten zu bessern.

Danzig wurde vom Reich mit Zuschüssen unterstützt. Für 1933 erhielt die Stadt einen Zuschuß von 4 200 000 RM vom Reichsfinanzministerium in vierteljährlichen Teilzahlungen[97]. Auch für 1934 sicherte der

---

91 ADAP, Serie C, II, Nr. 56 v. 9. Nov. 33.
92 Ebda, Fußnote 3); VZ, Nr. 521 v. 1. Nov. 33, S. 1.
93 ADAP, Serie C, II, Nr. 128 v. 14. Dez. 33.
94 Ebda, Nr. 132 v. 17. Dez. 33.
95 VZ, Nr. 67 v. 9. Febr. 33, Morgen-A., S. 2.
96 VZ, Nr. 254 v. 29. Mai 33, Abend-A., S. 1.
97 ADAP, Serie C, I, 1, Nr. 96 v. 17. März. 33.

Außenminister Neurath den unbedingt notwendigen Betrag Herrn Rauschning zu[98].

Wie schon hervorgehoben, lag dem Reichskanzler auf dem Feld der Außenpolitik nichts so sehr am Herzen als die Herstellung freundschaftlicher Beziehungen zu Großbritannien mit dem Endziel eines Dauerbündnisses zwischen dem Deutschen Reich und dem Britischen Weltreich. Sein Wunschdenken stieß aber gerade in diesem Fall auf unüberwindliche Hindernisse[99]. Ein Versuchsballon zur Erkundung der britischen Stimmung war die Entsendung Alfred Rosenbergs nach London. Dieser hatte, am 1. April von Hitler zum Leiter des neuerrichteten Außenpolitischen Amtes der NSDAP ernannt, bereits Anfang April einem Vertreter der Hearst-Presse eine Unterredung gewährt. Darüber hatte der VB unter der Schlagzeile ,,Deutschland hat den Willen zur friedlichen Lösung der außenpolitischen Probleme"[100] berichtet. Vom 5. bis 14. Mai hielt sich Rosenberg in London auf.

,,Englands Freundschaft ist wesentlich für Deutschland", erklärte er am 8. Mai einem Vertreter des ,,Daily Expreß", ,,dies kann nicht nachdrücklich genug gesagt werden. Hitler ist von der britischen Regierung abfällig kritisiert worden. Ich bin herübergekommen, um die politische Stimmung zu prüfen und Mißverständnisse aufzuklären. Deutschland befindet sich eingezwängt zwischen einem kommunistischen Rußland und einem unfreundlichen Frankreich. Das deutsche Volk ist in Gruppen zersplit-

---

98 Ebda, II, 1, Nr. 221 v. 26. Jan. 34.
99 DBFP, 2. Serie, Bd. V, Chapter I. Correspondence regarding the NS-Regime in Germany, March 25-April 26. Besonders hervorzuheben sind hier die kritischen Berichte des britischen Botschafters in Berlin, Sir Rumbold, v. 7., 13. und 26. April und v. 10. Mai. Im Ber. v. 26. April heißt es:
,,17. It may seem strange that an European Government, despite the experiences of the last twenty years, should seriously contemplate so dubious and risky a policy. But the actions of the new Government have already shown the world that, like former German Governments, they are capable of almost any degree of self-deception . . ." Sir Rumbold schloß seinen Bericht mit folgender Aussage: ,,The Hitler Government has had the courage to revolt against Versailles, to challenge France and the other signatories of the treaty without any serious consequences. For a defeated country this represents an immense moral advance. For its leader, Hitler, it represents overwhelming prestige and popularity. Someone has aptly said that nationalism is the illegitimate offspring of patriotism by inferiority complex. Germany has been suffering from such a complex for over a decade. Hitlerism has eradicated it, but only at the cost of burdening Europe with a new outbreak of nationalism." – Über die intransigente Haltung des Foreign Office s. a. Hauser, England und das Dritte Reich, I, S. 21 ff, 25: ,,. . . mögliche Maßnahmen gegen Deutschland" wurden erörtert. ,,Sie gingen von der Anrufung des Völkerbundes bis zu wirtschaftlichen Sanktionen und der Besetzung deutschen Gebietes"
100 VB, Nr. 106 v. 16. Apr. 1933, S. 1.

tert, die Hitler zu vereinigen sucht. Ich hoffe der britischen Regierung diese Tatsache klar zu machen, denn von einer deutsch-englischen Freundschaft hängt der Frieden Europas ab."

Rosenberg führte Besprechungen mit dem amerikanischen Sonderbotschafter Norman Davis, mit dem britischen Außenminister Simon, dem Kriegsminister Lord Hailsham und mit Lord Vansittart. Davis war mit dem Ergebnis des Gesprächs zufrieden[101]. Rosenberg versuchte, den britischen Politikern den deutschen Standpunkt und die revolutionären Umstände in Deutschland zu erklären. Was er von der Gegenseite, sowohl von Außenminister Sir Simon wie von Unterstaatssekretär Vansittart zu hören bekam, war freilich alles andere als erfreulich. Die Aufhebung der Grundrechte, die Konzentrationslager, die Judenverfolgung waren die Hauptpunkte der britischen Bedenken und Abneigung gegen das neue Deutschland. ,,In zwei Monaten hatte Deutschland die Sympathie verloren, die es in England im Laufe von zehn Jahren gewonnen hatte", erklärte Sir Simon, ,,und besonders bei jenen Teilen der Bevölkerung, die bisher am meisten Sympathie gezeigt hatten." Sir Vansittart erhob im Grunde die gleichen Bedenken wie Sir Simon und verwies noch besonders auf die Sorge des britischen Volkes, ,,daß das neue Regime in Deutschland militaristisch sei"[102].

Wenige Tage nach dem Gespräch mit Rosenberg hielt Kriegsminister Lord Hailsham im Oberhaus eine Rede über das Abrüstungsproblem mit scharfen Angriffen auf Deutschland[103].

,,Er erklärte, wenn Deutschland angesichts des b r i t i s c h e n K o n v e n t i o n s e n t w u r f s sich weigerte, an den Beratungen teilzunehmen oder die Abrüstungskonferenz verlasse, dann weise es damit ein Angebot zurück, das England seinem Versprechen gemäß gemacht habe. Deutschland würde dann aber auch jede Verantwortlichkeit zu tragen haben, die sich aus einer solchen Haltung ergebe. England hoffe noch, daß Deutschland den britischen Konventionsentwurf annehmen werde. Jedenfalls scheine das die vernünftigste Haltung zu sein. Sollte Deutschland die A b r ü s t u n g s k o n f e r e n z v e r l a s s e n, so müßten die anderen Mächte auf das ernsthafteste den Weg zu prüfen haben, den sie dann einschlagen müßten."

---

101 SEG, 74, 1933, S. 299.
102 DBFP, 2. Serie, Bd. V, Nr. 118 v. 8. Mai 33, Nr. 138 v. 11. Mai 33.
103 VZ v. 12. Mai 1933, Artikel: ,,Drohende Rede Lord Hailshams".

„Ich spreche", erklärte Hailsham weiter, „ohne vorher mit meinen Kollegen beraten zu haben, und spreche daher nur meine p r i v a t e M e in u n g aus, wenn ich denke, daß das juristische Ergebnis wäre, daß Deutschland dann durch die Bestimmungen des Vertrages von Versailles gebunden und jeder Versuch einer Aufrüstung ein Bruch dieses Vertrages wäre und alle im Vertrag vorgesehenen Sanktionsmaßnahmen in Wirksamkeit setzen würde. Dann wäre es für die Nachbarstaaten Deutschlands äußerst schwierig, irgendwelchen Abrüstungsmaßnahmen von Belang zuzustimmen.

Ich zweifle sehr, ob die anderen Mächte und besonders die an Deutschland angrenzenden Staaten, es für vernünftig halten würden, wenn man an sie die Frage richtete, was sie für die Abrüstung zu tun geneigt seien, wenn Deutschland erklärt: Wir rüsten nicht ab, wir halten uns nicht für gebunden und schließen keinen Vertrag ab, den ihr aufzustellen beliebt, sondern werden unsere eigenen Wege gehen. Ich glaube, fügte Hailsham hinzu, es hieße viel von der Mäßigung, dem guten Willen und der Geduld beispielsweise des f r a n z ö s i s c h e n Volkes verlangen, wenn man ihm raten würde, irgendeine Konvention abzuschließen oder sich an der Erörterung von Abkommen weiter zu beteiligen, die ein großes Maß von Abrüstung verlangen.

Lord Hailsham kam dann auf die französischen Vorschläge in der S i c h e r h e i t s f r a g e zu sprechen und erklärte, die englischen Vorschläge enthielten einen substantiellen Versuch, diese Sicherheitsforderungen zu befriedigen. England wünsche aber lebhaft, in der Sicherheitsfrage k e i n e f a l s c h e n H o f f n u n g e n zu erwecken, indem es Verpflichtungen auf sich nehme, die zu erfüllen es im Augenblick nicht in der Lage sei.

Zum Schluß erklärte Lord Hailsham, es sei n i c h t die Ansicht Großbritanniens, daß die Gleichheit Deutschlands zur Hälfte durch dessen Wiederaufrüstung, zur Hälfte durch Abrüstung der übrigen Mächte verwirklicht werden könne."

Der von Rosenberg am britischen Ehrenmal in London niedergelegte Kranz war böswillig entfernt worden. Der Täter, Hauptmann J. E. Sears, Kandidat der Arbeiterpartei, erklärte vor Gericht, „daß er den Kranz mit bewußtem nationalem Protest entfernt habe, weil er der Ansicht sei, daß die Niederlegung eines Kranzes durch einen Vertrauensmann Hitlers eine ‚Entheiligung' des englischen Kenotaphs darstelle, besonders deshalb, weil die Hitler-Regierung gerade in Deutschland ‚dasjenige Gefühl hochzüchte, das vor dem Krieg in Deutschland bestanden habe, unter dem viele seiner englischen Landsleute gelitten haben und gegen das sie gekämpft und ihr Leben verloren haben." Sears wurde zu einer Geldstrafe von zwei Pfund verurteilt. Das Foreign Office teilte dem deutschen Botschafter mit, daß eine offizielle Entschuldigung wegen der Entfernung des Kranzes erfolgen werde[104].

Der britische Botschafter in Berlin, Sir Horace Rumbold, sprach am 11. Mai beim Reichskanzler vor und fragte ihn auch nach dem Zweck der Reise Rosenbergs nach London. Der Kanzler erwiderte, Rosenberg, Leiter des Außenpolitischen Amtes der NSDAP, sei als Privatmann in die britische Hauptstadt gereist, ,,um sich dort ein persönliches Bild von der Stimmung in England zu machen . . . Irgendeinen offiziellen Auftrag habe Rosenberg nicht . . .'' ,,Der Botschafter kam dann auf den bedauerlichen Stimmungsumschwung in England zu sprechen, wobei er ausführte, wieviel besser in den letzten Jahren das Verständnis in England geworden sei und wie man auch für die Revisionswünsche, insbesondere für die Frage des polnischen Korridors, weitgehendes Interesse und Verständnis gezeigt habe. Das sei nun alles wieder verschwunden. Der Grund hierfür liege in der englischen Auffassung von der Freiheit des Individuums und der Rücksichtnahme auf fremde Rassen.'' Der Kanzler suchte dem Botschafter die Gründe für das Vorgehen gegen die Juden zu erklären und bedauerte das mangelnde Verständnis der Briten für die deutschen Verhältnisse. ,,Der Botschafter sprach sodann über den Eindruck, den die uniformierten Massen bei der Demonstration am 1. Mai auf dem Tempelhofer Feld auf ihn und seine Kollegen gemacht hätten. Wenn man diese disziplinierten, kräftigen jungen Männer gesehen habe, deren Zahl etwa der Stärke von acht Armeekorps gleichgekommen sei, so müsse man auf den Gedanken kommen, daß Deutschland eine jederzeit zum Einsatz bereite Reserve-Armee habe. Der Reichskanzler versuchte diese Auffassung des Botschafters in eingehenden Darlegungen als irrig nachzuweisen[105].''

In seinem ausführlichen Bericht an das Foreign Office über dieses Gespräch mit dem Reichskanzler hob Sir Rumbold besonders die Bedeutung der Judenfrage als größten Stein des Anstoßes in den deutsch-britischen Beziehungen hervor. Er hatte den Kanzler nachdrücklich darauf aufmerksam gemacht, daß Deutschland dadurch die in England vorhandenen Sympathien verspielt habe. Sir Rumbold hob am Schluß des Berichtes seinen Eindruck hervor, daß Hitler persönlich für die antijüdische Politik verantwortlich sei. Hitler sei auf diesem Gebiet ein Fanatiker. ,,Er ist auch von seiner Aufgabe überzeugt, den Kommunismus zu

104 VZ Nr. 224 v. 11. Mai 1933, und v. 12. Mai.
105 ADAP, Serie C, I, 1, Nr. 223 v. 11. Mai 1933.

bekämpfen und den Marxismus zu zerstören." Dieser Ausdruck umfasse alle seine politischen Gegner. „Ganz allgemein ist meine Erfahrung, daß es schwierig, wenn nicht unmöglich ist, mit überzeugten Nazis über irgendeinen ihrer wichtigsten Grundsätze zu diskutieren[106]."

Der deutsche Botschafter in London, von Hoesch, berichtete am 16. August sehr ausführlich über die „deutsch-englischen Beziehungen"[107]: „Unvermeidlich war zunächst", so schrieb er, „daß das neue Deutschland wegen seiner innerpolitischen Maßnahmen die Sympathien der sozialistischen, gewerkschaftlichen, pazifistischen und liberalen Kreise verlor, die bisher aufgrund ihrer allgemeinen außenpolitischen Einstellung gegen jede Gewaltpolitik, aber auch auf Grund ihrer persönlichen Verbindungen zu gleichgesinnten deutschen Kreisen das deutschfreundlichste Element in England dargestellt hatten. In der Tat müssen wir diesen zahlenmäßig bedeutenden Teil des englischen Volks fürs erste von unserem Konto abschreiben . . . Besonders unerfreulich ist die Stimmungsentwicklung in den intellektuellen Kreisen. Die große Bewunderung, die die deutsche Wissenschaft, Forschung und Kunst bei der hiesigen Intelligenz genießen, und die enge Verbundenheit, die auf diesem Gebiete zwischen beiden Ländern bestand, wirken sich jetzt zum Nachteil für die allgemeine Stimmungsbildung aus . . . Die Arbeiterschaft endlich, die sich ja hier letzten Endes doch ziemlich weitgehend mit dem Anhängertum des Marxismus und des Gewerkschaftssystems deckt, ist in ihrer klaren Einstellung gegen das neue Deutschland durch diese Feststellung schon genügend gekennzeichnet."

Als wesentliche Gründe für den antideutschen Stimmungsumschwung führte der Botschafter auf:

„A. An erster Stelle ist hier ihrer weittragenden Bedeutung nach fraglos die Judenfrage zu nennen . . . B. An die zweite Stelle der Gründe, die uns die Entfremdung der englischen Volksmeinung eingetragen haben, gehört der hier entstandene Eindruck, als ob das deutsche Volk sich in einer Entwicklung fortschreitender Militarisierung befinde und zielbewußt für einen späteren Waffengang vorbereitet werde . . . C. Als dritte Frage, die uns bei der englischen Volksmeinung belastet, nenne ich das österreichische Problem."

Hoesch verwies dann auf den hervorragenden Eindruck von Hitlers außenpolitischer Rede am 17. Mai in Großbritannien. Leicht werde es

106 BDFP, 2. Serie, Bd. V, Nr. 139 v. 11. Mai 33.
107 ADAP, Serie C, I, 2, Nr. 408 v. 16. August 1933.

nicht sein, ,,das verlorene Terrain zurückzuerobern, und geraume Zeit mag darüber vergehen". Er verwies zum Schluß auf die Erfahrungen des italienischen Botschafters in London, Grandi. Dieser habe erkannt, ,,daß ein neu gefügtes Staatswesen gegen den Widerstand und die Antipathie des Angelsachsentums nicht gedeihen könne. Deshalb habe er in das Zentrum seiner Wirksamkeit im italienischen Ministerium des Äußern das Ziel der Gewinnung der angelsächsischen öffentlichen Meinung für das neue Italien gestellt . . ."

Der Austritt Deutschlands aus dem Völkerbund und aus der Abrüstungskonferenz verschlechterte weiterhin die Beziehungen zu Großbritannien. London sah wie Paris im Völkerbund das wichtigste Mittel, die Siegerordnung von Versailles aufrechtzuerhalten und eine Art Weltregierung daraus zu gestalten. Die Versuche der Reichsregierung, durch entsprechende Vorschläge Rüstungsbegrenzung und Gewaltverzicht auf gegenseitiger Vertragsgrundlage zu erreichen, fielen in London auf keinen fruchtbaren Boden[108]. Besonders übel vermerkte die britische Regierung um die Jahreswende die Einschränkung des deutschen Transfers für die nächsten sechs Monate.

Der englische Botschafter führte bei seiner Unterredung mit dem Reichskanzler[109] ferner aus, ,,daß seine Regierung einen sehr ungünstigen Einfluß auf die Beziehungen beider Länder befürchte, wenn das jetzige Verfahren der Reichsbank nicht abgeändert werde". Der Reichskanzler erwiderte, ,,daß wir spätestens in zwei Monaten bei völliger Erschöpfung unserer Mittel überhaupt nicht mehr in der Lage sein würden, einen Pfennig zu transferieren. Nur durch größere Exportmöglichkeiten könnten wir die Bezahlung unserer Schulden und unserer Zinsverpflichtungen einhalten. Wenn allerseits ein reines Clearing-Verfahren eingeführt würde, so würde dadurch die deutsche Zahlungsunfähigkeit sofort beendigt werden."

Der Reichskanzler ließ es sich angelegen sein, jede Gelegenheit zu Gesprächen mit britischen Pressevertretern zu benützen, um auf die öffentliche Meinung Großbritanniens positiv einzuwirken. So gewährte er dem Vertreter der ,,Daily Mail", Ward Price, am 19. Oktober eine ausführliche Unterredung. Er beantwortete bereitwillig und eingehend

---

108 ADAP, Serie C, II, Nr. 111 v. 8. Dez. 1933: der britische Botschafter Sir Phipps an Außenminister Neurath und die Antwort des Reichskanzlers vom 17. Dez. 1933, ebda, Nr. 117 v. 17. Dez. 33, ferner Nr. 141 v. 20. Dez. Sir Phipps an Reichskanzler Hitler.
109 ADAP, Nr. 146 v. 23. Dez. Sir Phipps an Neurath, und Nr. 193 v. 19. Jan. 1934. Persönliches Gespräch Hitlers mit dem britischen Botschafter.

alle Fragen des britischen Korrespondenten. Seine Ausführungen schloß er mit den Worten: „Jedenfalls bemühen wir uns auf das Äußerste, dafür zu sorgen, daß wenigstens dem Hunger in der schlimmsten Auswirkung Einhalt geboten wird. Denn bisher war es dank dem Friedensvertrag so, daß sich im Durchschnitt in Deutschland jährlich rund 20 000 Menschen aus Not und völliger Verzweiflung das Leben nehmen mußten. Sie werden verstehen, daß eine Regierung und ein Volk, die vor solchen Aufgaben stehen, gar keinen anderen Wunsch haben können als den nach Ruhe und Frieden und damit endlich auch nach Gleichberechtigung[110]."

Wenige Tage später wandte sich das Zentralorgan der NSDAP gegen die „unerträgliche Schulmeisterei der ‚Times‘[111]" und verwies auf den „Hochbetrieb in den englischen Rüstungsfabriken": „Die Aktien der elf Flugzeugwerke", so schrieb das Blatt, „die in England Bombenflugzeuge herstellen, sind seit März durchschnittlich um 40% gestiegen. Der „Daily Herald" meldet neue Arbeitereinstellungen in den Giftgasfabriken, der Propagandafeldzug für eine verstärkte britische Flotte und für eine Verdoppelung der englischen Luftstreitkräfte geht in unverminderter Kraft vorwärts. Erst heute wurde das erste Exemplar einer neuen Serie von Bombenflugzeugen (Nachtbomber) in Dienst gestellt. Es handelt sich um Handley-Page-Maschinen, die mit vier Maschinengewehren ausgerüstet sind und über 1000 kg Bomben tragen . . ."

Das Verhältnis zu Sowjetrußland

Die Regierung Hitler-Papen-Hugenberg wünschte trotz der radikalen antikommunistischen Haltung keine Änderung der Beziehungen zu Sowjetrußland im Sinne einer Abkühlung oder gar Verschlechterung[112]. So erklärte der Reichskanzler in seiner ersten Rede vor dem neugewählten Reichstag am 23. März wörtlich:

„Gegenüber der Sowjet-Union ist die Reichsregierung gewillt, freundschaftliche, für beide Teile nutzbringende Beziehungen zu pflegen. Gerade die Regierung der nationalen Revolution sieht sich zu einer solchen positiven Politik gegenüber Sowjetrußland in der Lage. Der Kampf gegen

---

110 VB, Nr. 293 v. 20. Okt. 1933, S. 1 f.; VZ, v. 20. Okt. 1933.
111 VB, v. 22. Okt. 1933.
112 ADAP, Serie C, I, Nr. 33 v. 22. Febr. 33; ebda, Nr. 41 v. 28. Febr. 33.

den Kommunismus in Deutschland ist unsere innere Angelegenheit, in den wir Einmischungen von außen niemals dulden werden. Die staatspolitischen Beziehungen zu anderen Mächten, mit denen uns wichtige gemeinsame Interessen verbinden, werden davon nicht berührt."

Besonders aus wirtschaftlichen Gründen legte Hitler Wert auf die Pflege und den Ausbau der Handelsbeziehungen zur UdSSR. Als Göring bei seiner Kommunistenjagd auch gegen die sowjetrussischen Handelsgesellschaften „Derop", „Deutra" und „Derunapht" vorging, „geriet Hitler in den größten Zorn", schreibt Rudolf Diels. „Er befahl mir, SA und SS von solchen Aktionen abzuhalten, und kein Interesse wurde damals von ihm so schonend berücksichtigt wie das russische." Für den sowjetrussischen Aufbau waren „die in vollem Lauf befindlichen Lieferungen der deutschen Industrie von größter Wichtigkeit. Die Russen beteiligten sich demnach auch nicht an dem 1933 einsetzenden Boykott Hitlers, sondern sie erhöhten ihre Kredite und Goldlieferungen für Maschinenlieferungen beträchtlich[113]." Der Reichskanzler empfing im Beisein des Reichsaußenministers am 28. April den sowjetrussischen Botschafter Chintschuk zu einem Gespräch, das der Pflege der deutsch-sowjetischen Beziehungen diente. Auch hatte der deutsche Botschafter von Dirksen in Moskau dem sowjetrussischen Außenminister Litwinow im Auftrag des Auswärtigen Amtes mitgeteilt, die Polizeiaktion bei der „Derop" habe lediglich den Zweck gehabt, die Gesellschaft von kommunistischen Elementen zu säubern. Die deutsche Regierung lege Wert auf normale Beziehungen zu Rußland und besonders auf die Entwicklung des deutsch-russischen Handels. Die Arbeit der Gesellschaft werde durch die Säuberungsaktion in keiner Weise gestört[114].

Die Sowjetunion erwies sich für die Regierung Hitler bei der Überwindung der außenwirtschaftlichen Schwierigkeiten ungewollt, ähnlich wie die USA, als wichtige Stütze. Während Brünings Amtszeit war ein Handelsabkommen über Lieferung von Maschinen mit Moskau geschlossen worden. Die Zahlungen hatten im Laufe von viereinhalb Jahren in Vierteljahresraten zu erfolgen. „Hitler erfreute sich", laut Brüning, „des vollen Genusses dieser Zahlungen von 1,5 bis zwei Milliarden Mark in ausländischer Währung, Gold und Rüstungsmaterial[115]."

113 Diels, Lucifer ante portas, S. 191.
114 ADAP, Nr. 197 v. 28. Apr. 33; VZ, Nr. 203 v. 29. Apr. 33, Morgen-A., S. 1: „Chintschuk beim Reichskanzler".
115 Brüning in einem Vortrag an der Universität Chicago. Undatierter Auszug aus den „Neuesten Züricher Nachrichten".

Nicht nur die Handelsinteressen zwischen dem Reich und der UdSSR wurden daher weitergepflegt, auch der Berliner Vertrag wurde wieder verlängert.[116] Lediglich die militärische Zusammenarbeit wurde durch Rückberufung der deutschen Offiziere aus der Sowjetunion eingestellt. „Auch heute noch", schrieb Botschafter Dirksen aus Moskau, „sind daher für Deutschland dieselben Gründe, die 1922 zum Abschluß des Rapallo-Vertrages und 1926 zum Abschluß des Berliner Vertrages geführt haben, lebendig und wirksam[117]."

Trotzdem verschlechterten sich im Laufe des Jahres die gegenseitigen Beziehungen. Dazu trug auf beiden Seiten die Presse erheblich bei, aber auch die scharfen antikommunistischen Maßnahmen vor allem Görings, von denen die sowjetrussischen Vertreter und Handelsmissionen nicht unberührt blieben. Ein Gefühl des Mißtrauens und der Unsicherheit kam auf beiden Seiten auf. Gegenseitig erfolgten Beschuldigungen einer Umorientierung der Außenpolitik in Richtung auf Frankreich. Im September beschwerte sich der sowjetische Geschäftsträger, daß die Ausfuhr seines Landes nach Deutschland gegenüber 1932 um 44 % zurückgegangen sei[118]. „Die Gereiztheit der hiesigen amtlichen Stellen über die nicht abreißende Kette von Zwischenfällen, insbesondere aber über die Ehrtsche Broschüre, hat einen ungewöhnlich hohen Grad erreicht. Sie beginnt eine ernste Gefährdung guter deutsch-sowjetischer Beziehungen zu werden . . ." meldete die deutsche Botschaft aus Moskau am 19. Sept. 1933[119].

Der Nachfolger Dirksens als deutscher Botschafter in Moskau, Nadolny, erhielt am 11. November Richtlinien, die in Anknüpfung an die Äußerung des Reichskanzlers vom 23. März betonten Nachdruck auf gute Beziehungen legten[120]. Doch hatte sich eine weitere Abkühlung des gegenseitigen Verhältnisses nicht vermeiden lassen. „Die russische Regierung wird es Deutschland nie verzeihen", meinte der Reichskanzler, „daß wir den Kommunismus in Deutschland zerschlagen haben, denn das Schicksal Sowjetrußlands ist mit unserer Revolution entschieden worden[121]." Im Dezember berichtete Nadolny über ein langes Gespräch mit Litwinow, bei dem es verschiedentlich „zu sehr scharfen Auseinan-

---

116 ADAP, Nr. 212 v. 5. Mai 33: „Dirksen an das AA".
117 ADAP, Serie C, I, Nr. 212 v. 5. Mai 33.
118 Ebda, I, 2 Nr. 421 v. 8. Sept. 33.
119 Ebda, Nr. 438 v. 19. Sept. 33.
120 ADAP, Serie C, II, 1 Nr. 66 v. 13. Nov. 33.
121 Ebda, I, 2 Nr. 456 v. 26. Sept. 33.

dersetzungen" kam. Litwinow zählte folgende Beschwerdepunkte auf:

„Angebliche Verhandlungen Papens mit Franzosen auf Kosten Sowjet-rußlands, Hitler-Buch, Bestrebungen Rosenbergs etc., wobei er nur das Hugenberg-Memorandum vergaß, worauf ich ihn ironisch aufmerksam machte. In neuester Zeit habe Deutschland, wie hier bekannt geworden sei, Fühlung mit Japan aufgenommen, was in der Sowjetunion angesichts ihrer gespannten Beziehungen zu Japan große Beunruhigung hervorrufe. Auch habe die Sowjetregierung zuverlässige Informationen, daß deutsche Stellen mit ukrainischen Konterrevolutionären in Verbindung ständen und Selbständigkeitsbewegungen in der Ukraine förderten[122]."

Anfang Januar 1934 meldete Nadolny eine weitere Verschlechterung des beiderseitigen Verhältnisses:

„Die intransigente Haltung Litwinows, seine ausdrückliche Ablehnung, den Botschafter über die gegenwärtigen außenpolitischen Absichten der Sowjet-Regierung zu unterrichten, wie seine übrigen von Mißtrauen gegen die Politik der Reichsregierung getragenen Ausführungen, besonders über seine Annäherung an die französische Gruppe, lassen kaum noch einen Zweifel, daß die Sowjet-Regierung einen der ‚Rapallo-Politik' entgegengesetzten Frontwechsel ihrer Außenpolitik vollzieht oder bereits vollzogen hat und in allen uns interessierenden Fragen auf der Seite der französischen Gruppe zu finden sein wird. Die Sowjet-Regierung hat damit den Berliner Vertrag in seiner praktischen Bedeutung ausgeschaltet, wodurch für uns das Problem der deutsch-sowjetischen Beziehungen in seiner Gesamtheit aufgerollt wird[123]."

Die Beziehungen zu den Vereinigten Staaten von Amerika

Die USA waren durch den Krieg zum Hauptgläubiger nicht nur Europas, sondern der ganzen Welt geworden. Ihr wichtigstes außenpolitisches Problem war die Beitreibung der Schulden und der Zinsen. Die Weltverschuldung belief sich nach Feststellung der VZ im Frühjahr 1933 auf rund 200 Milliarden Reichsmark[124]. Am stärksten verschuldet war

---

122 Ebda, II, 1 Nr. 127 v. 14. Dez. 33.
123 Ebda, II, 1 Nr. 165 v. 7. Jan. 34.
124 VZ, Nr. 140, v. 23. Mrz. 1933, Abend-A., Finanz- und Handelsblatt; ferner: MP, Nr. 288 v. 12. Dez. 1932, S. 3:

„Amerika und die Kriegsschulden.
Die früher alliierten Staaten England, Frankreich, Belgien sowie Polen und die Tschechoslowakei haben Mitte November, unmittelbar nach der amerikanischen Präsidentenwahl, bei den Vereinigten Staaten um Aufschub der am 15. Dezember fälligen Kriegsschuldenrate nachgesucht. Amerika hat das am 23. und 24. November abgelehnt. Der deprimierende Eindruck, den das amerikanische Nein auf die großen Finanzmärkte gemacht hat und der Sturz des Pfundsterlings, der alle seine eigenen Rekorde schlägt, lieferte den Regierungen in London und Paris neue Waffen für ihr diplomatisches Gefecht mit Washington. In den ersten Dezembertagen richteten daher England, Frankreich und Belgien neue, gesonderte Noten nach Washington, um ihren amerikanischen Gläubigern von der Notwendigkeit einer Zahlungseinstellung zu überzeugen. Wie die soeben erfolgte neueste Antwort Amerikas ersehen läßt, ist ihnen dies nicht gelungen.
Die katastrophale Enttäuschung haben die Alliierten Mächte vor allem der mangelnden Vertrautheit mit der Volksstimmung in den Vereinigten Staaten zu verdanken. Zu früh hat man Roosevelt zugejauchzt, der sich in der Schuldenfrage orthodoxer zeigte als sein Vorgänger, und Hoover hat mit Rücksicht auf die abgeneigte Einstellung des Kongresses die Zahlungsaufträge nicht rückgängig gemacht. Die ehemals alliierten Staaten sind dadurch in eine peinliche Lage versetzt. Sie sehen sich um den Lohn ihres Entgegenkommens in Lausanne geprellt, da der oberste der Gläubiger unnachgiebig bleibt. Freilich hatte man sich in Lausanne die Möglichkeit offen gehalten, das europäische Abkommen ungültig werden zu lassen, wenn Amerika nicht den Schlußpunkt darunter setzen würde. Aber die Reparationen wurden ja nicht aus Humanität gestrichen, sondern weil man von ihrer Uneinbringlichkeit überzeugt war und sogar die Schädlichkeit weiterer Zahlungen offenkundig wurde. Diese spät gewonnene Einsicht müßte aufgegeben werden, wenn die europäischen Gläubigerländer zum Young-Plan zurückkehren wollten. An diese äußerste Konsequenz denkt aber niemand ernstlich.
Das Schuldenproblem ist jedenfalls übersichtlicher geworden. Auf der einen Seite steht ein Gläubiger, auf der anderen Seite ein Block von – Siegermächten. Um so pikanter wirkt die Debatte. Hier scheint den Alliierten die Rolle Deutschlands zugeteilt zu sein, während Amerika sich in der ehemaligen Rolle Frankreichs gefällt. Ein Unterschied besteht allerdings: Die Reparationen stützten sich auf eine unsolid aufgemachte Rechnung, während die Amerikaner sich auf glaubwürdige Ziffern wirklich geliehener Beträge stützen können. Diese Beträge wurden aber in der Form von Bomben und Geschossen in Europa in die Luft gepulvert, sie haben also die Zahlungsfähigkeit des Schuldners nicht nur nicht erhöht, sondern sie noch vermindert. Die Alliierten machen heute die gleichen Einwendungen geltend, die seinerzeit Deutschland gemacht hat, um den Unsegen der Reparationen nachzuweisen. Was Deutschland gegen die Franzosen vorbrachte, das dient jetzt England und Frankreich als wissenschaftliche Waffe gegen Amerika, daß Schulden nur durch Waren abgezahlt werden können und daß der Schuldner zu überhitzter Ausfuhr gezwungen ist, wider Willen zum fanatischen Konkurrenten des Gläubigers wird, so daß diesem schließlich aus pünktlich geleisteten Zahlungen mehr Schaden als Nutzen erwächst. Die Alliierten brauchen sich nicht in geistige Unkosten zu stürzen. Zahlreiche Noten Deutschlands in ihren auswärtigen Ämtern tun ihnen die Dienste, und den Journalisten stehen die breiten Ausführungen in der damaligen deutschen Presse zur Verfügung. Hier liegen die gleichen Beweisgründe aufgestapelt, die jetzt gegen Amerika aufs neue brauchbar werden.
Vermutlich aus dem Gefühl der ursprünglich falsch beurteilten amerikanischen Stimmung ist die zweite britische Note an Amerika vorwiegend auf die öffentliche Meinung der Vereinigten Staaten abgestimmt. Die endgültige Entscheidung über die Revision der Kriegsschulden liegt aber in den Händen des amerikanischen Bundesparlaments. Und dieses seit dem 5. Dezember tagende Parlament ist noch nicht der am 8. November neu gewählte Kongreß mit demokratischer Mehrheit, sondern es

ist die gleiche Körperschaft, die seinerzeit nur sehr zögernd ihre Zustimmung zum Hoover-Moratorium gab und sich ausdrücklich gegen jede Schuldenstreichung oder Senkung und gegen jede andere Deutung dieses Beschlusses erklärte. Zwischen Regierung und Bundesparlament besteht daher ein geradezu historisch gewordener Gegensatz in der Kriegsschuldenfrage. Hoover und seine Regierung sind mit ihren Vorschlägen zur Behandlung der Schuldenfrage seit jeher dem Bundesparlament weit vorausgeeilt. Seinen sowie den Erwägungen des amerikanischen Botschafters Mellon in London und des Unterstaatssekretärs Castle über die Zahlungsunfähigkeit der Kriegsschuldner schenkte das Parlament mit Rücksicht auf seine Wähler nach wie vor keine Beachtung. Hoover hat seinen Standpunkt zugunsten des Kongresses geändert und will nur mehr von einer etwaigen Abänderung der Art der Schuldendeckung etwas wissen, während er das Argument der Alliierten, daß das Lausanner Abkommen etwas mit Amerika zu tun habe, zurückweist. Roosevelt aber will sich völlig freie Hand bewahren, um auf der Abrüstungs- und Weltwirtschaftskonferenz die Schuldenfrage als Druckmittel anwenden zu können. Darum herrscht heute in den gesamten politischen Kreisen Washingtons der Eindruck vor, es müsse auf dem Gebiete der Abrüstung ein ganz bedeutender Schritt vorwärts getan werden, ehe man sich bereit findet, ein Programm zur Linderung der Kriegsschulden einzugehen. Die Argumente der Gegner der Schuldenrevision sind eben doch auch recht gewichtige, nämlich:
1. Amerika hat bereits einmal eine Ermäßigung eintreten lassen, 2. die Ermäßigung der Schulden erschüttert die Grundlagen des internationalen Kreditwesens, da in Zukunft niemand mehr wird Kredit geben wollen, 3. die Schuldnerländer geben das drei- bis zwanzigfache jährlich für ihre Rüstungen aus, folglich müssen sie Geld haben, 4. die Schulden machen nur 1,4 bis 4,1 Prozent des Budgets der Schuldnerländer aus, 5. Jede Schuldensenkung ginge auf Kosten des amerikanischen Steuerzahlers, der ohnehin mit Steuererhöhungen rechnen muß und 6. Amerika hat keine Garantie, daß die erlassenen Schulden nicht zu Rüstungszwecken Verwendung finden.
Die letzte amerikanische Antwort auf die zweiten alliierten Noten läßt bereits erkennen, daß wohl auch der Kongreß endgültig auf seiner Weigerung, das Stundungsgesuch der europäischen Mächte in Betracht zu ziehen, bestehen bleiben wird. Dann heißt es zahlen oder nicht zahlen. Italien hat seine Zahlung von vornherein angekündigt. England hat bereits Vorsorge getroffen, in Gold zu bezahlen. Dann wird wohl auch Frankreich mit Rücksicht auf den von Herriot wiederholt verfochtenen Standpunkt der Achtung vor den Verträgen sich für Zahlung entscheiden. Denn wenn die Engländer sich zur Erlegung ihrer 95 Millionen Dollar verstehen, können sich die Franzosen kaum der Bezahlung von nur 19 Millionen entziehen. Aus diesem Grunde werden in Paris auch nur mehr die verschiedenen Möglichkeiten der Zahlung geprüft, nämlich die Zahlung in Dollar, die Zahlung mit Vorbehalten, Zahlung mit Bonds, die Festlegung des Betrages bei der Bank für internationale Zahlungen in Basel oder bei der Bank von Frankreich. Nach Abschluß der Besprechungen Herriots mit Macdonald und Chamberlain wird daher wohl eine Zahlungsverweigerung und die Anrufung eines Schiedsgerichts kaum mehr in Frage kommen.
Was die Entscheidung für Frankreich schwer macht, das ist die an seine Politik gestellte Forderung eines gleichzeitigen Zurückgehens auf der ganzen Linie: Konzession an Amerika, was die Schuldenzahlung betrifft, Konzession an Deutschland, was die Gleichberechtigung angeht, Konzession an Italien in bezug auf die Flottenparität. Es wird nicht leicht sein für Herriot, gleichzeitig auf diesen drei Schachbrettern zu spielen.

C."

Deutschland als der Verlierer des Weltkrieges. Hitler hatte schon 1931 einem Vertreter der Associated Press erklärt, daß die privaten Auslandsschulden „unter allen Umständen" bezahlt werden müßten. Auch als Reichskanzler bekannte er sich dazu[125]. Das Reich war bereit zu zahlen, doch konnte es das nur aus Exportüberschüssen. Die alliierten Siegermächte aber machten als Schuldner den Amerikanern erhebliche Schwierigkeiten; besonders das reiche Frankreich weigerte sich zu zahlen, wenn und solange nicht das Reich seine Reparationen begleiche. Für diesen „Kausalkonnex" hatten die Amerikaner jedoch kein Verständnis; das kam Deutschland wieder zugute. Nachdem die Franzosen im Dezember 1932 ihre Rate in Höhe von über 19 Millionen Dollar zu zahlen sich geweigert hatten – übrigens taten dies auch Belgien, Polen, Estland und Ungarn –, war im Juni 1933 die nächste Rate fällig. Auch dieses Mal lehnte Frankreich es ab, seiner Verpflichtung nachzukommen. Das geschah mit der stereotypen Formel: „Ohne Reparationen keine interalliierten Schulden[126]."

Eine merkwürdige Übereinstimmung zeigte die Entwicklung in Deutschland und in den USA, der kriegsentscheidenden Macht der beiden Weltkriege. Sie trat in den beiden führenden Persönlichkeiten zutage, dem Reichskanzler Adolf Hitler und dem Präsidenten Franklin D. Roosevelt. Sie traten zu gleicher Zeit ihr Amt an, regierten gleich lang und starben beide zur gleichen Zeit, im April 1945. Die USA waren durch ihre Einmischung in den europäischen Krieg ab 1917 zur schicksalsbestimmenden Macht Europas geworden. Sie hatten den Krieg zugunsten der Alliierten gegen die Mittelmächte entschieden, sie waren an Stelle Englands durch den Krieg zur Gläubigermacht Europas, der Welt, geworden. Die Weltwirtschaftskrise von 1929 ging von der New Yorker Börse aus. Die USA als die Vormacht des liberal-kapitalistischen Systems in Nachfolge Englands, das durch den Krieg zum Schuldnerland geworden war, wurden auch von der Krise und der Massenarbeitslosigkeit erfaßt. Die Regierung Roosevelt sah sich deshalb auch zu Eingriffen in die Wirtschaft, zu dirigistischen Maßnahmen gezwungen.[127] Präsi-

---

125 VZ, v. 24. Febr. 1933: „Amerikanisches Interview Hitlers."
126 VZ, v. 13. Juni 1933, Artikel: „Der 15. Juni. Frankreich und seine Kriegsschuldenrate."
   S. a. SEG, 73, 1932, S. 427.
127 S. a. VZ v. 4. Febr. 33:   „Die Elite hat das Wort
                Eigene Meldung der Vossischen Zeitung
                            NEW YORK, 2. FEBRUAR
   Der Finanzausschuß des Senats forderte 52 führende Persönlichkeiten des amerikanischen Wirtschafts- und Geisteslebens auf, im mündlichen Vortrag vor dem ·

dent Roosevelt, im November 1932 gewählt, trat im März sein Amt an. Nachdem am 1. Februar 1933 Reichskanzler Hitler seinen Vierjahresplan zur Bekämpfung der Arbeitslosigkeit und zum Wiederaufbau der Wirtschaft mit staatlicher Hilfe verkündet hatte, gab Roosevelt am gleichen Tag sein Arbeitsbeschaffungsprogramm als künftiger Präsident andeutungsweise bekannt: Zur Wiederherstellung des Gleichgewichts zwischen Stadt und Land stellte er vor allem große Aufforstungsarbeiten in Aussicht, ferner den Bau riesiger Flutbecken zur Verhinderung von Überschwemmungen. Damit sollten dann Trocken- und Ödgebiete kultiviert und für landwirtschaftliche Zwecke nutzbar gemacht werden. Dieser Plan sollte versuchsweise in Tennessee verwirklicht und dann auf das ganze Land übertragen werden[128].

Ein Ausschuß des Repräsentantenhauses unterbreitete eine Vorlage über Einführung der Dreißig-Stunden-Woche – sechsstündige Arbeitszeit in der Fünftage-Arbeitswoche – zur Einschränkung der Arbeitslosigkeit. Die Finanzkrise breitete sich aus und zwang die Regierung zu ähnlichen Maßnahmen für die Behauptung der Währung, wie sie 1931 im Deutschen Reich hatten getroffen werden müssen. So wurde in der zweiten Februarhälfte die staatliche Aufsicht über die US-Banken verfügt, Anfang März schlossen die Banken, und die Regierung verhängte einen dreitägigen Bankfeiertag über die USA; die New Yorker Börse wurde geschlossen. Die Notmaßnahmen erfolgten teilweise nach deutschem Muster[129]. Das neue Bankgesetz räumte dem Präsidenten ähnliche diktatorische Vollmachten wie während des Krieges ein. Er konnte sogar Notgeld herausgeben lassen. Für illiquide Geldinstitute wurden Treuhänder eingesetzt[130]. „Die amerikanische Regierung vertrete den Standpunkt", erklärte Staatssekretär Hull, „daß die Zeit des ‚Laissez Faire', des rücksichtslosen individuellen Wettbewerbs und der nationalistischen Isolierung auf wirtschaftlichem Gebiete vorbei sei[131]." Das war der Schwanengesang auf den wirtschaftlichen Liberalismus. Das Ermächtigungsgesetz für den Präsidenten wurde vom Senat mit Drei-

---

Senat ihre Ansichten über die B e k ä m p f u n g d e r D e p r e s s i o n zu entwickeln. Die Senatskreise versprechen sich von dieser Vernehmung der geistigen Elite, unter der sich Owen Young, Alfred Smith, Bernard Baruch, Murray und Butler befinden, ein ungeschminktes Bild über die Wirtschaftslage des Landes und praktische Vorschläge für die Roosevelt-Regierung."
128 VZ v. 1. Februar 1933.
129 Ebda, 96 v. 25. Febr. 33, Abend-A., Nr. 108 v. 4. Mrz., Abend-A.
130 Ebda, Nr. 110, v. 6. Mrz., Abend-A.
131 Ebda, Nr. 169 v. 9. Apr. 33, Morgen-A., S. 1; SEG, 74, 1933, S. 405 f.

viertelmehrheit angenommen. Der Präsident erhielt durch dieses Inflationsgesetz folgende Vollmachten[132]:

> „Eigene Meldung der Vossischen Zeitung
>
> New York, 29. April
> Der Senat hat gestern abend das Inflationsgesetz mit Dreiviertelmehrheit angenommen. Das Abstimmungsergebnis bedeutet einen Sieg des Präsidenten Roosevelt auf der ganzen Linie; er hat alle Vollmachten erhalten, die er begehrte. Das Gesetz erteilt dem Präsidenten folgende Ermächtigungen:
>
> 1. Die von der Regierung ausgegebenen Obligationen in der Höhe von 3 Milliarden Dollar können durch Papiergeld getilgt werden, das nicht durch Gold gedeckt ist. Dieses Papiergeld soll im Laufe von 25 Jahren wieder eingezogen werden, so daß in jedem Jahre 4 Prozent eingezogen wird.
> 2. Der Goldgehalt des Dollars wird bis zur Hälfte der gegenwärtigen Goldbasis herabgesetzt, unabhängig davon, ob diese Maßnahmen auf Grund eines internationalen Übereinkommens oder ohne ein solches Abkommen durchgeführt werden kann.
> 3. Silbergeld kann in unbeschränkter Höhe ausgeprägt werden. Die Festsetzung des festen Wertverhältnisses zum Gold wird dem Präsidenten überlassen.
> 4. Die bereits fällig gewordenen und die Mitte Juni fällig werdenden Kriegsschulden können in Silber gezahlt werden, dabei soll die Unze Silber mit höchstens 50 Prozent bewertet werden.
> 5. Die Preise der agrarischen Produkte sollen durch ein Prämien-System oder andere Methoden, deren Auswahl dem Landwirtschaftsminister überlassen bleibt, reguliert werden.
> 6. Den Farmern soll staatliche Hilfe in der Weise gewährt werden, daß die notleidend gewordenen Farmhypotheken neu finanziert werden in der Form von Obligationen der staatlichen Landbanken, die bis zur Höhe von zwei Millionen Dollar ausgegeben werden können.
> 7. Es soll ein zentral geleiteter Baumwoll-Pool geschaffen werden, um die Baumwollpreise zu steigern. An dem Gewinn dieses Pools sollen jene Baumwollpflanzer beteiligt werden, die den Anbau einschränken.
> Ebenfalls angenommen wurde ein Heimstätten-Hilfsgesetz. Die staatlichen Heimstättenbauten können zwecks Übernahme von Grundhypotheken Obligationen bis zur Höhe von zwei Millionen Dollar ausgeben. Diese Obligationen sollen eine 18jährige Laufzeit haben.
> Präsident Roosevelt hat mit diesen verabschiedeten Gesetzen ungewöhnliche Vollmachten erhalten."

---

132 VZ, Nr. 204 v. 29. Apr. 33, Abendausgabe.

Praktisch hatte Roosevelt als „Finanzdiktator" unbegrenzte Vollmachten für die Währungsregelung[133].

Reichsbankpräsident Dr. Schacht reiste im Mai nach Amerika, um die Schuldenfrage zu regeln. Ausgangspunkt war die praktische Zahlungsunfähigkeit des Reiches in Devisen. Schacht betonte immer wieder, das Reich stehe zu seinen Verpflichtungen, besonders zur Einlösung der kommerziellen Schulden, könne die Mittel dazu aber nur durch erhöhte Warenausfuhr aufbringen. Er überbrachte dem amerikanischen Präsidenten „die wärmsten Grüße" des Reichskanzlers und wies darauf hin, daß die USA den Krieg entschieden und gewonnen hätten und deshalb die Verantwortung für die Herstellung und Aufrechterhaltung des Friedens trügen. Er führte mehrere Gespräche mit Präsident Roosevelt. Bei den Verhandlungen war auch der deutsche Botschafter Dr. Luther, früherer Reichsbankpräsident, zugegen.

Am Schluß des Frühstücks, so berichtete Schacht noch am gleichen Tag über sein erstes Gespräch mit Präsident Roosevelt am 6. Mai[134], brachte der Präsident einen Trinkspruch auf den Herrn Reichspräsidenten aus, wobei er an seinen Jugendaufenthalt in Deutschland anknüpfte. Ich erwiderte, indem ich die Grüße und Wünsche des Reichskanzlers überbrachte, mit einem Trinkspruch auf ihn selbst. Schacht fuhr fort:

„Nach Tisch blieb genau ½ Stunde für eine Unterhaltung zwischen dem Präsidenten und mir unter vier Augen. Er begann mit der Judenfrage, die zweifellos sehr geschadet habe, nicht etwa aus besonderer Judensympathie, sondern aus altem angelsächsischem Gefühl der Ritterlichkeit heraus gegenüber den Schwächeren. Er vertiefte dieses Thema aber nicht und meinte, man werde darüber hinwegkommen, wenn auch Bedeutung nicht zu unterschätzen sei. Das amerikanische Volk habe leider auch nicht richtiges Verständnis dafür, wenn es in dem Lichtspieltheater die marschierenden uniformierten Nazikolonnen sähe. Die Amerikaner hielten jede uniformierte Formation ohne weiteres für Militär.
Er ging dann über zu den handelspolitischen Fragen und entwickelte zwei Gedanken. Der erste war, man solle sich über Zollherabsetzung für eine Reihe von Artikeln einigen und lieber zunächst einmal einen Anfang mit wenigen Artikeln machen, um dann darauf hinzuarbeiten, immer mehr und mehr Artikel im Laufe der Zeit anzufügen. Die Verpflichtung müßte dahin lauten, zum mindesten auf lange Zeit, wenn nicht für immer, auf

133 Ebda, Nr. 211 v. 4. Mai 33, Morgen-A.
134 ADAP, Serie C, I, 1 Nr. 214: „Präsident Schacht an das AA".

eine Wiederheraufsetzung solcher Zölle zu verzichten. Er erwähnte hierbei, daß sein Staatssekretär des Äußern an und für sich Freihändler sei. Die zweite Idee war folgende: Angenommen, das amerikanisch-deutsche Handelsverhältnis sei heute 300 zu 100, so müsse ein Weg gefunden werden, um dieses Handelsvolumen auf beiden Seiten um, absolut genommen, die gleiche Ziffer zu steigern, beispielsweise auf jeder um 100. Dadurch würde sich Gesamtverhältnis zu Gunsten Deutschlands verschieben, nämlich nicht mehr 3 zu 1, sondern 2 zu 1 sein. Dieses Schema solle den Schuldnerstaaten gegenüber angewandt werden und ihnen die Abtragung der Schulden ermöglichen. Meine Frage, welche Materie er für Durchführung dieses Gedankens gefunden habe, beantwortete er damit, daß seine Sachverständigen mir die Details mitteilen würden, obgleich sie selbst nicht an die Durchführbarkeit seiner Idee glaubten.

Der Präsident kam dann auf äußeren Ablauf Weltwirtschaftskonferenz zu sprechen. MacDonald habe ihm gesagt, die Konferenz werde von Juni bis Dezember dauern. Roosevelt habe geantwortet, das sei unmöglich; sie müsse in zwei Monaten spätestens zu einem erfolgreichen Ende gebracht sein. Auf die Antwort MacDonalds, dies sei unmöglich, habe Roosevelt gesagt, vielleicht könne man so prozedieren, daß über die großen und grundsätzlichen Fragen in der Vollkonferenz innerhalb von zwei Monaten eine Einigung erzielt werden müsse und daß man dann den Detailskomitees die Vollmacht erteilen solle, die Detailsausführungen zu beschließen.

Mit dem letzten und längsten Teil seiner Ausführungen kam der Präsident dann auf Abrüstungsfrage. Er billigte den MacDonald-Plan grundsätzlich, meinte aber, MacDonald habe es nicht verstanden, den großen Volksmassen diesen Plan richtig klar zu machen. Man sollte dies aber tun mit folgendem Gedankengang: Alle Welt habe heute Furcht vor militärischen Angriffen. Der Grund liege darin, daß die Angriffswaffen heute sehr viel stärker seien als Verteidigungswaffen. Man müsse also Angriffswaffen so weit ausschließen bzw. reduzieren, daß die Verteidigungswaffen als ausreichend empfunden würden. Die Hauptangriffswaffen seien Gas, große Kanonen, Tanks und Flugzeuge, wobei er unterstrich ,,jeder Art, nicht nur Bombenwerfen". Zur Zeit sei Deutschland hinsichtlich Verteidigung und Angriff auf einem niedrigen Niveau und Frankreich hinsichtlich Verteidigung und Angriff auf einem hohen Niveau. Präsident machte die entsprechenden Handbewegungen dazu. Nun fürchtet Frankreich, daß wir auf ein höheres Niveau hinaufkommen wollten, während es selbst auf das dann vorhandene Niveau von Deutschland heruntersteigen soll. Er, Roosevelt, sei nun der Meinung, daß, wenn Frankreich wirklich ausführen würde, was es ihm versprochen hätte, nämlich daß es ,,in Etappen" auf das jetzige Niveau von Deutschland herunterkommen wolle, so sei dies ein Weg, den man beschreiten müsse, allerdings unter der Voraussetzung, daß dieser Etappe eine andere in kurzen Abständen (er brauchte den Ausdruck von Jahr zu Jahr), folgen würde. Ich erwiderte auf diese Ausführungen, daß ich keinerlei politisches oder militärisches Verständnis besitze und lediglich Ausführungen zur Kenntnis nehmen könne. Im Laufe der Diskussion machte ich jedoch zweckdienliche Einwürfe. Der eine lautete ,,und Polen?", worauf die Antwort erfolgte: Für Polen müsse das gleiche gelten. Mein zweiter Einwurf war: ,,und mittlerweile bleibt Deutschland der Gnade seines Nachbarn ausgeliefert", worauf eine Erwiderung nicht erfolgte.

Es folgte dann noch eine kurze Bemerkung über den Kelloggpakt, den er für unzulänglich hielt und den er, wenn es nach ihm ginge, durch einen anderen Pakt ersetzen würde, worin jeder Staat sich verpflichten solle, während der nächsten 10 Jahre keinen einzigen bewaffneten Soldaten über die Grenzen seines Landes zu senden. Damit schloß Unterredung, bei der ich so gut wie lediglich zugehört habe. Eine neue Unterhaltung soll bei schlechtem Wetter morgen, Sonntag, bei gutem Wetter Montag erfolgen. Sowohl bei Tisch wie nachher ließ Präsident eine zweifellose Sympathie für die Persönlichkeit des Reichskanzlers erkennen und äußerte, daß er Hoffnung habe, ihn bald einmal zu sehen. Er brauchte einmal im Gespräch die Wendung, als es sich um die rasche Durchführung von Regierungsmaßnahmen handelte, es gäbe nicht überall so handlungsfähige Faktoren wie sie (wörtlich) Mussolini, Hitler und Roosevelt darstellen.

Unter Hinweis auf Präsidenten-Trinkspruch auf Reichspräsidenten glaube empfehlen zu sollen, daß Reichspräsident mich durch Sondertelegramm ermächtigt, Dank und Grüße Reichspräsidenten zu überbringen.

Schacht"

Am 8. Mai hatte Schacht ein zweistündiges Gespräch unter Vorsitz des Außenministers Hull über das wirtschaftliche Programm. Dabei fand er Gelegenheit, das von der deutschen Regierung auf seine Veranlassung vorbereitete Transfer-Moratorium mitzuteilen und zu begründen. Die Reaktion war nach seiner Beobachtung ,,vollkommen ruhig und brachte keinerlei Einwendungen". Am Nachmittag des gleichen Tages sprach er in Begleitung von Botschafter Luther beim Präsidenten vor und brachte auch hier das Transfer-Moratorium zur Sprache

,,mit absolut gleichem Effekt. Erbitte nunmehr beschleunigtes Handeln und frühzeitige Information über Programm und zeitliche Durchführung, damit wir hier Öffentlichkeit behandeln können", schrieb er zum Schluß[135].

---

135 ADAP, Serie C, I, 1 Nr. 215 v. 8. Mai 33.

Das Ergebnis seines Besuches nach der freundlichen Verabschiedung durch Präsident Roosevelt faßte Schacht zusammen[136]:

„Für Herrn Reichskanzler.

Nachtrage hierdurch Bericht Freitag/Sonnabend. Abschied bei Präsident. Sehr freundlich, plazierte mich neben Sofa, legte Hand auf mein Knie: „You made excellent impression by your frankness." Berührte kurz Transfer-Frage, billigte Vorschlag laut Tel. 16. Überging dann Abrüstungsfrage, um wie üblich gut zuzureden. Ich wurde sehr ernst und versicherte, deutsches Volk nicht bereit, nach 15jähriger maßloser Ungerechtigkeit weiter als Volk zweiter Klasse behandelt zu werden. Wenn Alliierter Abrüstung nicht erreichbar, hoffte ich, daß Amerika keine Mitverantwortung hierfür übernehmen werde. Präsident auftrug Grüße Reichspräsident, Reichskanzler, begleitete mich ans Auto. Hinterher eine ¾-stündige Unterredung mit Undersecretary State Phillips, wo ich Argumente wiederholte und verstärkte. Selbstverständlich könnten und wollten wir keinen Krieg führen, aber alle Versuche Weltwirtschafts-Frieden wiederherzustellen, würden vergeblich sein.

Freitag abend Besprechung New York mit führenden Juden. Meine Warnung, jeder äußere Druck werde Sache nur verschlimmern, machte einigen Eindruck. Sonnabend tagsüber Bankier Besprechungen bei Federal Reserve, spät nachmittags mit MacDonald, Leiter foreign policy association, der kürzlich in Berlin Kanzler sah. MacDonald war nach mir beim Präsidenten gewesen und telephonierte, er müsse mich dringend sprechen. Mich besuchend, ausführte er, Stimmung Paris und anderswo sei erschreckend. Man spräche von Aufteilung Deutschlands und Nachholung des in Versailles Versäumten. Er bat mich dringend, Kanzler ans Herz zu legen, in Mittwoch-Rede Reichstag große entgegenkommende Geste zu machen. Welche Geste, das wußte er nicht. Ich habe MacDonald in schärfster Weise erwidert, es wäre Schande, wenn Amerika zu solcher Politik stillschweige. Versuch Aufteilung Deutschlands werde Alliierte Wunder erleben lassen. Bedrohungspolitik letzter 15 Jahre verfange nicht mehr.

Nachstehend Gesamteindruck meines Aufenthalts. Letztlich gewachsene amerikanische Sympathien für gerechtere Behandlung Deutschlands durch Zeitungshetze in Judenfrage stark gemindert, doch nehmen ernste Kreise diese Frage nicht tragisch. Empfehle dieselbe gar nicht erwähnen. Gewisse Sympathien für Kolonialbetätigung und Korridorlösung in Kongreß und Öffentlichkeit vorhanden. Absicht Aufrüstung Deutschlands begegnet überall stärkstem Widerspruch, während für Unmoral und Ungerechtigkeit Frankreichs Rüstung einiges Verständnis. Glaube, daß hier

---

136 ADAP, Serie C, I, 1 Nr. 233 v. 15. Mai 1933.

Hebel anzusetzen wäre. Betonung unserer Friedensliebe sehr wichtig. Hoffnung auf Erfolg Weltwirtschaftskonferenz in Amerika nicht besonders groß, namentlich nicht, wenn Verständigung Abrüstung mißlingt. Präsident sagte mir, Zeitungen drängten ihn, London zu gehen, was er nicht tun werde. Meine Bemerkung, er möge sich bei mangelndem Erfolg Fortsetzung Konferenz Washington vorbehalten, von ihm beifällig aufgenommen. Schacht"

Schacht erzielte eine günstige Wirkung mit seinen Verhandlungen und Erklärungen. Einen tiefen Eindruck erweckte seine Erklärung vor der Presse, ,,daß die sogenannte Diktatur Hitlers der gegenwärtigen Machtposition Roosevelts durchaus entspreche". Es sei die höchste Entwicklungsfolge der Demokratie, sagte er, ,,in freier Wahl einen Führer zu wählen und ihm dann die Macht in die Hand zu geben"[137]. Präsident Roosevelt richtete am 16. Mai, einen Tag vor der Rede des Reichskanzlers im Reichstag, eine Botschaft an den Reichspräsidenten, die gleichzeitig auch an die Staatsoberhäupter der zur Weltwirtschaftskonferenz eingeladenen Staaten erging. Er befaßte sich darin mit der Weltwirtschaftskonferenz, der Abrüstung und äußerte außerdem den Wunsch nach einem allgemeinen Nichtangriffspakt. Die Weltwirtschaftskonferenz müsse, so meinte er, durch Stabilisierung der Währungen, durch Freisetzung des Stromes des Welthandels und durch eine internationale Aktion zur Erhöhung der Warenpreise Ordnung schaffen. ,,Das letzte Ziel der Abrüstungskonferenz muß die völlige Abschaffung aller Angriffswaffen sein. Das unmittelbare Ziel ist eine wesentliche Beschränkung einiger dieser Waffen und die Abschaffung vieler anderer." An den Kongreß richtete er eine Sonderbotschaft. Auch erklärte er sich grundsätzlich zur Anerkennung der deutschen Forderung nach Gleichberechtigung bereit[138].

Hitler ging in seiner großen Rede am 17. Mai bereitwillig auf die Vorschläge des amerikanischen Präsidenten ein. Reichspräsident von Hindenburg sprach in einem Telegramm Dank und Zustimmung mit Hinweis auf die vom Reichstag einmütig gebilligte Rede des Kanzlers aus. Die Währungspolitik der USA mit der Abwertung des Dollars kam der Regierung Hitler zugute, denn die Abwertung des Dollars verringerte wesentlich den für den Zinsendienst in ausländischer Währung notwendigen Betrag und verminderte erheblich die gewaltige Verschul-

---

137 VZ, Nr. 216 v. 6. Mai 1933, Abend-A.
138 VZ, Nr. 232, 233 v. 16./7. Mai.

dung der deutschen Städte und Industrie gegenüber den Vereinigten Staaten.

Die amerikanische Regierung bemühte sich auch um das Rußlandgeschäft und gewährte den Sowjets Kredite für den Ankauf von Baumwolle. Die Bemühungen um Herstellung der diplomatischen Beziehungen zwischen den USA und Sowjetrußland gingen von Roosevelt aus[139].

Großes Aufsehen erregte in der Welt die Bankuntersuchung in Amerika, weil auch der führende Bankier der Wallstreet, John P. Morgan, vor dem mit der Untersuchung betrauten Senatsausschuß erscheinen mußte[140].

Die Regierung Roosevelt führte ebenfalls wie die Regierung Hitler einen freiwilligen Arbeitsdienst zur Bekämpfung der Arbeitslosigkeit ein; er hieß „Civil Conservation Corps"[141]. Ähnlich wie in Deutschland wurde er für öffentliche Arbeiten eingesetzt.

Auf der Abrüstungskonferenz trat der amerikanische Vertreter Norman Davis für wirksame Abrüstungsmaßnahmen ein und begründete seine Forderungen besonders auf dem Gebiet der Angriffswaffen in „vollkommener Übereinstimmung mit der deutschen Auffassung"[142]. Hauptgrund für das amerikanische Drängen auf Abrüstung war die Weigerung der Alliierten, ihren Schuldverpflichtungen gegenüber den USA nachzukommen. So lehnte es Frankreich ab, seine fällige Kriegsschuldenrate zu zahlen[143], und entrüstete sich auch über die Roosevelt-Botschaft vom 16. Mai. Dagegen zeigte sich England darüber befriedigt und Italien erfreut[144]. Unbeschadet dessen rüstete die amerikanische Marine gewaltig auf, im Widerspruch zu dem nach der Londoner Flottenkonferenz aufgestellten Programm von 1931. Roosevelt war im Weltkrieg Unterstaatssekretär der Marine gewesen und galt als der „Tirpitz" der US-Flotte. Marine und Marinerüstung waren sein persönliches Steckenpferd und dienten außerdem der Arbeitsbeschaffung[145].

In seiner „Deklaration der Wirtschaftsrechte" hob der Präsident hervor, daß der „wirtschaftlichen Oligarchie" Einhalt geboten werden

---

139 SEG, 74, 1933, S. 411.
140 VZ, Nr. 247/8 v. 25. Mai 33. Morgen-A.: „Persönliche Darlehen der Morganbank".
141 VZ, Nr. 391 v. 17. Aug. 33, Morgen-A.: Artikel: „Der Besuch im Geisterdorf. Der freiwillige Arbeitsdienst in den USA."
142 SEG, 74, 1933, S. 468 f.
143 VZ, Nr. 220 v. 9. Mai 33, Abend-A., S. 2.
144 VZ, Nr. 234 v. 17. Mai 33.
145 VZ, Nr. 310 v. 30. Juni 1933, Abend-A., S. 1: „Amerika verstärkt die Flotte. Programmatische Erklärung des Marineministers", ferner VZ, Nr. 314 v. 3. Juli 33, Abend-A.,

müsse. Die industrielle Ausrüstung Amerikas sei vollendet. Seine Wirtschaftsplanung strebe Stabilität an; ihr Ziel sei die richtige Verteilung der Kaufkraft, besonders die Hebung der bäuerlichen Kaufkraft. „Unsere Industriezentren sind übervölkert", sagte der Präsident in seiner Antrittsrede vom 4. März, „und es muß unser Bestreben sein, durch eine Neuaufteilung der Bevölkerung über das ganze Bundesgebiet den für die wirtschaftliche Tätigkeit am besten geeigneten Schichten eine bessere Nutzung des Bodens zu ermöglichen." Im Staate New York, wo er Gouverneur gewesen war, und auch in einigen anderen Staaten werde seit längerer Zeit der Versuch gemacht, „eine engere Verbindung zwischen Land und Industrie herzustellen", und zwar durch Aussiedlung von Industriebetrieben auf das Land. „Billiger elektrischer Strom, gute Straßen und Automobile ermöglichen ohne weiteres eine derartige bäuerlich-industrielle Entwicklung"[146].

Das Wirtschaftsprogramm Präsident Roosevelts zeigte auffallende Ähnlichkeiten mit den deutschen Maßnahmen seit 1931.

Auch gegen das organisierte Verbrechertum nahm die neue amerikanische Regierung den Kampf auf. Unter dem Titel „Roosevelts Kampf gegen die Unterwelt. Die Rackets sollen vernichtet werden" berichtete die „Vossische Zeitung" ganzseitig über Maßnahmen der Bundesregierung gegen die Verbrecherbanden in New York. „Sie ist zu Eingriffen in Angelegenheiten eines Einzelstaates" aufgrund der Sherman Act berechtigt. Bei den Rackets oder Racketeers handelt es sich um solche Personen und Vereinigungen, die sich zusammengefunden haben, um bestimmte Gewerbe zu kontrollieren, Einkaufs- und Verkaufspreise mit illegalen Mitteln zu bestimmen, Händler, die ihnen genehm sind, einzusetzen, andere zu vernichten und Käufer und Verkäufer zu zwingen, ihre Waren bei von ihnen bestimmten Personen zu kaufen. Das Verfahren, dem die Racketeers huldigen, besteht nicht nur aus Erpressungen und finanziellen Manövern, sondern auch und vielfach nach dem Grundsatz, ‚Willst du nicht mein Bruder sein, so schlag' ich dir den Schädel ein', aus Mord und Totschlag, Raub, Diebstahl, Bombenwürfen, Dynamitmaschinen und in kleineren Fällen ‚nur' aus Zertrümmern von Fensterscheiben und Entführung von nicht genehmen Personen. Der Zweck heiligt die Mittel. Jedes Mittel heiligt den Zweck." Die

Nr. 391 v. 17. Aug. 33, Morgen-A. Ebdo, Nr. 420 v. 2. 9. 33 A-A. Artikel: „Amerika rüstet auf. Flottenprogramm wird durchgeführt – und die Abrüstung?"
146 „Präsident Roosevelts Bekenntnis", in VZ v. 16. Juni 1933.

ersten Maßnahmen gegen die Rackets richteten sich gegen das Fischmonopol, das sie über die New Yorker Fischmärkte erlangt hatten." In der oben beschriebenen Weise waren auch fast alle Einzelhändler ihre Untertanen geworden, die nach Erlösung schrien. „Über eine Million Dollars wurden jährlich durch Erpressungen verdient", allein bei diesem Gewerbe mit einem jährlichen Gesamtumsatz von fünfzehn Millionen Dollar[147].

Präsident Roosevelt suchte mit Dollar-Entwertung, Verkürzung der Arbeitszeit, Erhöhung der Löhne die Finanz- und Wirtschaftskrise seines Landes zu überwinden[148]. Dadurch geriet er mit den Stahl- und Ölmagnaten in Konflikt, die sich den staatlichen Maßnahmen nicht beugen wollten, ebenso auch mit den Börsen. Der Präsident führte einen Machtkampf gegen Industrie und Banken, um die Wirtschaft zu sanieren[149]. Mit der Dollar-Abwertung hatte er die Weltwirtschaftskonferenz zum Scheitern gebracht, weil er eine Währungsstabilisierung verhindert hatte[150].

Unter dem Titel „Roosevelts gigantischer Kampf" zählte der VB die drei Hauptprobleme der amerikanischen Wirtschaftskrise auf[151]: 1. das Problem der Beschäftigung von zwölf Millionen Arbeitslosen; 2. die zu niedrigen Baumwollpreise für die amerikanischen Baumwollfarmer; 3. Außenhandel und Schuldnerproblem. Die Schuldner waren bei dem hohen Stand des Goldwertes nicht mehr in der Lage, ihren Zinsen- und Amortisationsdienst zu leisten.

Reichsbankpräsident Schacht sprach am 1. August zu den Amerikanern über Radio[152] mit deutlicher Kritik an der Roosevelt'schen Währungspolitik. „Er halte die Währungsverschlechterung für kein geeignetes Mittel zu seiner Lösung, vielmehr gebe es natürlichere Mittel wie Herabsetzung des Schuldendienstes im Zins und gegebenenfalls im Kapital, Senkung von Steuern für den Schuldner oder ähnliche staatliche Hilfsmaßnahmen. Auf jeden Fall könnte das Schuldenproblem am besten nur in direkten Verhandlungen zwischen den beteiligten Parteien gelöst werden ... Da die Weltwirtschaftskonferenz ein so verhängnis-

---

147 VZ, Nr. 289 v. 18. Juni 1933, Erste Beilage.
148 VZ, Nr. 320 v. 6. Juli 33, Abend-A., S. 1: „Roosevelts Währungspläne". Nr. 346 v. 21. Juli, Abend-A. – S. 1.
149 VZ, Nr. ebda; ferner Nr. 392 v. 17. Aug. S. 1: „USA-Industrie gegen Gewerkschaften". Nr. 396 v. 19. Aug., Abend-A., S. 1: „Roosevelt gegen den Öltrust".
150 VZ, Nr. 320 v. 6. Juli 33, Abend-A., S. 1: „Was will Amerika?"
151 VB, Nr. 297 v. 24. Okt. 33.
152 VZ, Nr. 363 v. 1. Aug. 33, Morgen-A., S. 1: „Schacht an Amerika".

voller Fehlschlag geworden sei, werde Deutschland seine Bemühungen um eine Ausweitung des Welthandels durch zwei- oder mehrseitige Handelsabkommen mit dem Ausland intensiver gestalten . . ." Schacht fuhr fort: „Da die Gläubigerländer einen so großen Export von Deutschland nicht aufnehmen wollten, so werde Deutschland in seinem Bestreben fortfahren, zu gegenseitigen direkten Abmachungen mit seinen Gläubigern über eine Adjustierung der Schuldenverpflichtungen zu gelangen, ohne die 64 Länder, die an der Weltwirtschaftskonferenz teilgenommen hätten, damit zu behelligen."

Die katastrophale Wirtschaftskrise war wahrscheinlich der Hauptgrund für die Anknüpfung der diplomatischen Beziehungen zwischen den USA und Sowjetrußland im Herbst 1933 auf Initiative Roosevelts. „Der unvermittelte Themawechsel", so schrieb die VZ am 21. Oktober zur „Annäherung Washington-Moskau", durch die Ablenkung vom bisherigen Thema Nr. eins, nämlich der Agrarkrise[153], „wird hier als ein genialer Coup Roosevelts angesehen, der es verstanden habe, der wachsenden Nervosität mit der Erweckung neuer Hoffnungen auf das russische Millionengeschäft zu begegnen. Die erste Aufnahme der Meldung", so fuhr das Blatt fort, „war in Wirtschafts- und in politischen Kreisen äußerst günstig. In Börsenkreisen weist man darauf hin, daß der Lebensstandard des russischen Volkes um fünf Sechstel unter der Lebenshaltung in den Vereinigten Staaten liege, so daß der Aufbau eines höheren Lebensniveaus in Rußland und die Hebung seiner riesenhaften Naturschätze der Wirtschaft der Vereinigten Staaten unbegrenzte Gewinnmöglichkeiten eröffnen würde."

„Genosse Litwinow", dem Präsident Wilson 1918 das Agrément als Sowjetbotschafter brüsk verweigert hatte, fand Anfang November eine überaus herzliche Aufnahme in Washington, diesesmal in der Funktion als Außenminister", berichtete die VZ am 9. November[154]. „Riesige russische Aufträge für die Vereinigten Staaten" wurden erwartet, so für Stahlwaren und Eisenbahnmaterial in Höhe von 400 Millionen Dollar, Rohbaumwolle für 50 Millionen D., Wollwaren und Tuche für mehr als dreißig Millionen D. und lebendes Vieh für mehr als zwanzig Millionen D., wußte der VB am 24. Oktober zu berichten[155]. Machtpolitisch be-

153 VZ, Nr. 504 v. 21. Okt., Abend-A., S. 1: „Die Annäherung Washington–Moskau".
154 VZ, Nr. 528 v. 9. Nov. 33, S. 1: „Litwinow bei Roosevelt".
155 VB, Nr. 297 v. 24. Okt. 33; ferner VZ v. 19. Nov. 33: „Die russisch-amerikanischen Abmachungen".

stand kein Zweifel darüber, „daß die amerikanische Anerkennung der Sowjetunion[156] eine bedeutungsvolle antijapanische Note trägt." Die Russen sahen darin eine bedeutsame strategische Entlastung ihres von den Japanern gefährdeten Fernostgebietes wie ihrer gefährdeten Interessen in der Mandschurei und in Nordchina. Bereits im ersten Jahre der Amtszeit des Präsidenten begann sich durch seine Initiative die Machtkonstellation für die beiden nächsten Generationen anzubahnen; für das amerikanische Jahrhundert die Interessen-Gleichheit der beiden Weltmächte im anti-japanischen und im anti-europäischen Sinne.

---

156 VZ, Nr. 504 v. 21. Okt. 33, S. 1, Leitartikel: „USA und UdSSR", ferner VZ, Nr. 538 v. 21. Nov. 33, S. 1, Leitartikel: „Die Anerkennung".

Deutschland um die Jahreswende 1933/34

In dem einen Jahr 1933 hatte sich in Deutschland ein Wandel vollzogen, wie er sich sonst nur in Generationen verwirklichte. Die nationale Erhebung beseitigte den Partikularismus der Länder, die Zersplitterung durch die Parteien, die Klassenspaltung, die ideologischen Gegensätze und schuf die Einheit der Nation mit einer starken zentralen Reichsgewalt, einer autoritären Führung und einer nationalen und sozialen Volksgemeinschaft. Die Schwungkraft der nationalsozialistischen Bewegung erwies sich als so stark, daß sie alle inneren Gegensätze zumindest nach außen unsichtbar machte, mit allen Licht- und Schattenseiten einer solchen Entwicklung. Die Umwälzung hatte sich im großen und ganzen auf gesetzlichem Wege vollzogen, wenn sie auch in Einzelerscheinungen revolutionäre Züge trug. Die Bildung der Koalitionsregierung NSDAP und DNVP „war nicht nur verfassungsmäßig, sondern entsprach auch den Regeln der parlamentarischen Demokratie"[1]. Es gab zu diesem Zeitpunkt keine andere verfassungsmäßige Möglichkeit als die Ernennung des Führers der stärksten Partei zum Reichskanzler.

Hindenburg hatte sich immer als Platz- und Statthalter der Monarchie betrachtet, deren Wiederherstellung sein lebenslanger Wunsch blieb. Hitler hatte sich diesem Wunsch des Reichspräsidenten gegenüber scheinbar aufgeschlossen gezeigt.

Die Hoffnung der konservativen und gemäßigt nationalen Kräfte, die revolutionäre Bewegung bändigen zu können durch das Einrahmen ihres unberechenbaren Führers mit einer überwiegend konservativen Ministermehrheit erwies sich allerdings rasch als trügerisch. Staatssekretär Meißner zählt dafür folgende Gründe auf[2]:

„Die Schwäche der bürgerlichen Partner dieser Koalitionsregierung, die sich Hitlers Regierungsführung zu leicht unterwarfen; das Versagen der bürgerlichen Fraktionen des Reichstags, die Hitler durch das Ermächtigungsgesetz eine Blanko-Vollmacht erteilten und dann, ohne deren Anwendung zu kontrollieren, sich selbst aufgaben; die Passivität der Wehrmacht, auf deren Widerstand gegen eine Parteidiktatur Hindenburg wie Papen sich verlassen zu können glaubten, und schließlich die unerwartete Hilfe, die Hitler durch die Pfund- und Dollar-Abwertung erfuhr, so daß

---

1 Meißner, a. a. O., S. 271.
2 Ebda, S. 274. S. a. Berber, a. a. O. S. 350 ff.

er seine wirtschaftliche Schwäche – die Auslandsverschuldung und finanzielle Abhängigkeit vom internationalen Geldmarkt – in unerwarteter Weise überwinden konnte."

Die Spaltung der mächtigen linken Klassenkampfbewegung in die radikale kommunistische und die gemäßigte sozialdemokratische Partei trug wesentlich zum Erfolg der Rechtsbewegung bei. Dazu kam die Feigheit der verbürgerlichten Sozialdemokratie, deren riesenhafte Massenorganisationen, die Gewerkschaften, das ,,Reichsbanner" und zuletzt die ,,Eiserne Front", sich als kopf- und führerlose Funktionärsapparate ohne Geist und Seele erwiesen. Die Länderregierungen waren nur ein Spiegelbild der sie tragenden Systemparteien. Jede Idee und jede Institution ist soviel wert, als ihre Träger bereit sind, für sie einzusetzen. ,,Und setzet ihr nicht das Leben ein, nie wird euch das Leben gewonnen sein", sagte Schiller. Daran gemessen, war die Weimarer Republik keinen Schuß Pulver wert, denn es wurde zu ihren Gunsten keiner abgefeuert. Und wer setzte schon sein Leben für sie ein? Nur die Polizeibeamten kämpften in gewissenhafter Pflichterfüllung einen hoffnungslosen Kampf für einen Staat, dessen Träger längst vor der Macht der Verhältnisse kapituliert hatten. Die Funktionäre und Politiker der ,,staatstragenden" Parteien setzten sich entweder rechtzeitig ins Ausland ab, wenn sie eine Möglichkeit dazu fanden, oder gingen den bequemeren Weg der ,,Gleichschaltung", der äußeren Anpassung an das neue Regime.

Hitler fand keinen Widerstand; überall, wo er hintrat, brach alles morsch zusammen. Die Macht lag auf der Straße; wer sich die Mühe des Bückens machte, dem gehörte sie. Deshalb war die Macht,,ergreifung" auch kein Sieg, denn die Gegner fehlten, wie Oswald Spengler feststellte. Es war nur eine ,,Übernahme" des Apparates auf gesetzlichem Wege. ,,Daß die Teilnahme an der Beschlußfassung über das Ermächtigungsgesetz einer Anzahl von Abgeordneten durch Schutzhaft unmöglich gemacht war, kann seine, (des Ermächtigungsgesetzes) Gültigkeit schon deshalb nicht beeinträchtigen, weil auch bei Hinzurechnung jener Abgeordneten zur Zahl der Anwesenden die Zahl der Zustimmenden mehr als die zur Verfassungsänderung erforderlichen zwei Drittel betrug. Weder der Bestand der Reichsregierung selbst noch ihre – übrigens zeitlich beschränkte – Ermächtigung zum Erlasse von Gesetzen und endlich diese Gesetze selbst, insbesondere auch soweit sie von der Verfassung abweichen, sind hiernach gewaltsam ,,revolutionären" Ursprungs. Daß auch von einem Staatsstreich nicht die Rede sein kann, bedarf kaum der

Ausführung, da unter einem solchen nur ein gewaltsamer Umsturz der Verfassung durch die Regierenden zu verstehen ist", schrieb die „Vossische Zeitung" in einem Leitartikel „Revolution und Legalität. Eine Rechtsbetrachtung"[3].

Der Reichskanzler hatte nach dem Verbot der Links- und der Selbstauflösung der bürgerlichen Parteien diese legale Revolution selbst für beendet erklärt: „Die Revolution ist kein permanenter Zustand, sie darf sich nicht zu einem Dauerzustand ausbilden. Man muß den freigewordenen Strom der Revolution in das sichere Bett der Evolution hinüberleiten." Gewiß hatte die NSDAP am 5. März nur 43,9 % der Stimmen bekommen; mehr als die Hälfte der Wähler hatte sie nicht gewählt. Die beiden großen weltanschaulichen Massenparteien, die Sozialdemokratie und das Zentrum, hatten sich in der Wahl voll behauptet. Ihre Wähler hatten mit bewährter Disziplin für ihre alte Partei gestimmt. Aber stand dahinter noch eine „Weltanschauung", noch eine Überzeugung, noch ein Wille, sich für die Partei einzusetzen, Gut und Blut zu opfern für den Katholizismus, für den Marxismus? Wie es damit stand, erhellten die kommenden Vorgänge: Die Auflösung und Überführung der Gewerkschaften vollzog sich ohne Widerstand ihrer Mitglieder; die Auflösung und das Verbot der Linksparteien und ihrer angeschlossenen Organisationen wie ihrer Dachorganisation, der „Eisernen Front", wurde stillschweigend hingenommen. Die „Eiserne Front" erwies sich als echter „Papiertiger". Und die bürgerlichen Parteien verübten schließlich freiwillig Selbstmord, auch die konfessionell-christlichen Gruppen. Von Idee, Überzeugung, von Einsatzbereitschaft war nichts zu sehen, zu hören, geschweige denn zu spüren. Sie alle verschwanden sang- und klanglos.

Die breiten Massen sehnten sich nach einer starken Führung, nach Arbeit und Brot; sie waren des ideologischen Geschwätzes und des verlogenen Gehabes ihrer Funktionäre, des heuchlerischen Schauspiels der parlamentarischen Schmarotzer längst überdrüssig. Otto Wels, sozialdemokratischer Führer, hatte einst die Weisheit gepredigt „Lieber mit den Massen irren als gegen die Massen handeln". Aber die Massen wollten geführt sein; das verstand Hitler besser als Wels.

Stresemann hatte 1929 zwei Ursachen für die Krise des Parlamentarismus genannt: „Einmal das Zerrbild, das aus dem parlamentarischen System in Deutschland geworden ist, zweitens die völlig falsche Einstel-

---

3 VZ, Nr. 276 v. 1. Juni 1933, Abendausgabe, S. 1. So auch Meißner, a. a. O., S. 271.

lung des Parlaments zu seiner Verantwortlichkeit gegenüber der Nation[4]." „Der Ruf nach einer starken Führung, nach einer anerkannten Staatsautorität", so schildert Staatssekretär Meißner die allgemeine Stimmung, „war daher populärer als das vielstimmige Gezänk der Parteien und fand bei den Wahlen immer lauteren Ausdruck. Die Mehrheit des deutschen Volkes sah in der Betrauung Adolf Hitlers mit der Führung einer nationalen Regierung nicht den Versuch zur Errichtung eines Obrigkeits- und Polizeistaates, sondern den Anbruch einer Zeit der Gesundung und Erneuerung des deutschen Gemeinschaftslebens"[5].

Hitler konnte die Massen nicht nur erschüttern, er konnte sie begeistern und für die von ihm gepredigten Gemeinschaftsziele zu großen Opfern bewegen. Er wertete die körperliche Arbeit auf und gewann dadurch die Arbeiter der Faust. Er predigte die soziale Gemeinschaft aller in der nationalen Gemeinschaft ohne Unterschied der Klasse, des Standes, der Konfession, des Besitzes und verwirklichte dieses Ideal in der SA. Sie war Vorbild und Kampfmittel zur Überwindung der Klassenspaltung. Die Herstellung der Betriebsgemeinschaft von Arbeitgebern und Arbeitnehmern mit der Sicherung der Rechte des sozial und finanziell schwächeren Teiles, des Arbeiters, gewann ihm die Herzen der breiten Massen. Die Volksabstimmung im November war ein Plebiszit für den Volkstribunen. Es konnte trotz Wahlbeeinflussung kein Zweifel mehr herrschen, daß die überwältigende Mehrheit des deutschen Volkes mit dem Kurs und der Politik der Regierung einverstanden war und daß sie unter „Regierung" den „starken Mann", den „Führer" meinte.

Er war zu diesem Zeitpunkt bereits der Abgott der Massen. Das Hochstilisieren des Führerkults mit den absurden Sprüchen „Der Führer hat immer recht", „Der Führer ist Deutschland", „Adolf Hitler ist Deutschland, Deutschland ist Adolf Hitler"[6], aber war der tödliche Fehler der Parteiführung, denn die nationale Erneuerungsbewegung, das deutsche Volk und Reich wurden durch die frevelhafte Verknüpfung mit einer einzelnen Person auf die Bahn des Verhängnisses getrieben.

Die Hoffnungen aller Gegner der NSDAP und Hitlers, die Partei und

---

4 Zit. nach Meißner, a. a. O., S.275.
5 Ebda, S. 275.
6 „Hitler ist Deutschland", Leitartikel von Alfred Rosenberg im VB, Nr. 318 v. 14. Nov. 1933, S. 1 f. Die Anfänge des Führerkults reichten in die Frühzeit der Bewegung zurück. Später hat besonders Goebbels ihn aufgebaut. Gegner davon waren vor allem Gregor Strasser und Ernst Röhm. S. u. a. Lüdecke, I knew Hitler, 647 ff.

ihr Führer würden sich in der Regierungsverantwortung rasch abnützen und damit binnen weniger Monate sich selbst erledigen angesichts der ungeheueren Aufgaben, die auf den Schultern jeder Reichsregierung lasteten, hatten sich nach Ablauf eines Jahres nicht erfüllt. Die revolutionäre Schwungkraft der nationalsozialistischen Bewegung hatte nicht nur binnen weniger Wochen den konservativen Rahmen um die drei Nationalsozialisten in der Reichsregierung gesprengt, sondern den Vielparteienstaat weggefegt und im Laufe des ersten Halbjahres eine neue staatliche und gesellschaftliche Ordnung an seine Stelle gesetzt.

Die Regierung selbst hatte aus außen- und wirtschaftspolitischen Gründen alles getan, um das Überborden der revolutionären Welle in Schranken zu halten. Trotz der außenpolitischen Gefährdung und der wirtschaftlichen Krise hatte sie den Umschwung gemeistert und zum frühestmöglichen Zeitpunkt wieder in das geordnete Bett evolutionärer Entwicklung gelenkt. Die Zahl der Arbeitslosen war durch die erfolgreiche Arbeitsbeschaffung von 6 013 612 am 15. Februar 1933 auf 3 772 792 im Januar 1934 gesunken. Großzügige soziale Maßnahmen wie das Winterhilfswerk halfen die ärgste Not der Armen lindern. Sie steigerten das Gefühl der Zusammengehörigkeit und nährten das Bewußtsein nationaler Notgemeinschaft. Das Vertrauen zur Führung wurde dadurch gestärkt, die Hoffnung auf eine anhaltende Besserung der Verhältnisse wuchs, ebenso der Glaube an einen allgemeinen nationalen Wiederaufstieg.

Die größte Hoffnung hatten die Gegner des nationalsozialistischen Regimes auf die wirtschaftlichen Schwierigkeiten, insbesondere im Außenhandel und beim Transfer für die Schulden gesetzt. Über diese Stolpersteine, so rechneten sich alle Feinde Hitlerdeutschlands im In- und Ausland aus, würde Hitler stürzen und sich politisch das Genick brechen. Aber bis zur Jahreswende hatte sich diese Hoffnung als verfehlt erwiesen. Schon mehrfach wurde in anderem Zusammenhang auf die ungewollt große Hilfe durch die Dollarabwertung hingewiesen. Die erfolgreiche Ankurbelung des Binnenmarktes durch die Arbeitsbeschaffung und die geschickten Maßnahmen und Verhandlungen des Reichsbankpräsidenten Dr. Schacht, der mit seinem großen Ansehen in der internationalen Finanzwelt das drohende Unheil auf finanzpolitischem Gebiet abzuwenden verstand, hatten den Zusammenbruch der Wirtschaft verhindert.

Gleichwohl machte das internationale Schuldenproblem und der schrumpfende Export infolge der Boykottbewegung im westlichen Ausland der Regierung schwer zu schaffen. Das Transferproblem gab Anlaß zu einer eigenen Kabinettsitzung am 6. Dezember. Schacht referierte über die Devisenlage und ,,das Ausmaß der Transferierung. Die deutsche Ausfuhr werde zur Hälfte mit Inlandsmark bezahlt. Für die andere Hälfte gingen Exportdevisen ein. Daneben liefen die sogenannten Judenexporte, die eine Kapitalflucht der Juden darstellten. Viele deutsche Juden kauften mit den ihnen zur Verfügung stehenden Geldmitteln Waren auf und führten sie nach dem Auslande aus, ohne die Devisen abzuliefern. ,,Die Entscheidung über den Transfersatz liege allein bei Deutschland", fuhr der Reichsbankpräsident fort. Der Kontakt mit den Gläubigern sei aufrechterhalten. ,,Er suche zu erreichen, daß für die nächsten sechs Monate ein Beruhigungszustand vorhanden ist. Er werde bei den Verhandlungen so vorgehen, daß keine Schwierigkeiten erwachsen. In allen Ländern hätten die Gläubiger bis vor kurzem stillschweigend den gegenwärtigen Zustand hingenommen." Die Sonderabmachungen mit den niederländischen und schweizerischen Gläubigern hätten bei den britischen und amerikanischen Gläubigern starken Unwillen hervorgerufen, weil sie sich benachteiligt fühlten. Reichswirtschaftsminister Schmitt hielt es ,,für zweckmäßig, mit allen Gläubigervertretern zu verhandeln und erst dann Sonderzugeständnisse an einzelne Gläubigerländer zu machen. Auf diese Weise könnte eine Hilfestellung gegen die Gläubiger Hollands und der Schweiz erreicht werden. Der Außenminister schloß sich dem Vorschlag des Wirtschaftsministers an. Abschließend erklärte der Reichskanzler, ,,daß Zahlungsmöglichkeiten für Deutschland überhaupt nicht gegeben sein würden, wenn die Zahlungsbilanz zwischen Deutschland und der Schweiz und Deutschland und Holland nicht so stark passiv zu Lasten der beiden Staaten wäre. Auch er halte den Vorschlag des Reichswirtschaftsministers für gangbar und empfehle seine Durchführung[7]."

Am 19. Dezember tagte der Außenhandelsrat unter Leitung des Reichsaußenministers. Der Reichswirtschaftsminister wies auf die Ursache der Schwierigkeiten hin, nämlich die Handelspolitik, ,,die die meisten Länder der Erde in den vergangenen Jahren getrieben haben. In dem Bestreben, so gut wie alles zu liefern und so gut wie nichts entgegenzunehmen, haben zahlreiche Staaten die Einfuhr immer mehr gedrosselt, während sie die Ausfuhr möglichst zu steigern suchten. Die Reichsbank war gezwungen, die Transferquote vom 1. Januar 1934 ab

---

7 ADAP, Serie C, Bd. II, 1, Nr. 103 v. 6. Dez. 33.

auf 30 v. H. herabzusetzen. Mit Deutlichkeit weist diese Maßnahme erneut auf die Zusammenhänge zwischen Schuldenzahlung und Ausfuhr hin . . . „Die großen Aufgaben des Außenhandelsrates liegen auf denjenigen Gebieten", erklärte Dr. Schmitt, „auf denen die Reichsregierung auf die Gestaltung des deutschen Außenhandels durch Gesetze, Verordnungen und Verwaltungsmaßnahmen einwirken kann. Ich verweise u. a. auf die Frage der Devisenbewirtschaftung und des Zahlungsverkehrs mit dem Auslande, deren überragende Bedeutung gerade in diesen Fragen wieder hervorgetreten ist . . ."[8]

Tatsächlich erzielte die Regierung am 31. Januar 1934, einen Tag nach Hitlers stolzem Rechenschaftsbericht über das erste Jahr nationalsozialistischer Herrschaft, eine neue Einigung mit den englischen und amerikanischen Gläubigern[9].

Das Reichskabinett hatte eine gewaltige Arbeitsleistung vollbracht: in fünfzig Kabinettssitzungen wurden über fünfzig Gesetzte beraten und beschlossen, außerdem noch eine Anzahl von Verordnungen mit Gesetzeskraft. Der „böhmische Gefreite", der „Trommler", der „österreichische Schlawiner", Produkt des Versailler Diktats und der „freiesten Demokratie der Welt", in der jeder alles werden konnte nach den Spielregeln der egalitären Demokratie, hatte nicht nur wider Erwarten ein „sagenhaftes Geschick"[10] bei der Leitung der Regierungssitzungen bewiesen. Seine rasche Auffassungsgabe, sein vorzügliches Gedächtnis, seine Überredungskunst, seine erstaunliche Anpassungsfähigkeit, sein persönlicher Charme hatten alle Widerstände innerhalb der Regierung rasch überwunden, ihm Vertrauen, Ansehen, ja Bewunderung verschafft. Hindenburg selbst, der sich so lange gegen die Berufung des „böhmischen" Gefreiten gewehrt hatte, gewann Vertrauen zu dem neuen Kanzler, so daß er, wie gesagt, die Einschränkung, den Regierungschef nur in Gegenwart des Vizekanzlers zu empfangen, bald fallenließ.

Die Volkstümlichkeit des Kanzlers wuchs im Laufe des Jahres ins Beispiellose: er wurde mit der Nation identifiziert, er betrachtete sich als die personhafte Inkarnation des Willens der Nation. Die Vergottung der Nation steigerte sich in diesem ersten Jahr der nationalsozialistischen Herrschaft bereits zur Vergötzung des Führers. Für die Faszinationskraft und magische Ausstrahlung der Persönlichkeit des Reichs-

8 VZ, Nr. 563 v. 20. Dez. 33, S. 1: „Förderung des Außenhandels."
9 ADAP, Serie C, Bd. II, 1, Nr. 231 v. 31. Jan. 34, Anm. 3 und 4.
10 Schwerin von Krosigk, MM v. 20. Oktober 1962.

kanzlers war der Vizekanzler Papen, Vertrauensmann des Reichspräsidenten und von ihm berufen, um den „böhmischen Gefreiten" in Schranken zu halten, ein gutes Beispiel. „Der liebe Gott hat Deutschland gesegnet", sagte er, „daß er ihm in Zeiten tiefer Not einen Führer gab, der es über alle Nöte und Schwächen, über alle Krisen und Gefahrenmomente hinweg mit dem sicheren Instinkt des Staatsmannes zu einer glücklicheren Zukunft führen wird ... Der 1. Mai und der 1. Oktober sind Marksteine[11] ..."

In diesem Zusammenhang sei auf die andernorts bereits zitierte Äußerung des Reichsbankpräsidenten Schacht hingewiesen, die er in den USA vor der Presse machte, nämlich, „daß die sog. Diktatur Hitlers der gegenwärtigen Machtposition Roosevelts durchaus entspreche". Es sei die höchste Entwicklung der Demokratie, „in freier Wahl einen Führer zu wählen und ihm dann die Macht in die Hand zu geben[12]". „Wenn man sich nicht der vorherrschenden deutschen Ansicht anschließt", stellte drei Jahre später der australische Professor Roberts fest, „daß er (Hitler) seine Erleuchtung unmittelbar von Gott empfängt (einer der mächtigsten Nazis sagte einmal, er habe einen privaten Draht zum Himmel), muß man den Schluß ziehen, daß die Zukunft Deutschlands und der Friede der Welt auf dem verwirrten Arbeiten des Geistes eines Mannes beruhen, den nicht einmal seine Freunde für normal halten. Es ist der außergewöhnlichste Kommentar zur menschlichen Entwicklung, daß in diesem Zeitalter der Wissenschaft und des Fortschritts das Schicksal der Menschheit auf der Grillenhaftigkeit eines abnormalen Geistes beruht, unendlich mehr als in den Tagen der alten Despoten, die wir so sehr kritisieren[13]."

Im Sommer 1933 erschien die erste englische Ausgabe von Hitler „Mein Kampf". Über „Reichskanzler Hitlers Bucherfolg" berichtete die VZ: 1925–1929 Auflage: 23 000; 1930: 62 000; 1932: 80 000. Oktober

---

11 Bericht über eine Kundgebung in Essen mit Hitler und Papen als Redner in: VB, Nr. 307 v. 3. November 1933 unter der Schlagzeile: „Papen verspricht dem Führer namens der deutschen Katholiken Gefolgschaft."
Papen: „Wir glauben an den Führer und sein Werk."
Mit dem 1. Mai nahm der Vizekanzler Bezug auf den „Tag der nationalen Arbeit", die Gewinnung der Arbeitermassen für Hitler. Der 1. Oktober bezog sich auf die erste Tagung der Bauern auf dem Bückeberg in Anwesenheit Hitlers (Erntedankfest) und die Verkündung des Reichserbhofgesetzes.
Hitler hatte die Schirmherrschaft über die Deutsche Arbeitsfront und den Bauernstand übernommen, Symbol für die Einigung der Stände in der Gestalt des Führers.
12 VZ, Nr. 215 v. 6. Mai 33.
13 Roberts, a. a. O., S. 22.

1933: 1,2 Millionen[14]. Die Einkünfte Hitlers aus seiner schriftstellerischen Tätigkeit „betrugen zwischen 1925 und 1929 zwischen 11 000 und 19 000 RM, wuchsen 1930 auf 48 000 und 1932 auf 64 000 RM. 1933 wurde „Mein Kampf" ein Bestseller. Die Einkünfte schwollen auf 1 232 000 RM an." Sein Kanzlergehalt und die damit verbundene Aufwandsentschädigung stellte Hitler einem Unterstützungsfonds für die Angehörigen ermordeter SA-, SS-Männer und der Polizei zur Verfügung. Auf Veranlassung von Staatssekretär Reinhardt wurde er für nicht steuerpflichtig erklärt „im Hinblick auf seine verfassungsrechtliche Stellung"[15].

Anfang Juli richtete der Reichsinnenminister folgendes Rundschreiben an die obersten Reichsbehörden und die Landesregierungen: „Es ist allgemein Übung geworden, beim Singes des Liedes der Deutschen und des Horst Wessel-Liedes (1. Strophe und Wiederholung der ersten Strophe am Schluß) den Hitler-Gruß zu erweisen, ohne Rücksicht darauf, ob der Grüßende Mitglied der NSDAP ist oder nicht. Wer nicht in den Verdacht kommen will, sich bewußt ablehnend zu verhalten, wird daher den Hitler-Gruß erweisen. Nach Niederkämpfung des Parteienstaates ist der Hitler-Gruß zum deutschen Gruß geworden[16]."

Der britische Presselord Rothermere[17] veröffentlichte Anfang Juli in seinem Massenblatt „Daily Mail" einen Aufsatz unter dem Titel: „Die Jugend triumphiert". Darin heißt es:

„Ich schreibe aus einem neuen Land auf der Landkarte Europas. Es heißt Naziland. Von allen historischen Wandlungen unserer Tage ist die Umformung Deutschlands unter Hitler die schnellste, vollkommenste und plötzlichste gewesen. Diese Nation von 65 Millionen steht hinter ihm, einig wie nie zuvor . . . Eine plötzliche Ausdehnung des Nationalgefühls ist eingetreten wie damals in England unter Königin Elisabeth. Jugend hat die Befehlsgewalt übernommen! Ein Strom jungen Blutes belebt das Land neu. Er fließt so stark in den entferntesten Kanälen des Nationallebens wie bei seinem Herzen." 1930 habe er (Rothermere) vorausgesagt, daß die Hitlerbewegung zu einer „nationalen Wiederge-

14 VZ Nr. 491 v. 14. Okt. 33, Morgen-A., S. 2; Nr. 501 v. 20. Okt. 33, Morgen-A., S. 3.
15 Schwerin von Krosigk, Staatsbankrott, S. 189 ff.
16 VZ, Nr. 335 v. 15. Juli 33, Morgen-A., S. 1.: „Hitler-Gruß – deutscher Gruß".Ebda, Nr. 505 v. 22. 10. 33, M.-A. Leserbrief.
17 Zit. nach VB, Nr. 192 v. 10. Juli 1933, S. 2: „Lord Rothermere durchbricht die antideutsche Hetze"; ferner VZ, Nr. 326 v. 10. Juli 33, Abend-A., S. 1: „Die Jugend hat das Kommando. Ein Deutschland-Artikel Lord Rothermeres."

burt Deutschlands" führen würde. „Ich trete für das Recht der Jugend ein." Rothermere selbst war ein Sechziger –. Mussolini erreichte die höchste Gewalt im Alter von 39 Jahren. „Ich baue fest darauf", fuhr er fort, „daß Hitler, der im Alter von 43 Jahren zur Macht gelangt ist, ähnliche Erfolge in Deutschland erzielen wird . . . Allen voran ist da die Befreiung des Landes von der Herrschaft jener muffigen, stets kuschenden deutschen Republik zu nennen, die ganz und gar kein Ansehen, kein Selbstvertrauen und keine Selbstachtung hatte. Enthüllungen, die der Sturz der republikanischen Minister mit sich gebracht hat, beweisen, daß deren Verwaltungstätigkeit nichts war als ein Wandschirm, hinter dem Banden gewissenloser Politiker unter Vorspiegelung republikanischer Gesinnung das Volk systematisch ausplünderten. Zum erstenmal in Deutschlands gesamter Geschichte hatten Betrug und Bestechung angefangen, sich in großangeleger Weise über den gesamten Staatsdienst zu verbreiten.

Überdies aber fiel das deutsche Volk rasend schnell unter die Bevormundung durch fremde Elemente. In den letzten Tagen des vorhitlerischen Regiments gab es zwanzigmal soviel jüdische Regierungsbeamte in Deutschland wie vor dem Krieg. Israeliten mit internationalen Bindungen hatten sich in Schlüsselstellungen der deutschen Verwaltung eingeschmuggelt. Nur drei deutsche Ministerien hatten unmittelbare Beziehungen zur Presse, aber in jedem dieser drei Fälle war der für die Nachrichtenverbreitung und Auslegung der Politik vor der Öffentlichkeit verantwortliche Beamte ein Jude. Von solchem Schimpf hat Hitler Deutschland befreit. Durch Mobilisierung der Jugend zur Unterstützung einer kraftvollen Nationalpolitik hat er schon jetzt eine verzagende, verbitterte Nation zu einer hoffnungsfreudigen, auf ihre Zukunft vertrauende gemacht . . . Ich habe mich mit eigenen Augen und Ohren überzeugt, daß die Sympathien der überwältigenden Masse der deutschen Bevölkerung auf seiten dieser Organisation wackerer junger Patrioten stehen. Sie sind der Vortrupp einer nationalen Erhebung, die unter der sachgemäßen, zweckbestimmten Führung Hitlers und seiner Handvoll Gehilfen außerordentlich schnell Deutschland das Vertrauen in die eigene Kraft und sein glückliches Geschick wiedergibt, das durch die Kriegsniederlage erschüttert war. Nichts hat die Welt heute so nötig wie Realismus. Hitler ist ein Tatsachenmensch. Er hat sein Land aus der fruchtlosen Leitung zaudernder, halbherziger Politiker gerettet. Er hat seinem nationalen Leben den unüberwindlichen Geist sieghaltender Jugend eingeflößt."

In Führung und Gefolgschaft war die Hitlerbewegung weitgehend „Jugendbewegung". Hitler selbst war bei Übernahme des Kanzleramtes knapp 44 Jahre alt, Göring 40, Bormann, Esser und Himmler sowie der spätere SS-General Wolff waren 33, Heydrich erst 28, Heß 39, der spätere Leiter des Auslandsnachrichtendienstes des RSHA, Schellenberg erst 23 (geb. 1910), Goebbels 36, Röhm 46, Schirach 26, Ley 43, Funk 43, Rosenberg 40, Darré 38, nur Frick hatte mit 56 Jahren das Alter eines erfahrenen Beamten. Im Durchschnitt war die Führung der Bewegung für die Leitung eines so gefährdeten Gemeinwesens wie das deutsche Volk und Reich zu jung. Sie erlag dem Rausch der Begeisterung und verfiel weitgehend der Großmannssucht. Obwohl es sich teilweise um Auslandsdeutsche handelte, kannten sie doch aus Beruf und Lebenserfahrung das Ausland und die Spielregeln in der Welt der großen Mächte nicht oder jedenfalls viel zu wenig, als daß sie sich der äußersten Gefährdung von Volk und Reich durch die Revolution bewußt geworden wären. Den Führern der Bewegung fehlten vielfach die menschlichen und bildungsmäßigen Voraussetzungen für die sie erwartenden großen Aufgaben.

Zu den vereinzelten Stimmen der Anerkennung im Ausland zählte jene des Norwegers Dr. Jon Alfred Mjöen, rassenhygienischer Forscher und Leiter des Vinderen Laboratoriums in Oslo. Er schrieb[18]:

„Die deutsche Volkserhebung ist ohne Zweifel der größte Wendepunkt in der Geschichte der abendländischen Kultur. Die, welche außerhalb des Brennpunktes dieser Geschehnisse stehen und die sichtbaren Auswirkungen des Kampfes nur von außen her sehen, werden geneigt sein, allzu starkes Gewicht auf die äußeren Methoden zu legen: Judenboykott, Numerus clausus, literarische Autodafés, Konzentrationslager, Aufhebung der anderen Parteien und der Gewerkschaften, Ablösung der Parlamentarimus. – Wir aber, die wir vom ersten Anfang an aus nächster Nähe diese Revolution in ihrem Wachstum in der Volksseele verfolgt haben und jetzt in diesen Novembertagen aufs neue ihren Siegeszug erleben, wir wissen, daß sie in ihrem Kern einer der größten Ideenkämpfe ist, welche die Welt erlebt hat. Sie ist nichts Geringeres als die letzte gigantische Kraftanstrengung, um die abendländische Kultur – unsere eigene Kultur – vor dem Untergang zu retten. Und eben das will den benachbarten Völkern ringsum so schwer aufgehen."

---

18 VB, Nr. 363 v. 29. Dez. 33, „Volkstum, Kunst, Wissenschaft, Unterhaltung. Dr. Jon Alfred Mjöen: Der nordische Sippenkult und die biologische Lebensanschauung im neuen Deutschen Reich."

Das größte innenpolitische Problem, die Bändigung der revolutionären Bestrebungen der SA, war um die Jahreswende nach wie vor ungelöst. Es war Hitlers Ehrgeiz gewesen, legal zur Macht zu gelangen, dann sein Ehrgeiz, die Umwälzung legal durchzuführen in seinem Sinne. Er rühmte sich im Laufe des Jahres 1933 des öfteren der Disziplin und der gesetzmäßigen Entwicklung, mit der sich die „nationale Revolution" vollzogen habe, mit überschwenglichen Worten: keine Glasscheibe sei zerbrochen, kein Mensch verwundet oder gar getötet worden. Das war freilich stark übertrieben, reines Wunschdenken, dem er folgte. Er wurde bitterböse, wenn man ihn auf die Ausschreitungen der SA aufmerksam machte, und ordnete sofort Abstellung der Mißstände an. Er suchte das Überschwappen der revolutionären Welle zu verhindern und war anfangs für ein vorsichtiges Vorgehen. So hatte er auch „nicht die Absicht, die Kommunistische Partei aufzulösen. Er hoffte, durch die Propagierung seines neuen, praktischen Sozialismus, seine arbeiterfreundliche Politik und seine Erfolge in der Behebung der Arbeitslosigkeit die bisherigen kommunistischen Wähler für sich zu gewinnen und damit die KPD zu überwinden."

Ebenso dachte er ursprünglich nicht daran, den Reichstag auszuschalten, jede Opposition zu unterdrücken und diktatorisch zu regieren; er war anfangs willens, „mit dem neugewählten Reichstag zu regieren und seine wirtschaftlichen und sozialen Reformmaßnahmen aufgrund einer ihm vom Parlament zu erteilenden Ermächtigung durchzuführen", so schildert Staatssekretär Meißner seinen Eindruck von dem neuen Reichskanzler[19]. Dagegen forderte Hugenberg die Unterdrückung der KPD; er sprach sich auch gegen eine Beteiligung des Zentrums an der neuen Regierung aus. Auch war Hitler ursprünglich nicht gegen eine Beschränkung des Ermächtigungsgesetzes. „Die Fraktionen haben in den Besprechungen ihrer Vertreter mit Hitler, Frick und Göring die Forderung auf eine Beschränkung der Ermächtigung, oder den Einbau von Vorbehalten überhaupt nicht erhoben, sondern sich auf das Verlangen nach einer allgemeinen Zusicherung des Reichskanzlers über die Wahrung der staatsbürgerlichen Rechte und den Wunsch beschränkt, daß ein Ausschuß des Reichstags über die jeweils von der Reichsregierung aufgrund des Ermächtigungsgesetzes geplanten Maßnahmen informiert werden sollte[20]." So äußerte sich auch Reichsfinanzminister

---

19 Meißner, a. a. O., S. 287 ff.
20 Ebda.

Schwerin-Krosigk 1948 vor dem amerikanischen Militärgerichtshof in Nürnberg: „Ich habe mich damals von den Parteien verraten und verlassen gefühlt, von den Parteien, die doch eigentlich die Hüter der parlamentarischen Rechte hätten sein müssen! . . . Ich habe jedenfalls die Überzeugung gewonnen und habe sie noch heute, daß an der Entwicklung der Diktatur die Parteien durch die Behandlung des Ermächtigungsgesetzes einen großen Teil der Schuld tragen, vielleicht mit Ausnahme der Sozialdemokratie[21]."

Zum Verbot der KPD wurde Hitler von Goebbels und Göring nach dem Reichstagsbrand gedrängt. Die bürgerlichen Parteien hatten freiwillig vor ihm den roten Teppich auf dem Weg zum „Führerthron" ausgebreitet. Fanatische und unterwürfige Anhänger bauten diesen „Führerthron" auf der wachsenden Gunst der Massen auf, deren Abgott er um die Jahreswende 1933/34 bereits geworden war.

Nur einer unter seinen „Paladinen" machte nicht mit, war eigenwillig bis zur Respektlosigkeit: einer seiner frühesten Gönner und Förderer, der mächtige Stabschef der SA, Ernst Röhm. Die von ihm seit 1931 geführte und ausgebaute braune Revolutionsarmee war 1933 auf rund 2,5 Millionen Mann angewachsen. Röhm setzte seine Hoffnungen, seine Pläne, nicht auf den „Führer"; er hatte seinen eigenen Plan. Er verfocht mit seiner SA nicht die nationale, sondern die national*sozialistische* Revolution. Er beobachtete mit Mißtrauen Hitlers Bündnis mit den Konservativen und besonders mit der Reichswehr. In seinem Aufruf zum Reichsparteitag im September 1933, dem „Aufbruch der politischen Soldaten der Nation", schrieb er: Der gescheiterte Putsch im November 1923 „bewahrte die Träger der Bewegung vor dem verhängnisvollen Irrtum, sich in Anlehnung an die nationale *Reaktion* zu verlieren." Er sprach von der „Mission des politischen Soldaten der Nation"[22]. Schon im Sommer, nachdem Hitler vor den Reichsstatthaltern in der bereits mehrfach angeführten Rede die „Revolution" für beendet erklärt hatte, kam das Gerede von der „Zweiten Revolution" bei der SA auf. Nachdem der Honigmond der Machtergreifung mit SA und SS als Hilfspolizei im August endgültig beendet war, suchte Röhm für seine SA eine entsprechende Aufgabe. Die SA-Führer waren bei der Machtverteilung

21 Meißner, a. a. O., S. 292.
22 VB, Reichsparteitag 1933, ähnliche Gedanken in seinem Gespräch mit Schriftleiter Weiß vom VB, Sonderbeilage des VB, Nr. 312 v. 8. Nov. 1923.
   S. a. Franz-Willing: Putsch und Verbotszeit, 1977, S. 139 ff.

zu kurz gekommen im Vergleich zur Politischen Organisation, besonders zu den Gauleitern. Auch meinten viele, Hitler habe den sozialistischen Teil des Programms preisgegeben um des Bündnisses mit der Reaktion willen. Die SA hatte Hitler in den Sattel der Regierung gehoben; jetzt fühlte sie sich verraten. Röhm wollte ihr nicht nur einen wesentlich größeren Anteil an der Macht verschaffen, er wollte sie zum alleinigen Machthaber machen. Zu diesem Zweck strebte er das Reichswehrministerium an, denn er beabsichtigte die Zusammenfassung von Reichswehr und SA in seiner Hand. Die von ihm ausgewählten SA-Führer sollten auch Reichswehroffiziere in entsprechenden Rangstufen werden. Der graue Fels der Reichswehr sollte im braunen Meer der SA untergehen.

Röhm war ein fähiger Organisator. Eine neue deutsche Armee, ein Milizheer war sein Ziel. Sollte es die Schlagfertigkeit des deutschen Heeres von 1914 erreichen, so brauchte Deutschland dazu zwanzig Jahre Aufbauarbeit. Er verfolgte zwangsläufig mit solchen Wehrplänen auch ein außenpolitisches Programm: die Achse der Kontinentalmächte Frankreich-Deutschland-Rußland war der Kern seines außenpolitischen Konzeptes.

Am 1. Dezember wurde er gleichzeitig mit dem Stellvertreter des Führers, Rudolf Heß, Reichsminister ohne Geschäftsbereich. Am 8. Dezember hielt er auf Einladung des von Rosenberg geleiteten Außenpolitischen Amtes der NSDAP vor dem versammelten Diplomatischen Korps eine große Rede ,,Warum SA?" Er behandelte Entstehung und Entwicklung der SA und des NS: ,,Die Wurzeln des NS liegen in den Schützengräben des Weltkrieges", sagte er. Dann nahm er gegen den unpolitischen Soldaten, wie er in der monarchischen Zeit üblich war, Stellung. ,,Soldatentum ist eine Geisteshaltung, die keineswegs an das Waffenhandwerk gebunden zu sein braucht. Sondern Soldatentum bedeutet Einstehen für eine Sache bis zum letzten. Wären die Politiker, wären die Börsenfürsten, wären die Industriekapitäne, wären die Ölmagnaten, wären die Kauffahrtei-Admirale – wären alle die, deren Interessenkämpfe auf den Schlachtfeldern des Weltkrieges ausgetragen wurden, selbst an die Front gegangen, wären sie Manns genug gewesen, für ihre gute oder schlechte Sache mit Einsatz ihrer Person und ihres Lebens einzutreten – der Soldat hätte dafür Verständnis gehabt. Denn das wäre soldatisch gewesen."

Energisch wandte er sich gegen die im Ausland, besonders auf der Abrüstungskonferenz vertretene Behauptung, SA und SS seien militärische, im Kriegsfall verwendbare Verbände. „Die SA läßt sich mit keinem Heer, mit keiner Miliz, mit keinem sonstigen Heeressystem vergleichen. Denn sie ist keines von ihnen", weil sie keine bewaffnete Macht ist. „Die Reichswehr ist der alleinige Waffenträger der Nation, die SA ist der Willens- und Ideenträger der nationalsozialistischen deutschen Revolution! Der Reichswehr obliegt die Verteidigung der Grenzen und der Schutz der Interessen des Reiches dem Ausland gegenüber, der SA ist zur Aufgabe gesetzt, den neuen deutschen Staat geistig und willensmäßig auf der Grundlage des nationalsozialistischen Ideengutes zu formen und den deutschen Menschen zu einem lebendigen Glied dieses nationalsozialistischen Staates zu erziehen. Zwischen der Reichswehr und der SA bestehen keinerlei Bindungen. So war auch das Reichsheer bei der nationalsozialistischen Revolution gänzlich unbeteiligt, ein Vorgang, der in der Geschichte der Revolutionen wohl beispiellos dasteht.

„Der Totalitätsanspruch des nationalsozialistischen Staates wäre ein Widerspruch in sich", so schloß Röhm seine Ausführungen, „wollte der Staat die Partei als Trägerin der Idee, die den Staat trägt, außerhalb stehenlassen. In verstärktem Maße gilt das für die SA , die ideenmäßig, organisatorisch und kämpferisch der stärkste Ausdruck des NS überhaupt ist. Die SA hat trotz des erbitterten Widerstandes seiner Träger einen Staat beseitigt. Sie hat anstelle des überwundenen Novemberstaates von Weimar *ihren* Staat, den nationalsozialistischen Staat, gesetzt. Nun hat Adolf Hitler die SA in den Staat eingebaut. Damit ist die SA nicht nur Träger der Macht, sondern auch Träger der Verantwortung des nationalsozialistischen, *ihres* Staates geworden. Der nationalsozialistische Staat ist endgültig und unwiderruflich, damit müssen sich seine Feinde drinnen und draußen abfinden. Denn der Staat ist das Volk! und das Volk ist der Staat[23]!"

Anläßlich des Jahreswechsels dankte Hitler dem Stabschef der SA für seine Verdienste; ihm allein gegenüber von allen seinen Paladinen gebrauchte er das freundschaftliche „Du[24]". Doch konnte das über die

---

23 VB, Nr. 342 v. 8. Dez. 33, S. 1 f: „Chef des Stabes Ernst Röhm: Warum SA?"
24 „Mein lieber Stabschef! Der Kampf der nationalsozialistischen Bewegung und die nationalsozialistische Revolution wurden nur ermöglicht durch das konsequente Niederwerfen des marxistischen Terrors durch die SA. Wenn das Heer den Schutz der Nation nach außen zu garantieren hat, dann ist es die Aufgabe der SA, den Sieg der nationalsozialistischen Revolution, den Bestand des nationalsozialistischen Staates und unserer Volksgemeinschaft im Innern zu sichern. Als ich Dich, mein lieber Stabschef, in Deine heutige Stellung berief, durchlebte die SA eine schwere Krise. Es ist mit in erster Linie Dein

schweren inneren Gegensätze nicht hinwegtäuschen. In seinem letzten Gespräch mit Lüdecke, Anfang 1934, den er aus dem KZ hatte befreien lassen, sagte Röhm: „Ja, wir brauchen ihn noch (gemeint war Hitler). Unglückseligerweise sieht die halbe Nation in ihm einen Halbgott. Aber wir müssen ihn bald antreiben, damit nicht die anderen ihn zuerst antreiben . . .“ Auf Lüdeckes Frage, was er, Röhm, zu tun gedenke, erwiderte der Stabschef: „Wenn Hitler vernünftig ist, werde ich die Angelegenheit in Ruhe bereinigen; wenn er es nicht ist, muß ich vorbereitet sein, Gewalt anzuwenden – nicht um meinetwillen, sondern um unserer Revolution willen[25] . . .“

Außenpolitisch war die Lage des Reiches um die Jahreswende 1933/ 34 nicht besser als das Jahr zuvor. Sie hatte sich stimmungsmäßig durch die innenpolitische Veränderung und durch die Tätigkeit der Emigranten verschlechtert, mit der rühmlichen Ausnahme des Verhältnisses zu Polen. Der entschiedene Kampf der Nationalsozialisten gegen die zweite und dritte Internationale hatte eine Welt gegen Deutschland aufgebracht, die Welt, die auf den Ideen der französischen und der bolschewistischen Revolution beruhte.

Dazu kamen noch die unglückseligen kulturkämpferischen Bestrebungen radikaler Fanatiker und Partei-Ideologen mit dem Größenwahn der „Herrenrasse“ und die damit verbundenen antikirchlichen und letzten Endes antichristlichen Tendenzen. Die Kurie brachte mehrfach ihre Verstimmung über die säumige Ausführung des Konkordats der Reichsregierung zur Kenntnis. „Wir fürchten sehr“, sagte der Kardinalstaatssekretär, „daß eine deutsche Religion aufkommen könnte[26].“ Klagen und Beschwerden über Verletzungen des Konkordats häuften sich. Der Reichsaußenminister anderseits beauftragte am 31. Januar 1934 den deutschen Botschafter beim Heiligen Stuhl, „dem Kardinalstaatssekretär wegen der zweideutigen politischen Haltung eines Teiles der katholi-

---

Verdienst, wenn schon nach wenigen Jahren dieses politische Instrument jene Kraft entfalten konnte, die es mir ermöglichte, den Kampf um die Macht durch die Niederringung des marxistischen Gegners endgültig zu bestehen. Am Abschluß des Jahres der nationalsozialistischen Revolution drängt es mich daher, Dir, mein lieber Ernst Röhm, für die unvergänglichen Dienste zu danken, die Du der nationalsozialistischen Bewegung und dem deutschen Volke geleistet hast, und Dir zu versichern, wie sehr ich dem Schicksal dankbar bin, solche Männer wie Dich als meine Freunde und Kampfgenossen bezeichnen zu dürfen. In herzlicher Freundschaft und dankbarer Würdigung Dein Adolf Hitler.“

25 Kurt G. W. Lüdecke: I knew Hitler. The story of a Nazi who escaped the blood purge. In memory of Captain Ernst Röhm and Gregor Strasser and many other Nazis who were betrayed, murdered and traduced in their graves. London 1938, S. 647–650.

26 ADAP, Serie C, II, 1, Nr. 133 v. 18. Dez. 33; Nr. 135 v. 19., Nr. 136 v. 19. Dez.

schen Geistlichkeit in Deutschland eine Note" zu übermitteln. „Wenn die nationalsozialistische Bewegung von der Kanzel als Teufelswerk bezeichnet wird", so heißt es u. a. in dieser Note, „wenn von einem Pfarrer in Württemberg für sechs in Köln hingerichtete Kommunisten, . . . eine Messe angekündigt und gelesen wird, wenn diese Hinrichtung vor Schulkindern in der Christenlehre zum Gegenstand politischer Erörterungen gemacht wird, wenn ferner nationalsozialistische Bräuche, wie beispielsweise der deutsche Gruß, von geistlichen Religionslehrern, . . . den Schülern verboten oder verächtlich gemacht werden, so liegt darin nichts anderes als eine Auflehnung gegen den Staat und eine Aufforderung zur Mißachtung rechtmäßiger Anordnungen der weltlichen Obrigkeit[27]." Der weltanschauliche Totalitätsanspruch der herrschenden Partei, der NSDAP, war zweifelsohne die Ursache der ständigen Spannungen mit der katholischen Kirche und trübte den mit dem Abschluß des Reichskonkordats erzielten ersten außenpolitischen Erfolg. Dieser war das Verdienst des Vizekanzlers von Papen, der als gläubiger Katholik die Kirche gegen die unberechenbaren Bestrebungen der weltanschaulichen Fanatiker und Kirchenfeinde absichern wollte.

Der zweite Erfolg auf dem Feld der Außenpolitik[28] ging auf den Reichskanzler selbst zurück. Ihm war es durch sein geschicktes Verhalten und seine unvoreingenommene Einstellung gelungen, die gefährlichste Spannungszone an den Grenzen des Reiches seit dem verlorenen Krieg zu entschärfen. Am 26. Januar wurde das deutsch-polnische Nichtangriffsabkommen unterzeichnet. Die „gemeinsame Erklärung der Deutschen Regierung und der Polnischen Regierung" hatte folgenden Wortlaut[29]:

„Die deutsche Regierung und die polnische Regierung halten den Zeitpunkt für gekommen, um durch eine unmittelbare Verständigung von Staat zu Staat eine neue Phase in den politischen Beziehungen zwischen Deutschland und Polen einzuleiten. Sie haben sich deshalb entschlossen,

---

27 Ebda, Nr. 232 v. 31. Jan. 34.
28 S. oben, Kapitel: Außenpolitik. Ferner: Hitler aus nächster Nähe, S. 118 ff., S. 473.
   Daraus geht hervor, daß Hitler den Gedanken einer Aussöhnung mit Polen, den Pilsudski ihm schon 1930 vorgeschlagen hatte, ernsthaft weiterverfolgte und ihn in seinem ersten Regierungsjahr auch verwirklichte. Am raschen Zustandekommen des Vertrages hatte der mit Marschall Pilsudski befreundete deutsche Militär-Attaché General Schindler wesentlichen Anteil. Über Schindler s. a. Kehrig: Die Wiedereinrichtung des deutschen militärischen Attachédienstes nach dem Ersten Weltkrieg, S. 164, 167.
29 ADAP, Serie C, II, 1, Nr. 219 v. 26. Jan. 1934.

durch die gegenwärtige Erklärung die Grundlage für die künftige Gestaltung dieser Beziehungen festzulegen.

Beide Regierungen gehen von der Tatsache aus, daß die Aufrechterhaltung und Sicherung eines dauernden Friedens zwischen ihren Ländern eine wesentliche Voraussetzung für den allgemeinen Frieden in Europa ist. Sie sind deshalb entschlossen, ihre gegenseitigen Beziehungen auf die im Pakt von Paris vom 27. August 1928 enthaltenen Grundsätze zu stützen, und wollen, insoweit das Verhältnis zwischen Deutschland und Polen in Betracht kommt, die Anwendung dieser Grundsätze genauer bestimmen.

Dabei stellt jede der beiden Regierungen fest, daß die von ihr bisher schon nach anderer Seite hin übernommenen internationalen Verpflichtungen die friedliche Entwicklung ihrer gegenseitigen Beziehungen nicht hindern, der jetzigen Erklärung nicht widersprechen und durch diese Erklärung nicht berührt werden. Sie stellen ferner fest, daß diese Erklärung sich nicht auf solche Fragen erstreckt, die nach internationalem Recht ausschließlich als innere Angelegenheiten eines der beiden Staaten anzusehen sind.

Beide Regierungen erklären ihre Absicht, sich in den ihre gegenseitigen Beziehungen betreffenden Fragen, welcher Art sie auch sein mögen, unmittelbar zu verständigen. Sollten etwa Streitfragen zwischen ihnen entstehen und sollte sich deren Bereinigung durch unmittelbare Verhandlungen nicht erreichen lassen, so werden sie in jedem besonderen Falle auf Grund gegenseitigen Einvernehmens eine Lösung durch andere friedliche Mittel suchen, unbeschadet der Möglichkeit, nötigenfalls diejenigen Verfahrensarten zur Anwendung zu bringen, die in den zwischen ihnen in Kraft befindlichen anderweitigen Abkommen für solchen Fall vorgesehen sind. Unter keinen Umständen werden sie jedoch zum Zweck der Austragung solcher Streitfragen zur Anwendung von Gewalt schreiten.

Die durch diese Grundsätze geschaffene Friedensgarantie wird den beiden Regierungen die große Aufgabe erleichtern, für Probleme politischer, wirtschaftlicher und kultureller Art Lösungen zu finden, die auf einem gerechten und billigen Ausgleich der beiderseitigen Interessen beruhen.

Beide Regierungen sind der Überzeugung, daß sich auf diese Weise die Beziehungen zwischen ihren Ländern fruchtbar entwickeln und zur Begründung eines gutnachbarlichen Verhältnisses führen werden, das nicht nur ihren beiden Ländern, sondern auch den übrigen Völkern Europas zum Segen gereicht.

Die gegenwärtige Erklärung soll ratifiziert und die Ratifikationsurkunden sollen so bald als möglich in Warschau ausgetauscht werden. Die Erklärung gilt für einen Zeitraum von 10 Jahren, gerechnet vom Tage des Austausches der Ratifikaitonsurkunden an. Falls sie nicht von einer der beiden Regierungen 6 Monate vor Ablauf dieses Zeitraums gekündigt wird, bleibt sie auch weiterhin in Kraft, kann jedoch alsdann von jeder Regierung jederzeit mit einer Frist von 6 Monaten gekündigt werden. Ausgefertigt in doppelter Urschrift in deutscher und polnischer Sprache.

Für die deutsche Regierung: Für die polnische Regierung:
FREIHERR VON NEURATH JÓZEF LIPSKI"

In seinem Neujahrsaufruf an die Partei dankte Hitler seinen Mitkämpfern mit bewegten Worten:

„Ohne die Organisation unserer SA und SS wären wir alle dem roten Terror erlegen. Ohne die Organisation unserer Jugend hätte nie der ewig frische Nachwuchs kommen können, der uns allein die Zukunft verbürgt. Ohne die nationalsozialistische Partei, ohne ihre SA und SS hätte aber selbst eine deutsche Erhebung nur den Charakter eines blutigen und turbulenten Gemetzels annehmen können, und nur dank ihr ist eine der größten Revolutionen der Weltgeschichte in einer Disziplin und einer Ordnung vollzogen worden, die nur in einem einzigen Staat der neueren Zeit ein Vorbild und Gleichnis besaß: im Italien der faschistischen Revolution. Und wir haben diese Revolution nicht aus Angst vor dem Blut unblutig durchgeführt, sondern aus innerstem Mitleid mit denen, die wir immer nur als die Verführten, ja als die Belogenen angesehen haben... Und so ist das Ziel unseres Kampfes für die deutsche Nation auch nach außen kein anderes, als unserem Volke die Ehre und die Gleichberechtigung zu geben und aufrichtigen Sinnes mitzuhelfen an der Vermeidung eines Blutvergießens in der Zukunft, in dem wir ehemaligen Soldaten des Weltkrieges nur eine neue Völkerkatastrophe eines wahnsinnig gewordenen Europas erblicken könnten..."

Seinen engsten Mitarbeitern in der Partei sprach er schriftlich ebenfalls seinen Dank aus. Das waren sein Stellvertreter Rudolf Heß, der Reichsschatzmeister Schwarz, Verlagsdirektor Amann, Stabschef der SA Ernst Röhm, Reichsführer SS Heinrich Himmler, Reichspropagandaleiter Goebbels und Reichsleiter Rosenberg. Aber, wie gesagt, nur einen von den Genannten würdigte er mit dem freundschaftlichen „Du", Ernst Röhm[30].

Anläßlich des Neujahrsempfangs der Reichsregierung beim Reichspräsidenten führte der Kanzler u. a. aus:

„So spreche ich denn in diesem Augenblick nicht nur in meinem und im Namen der Reichsregierung, sondern im Namen des ganzen deutschen Volkes Ihnen, ehrwürdiger Herr Generalfeldmarschall und Präsident des

---

30 VB, Nr. 1./2 v. 2. Jan. 1934, S. 1 f.

Deutschen Reiches, für die durch Sie beschirmte Entwicklung dieses Jahres den tiefsten und ehrerbietigsten Dank aus und verbinde ihn mit dem herzlichen Wunsche, der allmächtige Gott möge auch im kommenden Jahr Ihr Leben und Ihre Gesundheit in seine Sorge nehmen und mit seinem Segen bedenken zum Glücke des Reiches, dem in innigster Verbundenheit unter Ihrem Vertrauen zu dienen das Glück und die tiefste Genugtuung aller Mitglieder der deutschen Reichsregierung ist."

Der Reichspräsident erwiderte darauf: „. . . Als ich heute vor einem Jahr meine Neujahrswünsche aussprach, gab ich der Hoffnung Ausdruck, daß das neue Jahr die seelische Verfassung des deutschen Volkes erneuern und uns den Geist innerer Verbundenheit und enger Schicksalsgemeinschaft wiederbringen möge. Ich kann heute mit Befriedigung und Dankbarkeit feststellen, daß dieser Wunsch Erfüllung gefunden hat. Das Jahr 1933 hat Deutschland aus der inneren Zerrissenheit, aus dem Zank der Parteien und dem Gegensatz der Interessen heraus und aufwärts geführt zur staatsbewußten Einigkeit und zum Glauben an sich selbst. Gestützt auf diesen neuen Geist, ist es der Reichsregierung in Zusammenarbeit mit der deutschen Wirtschaft gelungen, Millionen arbeitswilligen Händen wieder Arbeit zu schaffen, und denen, die noch auf Beschäftigung warten, die Hoffnung wiederzugeben, daß auch sie nicht ewig feiern müssen. Und in dem wiedererlangten Bewußtsein unserer Schicksalsgemeinschaft hat das deutsche Volk das große freiwillige Winterhilfswerk ins Leben gerufen und dadurch denjenigen unserer Brüder, die Entbehrung leiden, Schutz vor Hunger und Kälte gebracht. So konnte die deutsche Not, die noch vor einem Jahr fast hoffnungslos auf uns lastete, in weitestem Umfang gemindert werden. Dieser Umschwung ist in erster Linie Ihr Werk, Herr Reichskanzler, ist der Erfolg Ihrer kraftvollen Führung und der hingebenden Arbeit Ihrer Mitarbeiter. Es ist mir gerade daher in dieser Stunde, wo wir auf das vergangene Jahr zurückblicken und in das neue ausschauen, ein Herzensbedürfnis, Ihnen für alles, was Sie für unser deutsches Volk und Vaterland geleistet haben, meinen tiefempfundenen Dank zu sagen . . ."

Ebenso dankte der Präsident den anderen Mitgliedern der Reichsregierung und sprach zum Schluß die Hoffnung auf eine Fortsetzung des Aufstiegs, auf einen Frieden der Ehre und Gleichberechtigung aus.[31]

„Der Jahrestag des Ausbruchs der nationalsozialistischen Revolution fällt mitten in den Winter", schrieb Reichspropagandaminister Goebbels zum 30. Januar 1934, „in einen Weltkrisenmonat allerersten Ranges. Der Führer und seine Mitarbeiter in der Regierung sind der Über-

---

31 Ebda., S. 1.

zeugung, daß man seiner, historisch gesehen, am ehesten gerecht wird, wenn man ihn ohne rauschende Feste in der Idee einer lebendig gewordenen Volksgemeinschaft durch eine grandiose und in diesen Ausmaßen nur selten dagewesene Demonstration sozialer Hilfsbereitschaft begeht." Das Winterhilfswerk verteilte deshalb fünfzehn Millionen Lebensmittelgutscheine im Werte von je einer Reichsmark, ferner 6,5 Millionen Gutscheine für je einen Zentner Steinkohlen- oder Braunkohlenbriketts[32].

Der Reichskanzler hatte einen sozialrechtlichen Fortschritt in dem „Gesetz zur Ordnung der nationalen Arbeit" vom 20. Januar und einen außenpolitischen Erfolg mit dem deutsch-polnischen Nichtangriffsabkommen vom 26. Januar im Rücken, als er am 30. Januar vor dem Reichstag zum ersten Jahrestag seiner Berufung an die Spitze der Reichsregierung seinen stolzen Rechenschaftsbericht hielt. Ausgehend vom Weltkrieg und dem deutschen Zusammenbruch 1918 behandelte er zunächst wie in fast allen seinen Reden „die vierzehn Jahre des Verfalls".

„Es setzte eine Umkehrung aller Begriffe ein", so führte er wörtlich aus. „Was gut war, wird nun schlecht, und was schlecht war, gut. Der Held wird verachtet und der Feigling geehrt, der Redliche bestraft und der Faule belohnt. Der Anständige hat nur noch Spott zu erwarten, der Verkommene wird aber gepriesen. Die Stärke verfällt der Verurteilung, die Schwäche dafür der Verherrlichung. Der Wert an sich gilt nichts. An seine Stelle tritt die Zahl, d. h. der Minder- und Unwert. Die geschichtliche Vergangenheit wird genauso infam besudelt wie die geschichtliche Zukunft unbekümmert abgeleugnet. Der Glaube an die Nation und an ihr Recht wird mit schamloser Dreistigkeit angegriffen, lächerlich oder schlecht gemacht. An die Stelle der Liebe zum Schönen tritt ein bewußter Kult des Minderwertigen und Häßlichen. Alles Gesunde hört auf, Leitstern für das menschliche Streben zu sein, und die Mißgeburt, das Kranke und Verkommene tritt in den Mittelpunkt einer sogenannten neuen Kultur[33] . . ." Die Wende brachte die nationalsozialistische Bewegung.

---

32 VB, Nr. 25 v. 25. Jan. 1933, S. 1: „Ein Jahr nationalsozialistischer Revolution. Der 30. Januar 1934 „Tag der sozialistischen Tat." „Statt Ferien einzigartige Kundgebung der Hilfsbereitschaft. Ein Aufruf des Reichspropagandaministers."
33 Man vergleiche damit folgende Kritik an den Zuständen der Bundesrepublik Deutschland: „Totentanz" v. Klaus Jacobi in „Welt am Sonntag" v. 7. März 1982:
Die Geschichte liebt Skandale als Signale des Verfalls. Erst ruinierte die Halsband-Affäre den Ruf der Marie Antoinette, wenig später beugte die Königin ihren Hals unter die Guillotine. Erst verendete Rasputin unter dem Eis der Newa; wenig später löschte die Revolution die Romanows aus.

Der Kanzler ging dann auf die Auswirkungen des Versailler Diktats ein, befaßte sich mit den Aufgaben seiner Bewegung, stellte den Rassegedanken „als Grundlage der Weltbefreiung" heraus und brachte dann einen Rückblick auf das vergangene Jahr. Die Verbundenheit mit dem Volk ermöglichte den Sturz der Parteien und ihre Beseitigung, der Neubau der Wirtschaft führte zur Überwindung des Klassenkampfes.

Die Auseinandersetzung mit den christlichen Konfessionen habe hinsichtlich der römisch-katholischen Kirche ihre Regelung durch das Reichskonkordat erfahren. „Wir alle leben aber in der Erwartung," fuhr er fort, „daß der Zusammenschluß der evangelischen Landeskirchen und Bekenntnisse zu einer deutschen evangelischen Reichskirche dem Sehnen jener eine wirkliche Befriedigung geben möge, die in der Zerfahrenheit des evangelischen Lebens eine Schwächung der Kraft des evangelischen Glaubens an sich befürchten zu müssen glaubten."

Er hob dann die Einheit des Volkes, die „Zusammenführung von Bauern, Arbeitern und Bürgern in eine Volksgemeinschaft" hervor und betonte die Einheit des Staates im Gegensatz zu den dynastisch-partikularen Interessen. „Der Nationalsozialismus stellt diesen Prinzipien einer nur fürstlichen Hausmacht-Politik gegenüber das Prinzip der Erhaltung und Förderung des deutschen Volkes auf, jener Millionen an Bauern, Arbeitern und Bürgern, die zu einem gemeinsamen Schicksal auf dieser Welt

---

Nun streicht der Geruch von Fäulnis durch die Republik. Und es gibt keinen Zweifel – der Fisch stinkt vom Kopfe her: Minister und Gewerkschaftler, ranghöchste Mitglieder der Macht-Elite des modernen Deutschland, sind in die Bonner Spenden-Affäre und die Geschäfte der Neuen Heimat verstrickt. War ihre Doppel-Polka um das Goldene Kalb nur zufällige Erscheinung oder auch sie ein Menetekel?
Menetekel einer permissiven Gesellschaft, die alles entschuldigt, was uns nicht umbringt? Menetekel eines Staates, in dem das elfte Gebot von manchem ernster genommen wird als manches der zehn anderen: „Du sollst Dich nicht erwischen lassen . . ."
Grenzen zwischen Gut und Böse, zwischen Recht und Unrecht, zwischen Anstand und Unanständigkeit beginnen in diesem Land zu verschwimmen. Die alten Sittengesetze greifen nicht mehr; eine neue Ethik existiert nicht. Schmarotzer breiten sich aus, Mediokrität hockt auf Thronen. Faulheit wird vom Gesetzgeber belohnt, Obszönes und Häßliches rückt vor. Immer mehr wollen immer mehr Rechte und immer weniger Pflichten. Schulden machen wurde Staatskunst, Lustgewinn Tugend. Porno verdrängt hier Prüderie, Heuchelei dort Aufrichtigkeit. Angst zeigen gilt als schick, Moral als fast unmodern. Materialismus siegte weithin über Idealismus. Die Republik hat angefangen, sich von der Transzendenz abzunabeln. Und immer weniger junge Menschen scheinen bereit, für dieses Gemeinwesen zu leben oder gar zu sterben.
Hohe Zeit für ein Menetekel, für eine Warnung an der Wand von Geisterhand, wie Babylons letzter Kronprinz sie einst erblickte. Doch würden die Deutschen sie erkennen?
Als Wilhelm II. seinen Freund Fürstenberg auf dessen Schloß in Donaueschingen besuchte, tanzte der Chef des Kaiserlichen Militärkabinetts, Graf Hülsen-Häseler, zur Balletteuse kostümiert am Abschiedsabend vor den Gästen – bis ein Herzanfall den General im Röckchen fällte. „Es war ein Totentanz", schrieb später Emil Ludwig; „Aber der Kaiser merkte die Winke Gottes nicht."

bestimmt, zum gleichen Glück gesegnet oder zum gleichen Unglück verflucht sind.

Dann wandte er sich energisch gegen alle Restaurationsbestrebungen mit dem Ziel der Wiederberufung der „angestammten Bundesfürsten". „Bei aller Würdigung der Werte der Monarchie, bei aller Ehrerbietung vor den wirklich großen Kaisern und Königen unserer deutschen Geschichte steht die Frage der endgültigen Gestaltung der Staatsform des Deutschen Reiches heute außer jeder Diskussion . . . Ich selbst fühle mich nur als Beauftragter der Nation zur Durchführung jener Reformen, die es ihr einst ermöglichen werden, die letzte Entscheidung über die endgültige Verfassung des Reiches zu treffen[34]."

Hitler befaßte sich im weiteren Verlauf seiner Rede mit den Feinden der nationalsozialistischen Regierung und warnte vor den „Konjunkturrittern". Einen eigenen Passus widmete er den Erbkranken und ging dann auf die Aufgaben der Zukunft ein, u. a. mit dem Hinweis auf das vom Reichstag noch zu beschließende Gesetz über den Neuaufbau des Reiches. Demnach gingen die Hoheitsrechte der Länder auf das Reich über, und die Reichsregierung erhielt die Vollmacht, neues Verfassungsrecht zu schaffen.

Im letzten Teil seiner Rede befaßte er sich ausführlich mit der Außenpolitik: er hob den Kampf um die Gleichberechtigung hervor und ging dann auf die Beziehungen zu den einzelnen Nachbarstaaten und den anderen europäischen Mächten ein. Seine Rede schloß mit rühmenden Worten auf den greisen Reichspräsidenten als „ehrwürdigster Garant" „für die uns alle bewegende Arbeit am Frieden."[35]

---

34 Seine Einstellung zur monarchischen Restauration hatte sich im Laufe dieses Jahres völlig gewandelt. Er hatte gleichzeitig mit dem deutschen Kronprinzen im September 1933 noch am Stahlhelmtag in Hannover teilgenommen, ebenso Papen und Röhm, die beide Monarchisten waren. VZ, Nr. 269 v. 26. September 1933, S. 4. – An den von ihm zum SA-Gruppenführer z. b. V. beförderten Hohenzollernprinzen August Wilhelm („Auwi") sandte er im September 1933 folgendes Glückwunschtelegramm: „Zu Ihrer von mir bestätigten Beförderung zum Gruppenführer sende ich Ihnen meine besten Wünsche." VZ, Nr. 437 v. 13. 9. 1933, M.-A.

35 Kritik des NS-Regimes s. b. Berber, a. a. O., S. 351 ff., 412 ff.

313

Schlußbetrachtung

Die nationale Erhebung war ein gewaltiger Aufbruch des deutschen Volkes, Fortsetzung der deutschen Erhebung von 1914 und Vollendung der deutschen Revolution mit dem Ziel, einen Ausweg aus der abendländischen Krise zu finden durch die Errichtung einer neuen geistigen, gesellschaftlichen, wirtschaftlichen und politischen Ordnung. Getragen wurde sie vom Erneuerungswillen der deutschen Jugend. Die Jugendbewegung, ihr Aufbruch in den neunziger Jahren, das Frontsoldatenerlebnis des Ersten Weltkrieges und die durch ihn ausgelöste seelische und geistige Erschütterung, die Mittelstandsbewegung in der Auflehnung gegen die Bedrohung durch den Kapitalistischen Großbetrieb auf der einen, die sozialistische Planwirtschaft auf der anderen Seite waren in der nationalsozialistischen Bewegung zusammengeflossen. In wenigen Monaten hatte sie die Trümmer der zusammengebrochenen liberal-kapitalistischen Ordnung der Weimarer Republik, der ,,freiesten Demokratie der Welt", beiseite geräumt und begonnen, eine neue staatliche und gesellschaftliche Ordnung zu errichten. Viele hoffnungsvolle Ansätze traten zutage, ebensoviele Gefahren drohten.

Der verhängnisvolle deutsche Wesenszug, den Boden der Tatsachen zu verlassen und sich ins Reich der Weltanschauung, der Ideologie, des Dogmas zu versteigen, zeigte sich als Begleiterscheinung von Anfang an. Die größte Gefahr drohte von dem Radikalismus der deklassierten Schichten des Mittelstandes. Der Ruf nach dem starken Mann, nach einer festen Führung war zu einem Orkan angeschwollen angesichts der Mißwirtschaft der Parteien. ,,Ein Mann ist not, ein Nibelungen-Enkel, daß er die Zeit, den tollgeword'nen Renner mit eh'rner Faust beherrsch' und eh'rnem Schenkel", hatte Geibel 1844 geschrieben. Alle Bedenken, die sich gegen eine solche Einmannherrschaft richteten, wurden übertönt von dem Notschrei der hungernden Massen, von der Empörung der nationalempfindenden Schichten über die entwürdigende Behandlung durch die Sieger von 1918. Das durch die nationalsozialistische Bewegung neu entflammte Selbstbewußtsein der Nation verkörperte sich in dem Führer der Bewegung, dem Sprecher des kleinen Mannes, dem Abgott der Massen und übersteigerte sich zum nationalen Schicksalsrausch.

Die grundlegenden Fehler des neuen Regierungssystems waren um die Jahreswende 1933/34 offenkundig: die Ausschaltung jeglicher parlamentarischer Überwachung der Regierung, das Verbot jeglicher Opposition, die Abschaffung der Grundrechte, die Konzentration der gesamten Staatsmacht in der Hand *eines* Mannes, die Vergötterung der Nation, gipfelnd in der Vergötzung des über das Recht gestellten Volkstribunen und – nicht zuletzt – die antijüdische Rassenpolitik. Aus der Not des revolutionären Augenblicks als Übergangslösung entstanden, mußten sie zu einer Katastrophe führen, wenn die revolutionär bedingte Notlösung sich zu einem Dauerzustand entwickelte.

Oswald Spengler (1880–1936), Deutschlands bedeutendster Denker in der ersten Hälfte des 20. Jahrhunderts, hatte als miterlebender Zeitgenosse der nationalen Erhebung von 1933 bereits im Juli des gleichen Jahres seinem Eindruck vom Zeitgeschehen mit Worten Ausdruck verliehen, die nach wie vor ihre Gültigkeit haben[1]:

„Es darf heute schon gesagt werden: Der nationale Umsturz von 1933 war etwas Gewaltiges und wird es in den Augen der Zukunft bleiben, durch die elementare, überpersönliche Wucht, mit der er sich vollzog, und durch die seelische Disziplin, mit der er vollzogen wurde. Das war preußisch durch und durch wie der Aufbruch von 1914, der in einem Augenblick die Seelen verwandelte. Die deutschen Träumer erhoben sich, ruhig, mit imponierender Selbstverständlichkeit und öffneten der Zukunft einen Weg. Aber eben deshalb müssen sich die Mithandelnden darüber klar sein: Das war kein Sieg, denn die Gegner fehlten. Vor der Gewalt des Aufstandes verschwand sofort alles, was eben noch tätig oder getan war. Es war ein Versprechen künftiger Siege, die in schweren Kämpfen erstritten werden müssen und für die hier erst der Platz geschaffen wurde. Die Führenden haben die volle Verantwortung dafür auf sich genommen, und sie müssen wissen oder lernen, was das bedeutet. Es ist eine Aufgabe voll ungeheurer Gefahren, und sie liegt nicht im Inneren Deutschlands, sondern draußen, in der Welt der Kriege und Katastrophen, wo nur die große Politik das Wort führt. Deutschland ist mehr als irgendein Land in das Schicksal aller andern verflochten; es kann weniger als irgendein anderes regiert werden, als ob es etwas für sich wäre. Und außerdem: Es ist nicht die erste nationale Revolution, die sich hier ereignet hat – Cromwell und Mirabeau sind vorangegangen –, aber es ist die erste, die sich in einem politisch ohnmächtigen Lande in sehr gefährlicher Lage vollzieht: das steigert die Schwierigkeit der Aufgaben ins Ungemessene.
Sie sind sämtlich erst gestellt, kaum begriffen, nicht gelöst. Es ist keine

---

1 Jahre der Entscheidung, München 1933, S. VIII f., S. 3. – Diese Schrift war Spenglers letzte Veröffentlichung. Er erlag 1936 einem Herzschlag.

Zeit und kein Anlaß zu Rausch und Triumphgefühl. Wehe denen, welche die Mobilmachung mit dem Sieg verwechseln! Eine Bewegung hat eben erst begonnen, nicht etwa das Ziel erreicht, und die großen Fragen der Zeit haben sich dadurch in nichts geändert. Sie gehen nicht Deutschland allein an, sondern die ganze Welt, und sie sind nicht Fragen dieser Jahre, sondern eines Jahrhunderts. Die Gefahr der Begeisterten ist es, die Lage zu einfach zu sehen. Begeisterung verträgt sich nicht mit Zielen, die über Generationen hinaus liegen. Mit solchen beginnen aber erst die wirklichen Entscheidungen der Geschichte ... Und die Nationalsozialisten glauben, ohne und gegen die Welt fertigzuwerden und ihre Luftschlösser bauen zu können ohne eine mindestens schweigende, aber sehr fühlbare Gegenwirkung von außen her."

Abkürzungsverzeichnis

AA	= Abend-Ausgabe
ADAP	= Akten zur deutschen auswärtigen Politik
BDFP	= Britische Dokumente zur auswärtigen Politik
BVP	= Bayerische Volkspartei
CVZ	= Centralvereinszeitung deutscher Staatsbürger jüdischen Glaubens. Allgemeine Zeitung des Judentums.
DDP	= Deutsche Demokratische Partei
DVP	= Deutsche Volkspartei
DZ	= Dokumentenzentrale
KPD	= Kommunistische Partei Deutschlands
MA	= Morgen-Ausgabe
MGFA	= Militärgeschichtliches Forschungsamt
MM	= Mündliche Mitteilung
MNN	= Münchner Neueste Nachrichten
MP	= Münchner Post (Sozialdemokratisches Organ)
NS	= Nationalsozialismus
NSDAP	= Nationalsozialistische Deutsche Arbeiterpartei
RSHA	= Reichssicherheitshauptamt
SA	= Sturmabteilung
SEG	= Schulthess' Europäischer Geschichtskalender
SPD	= Sozialdemokratische Partei Deutschlands
SS	= Schutzstaffel
VB	= Völkischer Beobachter
VHZG	= Vierteljahreshefte für Zeitgeschichte
VZ	= Vossische Zeitung

Quellen- und Literaturverzeichnis

A. Aktenpublikationen und Nachschlagewerke

Akten zur deutschen auswärtigen Politik, Serie C

Documents on British Foreign Policy, 2. Serie, Bd. 5, 6

Dokumente der Deutschen Politik, hsgb. v. Reg. Rat Paul Meier-Beneckenstein, Präsident der Hochschule für Politik, Bd. I, 1933, bearbeitet von Axel Friedrichs, 3. A., Berlin 1938

Foreign Relations of the United States, vol. I, II, 1933, 1934

Franklin Roosevelt and Foreign Affairs, vol. II, 1969

Keesing's Archiv der Gegenwart, 1931–1934

Quellen zur Geschichte des Parlamentarismus und der politischen Parteien. 3. Reihe: Die Weimarer Republik, Band 3: Staat und NSDAP 1930–1932. Quellen zur Ära Brüning. Düsseldorf 1977.

Rühle, Gerd, Reg. Rat, M. d. R.: Das Dritte Reich. Dokumentarische Darstellung des Aufbaues der Nation. Mit Unterstützung des deutschen Reichsarchivs. Das erste Jahr 1933, 2. Aufl., Berlin 1934.

Schultheß' Europäischer Geschichtskalender, Band 74, 1933; 75, 1934.

Bosl-Franz-Hofmann: Biographisches Wörterbuch zur deutschen Geschichte 3 Bde. 1973–1975.

Stockhorst, Erich: Fünftausend Köpfe. Wer war was im Dritten Reich?, Kettwig 1967.

Volz, Hans: Daten der Geschichte der NSDAP, 11. Aufl., Berlin 1943.

B. Zeitungen und Zeitschriften

Münchner Neueste Nachrichten 1933/34.

Münchner Post, 1933.

Vossische Zeitung, Berlin 1933/34.

Völkischer Beobachter, Berliner A., 1933/34.

The New York Times, 1933, 1934.

Daily Expreß, 1933.

Daily Mail, 1933.

Vierteljahreshefte für Zeitgeschichte, 1953 ff.

Die Politische Meinung, 1960.

Nation Europa, 1981.

Deutsche Rundschau, 1947.

Süddeutsche Monatshefte, 1932/33.

History today, London 1980.

Israelitisches Familienblatt, 1933.

C. Literatur

Berber, Friedrich: Das Staatsideal im Wandel der Weltgeschichte, 2. A., München 1978

Bley, Helmut: Bebel und die Strategie der Kriegsverhütung 1904–1913, Göttingen 1975

Bracher, Karl Friedrich: Die nationalsozialistische Machtergreifung, 1960

Braun, Magnus, Frhr. v.: Von Ostpreußen nach Texas, 1955

–: Weg durch vier Zeitepochen. Vom ostpreußischen Gutsleben der Väter zur Weltraumforschung des Sohnes, Limburg 1964

Braunbuch über Reichstagsbrand und Hitlerterror; Vorwort von Lord Marley, Universum-Bücherei Basel, 1933

Brüning, Heinrich: Memoiren 1918–1934, Stuttgart 1970

–: Ein Brief, in „Deutsche Rundschau", Heft 7, 1947

Bukofzer, Dr.: Judengesetzgebung und Judenverfolgung unter den Nazis, Berlin 1946

Curtius, Ernst Robert: Deutscher Geist in Gefahr, 1932

Delmer, Sefton: Die Deutschen und ich, Hamburg 1962

Drews, Richard und Kantorowicz, Alfred (Hrsg): Verboten und Verbrannt. Deutsche Literatur – 12 Jahre unterdrückt, Berlin-München 1947

Diels, Rudolf: Lucifer ante portas . . . es spricht der erste Chef der Gestapo, Stuttgart 1950

Düsterberg, Theodor: Der Stahlhelm und Hitler, Wolfenbüttel 1949

Franz-Willing, Georg: Die Bayerische Vatikangesandtschaft 1803–1934, München 1965

–: Ursprung der Hitlerbewegung, 1919–1922, Preußisch Oldendorf 1974

–: Krisenjahr der Hitlerbewegung, Preußisch Oldendorf 1975

–: Putsch und Verbotszeit der Hitlerbewegung November 1923 – Januar 1925, Preußisch Oldendorf 1977

Frauendorfer, Max: Was ist ständischer Aufbau? Berlin 1934

Gescher, Dieter: Die Vereinigten Staaten von Nordamerika und die Reparationen auf der Grundlage amerikanischer Akten, Bonn 1956.

Grimm, Friedrich: Mit offenem Visier, Leoni 1961

–: Frankreich-Berichte 1934–1944, Bodmann 1972

Goldmann, Nahum: Das jüdische Paradox, Köln 1978

–: Staatsmann ohne Staat, Köln 1970

–: Mein Leben als deutscher Jude, München 1980

Herzl, Theodor: Der Judenstaat. Neudruck der Erstausgabe 1896, Osnabrück 1968.

Hauser, Oswald: England und das Dritte Reich. Eine dokumentierte Geschichte der deutsch-englischen Beziehungen, I, Göttingen 1972

Hanus, Franciscus: Die Preußische Vatikangesandtschaft 1747–1920, München 1954

Heine, Heinrich: Sämtliche Werke, Bd. 5, München 1923

Horn, Wolfgang: Führerideologie und Parteiorganisation der NSDAP, Düsseldorf 1972

Hömig, Herbert: Das preußische Zentrum in der Weimarer Republik, Mainz 1979

Hubatsch, Walther: Hindenburg und der Staat. Aus den Papieren des Generalfeldmarschalls und Reichspräsidenten 1878–1934, Berlin 1966

Kehrig, Manfred: Die Wiedereinrichtung des deutschen militärischen Attachédienstes nach dem Ersten Weltkrieg (1919–1933), Boppard 1966

Kissenkoetter, Udo: Gregor Strasser und die NSDAP, Stuttgart 1978

Koch-Weser, Erich: Und dennoch aufwärts. Eine deutsche Nachkriegsbilanz, Berlin 1933

Konstantin, Prinz von Bayern: Papst Pius XII., ein Lebensbild. Stein/Rhein 1980

Krogmann, C. V.: Es ging um Deutschlands Zukunft, Leoni 1976

Kupisch, Karl: Quellen zur Geschichte des deutschen Protestantismus 1871–1945, Göttingen 1960.

Lüdecke, Kurt G. W.: I knew Hitler. The Story of Nazi who escaped the blood Purge. In memory of Captain Ernst Röhm and Gregor Strasser and many other Nazis who were betrayed, murdered and traduced in their graves. London 1938. – Im gleichen Jahr erschien das Buch unter gleichem Titel in New York.

Luther, Hans: Vor dem Abgrund. 1930–1933. Reichsbankpräsident in Krisenzeiten, Berlin 1964.

Mejcher, Helmut/Schölch, Alexander: Die Palästina-Frage 1917–1948, Paderborn 1981

Meißner, Otto: Staatssekretär unter Ebert-Hindenburg-Hitler. Der Schicksalsweg des deutschen Volkes 1918–1945, wie ich ihn erlebte. 3. Aufl., Hamburg 1950.

Mosse, Werner (Hsgb.): Entscheidungsjahr 1932. Zur Judenfrage in der Endphase der Weimarer Republik. Ein Sammelband, Tübingen 1965

Norden, Günther van: Der deutsche Protestantismus im Jahr der nationalsozialisischen Machtergreifung, Gütersloh 1979

Noske, Gustav: Erlebtes aus Aufstieg und Niedergang einer Demokratie, Offenbach 1947

–: Von Kiel bis Kapp, Berlin 1920

Oldenburg-Januschau, Elard von: Erinnerungen, Leipzig 1936

Papen, Franz von: Der Wahrheit eine Gasse, München 1952

–: Einige Bemerkungen zum Buch. „Reichswehr-Staat und NSDAP". „Beiträge zur Deutschen Geschichte 1930–1932" von Dr. Thilo Vogelsang o. J. (Vogelsangs Buch erschien 1962).

–: Vom Scheitern einer Demokratie, Mainz 1968

Roberts, Stephen H.: The House that Hitler built. London 1937, 2. Aufl., – Roberts, Professor für neueste Geschichte an der Universität Sydney, Australien, bereiste von November 1935 bis März 1937 Deutschland und angrenzende Länder. „My main aim was" – so schreibt er im Vorwort – „to sum up the New Germany without any prejudice (except that my general approach was that of a democratic individualist)". Er genoß weitgehende Unterstützung der Behörden des Dritten Reiches beim Sammeln der Unterlagen für sein Buch. Außerdem hatte er Gelegenheit, den Reichsparteitag 1936 mitzuerleben und Hitler wie auch andere führende Männer des Dritten Reiches persönlich kennenzulernen. Roberts' Buch ist beispielhaft für die Betrachtungsweise angelsächsischer Intellektueller und ihre ablehnende Einstellung zum NS-Staat

Spengler, Oswald: Jahre der Entscheidung, München 1933

–: Briefe, München 1963

Schacht, Hjalmar: Abrechnung mit Hitler, Hamburg 1948

Schaumburg-Lippe, Friedrich Christian Prinz zu: Zwischen Krone und Kerker, Wiesbaden 1952

Schellenberg, Walter: Memoiren, Köln 1959

Schöps, Hans-Joachim: „Bereit für Deutschland!" Der Patriotismus deutscher Juden und der Nationalsozialismus, Berlin 1970

Scholder, Klaus: Kirche und Staat in der ersten Hälfte des 20. Jh. 's (1918–1948), in: Kirche und Staat auf Distanz (Hsgb) Georg Denzler, S. 102–109, München 1977

Schulz, Paul Alexander: Rettungen und Hilfeleistungen an Verfolgten 1933–1945 durch Oberleutnant a. D. Paul Schulz, Privatdruck, Laichingen 1967

Schwerin von Krosigk; Lutz, Graf: Memoiren. Stuttgart 1977

–: Staatsbankrott. Die Geschichte der Finanzpolitik des Deutschen Reiches 1920–1945, Göttingen, 1974

–: Es geschah in Deutschland. Menschenbilder unseres Jahrhunderts, Stuttgart 1951

Stampfer, Friedrich: Erfahrungen und Erkenntnisse, Köln 1957

–: Die ersten vierzehn Jahre der deutschen Republik, Offenbach 1947

Tansill, Charles C.: Die Hintertür zum Kriege, Deutsche Ausgabe, 4. Aufl., Düsseldorf 1958

Tobias, Fritz: Der Reichstagsbrand. Legende und Wirklichkeit, Rastatt 1962

Töpner, Kurt: Gelehrte und Politiker und politisierende Gelehrte. Die Revolution von 1918 im Urteil deutscher Hochschullehrer, Göttingen 1970

Turner, H. A., Jr. (Hsgb.): Hitler aus nächster Nähe. Aufzeichnungen eines Vertrauten 1929–1932, Frankfurt/Main 1978

Vogelsang, Thilo: Reichswehr, Staat und NSDAP 1930–1932, Stuttgart 1962

Weckert, Ingrid: Feuerzeichen. Die ‚Reichskristallnacht‘, Tübingen 1981

Personenverzeichnis

325